35
J.188.

L.1264.
Bp2.

# HISTOIRE
# DES FRANÇAIS.
## TOME II.

# HISTOIRE DES FRANÇAIS,

PAR

J. C. L. SIMONDE DE SISMONDI,

Correspondant de l'Institut de France, de l'Académie impériale de Saint-Pétersbourg, de l'Académie royale des Sciences de Prusse, membre honoraire de l'Université de Wilna, de l'Académie et de la Société des Arts de Genève, des Académies italiennes de Georgofili, de Cagliari, de Pistoia; de l'Académie Romaine d'Archéologie, et de la Société Pontaniana de Naples.

## TOME SECOND.

A PARIS,

Chez TREUTTEL et WÜRTZ, Libraires,
RUE DE BOURBON, N° 17.

A Strasbourg et à Londres, même Maison de Commerce.

1821.

# HISTOIRE DES FRANÇAIS.

## SUITE DE LA PREMIÈRE PARTIE.
### LES MÉROVINGIENS.

## CHAPITRE X.

*Règnes de Clothaire II, Dagobert et Sigebert III.*
*613 — 654.*

Après la mort de Brunehault, Clothaire II réunit toute la nation des Francs sous son sceptre, comme son aïeul Clothaire I$^{er}$ l'avoit réunie une première fois, en 558. Mais la monarchie des Francs fut à peine maintenue trois ans sous Clothaire I$^{er}$; elle continua vingt-cinq ans à ne faire qu'un seul corps sous Clothaire II et son fils Dagobert, quoique l'un et l'autre, après quelques années de règne, se crurent obligés de faire couronner aussi leur fils aîné. L'interruption des guerres civiles pendant un quart de siècle, l'administration, pendant tout aussi long-temps, de deux rois arrivés l'un et l'autre à la force de l'âge, renouvelèrent la vigueur de l'empire français, et le replacèrent au premier rang dans l'Occident, au-dessus de toutes les nations barbares, et au niveau de l'empire d'Orient. Ce fut une époque de prospérité nationale; mais les monumens nous manquent presque absolument pour la connoître; et ses rois, ses grands personnages, passent devant nous comme des ombres fugitives que nos yeux ne peuvent point saisir.

—622. Clothaire II survivoit seul, à cette époque, entre tous les descendans de Clovis, entre tous ces rois chevelus qui tiroient leur origine du demi-fabuleux Mérovée. Sept frères, ses aînés, avoient péri avant lui; tous les fils de Gontran, de Sigebert, de Childebert, de Theudebert et de Thierri, avoient été moissonnés par des mains criminelles, comme pour lui faire place. Lui, qui étoit chargé de toute la haine que Chilpéric et Frédégonde, auteur de ses jours, avoient méritée par leurs forfaits, il réunissoit seul tous les titres de la maison royale, et sa fortune l'avoit protégé trente ans contre de puissans ennemis qui, dès son berceau, avoient voulu l'écraser. Il devenoit enfin, dans son âge mûr, l'élu de la nation. Les Austrasiens et les Bourguignons l'avoient choisi pour se délivrer de leurs rois légitimes; la moitié de ses sujets neustriens, qui avoient été violemment arrachés à son sceptre, se réjouissoient d'être rendus à leurs compatriotes; les Aquitains, si long-temps partagés entre les autres rois, et toujours victimes de toutes les guerres civiles, entrevoyoient pour eux quelque repos, et l'allégresse étoit universelle.

« Clothaire II, nous dit Frédégaire, étoit
« doué d'une grande patience, instruit dans les
« lettres, craignant Dieu, et rémunérant géné-
« reusement les églises et les prêtres ; il faisoit
« aux pauvres de grandes aumônes, et il se
« montroit plein de bénignité et de piété envers
« tout le monde. Seulement il s'adonnoit à la
« chasse des bêtes fauves avec trop d'assiduité,
« et, sur la fin de sa vie, il se livra trop aux
« suggestions des femmes et des jeunes filles.
« C'est du moins de cela que ses leudes l'ont
« blâmé. » (1)

Il s'en faut de beaucoup que ces mots nous
donnent une idée claire ou du caractère ou du
gouvernement de Clothaire II, et cependant
nous ne pouvons avoir recours à aucun autre
historien pour nous le faire connoître. L'auteur
des Gestes des rois francs laisse, à cette époque,
un grand vide dans son récit, toujours entremêlé de tant de fables ; quelques chroniques,
écrites au siècle suivant, peuvent tout au plus
servir à établir certaines dates, et les actions
que Frédégaire lui-même raconte de ce roi, dont
il a loué la justice et la douceur, sont à la fois
féroces et arbitraires. Les historiens modernes,
il est vrai, ont, après un intervalle de mille

(1) *Fredegarii Chron.* Cap. 42, p. 430.

ans, suppléé à ce silence des contemporains; ils étoient fatigués, et leurs lecteurs l'étoient sans doute aussi, de tant de forfaits et de souffrances, et ils ont jugé le moment opportun pour tracer d'imagination un tableau de prospérité, d'ordre public et de bonheur. Le sage Adrien de Valois lui-même est tombé dans cette faute (1). Pour nous, il nous semble que l'histoire ne peut servir d'instruction que lorsque les faits découlent les uns des autres de la même manière que les principes. Il est triste de trouver, dans le sujet qu'on traite, la monotonie du crime; mais quand les causes n'ont point changé, les effets ne doivent pas changer non plus, et ce n'est pas l'invention de l'historien qui doit introduire de la variété dans son histoire.

Les trois royaumes que réunissoit Clothaire avoient chacun leur maire du palais; Gundoland avoit succédé à Landeric dans la Neustrie, Warnachaire gouvernoit la Bourgogne, et Raddon l'Austrasie : tous trois, au lieu de lutter avec Clothaire, paroissoient s'être plutôt attachés à le seconder dans le projet de ramener à l'obéissance les grands qui exerçoient tout pouvoir dans les provinces. Si nous connoissions un peu mieux la constitution de la monarchie, peut-

___

(1) *Hadr. Valesii rerum Francicarum.* T. III, Lib. XVIII, p. 1.

être trouverions-nous que le maire, comme le justiza, chez les Arragonois, étoit le représentant, non des grands, mais des hommes libres; qu'il étoit pris, en général, dans la seconde classe de la société, et qu'il étoit chargé de réprimer les usurpations de l'aristocratie bien autant que celles des rois.

En effet, la condition des Francs avoit bien changé dans les Gaules. Ces guerriers qui, à la suite du conquérant, paroissoient tous égaux, qui ne se faisoient alors remarquer ni par leur pouvoir ni par leurs richesses, qui votoient en commun, au champ de Mars, sur les lois, sur les jugemens, sur les expéditions militaires; lorsqu'ils eurent conquis les opulentes provinces de l'empire, s'attribuèrent de grandes propriétés territoriales qu'ils firent valoir par l'esclavage. Dans le cours de peu de générations, les uns s'élevèrent, d'autres s'appauvrirent, et leurs rangs se réglèrent bientôt sur leurs richesses. Le langage même des historiens indique le progrès de l'esprit aristocratique. Grégoire de Tours n'a point occasion de parler de distinctions de rang pendant le règne de Clovis et de ses fils; mais, sous le règne des fils de Clothaire, il parle plus d'une fois des *optimates*. Frédégaire désigne le même ordre, en Austrasie, par le nom de *proceres*; en Bourgogne, par celui de *Burgundæ farones*, comme s'ils formoient déjà une caste séparée parmi les citoyens (1). Le nom de *leudes*, qui d'abord étoit commun à tous les guerriers, semble aussi devenir, dans son récit, une distinction honorifique. Deux siècles plus tard, le moine Aimoin retravailla le texte de Grégoire et de Frédégaire, à peu près comme, dans certains colléges, on fait faire aux écoliers des amplifications. Mais Aimoin, dans son récit, substitue toujours *les prélats, les grands et la noblesse*, à la désignation de *la nation des Francs*, qu'employoit son auteur original. (2)

Les progrès de l'aristocratie, quoiqu'ils fussent le plus souvent la conséquence de concessions volontaires, inspiroient de la jalousie et du ressentiment à ceux qui se voyoient dépouiller des droits que tous avoient possédés en commun. Aussi le peuple voyoit-il avec plaisir les grands qui l'opprimoient en butte aux attaques de l'autorité royale, et applaudissoit-il souvent à ces exécutions sanglantes par lesquelles des rois, dont on loue la vertu, recouvroient un pouvoir qui avoit échappé au peuple. C'est ainsi que Clothaire II est loué, par Frédégaire, pour avoir rétabli la paix dans la Bourgogne trans-

---

(1) *Fredeg. Chron.* Cap. 44, p. 431; cap. 52, p. 433.
(2) *Aimoini.* Lib. III, cap. 91, p. 112. — *Nobilitas Burgundiæ, proceres, principes.* Lib. IV, cap. 9, p. 121. *Pontifices et primates.*

jurane, « en faisant périr par le glaive plusieurs « de ceux qui se conduisoient avec iniquité, » et, parmi eux, le patrice Aléthée, l'un de ceux auxquels il avoit dû sa victoire sur Brunehault. (1)

Clothaire II réunissoit probablement, chaque année, les comices du royaume, auxquels appartenoit le pouvoir législatif. Il nous reste une seule de ses ordonnances, publiée à Paris, le 15 des kalendes de novembre, la trente-unième année de son règne ; elle est revêtue de l'autorité *des prélats de son royaume, et des autres grands, optimates et fidèles, rassemblés en concile;* et elle est, en effet, signée par soixante et dix-neuf évêques des Gaules : aucun concile national n'en avoit encore réuni un si grand nombre. Cette ordonnance, à plusieurs égards, restreint l'autorité royale ; elle garantit le droit du peuple à l'élection de ses évêques, elle empêche qu'on ne donne à ceux-ci des successeurs de leur vivant, elle soustrait toutes les personnes ecclésiastiques à la juridiction des officiers royaux ; elle met un terme aux exactions qu'éprouvoient les provinces par la création de nouveaux impôts, et elle prononce l'abolition de tout tribut introduit dans les trois royaumes depuis la mort des rois Gontran, Chilpéric et

---

(1) *Fredegarii.* Cap. 43, 44, p. 430. — *Aimoini.* Lib. IV, cap. 6, p. 120.

Sigebert; enfin, elle ordonne la restitution de toutes les confiscations qui avoient été la conséquence de la guerre civile. (1)

Nous ne savons plus rien sur Clothaire, pendant plusieurs années, si ce n'est qu'en 617 il dispensa les Lombards d'un tribut de douze mille sous d'or auquel ils s'étoient soumis; qu'en 618, il perdit sa femme, Bertrude, à laquelle il étoit toujours demeuré fidèle; qu'en 622, enfin, il s'associa son fils, Dagobert, auquel il céda la couronne d'Austrasie. (2)

Cette dernière résolution étoit la conséquence du mécontentement que manifestoient les Austrasiens soumis au roi de Neustrie. Il leur sembloit avoir perdu, avec leur roi, leur indépendance; ils regrettoient le recours contre l'oppression ouvert auprès du trône, les grâces que répandoit la cour de Metz, et le lustre qu'elle donnoit à leur capitale. Le partage du royaume entre tous les fils des rois avoit été, sans doute, la conséquence du désir des peuples de rapprocher d'eux leur souverain, bien plus que du caprice des rois; et, dans un temps où l'administration générale étoit si mal entendue, où les seigneurs éloignés du trône affermissoient si

---

(1) *Baluzii Capit.* T. I, p. 21. — *Scr. franc.* T. IV, p. 118. — *Hadriani Valesii.* Lib. XVIII, p. 5. — *Fredeg.* Cap. 44, p. 431.

(2) *Fredegarii.* Cap. 45, 46, p. 431, 432.

vite leur indépendance, ces partages avoient peut-être été avantageux non-seulement à la nation, mais même à l'autorité royale.

Dagobert n'avoit pas probablement plus de quinze ans lorsqu'il fut envoyé en Austrasie; mais Arnolphe et Pepin, les mêmes seigneurs qui avoient procuré la couronne à son père, et dont le second avoit été revêtu de la mairie austrasienne, lui furent donnés pour gardiens et pour conseillers. Arnolphe étoit alors, ou fut peu après, évêque de Metz. Avant d'être prêtre, il avoit eu un fils nommé Ansigise, qui avoit épousé Begga, fille de Pepin, maire du palais. De ces époux naquit Pepin d'Héristal, père de Charles-Martel, aïeul de Pepin-le-Bref, et bisaïeul de Charlemagne. Les possessions de Pepin paroissent s'être étendues, entre la Meuse et le Rhin, dans les pays de Liége et de Juliers; celles d'Arnolphe, dans le pays Messin : c'étoient les provinces les plus importantes du royaume d'Austrasie, tel que Clothaire l'avoit cédé à son fils ; car il en avoit retranché toutes les possessions dans l'Aquitaine et la Provence, qui n'avoient aucune contiguité avec la France orientale, et il lui avoit donné pour frontières les Ardennes et les Vosges. Il est vrai que les nations germaniques d'outre-Rhin, les Allemands, Bavarois, Thuringiens, Saxons et Frisons, étoient supposés relever de la couronne d'Austrasie, et que ces peuples, commençant enfin à se civiliser, reconnoissoient aussi un peu mieux l'autorité royale. (1)

623. Non loin de l'extrémité orientale de la domination des Francs en Germanie, les Avares maintenoient, dans la Hongrie et la Transylvanie, l'empire qu'ils y avoient fondé soixante ans auparavant : ils avoient soumis à leur joug les Vénèdes ou Hénèdes, peuple slave qui habitoit la Bohême; ils les forçoient à combattre à l'avant-garde de leurs armées; ils venoient avec leurs troupeaux parcourir les champs des Vénèdes; car il semble que les Avares n'avoient point encore renoncé à la vie errante des peuples pasteurs, et leur retour étoit signalé chaque année par l'enlèvement des femmes et des filles de leurs sujets. Tant d'outrages avoient enfin déterminé les Vénèdes à la révolte, lorsqu'un Franc de Sengaw, dans le Hainault, nommé Samo, parut au milieu d'eux, et se mit à leur tête; ce Franc, homme considéré dans son pays, avoit formé une association nombreuse de ses compatriotes pour exercer le commerce du Levant. Les marchandises de Constantinople et de l'Orient arrivoient à la Germanie et à la Gaule par la vallée du Danube. Les convois qui remontoient ce

(1) *Fredegarii Chron.* Cap. 47, p. 432. — *Gesta Dagoberti regis.* Cap. 12 et 13, p. 582. — *Hadriani Valesii.* Lib. XVIII, p. 20.

fleuve, du Pont-Euxin jusqu'en Bavière, où finissoit l'empire des Francs, avoient à traverser un pays sans cesse infesté par des hordes de brigands. Le commerce ne pouvoit être exercé qu'à main armée; il demandoit les talens d'un général, au moins autant que ceux d'un marchand; les plus nobles parmi les Francs ne croyoient point déroger en exerçant cette profession. Samo, avec ses braves compatriotes, se joignit aux Vénèdes contre les Avares; il remporta sur les derniers une grande victoire, et il montra tant d'habileté et de vaillance, que les Vénèdes le choisirent pour roi, et demeurèrent pendant trente-cinq ans sous sa domination. Cette révolution contribua à étendre le crédit des Francs jusque sur les frontières de l'empire d'Orient, et à attirer de nouveaux spéculateurs sur la route qui conduisoit de la Germanie à la Grèce. (1)

L'empire français avoit remplacé l'empire d'Occident; il occupoit le même rang dans la chrétienté, et il s'élevoit de même au-dessus de tous les Barbares. Tous ceux-ci s'étoient corrompus dès qu'ils avoient commencé à jouir de leurs conquêtes, et dès la seconde ou la troisième génération, ils avoient été hors d'état de défendre les pays que la valeur de leurs ancêtres

(1) *Fredeg.* Cap. 48, p. 432. — *Aimoini.* Lib. IV, cap. 9, p. 121. — *Hadr. Valesii.* Lib. XVIII, p. 37-46.

avoit soumis. La tempérance est facile à ceux qui n'ont rien, mais c'est le chef-d'œuvre de la législation, de procurer aux peuples tous les biens de la vie, en les empêchant d'en abuser jamais. Les lumières sont nécessaires pour que la vertu puisse demeurer unie au pouvoir et aux richesses. Les Vandales avoient disparu de l'Afrique, les Ostrogoths de l'Italie; les Suéves de la Lusitanie; les Visigoths; il est vrai, se conservoient en Espagne, mais leur monarchie, réduite par les conquêtes des Francs, par celles même des Grecs sur les côtes, étoit bouleversée par des révolutions annuelles, et ne devoit son indépendance qu'à sa situation presque insulaire. Les Lombards, dont les conquêtes en Italie étoient beaucoup plus récentes, avoient bien dégénéré dans le cours d'un demi-siècle : aussi avoient-ils consenti à payer un tribut aux Francs, et à recevoir leurs ordres à la guerre. Les Angles et les Saxons qui, pendant le cours du sixième siècle, avoient conquis l'Angleterre, et qui y avoient fondé leurs sept royaumes, n'avoient attiré l'attention des étrangers que par leur conversion récente au christianisme, commencée vers 597 par les soins de saint Grégoire-le-Grand. Les royaumes des Huns, des Gépides, des Bulgares, des Avares, des Slaves, avoient éprouvé des révolutions plus rapides encore. L'empire des Sassanides de Perse, qui pendant quatre cents ans avoit tenu tête aux Romains (223-652), penchoit déjà vers sa ruine, et Héraclius remportoit sur Chosroès II, de 622 à 627, les victoires les plus signalées. Mais à cette époque même commençoit dans le Levant une puissance nouvelle, qui devoit se rendre plus formidable qu'aucune des précédentes. L'année où Clothaire II partagea avec son fils la monarchie française, et que Dagobert compta pour la première de son règne, est aussi la première de l'hégire, l'ère des musulmans. Mahomet fut chassé de la Mecque le 16 juillet 622; neuf ans après il remporta sa première victoire sur les Grecs, et avant que le siècle fût révolu, les successeurs du prophète arabe avoient envahi les Gaules.

Clothaire II avoit conservé sur Dagobert les droits d'un père et d'un maître; mais son autorité étoit quelquefois disputée dans l'Austrasie: le roi pouvoit être mineur, mais la nation étoit majeure, et les Austrasiens voyoient de mauvais œil que le roi de Neustrie essayât de restreindre ses droits. « La quarante-unième année « du règne de Clothaire, nous dit Frédégaire, « et lorsque Dagobert régnoit déjà *utilement* en « Austrasie (c'est-à-dire, sans doute, lorsqu'il « étoit déjà sorti de l'enfance), l'un des grands, « nommé Chrodoald, de la noble maison des « Agilolfinges (les ducs de Bavière), tomba dans

« la disgrâce de Dagobert. Le saint pontife, Ar-
« nolphe, et le maire du palais, Pepin, exci-
« toient son ressentiment aussi-bien que les
« autres grands qui dominoient en Austrasie ;
« car Chrodoald, déjà possesseur d'immenses
« richesses, envahissoit avec cupidité les pos-
« sessions des autres ; il se livroit à la superbe,
« il étoit plein d'orgueil, et rien de bon ne se
« trouvoit en lui. Et comme Dagobert vouloit
« déjà le faire tuer à cause de ses méfaits,
« Chrodoald s'enfuit chez Clothaire, et le sup-
« plia d'obtenir sa grâce auprès de son fils.
« Lorsque Clothaire vit Dagobert, il lui de-
« manda, entre autres discours, la vie de Chro-
« doald. Dagobert promit que si Chrodoald ré-
« paroit le mal qu'il avoit commis, il ne cour-
« roit aucun danger pour sa vie ; aussitôt, et
« sans aucun retard, Chrodoald arriva auprès
« de Dagobert à Trèves, et il y fut tué par l'ordre
« de Dagobert ; car un nommé Berthaire, natif
« de Scharpeigne, tirant son épée, lui trancha
« la tête à la porte de la chambre du roi (1). »
Peut-être, dans cette occasion, l'ordre fut-il
moins donné par Dagobert, au mépris de sa
parole royale, que par les grands du royaume :

─────────

(1) *Fredeg.* Cap. 52, p. 433. — *Aimoini.* Lib. IV, cap. 11,
p. 122. — *Hugo flaviniacensis Chron. virdunense*, p. 360.
— Chroniques de Saint-Denys, Liv. V, ch. 5, p. 281. — *Hadr.
Valesii.* Lib. XVIII, p. 46.

nous avons déjà observé que Frédégaire attribue toujours à la personne même du roi ce qui étoit l'acte du gouvernement. Tant de crimes pèsent déjà sur la mémoire des Mérovingiens, qu'il faut être attentif à n'en pas charger encore le tableau.

624.

« L'année suivante, continue Frédégaire, « Dagobert, d'après l'ordre de son père, vint « en habit royal, honnêtement accompagné de « ses leudes, à Clichy, non loin de Paris, et il « y reçut pour femme Gomatrude, sœur de la « reine Sichilde, sa belle-mère. Mais les noces « étant terminées le troisième jour, il s'éleva, « entre Clothaire et son fils Dagobert, une grave « contention; car Dagobert demandoit que tout « ce qui avoit appartenu au royaume d'Au- « strasie lui fût restitué, tandis que Clothaire se « refusoit violemment à rendre aucune des pro- « vinces qu'il en avoit détachées. Enfin les deux « rois élurent douze grands seigneurs de France, « pour mettre fin, par leur sentence, à cette « querelle. Le seigneur Arnolphe, évêque de « Metz, fut l'un des élus, avec d'autres évê- « ques; lequel, conformément à sa sainteté, « parla bénignement pour la paix entre le père « et le fils. Enfin les pontifes et les plus sages « parmi les grands les pacifièrent l'un avec l'au- « tre. Clothaire rendit à l'Austrasie toutes les « provinces contiguës qui lui avoient appar-

625.

625. « tenu, et il garda seulement pour lui celles qui « étoient situées au midi de la Loire ou dans la « Provence (1). » Il ne faut point oublier que Dagobert n'avoit alors que dix-huit ans : au lieu de voir dans cette querelle l'ambition d'un fils aux prises avec celle de son père, on doit la regarder comme une contestation entre les deux royaumes, sur le système de division le plus avantageux aux provinces.

626. La quarante-quatrième année du règne et de la vie de Clothaire II, le maire du palais de Bourgogne, auquel il avoit dû principalement sa victoire sur Brunehault, Warnachaire mourut, laissant une veuve nommée Berthe, que son fils Godinus épousa aussitôt. Soit que Clothaire fût révolté du scandale que donnoit un fils épousant sa belle-mère, soit qu'il craignît de voir affermir le crédit d'une famille déjà trop riche, il ordonna au duc Arnebert, qui avoit pour femme une sœur de Godinus, de se rendre maître de lui, et de le tuer. Le fils de Warnachaire, attaqué par l'armée royale, reconnut son danger et s'enfuit en Austrasie avec sa femme, pour réclamer la protection de Dagobert, qui s'intéressa vivement pour lui. Clothaire, paroissant céder aux sollicitations de son fils, promit la vie à Godinus, pourvu qu'il renonçât à

---

(1) *Fredeg.* Cap. 53, p. 434. — *Aimoini.* Lib. IV, cap. 12, p. 123. — *Hadriani. Valesii.* Lib. XVIII, p. 47.

un mariage incestueux, et qu'il jurât fidélité au roi, sur le tombeau des saints les plus respectés du royaume. Godinus se soumit; il abandonna sa femme, et, accompagné de ses cliens qui formoient pour lui une petite armée, il prêta serment de fidélité sur la tombe de saint Médard à Soissons, et sur celle de saint Denis à Paris. Clothaire exigea qu'il répétât le même serment sur le tombeau de saint Aignan d'Orléans, et de saint Martin de Tours. Godinus, reprenant confiance dans les promesses royales, renvoya une partie de sa suite avant d'entreprendre ce voyage, et à son arrivée dans un faubourg de Chartres, il y fut massacré par l'ordre de Clothaire. Plusieurs de ceux qui le suivoient furent aussi tués : on permit aux autres de s'enfuir, après avoir pillé leurs effets. Ainsi le père et le fils, méprisant les sollicitations l'un de l'autre, firent, chacun à leur tour, périr le suppliant qu'ils s'étoient réciproquement recommandé, et qu'ils avoient feint de recevoir en grâce. Clothaire assembla ensuite à Troyes les états de Bourgogne, et leur proposa d'élire un nouveau maire du palais, en remplacement de Warnachaire; mais l'assemblée s'y refusa unanimement, aimant mieux se confier à la justice du roi. (1)

626.

———————

(1) *Fredeg.* Cap. 54, p. 434. — *Aimoini.* Lib. IV, cap. 14, p. 123. — *Hadr. Valesii.* Lib. XVIII, p. 52.

627. Clothaire avoit des mœurs plus rangées qu'aucun autre des rois mérovingiens; on ne lui connoît que deux reines, Bertrude et Sichilde; l'une lui avoit donné pour fils Dagobert; l'autre, Charibert, qui étoit de quelques années plus jeune, mais qui étoit né cependant long-temps avant la mort de Bertrude. Ce fut peut-être pour assurer la bonne intelligence entre ces deux frères, que Clothaire fit épouser au premier la sœur de la mère du second. Les deux reines de Neustrie et d'Austrasie, Sichilde et Gomatrude, avoient pour frère un duc Brodulphe, qui jouissoit d'un grand crédit parmi les Francs. Dans une assemblée des états des royaumes de Neustrie et de Bourgogne, tenue à Clichy, un grand seigneur saxon, nommé Ægina, fit tuer, en 627, le gouverneur du palais de Charibert. Brodulphe se crut appelé à venger cet affront fait à son neveu; il soupçonna peut-être que l'attaque avoit été ordonnée par le roi d'Austrasie, dont Ægina étoit sujet. Les Neustriens se présentèrent à lui en foule pour lui offrir leurs épées; les Saxons et les Austrasiens, commandés par Ægina, se fortifièrent sur les hauteurs de Montmartre. Une bataille acharnée sembloit devoir décider leur différend; Clothaire II parvint enfin à les apaiser, en ordonnant aux Bourguignons de prendre les armes, et de se joindre à celui des deux partis qui con-

sentiroit à se soumettre au jugement royal. On ne sait point quel fut ensuite ce jugement, mais le sang des Français ne fut pas versé dans un combat inutile. (1)

C'est la dernière action de Clothaire II qui nous soit connue ; une profonde obscurité règne sur toute cette époque, et nous ne devons tenter de rien ajouter au laconique récit de Frédégaire. Clothaire II, qui avoit régné quarante-cinq ans en Neustrie, ou autant qu'il avoit vécu, et seize ans en Bourgogne, mourut en 628. Il fut enseveli dans l'église de Saint-Vincent, aujourd'hui Saint-Germain-des-Prés, avec les autres rois de sa famille. Il ne paroît point qu'il eût pris des mesures pour assurer le partage de son héritage entre ses deux fils ; et Dagobert, déjà appuyé par toutes les forces de l'Austrasie, prit aussitôt les armes pour s'assurer aussi de la Neustrie et de la Bourgogne. En même temps qu'il appeloit à son armée les leudes d'Austrasie, il envoyoit des messagers dans la Bourgogne et la Neustrie, pour demander à ces peuples de le reconnoître pour leur roi. Les évêques et les leudes de Bourgogne vinrent à sa rencontre jusqu'à Reims, et se soumirent à lui. Les grands de Neustrie étoient convoqués à Soissons ; mais leur assemblée ne fut pas complète. Tandis que ceux qui s'étoient rendus dans

---

(1) *Fredegarii.* Cap. 55, p. 435.

cette ville reconnurent Dagobert, les autres, se rangeant sous les étendards de Brodulphe, choisirent Charibert pour leur roi, et lui formèrent une armée dans les provinces méridionales du royaume. (1)

Déjà Dagobert étoit maître de toute la Bourgogne, d'une partie de la Neustrie, et des trésors qui avoient appartenu à son père; cependant, soit qu'il n'osât pas poursuivre la guerre contre son frère dans la France méridionale, ou qu'il éprouvât pour lui quelque compassion, comme Frédégaire le donne à entendre, il traita avec lui par l'entremise des grands de ses états. Apparemment que le crédit de Brodulphe s'étendoit surtout sur l'Aquitaine, puisque ce fut le royaume qu'il obtint en partage pour son neveu; toutefois, depuis 567, l'Aquitaine avoit cessé de former un état, et ses provinces, héritage de Charibert I$^{er}$, avoient toujours été partagées entre les trois autres royaumes. Charibert II fit de Toulouse sa capitale; il y habita les palais des anciens rois visigoths, et il étendit sa domination de la Loire aux Pyrénées, au pied desquelles il remporta quelques victoires sur les Gascons. (2)

(1) *Fredegarii.* Cap. 56, p. 435. — *Gesta Dagoberti regis.* Cap. 15 et 16, p. 583. — *Aimoini.* Lib. IV, cap. 17, p. 125. — *Gesta reg. francor.* Cap. 42, p. 568. — *Chron. Moissiac.* p. 651. — *Hadr. Valesii.* Lib. XVIII, p. 65.

(2) *Fredegarii.* Cap. 57, p. 435. — *Gesta Dagoberti reg.*

De son côté, Dagobert, en réunissant la Neustrie et la Bourgogne à l'Austrasie, voulut faire le tour de ses nouveaux états. Frédégaire nous raconte son voyage, et son récit est le monument le plus authentique d'un règne dont tous les événemens nous sont peu connus. « Il entra
« en Bourgogne, dit notre auteur, et frappa
« de tant de terreur les pontifes, les grands et
« le reste des leudes de ce royaume, qu'il en
« devint l'objet de l'admiration universelle. Il
« répandoit ainsi une grande joie parmi les
« pauvres, auxquels il faisoit obtenir la justice.
« Lorsqu'il arriva à Langres, il prononça ses
« jugemens avec tant de justice entre les leudes,
« aussi-bien les plus pauvres que les plus émi-
« nens, qu'on dût croire qu'il étoit entièrement
« agréable à Dieu; car il ne recevoit aucun
« présent, il ne faisoit aucune acception de
« personnes, et il ne laissoit dominer que la
« seule justice que le Très-Haut chérit. De là,
« il prit le chemin de Dijon et de Saint-Jean-
« de-Lône, où il résida quelques jours, avec
« une forte volonté de juger le peuple de tout
« son royaume selon la justice. Plein de ce désir
« bienfaisant, il n'admettoit point le sommeil
« dans ses yeux, il ne se rassasioit point de nour-
« riture, n'ayant d'autre pensée que de faire

Cap. 15 et 16, p. 583. — Hist. génér. du Languedoc, Liv. VII, chap. 1, p. 329. — *Hadr. Valesii.* Lib. XIX, p. 81.

« que tous pussent se retirer contens de sa pré-
« sence, après avoir obtenu justice. Le jour
« même où il comptoit se rendre de Saint-Jean-
« de-Lône à Châlons, il entra dans le bain
« avant qu'il fît tout-à-fait jour, et en même
« temps il fit tuer Brodulphe, oncle de son frère
« Charibert. Les ducs Amalgare et Arnebert,
« avec le patrice Willibad, furent chargés de
« cette exécution. A Châlons, Dagobert conti-
« nua à accomplir, par amour de la justice, les
« œuvres qu'il avoit commencées. Ensuite,
« traversant les villes d'Autun, d'Auxerre et
« de Sens, il arriva à Paris. Là il laissa, dans
« le palais de Reuilly, la reine Gomatrude, dans
« le lieu même où il l'avoit reçue en mariage, et
« il éleva au rang de reine Nantechilde, une des
« jeunes filles qui l'avoient servie. Jusqu'alors,
« à partir du commencement de son règne, il
« avoit surtout suivi les conseils du très-saint
« évêque de Metz, Arnolphe, et de Pepin, le
« maire du palais; et il avoit gouverné l'Au-
« strasie avec tant de bonheur, que ses louanges
« étoient dans la bouche de tous les hommes.
« D'autre part, son *utilité* (son application aux
« affaires) avoit imprimé une terreur si forte,
« que toutes les nations qui habitent dans le
« voisinage des Avares et des Slaves, attendoient
« sa venue. Elles ne doutoient point qu'accom-
« plissant heureusement sa route jusque der-

« rière leurs frontières, il ne soumît à son em-
« pire les Avares, les Slaves, et tout le reste des
« nations, jusqu'aux lieux qui appartiennent à
« la main publique. » (C'est ainsi que Frédégaire appelle toujours l'Empire, qui, même à
Constantinople, usurpoit encore le nom de
république.) « Après la retraite de saint Arnol-
« phe (qui s'enferma dans un couvent qu'il
« avoit bâti dans les Vosges), Dagobert continua
« à se servir des conseils de Pepin le major-
« dôme, et de Chunibert, évêque de la ville
« de Cologne ; et, fortement admonesté par
« eux, il gouverna les nations qui lui étoient
« soumises, jusqu'à son retour à Paris, avec
« tant de prospérité et d'amour de la justice,
« qu'aucun des rois francs ses prédécesseurs
« n'avoit obtenu plus de gloire. Mais la hui-
« tième année de son règne, comme il faisoit
« le tour de l'Austrasie avec une pompe royale,
« il appela à son lit une jeune fille, nommée
« Ragnetrude, dont il eut, la même année, un
« fils, nommé Sigebert. Revenant ensuite dans
« la Neustrie, et s'affectionnant au palais de
« son père, Clothaire, il résolut d'y fixer sa
« résidence. Là, oubliant entièrement la justice
« qu'il avoit auparavant chérie, il ne s'occupa
« plus qu'à remplir ses trésors des dépouilles
« des églises, et des biens de ses leudes, qu'une
« cupidité insatiable lui faisoit recueillir de

629.

630.

« toutes parts. S'abandonnant sans mesure à la
« luxure, il avoit, à l'exemple de Salomon,
« trois reines et un grand nombre de concu-
« bines. Les reines étoient Nantechilde, Wul-
« fegunde et Berchilde; quant aux noms des
« maîtresses, comme il y en avoit beaucoup,
« j'ai redouté la fatigue de les insérer dans cette
« chronique. Son cœur s'étoit ainsi détourné
« et retiré de la pensée de Dieu; cependant,
« comme il accordoit d'abondantes aumônes
« aux pauvres, si la cupidité n'avoit enfin mis
« un terme à ses charités, il auroit sans doute
« mérité le royaume de la vie éternelle. » (1)

Le compte que Frédégaire rend du caractère de Dagobert, de son amour pour la justice, de la terreur qu'il inspiroit, et de son intempérance, peut paroître quelquefois inconséquent; mais il porte l'empreinte du siècle barbare où il fut écrit, et des opinions de l'auteur; on sent sa bonne foi, lors même qu'on est le moins disposé à adopter son jugement. Les autres écrivains auxquels nous pouvons avoir recours, sur le règne de Dagobert, n'inspirent point une même confiance. Son biographe, moine de Saint-Denis, qui vivoit au neuvième siècle, a recueilli sur lui les fables les plus absurdes. L'auteur des Gestes des rois francs, qui paroît avoir vécu en 720, se montre tout aussi cré-

(1) *Fredegarii.* Cap. 58, 59, 60, p. 436, 437.

dule, et tout aussi ignorant. De nombreuses Vies des Saints ont servi, aux écrivains postérieurs, à suppléer à la briéveté de Frédégaire; mais leurs auteurs, quoique souvent contemporains, ne peuvent que nous égarer. Ce sont des moines qui se montrent absolument incapables de discerner le vrai ou le vraisemblable, pour tout ce qui se passoit en dehors de l'enceinte de leur couvent. Tantôt ils adoptent les contes populaires les plus absurdes, tantôt ils confondent eux-mêmes les événemens, par une fraude pieuse, pour faire jouer à leurs saints un rôle plus glorieux. Ces récits brouillent tellement la géographie, la chronologie, les noms les mieux connus, les faits les plus avérés, que les miracles qu'ils racontent avec profusion sont encore la partie la moins incroyable de leurs récits. Les érudits des dix-septième et dix-huitième siècles ont rétabli les noms altérés, rectifié la chronologie, supposé des fautes de copiste là où la géographie étoit violée, supprimé les circonstances les plus absurdes, expliqué les autres par des conjectures, et ils ont ainsi glané, dans les Vies des Saints, quelques actions et quelques dates; mais la source en est si suspecte, qu'il vaudroit mieux peut-être s'en abstenir entièrement. (1)

630.

(1) *Gesta Dagoberti regis.* Cap. 21, 22, p. 585. — *Gesta regum francor.* Cap. 41, 42, p. 568. Les bénédictins ont re-

630.  Lorsque Dagobert, âgé de vingt-trois ou vingt-quatre ans, voulut s'abandonner à ses passions honteuses, il retira sa confiance à Pepin, maire d'Austrasie, pour se livrer aux conseils du Neustrien Æga, qui avoit été formé à la cour de son père, Clothaire II. Il força même Pepin à quitter l'Austrasie, pour vivre à Paris sous sa surveillance. En 630, il le chargea de conduire à Orléans son fils Sigebert, pour y être présenté au baptême par Charibert son frère. Le roi d'Aquitaine, qui s'avança jusqu'à cette ville, ne paroît point avoir eu d'entrevue avec Dagobert. Il mourut en 631, peu après son

631. retour à Toulouse. Dagobert fit aussitôt saisir son trésor, et égorger son fils, nommé Chilpéric, qu'il laissoit en bas âge (1). On a prétendu que Charibert avoit laissé deux autres fils encore, nommés Boggis et Bertrand, qu'il avoit eus de Gisèle, fille d'Amand, duc des Gascons; que ceux-ci, protégés par leur aïeul maternel, échappèrent aux embûches de leur

---

cueilli parmi les historiens de France, tome III, p. 509, des extraits de la vie de dix-sept saints contemporains de Dagobert. Adrien de Valois, qui leur a emprunté plusieurs circonstances, met aussi leur inconséquence sous un plus grand jour. Celle entre autres du biographe de Saint-Amand, à l'occasion du baptême du fils aîné de Dagobert. (*Hadr. Valesii*, Lib. XIX, p. 95.)

(1) *Fredeg.* Cap. 61, 62, 67, p. 437, 439. — *Hadr. Vales.* Lib. XIX, p. 102.

oncle, et recouvrèrent plus tard l'héritage de
leur père. Telle fut, dit-on, l'origine du duché
d'Aquitaine. La généalogie de ces ducs est fondée
sur une charte de Charles-le-Chauve, de l'an
845; mais peut-être, dès cette époque, faut-il
se défier de la vanité des grands seigneurs, qui
cherchoient à se donner une origine royale.
Les noms de Boggis et de Bertrand ne semblent
point appartenir à la race mérovingienne, et
aucun duché n'avoit encore été donné en apanage à aucun fils de roi. (1)

631.

De même que celui de Clothaire II, l'empire
de Dagobert s'étendoit des Pyrénées jusqu'aux
bords de l'Elbe, et de l'Océan occidental jusqu'à la Bohême et la Hongrie, occupées par les
Vénèdes et les Avares. Une aussi vaste monarchie inspiroit à ses voisins un respect mêlé de
crainte. Les Lombards d'Italie permirent plus
d'une fois à Dagobert de se mêler dans leurs
affaires domestiques, de prendre, entre autres,
la protection de leur reine Gondeberge, sa pa-
rente, qui avoit élevé au trône Rotharis, duc
de Brescia, et qui avoit été ensuite victime de
son ingratitude (2). En Espagne, l'alliance de
Dagobert fit élever sur le trône des Visigoths
Sisenand à la place de Suintilla. Le premier fut

(1) Hist. génér. du Languedoc, Liv. VII, ch. 5, p. 332. —
*Idem*, note 83, p. 688, et preuves p. 86.

(2) *Fredegarii*. Cap. 70, 71, p. 440.

conduit jusqu'à Saragosse par deux ducs bourguignons, lieutenans du roi franc, et il reconnut leur assistance au prix de deux cent mille sous d'or. (1)

Sur la frontière la plus orientale de l'empire franc, les lieutenans de Dagobert éprouvèrent quelques revers. Le commerce du Danube, qui avoit élevé Samo sur le trône des Vénèdes, attiroit dans ces contrées un nombre toujours plus grand d'aventuriers français. Leurs caravanes, établissant une communication entre le levant et le couchant, se chargeoient des manufactures de la Grèce et des épiceries de l'Inde, qu'elles répandoient dans la Germanie et la Gaule : elles étoient préparées à repousser avec vaillance les voleurs scythes et sarmates, qui souvent, par grandes bandes, les attendoient au passage. Mais le Danube séparoit le pays des Vénèdes de celui des Avares, leurs ennemis; et, dans une expédition des premiers contre les seconds, une nombreuse et riche caravane de marchands francs fut attaquée par les Vénèdes, dépouillée de toutes ses richesses, et en partie massacrée. Dagobert envoya au roi Samo un Franc, nommé Sicharius, pour lui demander réparation ; et celui-ci, n'obtenant pas assez tôt la justice qu'il croyoit lui être due, reprocha insolemment au roi des Vénèdes d'oser désobéir

---

(1) *Fredegarii.* Cap. 73, p. 441.

au roi des Francs, son maître. Samo répliqua
qu'il étoit l'ami et l'allié de Dagobert, et non son
serviteur ; et Sichaire répondit avec arrogance
qu'un roi chrétien, serviteur de Dieu, ne pouvoit être l'ami ou l'allié de chiens, de mécréans,
et d'idolâtres. « Gardez, reprit Samo, que ces
« chiens ne vous fassent voir qu'ils savent
« mordre les mauvais serviteurs de Dieu. » (1)

Dagobert fit alors attaquer en même temps le
pays des Vénèdes par les Lombards, les Allemands et les Austrasiens. Ariowald, qui régnoit
à cette époque sur les Lombards, sans être sujet
de Dagobert, n'osoit point se refuser à ses invitations ; il s'avança par le Frioul ; Chrodebert,
duc des Allemands, marcha sur la droite du
Danube ; les Austrasiens, sur la gauche. Samo
avoit réservé toutes ses forces pour combattre
les derniers ; aussi les Lombards et les Allemands revinrent du pays des Vénèdes, en ra-
menant un grand nombre de captifs. Mais les
Austrasiens rencontrèrent l'armée de Samo dans
un lieu nommé Wogastiburg. Le combat dura
trois jours ; enfin, les Francs furent défaits
avec une perte immense ; ceux qui réussirent à
s'échapper abandonnèrent tous leurs bagages.
Les Vénèdes, à leur tour, pénétrèrent à plusieurs reprises dans la Thuringe, et la dévastèrent, ainsi que d'autres provinces de la Ger-

(1) *Fredegarii.* Cap. 68, p. 439.

manie. Dervan, duc des Urbiens, peuple de race esclavonne, qui jusqu'alors avoit obéi aux Francs, prit cette occasion pour secouer leur joug, et se mettre sous la protection du roi Samo. (1)

Dans le même temps, les Avares de la Pannonie éprouvèrent aussi une révolution. Deux prétendans se disputoient la couronne; l'un, de la race des Huns, l'autre, de celle des Bulgares. Après un combat entre les deux peuples, soumis jusqu'alors à un même monarque, les Bulgares, vaincus, furent chassés de la Pannonie. Neuf mille guerriers de cette nation, avec leurs femmes et leurs enfans, se présentèrent sur la frontière de l'Austrasie, et demandèrent à Dagobert de leur assigner quelque part des quartiers dans le vaste empire des Francs. Dagobert ordonna aux Bavarois de les recevoir dans leurs maisons. En effet, pendant l'hiver suivant, ils furent distribués dans les villages de Bavière, à de grandes distances les uns des autres; mais bientôt Dagobert, ne sachant où les établir ensuite, et craignant peut-être qu'ils ne lui attirassent des hostilités de la part des Avares, donna ordre aux Bavarois de les massacrer tous en une seule nuit. Ceux qui, pendant six mois, avoient reçu ce peuple fugitif

---

(1) *Fredegarii.* Cap. 68, p. 439. — *Gesta Dagoberti regis.* Cap. 27, p. 586. — *Hadr. Valesii.* Lib. XIX, p. 103.

leur table, qui s'étoient liés envers lui par les rapports sacrés de l'hospitalité, n'hésitèrent point à exécuter cet ordre perfide. Tout périt à la fois, guerriers, femmes et enfans, à la réserve du seul duc Altiæus, qui, avec environ sept cents familles, réussit à s'enfuir chez les Vénèdes, par lesquels ce malheureux reste des Bulgares fut respecté. (1)

L'année suivante, ou la dixième du règne de Dagobert en Austrasie, on lui annonça que l'armée des Vénèdes étoit de nouveau entrée en Thuringe. A cette nouvelle, il rassembla, à Metz, l'armée austrasienne, et traversant les Ardennes, il la conduisit à Mayence avec l'intention de passer le Rhin. En même temps il avoit appelé à lui l'élite des soldats de la Neustrie et de la Bourgogne, sous leurs ducs et leurs comtes divers. Il n'avoit point encore passé le fleuve, lorsque les Saxons lui envoyèrent des députés pour le supplier de leur remettre les tributs qu'ils payoient à son fisc, s'engageant en retour à résister avec leurs seules forces aux Vénèdes, et à défendre contre eux les frontières des Francs. Les Neustriens entreprenoient à regret un long voyage au travers de la Germanie, pour proté-

---

(1) *Fredeg.* Cap. 72; p. 441. — *Aimoini.* Lib. IV, cap. 24, p. 130. — *Gesta Dagoberti.* Cap. 28, p. 587. — Chroniques de Saint-Denys, Liv. V, ch. 13, p. 292. — *Hadriani Valesii.* Lib. XIX, p. 105-108.

632.  ger contre un peuple barbare une province également barbare ; ils sollicitèrent Dagobert d'accepter la proposition des Saxons. Les députés de ceux-ci prêtèrent sur leurs armes, selon l'usage de leur nation, le serment de défendre la frontière austrasienne ; tandis que le roi leur abandonna le tribut que depuis le règne de Clothaire 1er, leurs ancêtres avoient payé aux rois francs ; puis il licencia son armée. (1)

633.  Le tribut annuel dont les Saxons avoient demandé à être dispensés à une condition si onéreuse, n'étoit que de cinq cents vaches. Pour croire que plutôt que de le payer ils préféroient supporter seuls tout le poids de la guerre, il falloit un grand désir de se faire illusion à soi-même. En effet, dès l'année suivante les Vénèdes recommencèrent leurs ravages en Thuringe, sans que les Saxons fissent aucun effort pour les arrêter ; mais il avoit suffi aux Neustriens de faire manquer l'expédition projetée : les Austrasiens ne mettoient pas plus de zèle à cette guerre ; on les soupçonnoit même de s'être, à dessein, laissé battre par Samo, deux ans auparavant. Ils se repentoient d'avoir aidé leur roi à soumettre la Neustrie et la Bourgogne ; dès lors le siége du gouvernement avoit cessé d'être

---

(1) *Fredeg.* Cap. 74, p. 441. — *Aimoini.* Lib. IV, cap. 26, p. 131. — *Hadr. Valesii.* Lib. XIX, p. 111.

dans leur pays; ils avoient perdu toute influence dans ses conseils; leurs plus grands citoyens étoient même arrachés par lui à leurs foyers, et retenus à sa cour dans une espèce de captivité. Ils réclamoient un monarque indépendant, et Dagobert se décida à les satisfaire. Une de ses maîtresses, nommée Ragnetrude, lui avoit donné, en 630, un fils, le premier que son nombreux sérail lui eût encore produit. Il fit couronner à Metz, sous le nom de Sigebert III, cet enfant âgé de trois ans; il le confia aux soins de Chunibert, évêque de Cologne, et du duc Adelgise; car il ne voulut point permettre au maire du palais, Pepin, de retourner en Austrasie. Cependant les pontifes et les grands parurent contens; les Austrasiens furent flattés de voir rétablir à Metz une cour, un trésor et un gouvernement national, et dès lors ils défendirent, avec leur ancienne énergie, les frontières de l'empire franc contre les Vénèdes. (1)

A peine la restauration du royaume d'Austrasie étoit accomplie, lorsque Nantechilde, l'une des reines de Dagobert, lui donna un fils à son tour, qui fut nommé Clovis. Le roi ne voulut point exposer ce nouvel enfant à être dépouillé de son héritage, comme son frère Charibert avoit été dépouillé par lui-même. Il lui

---

(1) *Fredeg.* Cap. 75, p. 442.—*Aimoini.* Lib. IV, cap. 26, p. 131.—*Hadr. Valesii.* Lib. XIX, p. 114.

634.

destina en partage la Neustrie et la Bourgogne, qui, réunies sous le nom de France occidentale, n'égaloient pas même l'Austrasie en étendue. Il marqua avec précision les limites des deux dominations, rendant à la couronne d'Austrasie tout ce qu'elle avoit possédé dans l'Aquitaine et la Provence, mais en exceptant formellement le duché de Dentelin, que la violence seule avoit détaché de la couronne de Neustrie. Il eut cependant besoin d'employer toute son autorité pour faire renoncer les Austrasiens à leurs prétentions sur ce duché. Le partage fut ensuite confirmé par les sermens des prélats, des grands seigneurs, et des leudes des trois royaumes. (1)

636.

Les Gascons avoient été contenus quelque temps dans les Pyrénées, même après la mort de Charibert, qui avoit remporté sur eux une grande victoire. Mais en 636, ils recommencèrent leurs incursions, et dévastèrent la Novempopulanie. Dagobert, pour les réprimer, donna ordre à Chadoine, son référendaire, de lever une armée en Bourgogne. Dix ducs s'y rendirent avec leurs troupes, et parmi ceux-ci, huit étoient Francs d'origine, un neuvième Saxon, un dixième Romain. Le bourguignon Wilibad, décoré du titre de patrice, y conduisit aussi ses soldats, de même qu'un grand nombre de com-

(1) *Fredeg.* Cap. 76, p. 442. — *Hadr. Valesii.* Lib. XIX, p. 115.

tes, qui n'étoient soumis à aucun duc. Ainsi, chacune des nations qui habitoient les Gaules, portoit les armes sous les mêmes étendards, et participoit au pouvoir militaire. Les Gascons, repoussés de la plaine, s'enfuirent dans les défilés des montagnes, où ils se défendirent avec vigueur, dressant derrière chaque rocher des embuscades aux soldats. Cependant un grand nombre d'entre eux avoit péri dans ces combats journaliers, d'autres étoient emmenés en captivité, et vendus loin de leur patrie; toutes leurs maisons étoient brûlées, toutes leurs récoltes étoient détruites, et ils se virent enfin réduits à se soumettre à Dagobert, en promettant que leur duc se rendroit à Paris avec les principaux de la nation, pour répéter le serment d'obéir au roi des Francs, et de ne plus molester leurs voisins.

Ce ne fut pas sans crainte qu'Amand, duc des Gascons, s'avança au milieu de la France. Un duc des Francs, Arembert, s'étoit laissé surprendre dans la vallée de Soule, et il y avoit été massacré par les Gascons avec les plus nobles seigneurs de son armée. Ses parens, ses héritiers pouvoient se croire obligés à le venger. Aussi, Amand, avec les capitaines Gascons qui l'accompagnoient, au lieu de se présenter à Dagobert, à Clichy, alla-t-il d'abord chercher un refuge dans la basilique de Saint-Denis. Ce ne fut

636.

qu'après que ses ennemis eurent juré de garder la paix avec lui, qu'il alla à son tour rendre son hommage. (1)

Les Bretons, de leur côté, avoient exercé quelques brigandages dans les provinces des Gaules qui les avoisinoient. Dagobert les menaça de faire marcher contre eux l'armée qui avoit dompté les Gascons, s'ils ne réparoient pas le dommage qu'ils avoient causé. Le chef des Bretons, que Frédégaire appelle leur roi, étoit alors Judicael, qui plus tard renonça au monde, prit l'habit de moine, et fut vénéré comme un saint. Il accourut à Clichy, auprès de Dagobert, lui porta des présens considérables, et fit tous les actes de soumission qui pouvoient assurer la réconciliation de son peuple. Cependant il refusa de dîner avec un prince qui donnoit un exemple trop scandaleux de déréglement; il préféra la table d'Audoin, alors référendaire du roi, mais qui plus tard fut évêque de Rouen, et inscrit comme Judicael au rôle des saints. Ce dernier, après avoir signé son traité de paix, se hâta de retourner dans sa province. (2)

Dagobert, dont saint Judicael évitoit la table

(1) *Fredeg.* Cap. 78, p. 442. — *Hadr. Valesii.* Lib. XIX, p. 118. — Histoire génér. du Languedoc, Liv. VII, cap. 13, p. 337.

(2) *Fredeg.* Cap. 78, p. 443. — *Gesta Dagoberti.* Cap. 38, p. 590.

comme s'il eût été excommunié, n'étoit pas également réprouvé par tous les saints. Nous avons vu que saint Audoin, qu'on a depuis appelé saint Ouen, étoit son référendaire; saint Éloi, ami de saint Ouen, étoit son orfévre, et de plus son conseiller et son directeur pour toutes les dévotions somptueuses par lesquelles Dagobert s'efforçoit de racheter ses péchés. C'étoit en travaillant à des statues de saints et à des ornemens d'église, qu'Éloi, par son désintéressement et son habileté, avoit gagné la faveur du roi. Bientôt il lui communiqua son zèle ardent pour fonder et enrichir des monastères, et alors il ne s'imposa plus le même désintéressement. Saint Éloi, du profit de son orfévrerie, ou plutôt des libéralités du roi, fonda le magnifique couvent de Solignac, où il rassembla cent cinquante religieux; il en fonda d'autres encore qu'il dota tous avec une somptuosité royale. A son exemple, Dagobert faisoit consister toute sa religion dans sa libéralité envers les moines. Saint Denis étoit son patron; il lui bâtit, aux portes de Paris, l'église qui fut ensuite destinée aux tombeaux des rois; il l'orna avec profusion, des matériaux les plus riches; il y fit exécuter les travaux les plus parfaits dont les artistes de cet âge fussent capables. Il ne se fit point scrupule, pour l'enrichir, de dépouiller toutes les autres églises; et tandis que les moines de Saint-Denis célébroient sa prodigalité, ceux du reste de la France se plaignoient de ses extorsions. Dagobert ne s'étoit pas contenté d'enrichir la basilique du saint, il avoit voulu que les moines qui y répéteroient pour lui de continuelles prières, fussent les plus opulens de l'Europe. Leurs possessions étoient distribuées dans toutes les provinces, et le catalogue des donations qu'il leur fit, passe toute croyance. Aussi les religieux de cette époque n'hésitèrent point à croire que tant de munificence avoit amplement compensé le scandale que Dagobert avoit pu donner par ses débauches ou ses cruautés. (1)

Dagobert n'avoit probablement que trente-un ans, lorsque, au commencement de l'année 638, il se sentit atteint, à Épinay, d'une dyssenterie. Il se fit aussitôt transporter à Saint-Denis, pour avoir l'assistance des prières des moines. Mais bientôt il reconnut les approches de la mort; alors il fit appeler Æga, le plus grand seigneur de Neustrie, et son principal ministre; il lui recommanda la reine Nantechilde et son fils Clovis, puis il mourut le 19 janvier. Les moines qu'il avoit comblés de bienfaits, annoncèrent au monde qu'ils étoient as-

---

(1) *Sancti Eligii vita à sancto Audoeno scripta. Script. franc.* T. III, p. 552-556. — *Gesta Dagoberti.* Cap. 17, seq. p. 584; cap. 42, p. 592.

surés de son salut. Un saint dont l'ermitage étoit situé non loin d'une des bouches de l'enfer, au volcan de Stromboli, avoit vu passer une nacelle dans laquelle les diables emportoient aux tourmens éternels l'âme de Dagobert, nue, chargée de fers et accablée de douleurs; mais les trois saints auxquels il avoit montré le plus de dévotion, Denis, Maurice et Martin, étoient accourus à son aide, et l'avoient délivré. La représentation de cette légende est au nombre des bas-reliefs qui ornent le tombeau du roi. (1)

Ce n'est pas sans regret qu'on quitte l'histoire de Dagobert, sans pouvoir en apprendre davantage sur un prince qui régna sur un empire presque aussi vaste que celui de Charlemagne, qui, comme lui, réforma la législation, car c'est par son ordre que les anciennes lois des Saliens furent publiées, aussi-bien que celles des Bavarois et des Allemands; qui couvrit la France de monumens religieux, remarquables par le progrès des arts et de l'opulence qu'ils supposent, et par le goût nouveau qui présida à leur construction. Mais une profonde obscurité couvre toutes ses actions; elle s'épaissit encore pendant

---

(1) *Fredeg.* C. 79, p. 443. — *Epitaphium Dagoberti regis.* T. II. *R. franc.* p. 596. — *Aimoini.* Lib. IV, cap. 33, p. 134. — *Gesta Dagoberti.* Cap. 44, p. 593. — *Chroniques de Saint-Denys*, Liv. V, chap. 19, p. 300. — *Hadr. Vales.* Lib. XIX, p. 126-155.

tout le siècle qui le suivit. Il est le dernier des rois de la race mérovingienne qui ait réellement pu soutenir le sceptre. Après lui commence la succession de ces rois fainéans qui disparoissent dans l'ombre, et qui se dérobent à toutes nos recherches.

Dagobert laissoit deux fils, Sigebert III, roi d'Austrasie, âgé de huit ans environ, et Clovis II, roi de Neustrie et de Bourgogne, âgé de moins de quatre ans. Le premier fut mis sous la tutelle de Pepin, maire du palais d'Austrasie, qui, dès la mort de Dagobert, retourna à Metz, avec une moitié du trésor du feu roi, et reprit pacifiquement possession de sa dignité; le second fut confié à Æga, maire du palais de Neustrie, homme plein de prudence et de patience, ami de la justice, éclairé par l'étude des belles-lettres, et qui donnoit avec promptitude les réponses savantes sur le droit qu'on attendoit de lui comme grand juge du royaume. C'est le témoignage que lui rend Frédégaire; il ajoute, il est vrai, qu'on l'accusa d'avarice: cependant il fit rendre aux grands de Neustrie et de Bourgogne, un grand nombre de propriétés qui avoient été confisquées sous Dagobert, par des sentences qu'Æga déclara injustes. Malheureusement pour la paix de la France, ces chefs des deux royaumes moururent, Pepin en 639, et Æga en 640, et dès lors les Francs éprouvèrent tout ensemble les troubles résultant des minorités dans les monarchies héréditaires, et ceux résultant des élections contestées dans les monarchies électives. (1)

En Austrasie, l'autorité étoit disputée entre Grimoald, fils de Pepin, qui avoit pour lui l'armée et les grands, et Othon, fils d'Uron, qui étoit précepteur de Sigebert, et qui disposoit des courtisans, et de la volonté enfantine du monarque. Ce ne fut qu'en 642, que Grimoald parvint à faire tuer Othon, par Leuthaire, duc des Allemands. Dès lors il s'attribua l'autorité de maire du palais, qui devint entre ses mains bien plus absolue qu'elle ne l'avoit été dans celles de son père. (2)

La France occidentale se composoit de deux royaumes, et chacun, après la mort d'Æga, eut un maire du palais. Erchinoald, parent de la mère de Dagobert, fut nommé en Neustrie, et Flaochat, en Bourgogne, à une assemblée tenue à Orléans. Ce dernier n'obtint cependant les suffrages des grands, qu'après s'être engagé par serment envers eux à ne jamais révoquer leur office. Il gouverna moins de deux ans : après avoir fait massacrer son rival, le patrice Willibad, aux comices tenus à Autun, au mois de septembre 641, il mourut lui-même au bout

---

(1) *Fredegarii.* Cap. 80, 85, p. 444, 445.
(2) *Fredegarii.* Cap. 86, 88, p. 446, 447.

639—642. de peu de jours de la fièvre, que les Francs regardèrent comme accomplissant contre lui les jugemens de Dieu. (1)

A cette époque, la province la plus orientale de la monarchie, et en même temps la plus barbare, se détacha de l'empire des Francs. Le duc héréditaire de Thuringe, Radulphe, ne voulut plus reconnoître l'autorité des rois enfans, et des maires du palais qu'il regardoit comme ses égaux. Grimoald tenta vainement de le réduire à l'obéissance; il fut mal secondé par les autres ducs de l'Austrasie, qui s'intéressoient plus à l'indépendance de leur collègue qu'au maintien de la monarchie. L'armée austrasienne fut battue sur l'Undstrutt; Radulphe traita ensuite; il consentit à reconnoître nominalement l'autorité de Sigebert III, mais dès lors il se conduisit en souverain, et il contracta, en son propre nom, des alliances avec les Vénèdes, et les autres nations voisines. (2)

642—654. Ici notre dernier guide pour l'histoire de France, Frédégaire, nous manque tout à coup, à l'année 642, et il nous laisse après lui dans une obscurité complète. Nous n'avons plus, pour composer notre récit pendant un siècle entier, que ces mêmes légendes fabuleuses, ou ces chroniques sèches et inexactes, que nous

(1) *Fredegarii.* Cap. 90 et ultimus, p. 447, 448.
(2) *Fredegarii.* Cap. 87, p. 446.

avions eu occasion de juger lorsque nous les comparions aux écrivains comtemporains, et qui alors ne méritoient que nos mépris. Une fois que notre seul flambeau échappe de nos mains, nous ne pouvons plus distinguer les traits véridiques qui peuvent se trouver encore mêlés à leurs fables. C'est une fausse manière de chercher des faits avérés, que de dégager les récits des romanciers de toutes les circonstances qui paroissent évidemment fabuleuses, puisque ces circonstances mêmes, ces niaiseries, ces puérilités, ces prodiges, nous donnent la mesure du crédit que mérite le reste.

Sigebert III se maria fort jeune; on nomme sa femme Sonnechilde, et son fils Dagobert II. Il mourut en 650, selon le calcul le plus probable, âgé de vingt-un ans. Quoiqu'il ait été inscrit au rôle des saints, on ne sait absolument rien sur ses actions ou son caractère. (1)

Le règne de Clovis II, en Neustrie, ne nous est pas mieux connu. Dès qu'il approcha de l'âge d'homme, il épousa Bathilde, esclave saxonne, que le maire Erchinoald avoit achetée, et dont il avoit d'abord voulu faire sa mai-

---

(1) *Hadriani Valesii.* Lib. XX, p. 186. — *Vita sancti Sigeberti regis Austrasiæ*, auctore Sigeberto mon. Gemblacense sæculo XII°. T. II, p. 597-602. — *Ejusd. Chron.* T. III, p. 343. — *Gesta regum francor.* Cap. 43, p. 568. — *Chron. Moissiac.* p. 652.

tresse, mais qu'il jugea ensuite plus propre à dominer son jeune maître. Clovis II en eut trois fils, Clothaire, Thierri et Childéric, qui portèrent, après lui, le nom de rois. On croit qu'il mourut âgé de vingt-un ans, en 654, après seize ans de règne. L'auteur des Gestes des rois francs, qui, dans notre misère, est désormais devenu notre meilleur guide, donne peut-être à entendre que la mort de Clovis ne fut pas naturelle. Ce roi avoit fait briser l'os du bras de saint Denis, conservé dans sa basilique, pour insérer dans son scapulaire un fragment de cette relique. Les moines prétendirent qu'en punition de cette profanation, Clovis II fut frappé de folie à l'âge de dix-neuf ans, et qu'il demeura fou pendant les deux dernières années de sa vie. « A cette époque, dit l'auteur des
« Gestes, Clovis, à l'instigation du diable, brisa
« le bras du saint martyr Denis. En même
« temps, le royaume des Francs fut abattu par
« des circonstances cruelles. Ce même Clovis fut
« adonné à toute espèce de vices : fornicateur,
« séducteur de femmes, s'abandonnant à la
« gourmandise et à l'ivrognerie, il n'y a rien à
« dire sur la fin de son règne et sur sa mort de
« digne de l'histoire. Plusieurs écrivains con-
« damnent sa fin, ne sachant comment se ter-
« mina sa méchanceté; et, dans leur incerti-
« tude, ils racontent sur elle des choses qui

« n'ont point de fondement (1). » Aucun de ces écrivains, antérieurs au huitième siècle, n'est parvenu jusqu'à nous, et nous devons suspendre notre jugement sur un prince qui nous est si imparfaitement connu.

(1) *Gesta regum francor.* Cap. 44, p. 569. — *Continuatio prima Fredeg.* Cap. 91, p. 449. — *Chron. Moissiac.* p. 652. — *Adonis viennens.* p. 669. — *Hermanni contracti.* T. III, p. 328. — *Sigeberti Gemblac.* p. 343. — *Hadriani Valesii.* Lib. XX, p. 204-214.

## CHAPITRE XI.

*Gouvernement d'Ebroin, et guerres civiles jusqu'à la bataille de Testry. 656 — 687.*

L'époque à laquelle nous sommes parvenus est en même temps, par un contraste remarquable, l'une des plus pauvres, pour la France, en historiens nationaux, l'une des plus riches en monumens religieux. Pendant quatre-vingts ans tout au moins, il n'y eut pas un Franc qui songeât à transmettre à la postérité la mémoire des événemens contemporains; et, pendant le même espace de temps, il n'y eut pas un roi, un duc, un personnage puissant, qui ne bâtît des temples pour la postérité la plus reculée; qui ne fondât, dans les églises, des services perpétuels pour célébrer sa mémoire, et qui n'instituât des prières à répéter de siècle en siècle pour un nom auquel il avoit négligé d'attacher aucun autre souvenir.

Nous ne saurions guère expliquer ce contraste que par l'ignorance croissante du peuple, et par l'oubli de toute idée raisonnable sur la religion. Les provinces que les Barbares avoient envahies, avoient conservé, quelque temps encore après la conquête, des restes de la civilisation romaine ; les écoles n'avoient pas été absolument abandonnées, et les maîtres avoient transmis à leurs disciples, pendant quelques générations, les mêmes enseignemens à peu près qu'ils avoient reçus de leurs prédécesseurs : mais toute science recule, dès qu'elle ne fait plus de progrès ; toute doctrine que l'on consacre, c'est-à-dire que l'on soustrait à un nouvel examen et à de nouvelles méditations, se dénature : elle avoit été, pour ses fondateurs, le résultat de pensées profondes ; tandis que, pour la conserver, on interdit toute pensée nouvelle ; une soumission apathique est substituée à une vie créatrice. Rien n'est plus éloigné du génie qui inspire les modèles, que la foi pédantesque des maîtres qui les offrent à l'imitation, ou la servilité des écoliers qui les copient. De tels maîtres sont les vrais ennemis des anciennes traditions dont ils se déclarent les défenseurs.

Cette décadence rapide d'un enseignement tout imitateur se fait également remarquer dans les lettres sacrées et dans les profanes. A l'époque où nous avons commencé notre histoire, la langue latine avoit encore produit un grand poète, Claudien, chantre de Stilichon, mort dans les premières années du cinquième siècle. La fin du même siècle vit fleurir Sidonius Apollinaris, qui prit presque constamment Claudien pour modèle; et la distance de l'un à l'autre fait déjà voir ce que deviennent les belles-lettres entre les mains des imitateurs. Au sixième siècle, l'évêque de Poitiers, Fortunat, se crut encore poète, parce qu'il imita Sidonius Apollinaris. Mais, d'imitation en imitation, la poésie latine étoit descendue à son plus bas terme dans les Gaules, et elle finit avec Fortunat. Les pédagogues, qui croyoient toujours enseigner la même chose à leurs disciples, les mettoient tout au plus en état de comprendre ce que leurs ancêtres avoient créé. Bientôt ils ne le comprirent plus. Personne alors ne sentit plus d'attrait pour une étude qui laissoit dormir toutes les facultés humaines. Il y eut, au moins pendant deux siècles, cessation absolue de toute composition poétique; et lorsque, au temps de Charlemagne, quelques grammairiens recommencèrent à faire des vers latins, c'étoient des hommes qui s'efforçoient en quelque sorte de recréer l'antiquité classique qu'on avoit perdue. Ils appartiennent déjà à la classe des érudits modernes plutôt qu'à celle des poètes de l'ancienne Rome.

On peut signaler, dans les deux siècles que nous avons parcourus, une décadence semblable parmi les historiens. Sulpice Sévère, au commencement du cinquième, avoit traité avec une élégance classique les fables et les légendes

dont il avoit composé son Histoire sacrée. A la fin du même siècle, et au commencement du suivant, Cassiodore avoit encore conservé, dans son affectation prétentieuse, des mouvemens oratoires et le souvenir d'un temps meilleur. A la fin du sixième siècle, Grégoire de Tours, qui s'étoit formé par l'étude de tous ses prédécesseurs, étoit resté au-dessous d'eux tous; son langage étoit aussi barbare que ses sentimens, et il avoit perdu son originalité en copiant ses modèles, sans acquérir aucun de leurs avantages. Frédégaire, dans son préambule, annonce qu'il s'efforcera de continuer Grégoire de Tours; mais il dit de lui-même :
« J'aurois voulu, il est vrai, qu'il me fût donné
« pour bien dire une telle faconde que je pusse
« quelque peu lui ressembler; mais l'on puise
« plus difficilement à une source dont les eaux
« ne sont pas permanentes; le monde vieillit
« désormais, c'est pourquoi le tranchant de
« notre prudence s'émousse en nous, et per-
« sonne de nos jours ne peut ressembler aux
« orateurs des temps précédens, personne n'en
« a même la prétention (1). » Après Frédégaire, ceux qui écrivirent l'histoire continuèrent à déchoir. Aucun des auteurs des misérables chroniques auxquelles nous sommes désormais

(1) *Fredegarii Prologus Hist. franc.* p. 415.

réduits ne peut lui être comparé, jusqu'à ce que nous arrivions à Eginhard.

Tout ce qui restoit d'instruction et d'érudition se dirigeoit alors vers les études sacrées. Il n'y avoit presque plus que les prêtres qui sussent lire, et ils n'apprenoient à lire que pour s'occuper de religion, et s'avancer dans la carrière sacerdotale. La décadence, dans cette partie des sciences, n'est pas si universellement confessée, parce que le septième siècle est celui peut-être qui a donné le plus de saints au calendrier. L'Église, qui n'a répudié l'héritage d'aucun, se croit encore obligée à maintenir l'ensemble de leur doctrine, et à les présenter tous comme également inspirés par le Saint-Esprit. Cependant, la direction même de l'esprit religieux avoit éprouvé un grand changement. Lors de l'établissement du christianisme, la religion avoit essentiellement consisté dans l'enseignement moral; elle avoit exercé les cœurs et les âmes par la recherche de ce qui étoit vraiment beau, vraiment honnête. Au cinquième siècle, on l'avoit surtout attachée à l'orthodoxie; au septième, on l'avoit réduite à la bienfaisance envers les couvens. C'étoit déjà une grande déviation de la direction première du christianisme, que d'exercer les fidèles à rechercher non ce qu'ils devoient faire, mais ce qu'ils devoient croire; à étudier non les règles de leur conduite, d'après lesquelles ils pouvoient se diriger, mais la nature divine, sur laquelle leurs opinions n'exerçoient aucune influence. Cependant la théologie, quoique moins religieuse que la morale, étoit encore un exercice des facultés intellectuelles ; elle occupoit les hommes du ciel, et les entretenoit dans un rapport au moins indirect avec l'objet de leur culte ; mais, au sixième et au septième siècle, la religion redescendit du ciel sur la terre, non plus pour réformer ses sectateurs, mais pour chercher parmi d'autres hommes les objets de son culte. Elle s'étoit d'abord proposé d'enseigner aux hommes ce qu'il faut faire, et, plus tard, ce qu'il faut croire ; elle se réduisit alors à enseigner ce qu'il faut payer pour se dispenser de faire et de croire. Les ecclésiastiques, et surtout les moines, se représentèrent comme les trésoriers du ciel. Il ne fut même plus question de leur préparer une vie de pénitence, et de les dispenser seulement de travailler à leur subsistance, tandis qu'ils prieroient pour le salut de leurs bienfaiteurs : au contraire, on réserva pour eux tout ce que la richesse, tout ce que le luxe, peuvent procurer de jouissances, et les rois crurent faire leur salut en exposant les moines à toutes les séductions de l'opulence.

Le moine de Saint-Denis qui, au commencement du neuvième siècle, a écrit la vie de

Dagobert, nous apprend que ce roi, après avoir découvert les corps des saints martyrs Denis, Rustique et Eleuthère, « orna leurs tombeaux
« de l'or le plus pur et des pierres les plus pré-
« cieuses; et, après avoir embelli par dedans
« d'une manière admirable l'église qu'il fabri-
« qua pour eux dès les fondemens, il couvrit
« par dehors de l'argent le plus pur le sanctuaire
« où il avoit déposé leurs corps vénérables, ac-
« complissant ainsi pleinement le désir de son
« âme dévote. Il retrancha encore du péage que
« lui payoit chaque année la ville de Marseille
« cent sous d'or, qu'il accorda aux luminaires
« de cette église, chargeant les percepteurs
« royaux de lui envoyer, pour cette valeur,
« autant d'huile achetée chaque année. Cette
« huile, chargée sur six chariots, devoit être
« exempte de tous droits sur toute sa route,
« depuis Marseille à ladite basilique...... Il fit
« faire, devant l'autel de cette église, un tronc
« d'argent, où il ordonna que tous les rois ses
« successeurs déposeroient chaque année cent
« sous d'or..... Pour placer derrière le grand
« autel doré, il fit faire une croix de l'or le plus
« pur, travaillée avec l'élégance la plus subtile,
« et ornée des pierres les plus précieuses. Ce fut
« saint Eloi, dans ce temps le plus habile orfèvre
« du royaume, qui l'acheva, aussi-bien que
« beaucoup d'autres ornemens appartenant à

« cette basilique. L'élégante subtilité de son
« génie étoit merveilleusement secondée par sa
« sainteté; les artistes modernes déclarent qu'il
« s'en trouveroit à peine quelqu'un aujourd'hui
« qui, tout habile qu'il fût en d'autres ouvrages,
« pût, en plusieurs années, accomplir un tel
« ornement en pierres précieuses...... Dagobert
« ordonna encore qu'on suspendît dévotement
« dans toute l'église, aux parois, aux colonnes,
« et aux arches, des étoffes tissues d'or, et or-
« nées d'une prodigieuse variété de perles, afin
« que, l'emportant sur les ornemens de toutes
« les autres églises, elles brillassent d'un éclat
« incomparable, et resplendissent ornées de
« toutes les beautés de la terre. » (1)

Cet écrivain, qui avoit sous les yeux les titres de la basilique de Saint-Denis, fait ensuite l'énumération des donations faites par Dagobert aux moines qui la desservoient, « afin que les
« louanges de Dieu fussent célébrées à perpé-
« tuité par les serviteurs de Dieu. » Tantôt c'est le manoir d'Estrepigny dans le Veuxin (2), tantôt ce sont les terres de Sadrégisile, duc d'Aquitaine, dans l'Anjou et le Poitou; savoir, vingt-sept villes ou châteaux, avec les salines situées le long de la mer (3); tantôt ce sont

(1) *Gesta Dagoberti regis.* Cap. 9, 20, p. 584.
(2) *Ibid.* Cap. 22, p. 585.
(3) *Ibid.* Cap. 35, p. 589.

d'autres manoirs, villes et châteaux situés dans les territoires d'Orléans, de Meaux et de Paris, outre un tribut de cent vaches payé par le duché du Mans (1); tantôt six manoirs qu'il leur donna encore au moment de mourir, en enjoignant à ses successeurs de ne jamais revenir sur aucune de ces libéralités. (2)

Mais le biographe de Sigebert III, qui n'a pu nous faire connoître une seule des actions politiques de ce prince, nous le montre plus prodigue encore des biens de l'État envers les moines; et c'est ainsi qu'il obtint, avant l'âge de vingt-un ans où il mourut, d'être rangé au nombre des saints. « Il avoit, dit Sigebert de
« Gemblours, fondé douze couvens dans diffé-
« rentes parties de son royaume, et les avoit
« pourvus de tout le nécessaire, sur ses propres
« revenus, avec une libéralité royale, afin que,
« vivant sous la règle apostolique, ils moisson-
« nassent pour lui les choses charnelles, tandis
« qu'ils sèmeroient pour lui des choses spiri-
« tuelles. Parmi ceux-ci, nous remarquerons
« dans la forêt d'Ardennes ceux de Stavelo et
« Malmedi, qu'il fit régler par saint Rémacle,
« évêque de Tongres.... Il abandonna à ce der-
« nier douze lieues de longueur et autant de

(1) *Gesta Dagoberti regis.* Cap. 37, p. 590.
(2) *Ibid.* Cap. 42, p. 592.

« largeur dans la même forêt. » (1). Les moines qui nous racontent tant de prodigalités, n'hésitent pas à prononcer qu'elles ont assuré à leurs auteurs la béatitude éternelle ; et celui de Dagobert termine par cette déclaration le récit de tous les crimes de ce roi, qu'il a emprunté de Frédégaire. (2)

La vie monastique étoit, à cette époque, devenue pour les Francs l'objet d'une passion nationale, qui avoit acquis d'autant plus de force que leur imagination étoit moins distraite par tout autre intérêt. Leur histoire n'est pas seulement silencieuse pour nous, elle l'étoit pour eux-mêmes. Les événemens publics étoient considérés avec une indifférence apathique par des hommes qui ne pouvoient jamais démêler ni leurs causes, ni leurs conséquences. Le gouvernement ne cherchoit à exercer aucune action sur l'opinion publique ; s'il publioit des lois ou des ordonnances, il n'indiquoit jamais dans leur préambule le but qu'il se proposoit par son administration ; il ne publioit point de manifeste au commencement d'une guerre civile ou étrangère, pour s'attacher des partisans, ou justifier ses prétentions ; point d'édit de pacification après la victoire, pour associer la force à une ombre

(1) *Vita sancti Sigeberti Austrasiæ regis.* Cap. 5, §. 14, p. 601.
(2) *Gesta Dagoberti.* Cap. 23, p. 586.

de justice, et indiquer aux vainqueurs et aux vaincus ce qu'ils devoient attendre de lui. Au milieu même des guerres civiles, la nation ne ressentoit point d'esprit de parti; elle étoit étrangère aux griefs qui engageoient quelques ducs, quelques grands propriétaires à prendre les armes; elle se soucioit fort peu de vérifier la justice de leurs prétentions; elle les suivoit aux champs de bataille, parce que des rapports de protection ou de propriété imposoient aux leudes le devoir de l'obéissance; mais l'événement qui partout ailleurs semble le symptôme des plus violentes passions politiques, en excitoit à peine quelqu'une, et la mémoire de ces révolutions ne s'est point conservée, parce qu'elles ne s'étoient point fortement emparées de l'attention des contemporains.

Au milieu de ce silence universel, la voix seule de la religion monastique se faisoit entendre; les prédications des saints faisoient d'autant plus d'effet qu'aucune autre nouveauté ne leur disputoit l'attention publique. Lorsque les Gaulois se rassembloient dans les marchés des villes, lorsque les Francs se réunissoient au Champ-de-Mars, ils montroient peu de curiosité de savoir si leur jeune roi faisoit succéder les vices de la jeunesse aux puérilités de l'enfance; si une nouvelle maîtresse avoit été appelée à son palais, ou une ancienne disgraciée;

s'il commençoit enfin à donner quelque attention aux affaires publiques ; si le maire du palais attiroit à lui seul la distribution de toutes les peines et les récompenses, ou s'il consultoit avec quelqu'un, avant de donner des ordres qui n'intéressoient que ceux auxquels ils étoient adressés. Mais la nouvelle du jour pour toute la France, c'étoit tantôt le voyage de saint Fulsée, tantôt les miracles de saint Goer, tantôt la retraite de saint Vandrille et la fondation de son couvent, tantôt l'accomplissement des travaux magnifiques que saint Éloi avoit entrepris en l'honneur de saint Denis, tantôt l'assomption de ce saint orfèvre à l'épiscopat, avec saint Ouen, son ami; tantôt les pénitences, les privations de tout genre, les souffrances que s'imposoient volontairement sainte Audeberte, sainte Bertile, sainte Godeberte, ou la magnificence des couvens fondés et dotés par sainte Bathilde, saint Remacle et saint Bertulfe. Aucune autre gloire ne sembloit permise aux hommes, aucun autre moyen ne se présentoit à eux de fixer l'attention de leurs contemporains ; et quoique nous soyons disposés à croire que l'enthousiasme de tous ces saints étoit sincère, que leur piété les avoit réellement détachés des choses de ce monde, nous devons aussi supposer qu'ils n'étoient point insensibles au crédit prodigieux qu'ils acquéroient dans l'État, au respect des peuples, à l'empressement avec lequel les rois sollicitoient leurs oracles. Souvent ils s'imposoient les privations les plus sévères, mais leur pauvreté étoit volontaire; les mets délicats qu'ils dédaignoient, et qu'ils distribuoient aux pauvres, avoient d'abord été servis sur leurs tables; et lorsqu'ils s'exposoient aux inclémences de l'air, qu'ils voyageoient à pied, qu'ils dormoient sous le chaume, ils avoient cependant à leurs ordres des palais, des chevaux, de nombreux esclaves, et toutes les délices de la vie.

Parmi les familles riches, il n'y en avoit aucune dont un membre tout au moins ne s'abandonnât à la passion du siècle; et lorsqu'un vieux guerrier ou une jeune vierge se vouoient à la sainteté, leurs frères, leurs sœurs, applaudissoient à des sacrifices dont ils croyoient eux-mêmes recueillir quelque fruit; ils abandonnoient au ciel quelque partie de leur patrimoine, pour que leur parent pût fonder un couvent nouveau ou en enrichir un ancien, et les hommes qui sembloient le plus dominés par la politique mondaine, se rangeoient ainsi à leur tour parmi les bienfaiteurs de l'église.

On doit croire que les moines faisoient à cette époque une partie bien importante de la population, car la gloire d'un fondateur de couvens se proportionnoit au nombre des frères qu'il y rassembloit pour chanter les louanges de Dieu.

Il paroît que les grands seigneurs donnoient souvent leurs serfs aux fondateurs, pour augmenter le nombre des reclus; plusieurs saints employèrent aussi leurs richesses à racheter des esclaves, pour les enfermer dans les couvens. L'Angleterre étoit alors le grand marché aux esclaves, et ce qu'il y a d'étrange, c'est que cet infâme commerce s'exerçoit bien plus sur les conquérans Saxons, que sur les Bretons conquis; il semble que les pères et les mères étoient dans l'habitude de vendre leurs enfans, quand leur famille devenoit trop nombreuse. La reine Bathilde, qui elle-même étoit née en Angleterre, de race saxonne, et qui avoit été esclave, racheta un nombre prodigieux de ses compatriotes, et en peupla les couvens qu'elle fonda. Saint Éloi est aussi célébré pour le même genre de bienfaisance (1). Ce zèle ardent remplissoit les couvens aussitôt qu'ils étoient fondés. Celui de Jumiéges, bâti par saint Philibert, contint jusqu'à huit cents moines, et saint Vandrille en gouvernoit trois ou quatre cents dans le couvent de Fontanelle. (2)

(1) *Vita sancti Eligii Noviomensis episcopi, auctore beato Audoeno Rothomagensi episcopo.* Cap. 10, apud *Acherium.* T. V, spicilegii, p. 156. *Script. franc.* T. III, p. 553. — *Vita sanctæ Bathildis reg. Franc. inter acta SS. ord. sancti Bened. sæculo* 11, p. 776. — *Scr. franc.* T. III, §. 2, p. 571, et sur les esclaves rachetés, §. 9, p. 573.

(2) *Vita sancti Filiberti Gemeticensis abbatis*, p. 598. — *Hadr. Valesii.* Lib. XX, p. 219.

Grimoald, fils de Pepin, avoit exercé la mairie du palais, en Austrasie, pendant le règne de Sigebert III. Sa puissance tenoit bien plus au crédit héréditaire de sa famille et à l'étendue de ses possessions qu'aux prérogatives de sa charge. Si le maire du palais étoit, en général, le représentant des hommes libres, en Austrasie cette place avoit été usurpée par le plus puissant entre les grands seigneurs ; et au lieu de contenir l'aristocratie, elle lui prêtoit son appui. Sigebert III, en mourant, avoit laissé un fils âgé à peine de trois ans, auquel la couronne d'Austrasie étoit destinée. Mais Grimoald, en possession d'un pouvoir devenu presque héréditaire, jugea les Austrasiens indifférens à la famille de Clovis ; il crut qu'il étoit temps de supprimer la pompe de ces rois enfans qui gênoient l'administration, sans donner aucune garantie, et il essaya de réunir la royauté réelle des maires à la royauté nominale des Mérovingiens. De concert avec Didon, évêque de Poitiers, oncle de saint Léger, évêque d'Auxerre, qui tous deux appartenoient à la faction des grands, il fit tonsurer le jeune Dagobert, fils de Sigebert ; Didon se chargea de le conduire dans un monastère d'Ecosse ou d'Irlande, tandis que Grimoald fit paroître un testament prétendu de Sigebert III qui adoptoit son propre fils, Childebert. Grimoald proclama celui-ci pour roi, car il n'osa point mettre la couronne sur sa propre tête.

Cependant les hommes libres d'Austrasie, au lieu de confirmer cette résolution, dressèrent des embûches à Grimoald ; et, l'ayant arrêté, l'envoyèrent à Paris, où Clovis II, qui régnoit encore, le fit périr en prison, avec son fils. (1)

L'Austrasie fut alors réunie à la France occidentale, et demeura quelque temps soumise au même gouvernement. Ce fut une époque d'abaissement pour la maison de Pépin, et pour tous les grands. Les hommes libres, au contraire, étoient favorisés par Erchinoald, maire de Neustrie, qui gouverna les trois royaumes réunis jusqu'à la mort de Clovis II. Celui-ci laissa trois fils de sa femme Bathilde, dont l'aîné, Clothaire III, n'avoit pas plus de quatre ou cinq ans. Erchinoald les fit reconnoître par l'Austrasie, la Neustrie et la Bourgogne. Tous trois portèrent indifféremment le titre de roi ; mais Erchinoald ne se hâta pas d'accomplir entre eux un partage de leurs états, qui, pendant leur enfance, n'auroit été qu'une vaine formalité. Bathilde, dont la sainteté inspiroit aux Francs un extrême respect, fut associée au gouvernement. Il est vrai qu'elle paroît s'être bornée à diriger les œuvres pies qui s'accomplissoient au nom de ses fils.

(1) *Gesta reg. franc.* Cap. 43, p. 568. — *Chron. Moissiac.* p. 652. — *Adonis Chronic.* p. 669. — *Chronic. sancti benigni Division.* p. 317. — *Sigeberti Gemblac.* p. 343. — *Hadr. Val. Lib.* XX, p. 186.

656-660.

Erchinoald ne survécut pas long-temps à Clovis II. A sa mort, les Neustriens élurent un maire du palais, nommé Ebroin, le plus jaloux du pouvoir croissant des grands de tous ceux qui avoient occupé cette place, et le plus déterminé à le réprimer. Les Austrasiens ne voulurent pas le reconnoître; ils demandèrent que la France eût de nouveau deux rois et deux gouvernemens; et, pour les satisfaire, Bathilde envoya à Metz son second fils, Childéric II, auquel les Francs donnèrent pour tuteur le duc Wulfoald, qu'ils firent maire du palais d'Austrasie. Nous croyons que ce partage s'accomplit en 660, lorsque Clothaire III avoit neuf ans, et que Childéric II en avoit huit; mais pendant tout le reste de ce siècle, et la chronologie, et les événemens qu'elle doit classer, ne reposent que sur des conjectures. (1)

656—664.

Nous ne savons rien avec certitude sur la régence de la reine Bathilde : tandis que les anciens historiens ne lui attribuent que quatre ans de durée, les modernes lui en donnent au moins huit; et Adrien de Valois a réussi assez bien à distribuer entre ces huit années les fondations de couvens et les actes de piété qui nous sont seuls connus du gouvernement de cette

---

(1) *Gesta regum francor.* Cap. 45, p. 569. — *Fredegarii continuat.* Cap. 43, p. 449. — *Hermanni contracti*, p. 328. — *Sigeberti Gemblac.* p. 343.

reine. Elle restaura, entre autres, l'abbaye de Chelles; elle l'enrichit de dotations nouvelles, et elle fut en quelque sorte sa seconde fondatrice. Elle avoit annoncé le dessein de s'y retirer et de s'y vouer à la vie monastique ; pendant quelque temps le maire Ebroin et ceux qui gouvernoient avec lui, s'opposèrent à sa retraite; plus tard ils prirent de la jalousie de l'évêque Sigebrand, que la reine consultoit plus qu'eux, et qui les offensoit par son orgueil. Ils le tuèrent vers l'année 664, et, pour éviter les reproches de la reine, ils la pressèrent eux-mêmes de s'enfermer dans son couvent de Chelles; elle y renonça en effet au monde, et y mourut vers l'année 680. (1) {656-664.}

Après la retraite de Bathilde, le maire Ebroin continua six ans encore à gouverner la France occidentale sous le nom de Clothaire III, en même temps que Wulfoald gouvernoit l'Austrasie sous celui de Childéric II. Le premier étoit accusé par les grands de prétendre à la tyrannie, et de s'arroger tous les pouvoirs : il ne nous est connu que par les panégyriques écrits en l'honneur de son plus ardent ennemi, Saint-Léger, l'un des chefs de l'aristocratie qu'il vouloit détruire; et comme ces panégyriques ont été écrits pour l'édification des fidèles, non pour éclairer l'histoire, on n'y trouve pas même de {664-670.}

(1) *Vita sanctæ Bathildis reginæ Francor.* p. 571-574. — — *Hadr. Valesii.* Lib. XXI, p. 224.

prétention à l'impartialité (1). La première mesure que prit Ebroin, et celle qui excita le plus contre lui les clameurs des grands, en même temps qu'elle lui valut les bénédictions du peuple, fut de choisir toujours les ducs et les comtes dans une province éloignée de celle où ils avoient leurs possessions, leurs esclaves et leurs cliens. Les grands, qui prétendoient déjà à rendre les offices héréditaires dans leurs familles, avoient voulu imposer à la couronne l'obligation de choisir toujours les recteurs dans la province qu'ils devoient administrer, bien sûrs que l'emploi seroit alors donné au plus puissant et au plus riche. Lorsqu'au contraire Ebroin envoya dans chaque province un duc ou un comte étranger pour représenter l'autorité royale, cet officier se regarda comme le protecteur du peuple contre les vexations des grands. (2)

(1) Trois fois la vie de saint Léger a été écrite sur les mêmes documens; mais le nouveau panégyriste se proposoit toujours en prenant la plume de mettre à une plus grande distance les deux antagonistes. « Tu étois blessé, dit le troisième auteur, « dans son prologue adressé à l'abbé qui lui avoit mis la plume « à la main ; tu étois blessé de ce que l'ancien écrivain de ce « martyre avoit si fort manqué de justesse et de discrétion, « que de rendre égaux, en plus d'un endroit, saint Léodégaire « et son criminel persécuteur Hébroin. Tu disois qu'on devoit « montrer toujours dans l'un la perfidie d'un infâme bourreau, « dans l'autre la sainteté d'un homme juste. » (*In vitam sancti Leodegarii Observationes Mabillonii.* T. II, p. 609.)

(2) *Vita sancti Leodegarii.* Cap. 4, p. 613. — *Hadr. Vales.* Lib. XXI, p. 259.

Tandis qu'Ebroin cherchoit ainsi à relever l'autorité de la couronne, Clothaire III, au nom duquel il régnoit, mourut en 670, après quatorze ans de règne, âgé tout au plus de dix-neuf ans. Il avoit été marié, mais il ne laissoit point d'enfans. Ebroin, sans perdre de temps, sans convoquer les comices de la France occidentale, plaça aussitôt sur le trône le troisième des fils de Clovis II, Thierri III, qui n'avoit pas plus de quinze ans; le second, Childéric II, régnoit déjà depuis dix ans en Austrasie. Quoique le royaume ne fût point électif, les grands se plaignirent amèrement qu'une si importante détermination eût été prise sans leur aveu, et que le roi enfant eût été élevé sur le pavois, et eût reçu la lance du commandement d'une autre main que de la leur. Les grands de Bourgogne se mirent immédiatement en mouvement, sous prétexte de venir à Paris rendre hommage à leur jeune monarque. Ebroin, alarmé de leur approche, leur fit donner l'ordre de rester dans leurs provinces, jusqu'à ce qu'ils fussent mandés à la cour. (1)

L'un des plus distingués parmi les grands de Bourgogne, par sa naissance illustre, ses richesses et le pouvoir de sa famille, étoit Léodegaire ou Léger, évêque d'Autun, neveu de

---

(1) *Vita sancti Leodeg.* Cap. 3, p. 612. — *Hadr. Valesii.* Lib. XXI, p. 260.

670.

Didon, évêque de Poitiers, et allié de Grimoald et de la maison de Pepin en Austrasie. Léger proposa aux grands de Neustrie et de Bourgogne de ne point reconnoître un roi qui leur avoit été donné sans leur consentement, et de transporter leur allégeance au frère de Thierri III, Childéric II, déjà roi d'Austrasie. Nous ne savons point comment l'Austrasie étoit alors gouvernée; nous voyons seulement que Wulfoald étoit duc avant d'être maire du palais; ce qui indique qu'il appartenoit à la faction des grands, et que celle-ci avoit recouvré le pouvoir. Wulfoald n'hésita point en effet à seconder les grands de la France occidentale; l'armée austrasienne entra en Neustrie, tous les grands de ce dernier pays s'empressèrent d'aller la joindre, et la révolution fut si rapide qu'Ebroin et son roi Thierri III, au lieu de tenter de se défendre, n'eurent d'autre parti à prendre que de se réfugier dans les églises. Tout le trésor d'Ebroin fut pillé; les vainqueurs cependant lui accordèrent la vie, ainsi qu'au roi détrôné; mais pour les exclure à jamais des affaires publiques, ils les forcèrent de recevoir la tonsure ecclésiastique, puis ils enfermèrent Thierri III au couvent de Saint-Denis, et Ebroin à celui de Luxeuil. (1)

(1) *Vita sancti Leodegarii Anon.* Cap. 3, p. 613. — *Ejusd. Vita auctore Ursino.* Cap. 4, p. 629. — *Fredegarii contin.*

Les grands, victorieux, ne nommèrent point un nouveau maire du palais; Wulfoald, celui d'Austrasie, avoit accompagné son maître à Paris, et le dirigeoit par ses conseils; Léger partageoit avec lui le gouvernement de la Neustrie et de la Bourgogne; quelques-uns lui donnoient même le titre de maire, parce qu'il en remplissoit réellement les fonctions. Mais le nouveau roi Childéric II arrivoit à cette époque même à l'âge d'homme. La troisième année de son règne en Neustrie, il pouvoit avoir vingt-un ans, et il se livroit à toute l'intempérance, à toutes les débauches, à toutes les passions honteuses qui sembloient être alors la prérogative du trône. Une querelle entre saint Prix (*Prœjectus*), évêque de Clermont, et Hector, patrice de Marseille, aliéna Childéric de saint Léger, qui avoit pris la protection d'Hector. Le biographe de saint Prix n'épargne pas saint Léger dans cette occasion, et il nous donne ainsi la mesure du crédit que méritent ces panégyristes. Childéric fit tuer Hector; il fit arrêter aussi saint Léger, et il le fit enfermer dans le même couvent de Luxeuil, où Ebroin étoit déjà prisonnier. (1)

670—672.

Cap. 94, p. 449. — *Gesta regum francor.* Cap. 45, p. 569. — *Hadr. Valesii.* Lib. XXI, p. 261.

(1) *Hector patricius Massiliensis.... alio sibi in scelere sociato, nomine Leodegario, pervenit ad regem. (Vita sancti*

Tandis que ces deux ambitieux, également repoussés de la scène de leur grandeur passée, se réconcilioient dans le cloître, où ils se croyoient enfermés pour le reste de leurs jours, et que saint Léger, en demandant à Ebroin son pardon, lui confessoit qu'il avoit grièvement péché contre lui (1), Childéric II s'abandonnoit toujours plus à ses passions impétueuses, et il s'attiroit la haine et le mépris de tous ceux qui avoient auparavant contribué à son élévation. Un des seigneurs de Neustrie, nommé Bodilon, éprouva, par ordre du roi, un outrage que tous les Francs ressentirent comme lui. Pour une offense qui ne nous est pas connue, Childéric le fit attacher à un poteau, et fustiger comme un esclave. Tous les grands frémirent de l'indignité d'un traitement semblable. Leurs émissaires consultèrent le saint évêque d'Autun, Léger, qui dans sa captivité n'avoit point perdu son influence sur son parti. Léger, ne pouvant marcher avec eux, leur donna du moins son frère Gaérin, pour partager les dangers de l'entreprise; les ducs Ingobert et Amalbert se chargèrent avec lui de venger l'outrage fait à tout leur corps dans la personne de Bodilon;

*Præjecti Arvernor. Episcopi*. T. III, p. 594.) — *Vita sancti Leodegarii*. Cap. 5, p. 614; cap. 5 et 6, p. 629. — *Hadriani Valesii*. Lib. XXI, p. 266.

(1) *Vita sancti Leodegarii*. Cap. 6, p. 630.

ils surprirent Childéric II, tandis qu'il chassoit dans la forêt de Livry, auprès de Chelles, à peu de distance de Paris, et ils le massacrèrent; ils tuèrent également sa femme Bilichilde, qui étoit enceinte, et l'un de ses fils en bas âge. Les corps de ces trois personnages furent unis dans un même tombeau qu'on a ouvert en 1656. Un autre fils échappa à la rage des conjurés, et se cacha dans un couvent, où il vécut quarante-trois ans sous le nom de frère Daniel, jusqu'à l'année 715, où on l'en tira pour le couronner. Le maire Wulfoald, que les conjurés vouloient massacrer également, s'enfuit en Austrasie; et les amis de saint Léger retirèrent du couvent de Saint-Denis le même Thierri III, frère puîné de Clothaire et de Childéric, qu'ils y avoient eux-mêmes enfermé trois ans auparavant. Ils lui donnèrent pour maire du palais Leudesius, fils de cet Erchinoald qui avoit été maire de Neustrie pendant le règne de Clovis II. (1)

Thierri III, placé une première fois sur le trône par le parti populaire des hommes libres, y étoit replacé de nouveau par le parti des grands. Le choix de Leudesius pour maire du palais indiquoit plutôt un compromis entre ces deux partis, que le désir de l'un d'écraser l'autre. En

(1) *Gesta reg. francor.* Cap. 45, p. 569. — *Cont. Fredeg.* Cap. 95, p. 450. — *Vita sancti Leodegarii* 1ª. Cap. 7, p. 615. — 2ª. Cap. 7, p. 630.

effet, les deux chefs enfermés ensemble dans le couvent de Luxeuil, pendant que la révolution s'accomplissoit, sortirent de ce couvent, réconciliés en apparence. L'abbé, sous les ordres duquel ils avoient été placés, ne leur ouvrit les portes de la clôture qu'après leur avoir fait jurer qu'ils observeroient dans le monde la paix qu'ils avoient faite dans le couvent. Ils sortirent ensemble; un nombreux cortége de leurs partisans se rangea aussitôt autour d'eux : ils firent encore ensemble leur entrée à Autun, où saint Léger venoit reprendre possession de son évêché; mais Ebroin, craignant sans doute d'y être arrêté, en repartit dans la nuit, pour gagner les frontières de l'Austrasie; Thierri III, qu'il voyoit sur le trône, étoit cependant le roi qu'il avoit couronné lui-même, et au nom duquel il avoit régné; mais Thierri étoit entre les mains de ses adversaires, et son nom sanctionnoit tous les actes du parti des grands, comme peu d'années auparavant il avoit sanctionné tous ceux du parti du peuple. (1)

Ébroin avoit été destitué par les Austrasiens chez lesquels il alloit chercher un refuge; mais les Austrasiens avoient de leur côté éprouvé une révolution. Le parti des grands ou celui de

(1) *Gesta reg. francor.* Cap. 45, p. 569. — *Fredeg. cont.* Cap. 96, p. 450. — *Leodeg. vita* 1ª. Cap. 7, 8, p. 615, 616. — 2ª. Cap. 7, p. 630.

la famille de Pépin avoit été dépouillé du pouvoir, et les hommes libres avoient été chercher en Irlande un prince persécuté par ce parti pour le mettre sur le trône : c'étoit ce Dagobert II, fils de Sigebert III, que Grimoald avoit envoyé dans un couvent pour mettre son propre fils à sa place. Il devoit avoir vingt-cinq ou vingt-six ans quand il revint en France ; saint Wilfrid, évêque d'Yorck, lui donna l'hospitalité, et contribua à lui rendre la couronne de ses ancêtres. Mais Dagobert II, élevé par des moines, dans une ignorance absolue du monde et des devoirs de l'homme social, ne vit dans le pouvoir qu'il recouvroit, qu'une facilité pour satisfaire tous les honteux penchans auxquels il avoit fait vœu de renoncer. Son inconduite, en le déshonorant, décria son parti et précipita sa ruine : pendant qu'il dominoit, cependant, ses intérêts étoient communs avec ceux d'Ebroin; tous deux étoient ennemis des grands et de l'aristocratie, et les Austrasiens aidèrent le maire de Neustrie à former une nouvelle armée. (1).

La Neustrie étoit loin d'être pacifiée sous l'autorité de Thierri III ; les partis étoient partout en armes, et ceux qui venoient en si peu de temps d'éprouver deux révolutions, craignoient les vengeances de leurs adversaires, et

(1) *Vita sancti Wilfridi Episc. Ebor.* p. 600. — *Hadriani Vales.* Lib. XXII, p. 317.

demandoient des garanties avant d'obéir. Ébroin, ayant rassemblé ses partisans sur les frontières, crut nécessaire, pour flatter les préjugés populaires, de couvrir ses armes du nom d'un roi Mérovingien. Il prétendit que Clothaire III, en mourant, avoit laissé un fils qu'il nomma Clovis III, et dont il déclara qu'il prenoit la défense. Tandis qu'il étoit encore sur la rive opposée de l'Oise, il fit demander à saint Ouen, évêque de Rouen, son ami et son compatriote, comment il devoit se conduire. Les saints étoient alors partagés entre les deux partis, et l'église qui a embrassé aujourd'hui celui de saint Léger, et qui prodigue à ses ennemis les noms de tyrans et de monstres cruels, est embarrassée pour expliquer l'amitié qui unissoit Ebroin à saint Ouen, à saint Prix, à saint Réole et à saint Ægilbert. Au reste, ces saints méritèrent peu d'estime dans leur carrière publique. L'évêque de Rouen répondit aux questions d'Ebroin seulement par ces mots : *de Frédégonde se souvienne!* Ébroin ne douta pas que le vieillard ne lui recommandât d'imiter tout au moins la rapidité, et peut-être les vengeances de cette reine implacable, qui étoit morte dans son lit, jouissant jusqu'à la fin de sa vie, du fruit de tous ses crimes; et il se conforma à ce conseil. (1)

(1) *Gesta reg. francor.* Cap. 45, p. 569. — Chroniques de

Ebroin étant parvenu de nuit, par une marche rapide, vis-à-vis de Pont Saint-Maixence sur l'Oise, surprit la garde du pont et l'égorgea, transporta son armée de l'autre côté de la rivière, et poursuivit aussitôt sa marche pour surprendre aussi Thierri III dans son palais de Nogent. Le roi et son maire du palais Leudesius, eurent à peine le temps de s'échapper avec leurs courtisans. L'armée d'Ebroin, animée par le pillage, les poursuivit dans une seconde demeure royale, nommée Bacio, d'où les fugitifs royaux lui échappèrent encore, mais tous les trésors de la couronne tombèrent entre ses mains. Les royalistes découragés offrirent de traiter, et le maire du palais Leudesius vint lui-même au camp d'Ebroin, qui s'étoit engagé par serment à respecter sa vie et sa liberté, et qui cependant le fit aussitôt mettre à mort. Pendant le même temps les partisans d'Ebroin, et entre autres les évêques de Châlons et de Valence lui soumettoient la Bourgogne; ils menacèrent Autun d'un siége pour se faire livrer par son troupeau, l'évêque de cette ville, saint Léger, qu'ils regardoient comme le chef de la faction ennemie, et l'ayant entre leurs mains, ils lui arrachèrent les yeux. (1)

Saint-Denys, Liv. V, chap. 23, p. 305. — *Hadriani Valesii*. Lib. XXII, p. 299.

(1) *Vita sancti Leodeg*. 1ª. Cap. 10, p. 618. — 2ª. Cap. 9,

674. La mort de Leudesius, l'aveuglement et la captivité de saint Léger, laissoient Thierri III sans conseiller et sans appui. Quoique ce roi dût être déjà parvenu à sa vingtième année, il n'avoit encore montré ni affection ni haine pour aucune personne ou aucune opinion, ni désir de secouer aucun joug; Ebroin jugea qu'il étoit plus propre encore à occuper le trône que l'enfant au nom duquel il avoit pris les armes, et dont il avoit fait un fantôme de roi. Il se réconcilia donc avec lui, sous condition d'être rétabli dans la mairie du palais; il fit disparoître le faux Clovis III, et reconnoître Thierri III dans la Neustrie et la Bourgogne, en réservant pour lui-même la souveraineté. (1)

675-678. Ebroin avoit recouvré, non l'autorité limitée d'un monarque, mais un pouvoir absolu; Thierri, content des jouissances qu'il trouvoit dans ses palais, ne se mêloit point des affaires publiques; les grands, qui jusqu'alors avoient limité le pouvoir du maire, avoient été vaincus, et ne pouvoient renouveler la lutte. Ebroin publia, il est vrai, une amnistie universelle pour ce qui s'étoit fait pendant la guerre civile; mais

p. 630. — *Gesta reg. francor.* Cap. 45; p. 569. — *Fredegarii contin.* Cap. 96, p. 450.

(1) *Gesta regum francor.* Cap. 45, p. 569. — *Vita sancti Leodeg.* 1°. cap. 12, p. 619. — *Hadriani Valesii.* Lib. XXII, p. 305.

cet édit étoit toujours expliqué à son profit et à celui de ses partisans; ils alléguoient l'amnistie pour se dispenser de restituer rien de ce qu'ils avoient enlevé à leurs adversaires, tandis qu'ils ne cessoient d'intenter contre eux des accusations nouvelles pour les dépouiller de tous leurs honneurs et de tous leurs biens. Plusieurs ducs, plusieurs comtes de Neustrie et de Bourgogne, perdirent leurs propriétés; quelques-uns laissèrent leur vie sur les échafauds, d'autres s'enfuirent en Austrasie ou en Aquitaine. Les couvens même ne furent pas épargnés; ceux qui avoient embrassé le parti des grands furent envahis par les soldats, leurs biens furent saisis, et un grand nombre de nobles religieuses furent envoyées en exil. Cependant Ebroin étoit secondé dans sa sévérité même par les passions populaires; ses partisans étoient plus nombreux que ceux de la haute aristocratie. Les saints attachés à son parti ne l'abandonnèrent jamais, et saint Filibert, fondateur et premier abbé de Jumiéges, ayant accusé Ebroin d'apostasie pour avoir quitté son couvent, le vieux saint Ouen, évêque de Rouen, l'ami de saint Éloi comme d'Ebroin, condamna saint Filibert à l'exil, pour venger Ebroin de cette insulte. (1)

Ebroin, pour avoir un prétexte de persécu-

(1) *Vita sancti Filiberti abbatis Gemeticens.* Cap. 22 à 26, T. III, p. 599. — *Hadr. Valesii.* Lib. XXII, p. 308.

678.
ter les grands, annonça l'intention de punir les meurtriers de Childéric II, quoique lui-même n'eût jamais été serviteur de ce prince. Saint Léger, évêque d'Autun, et son frère Gaérin, furent traduits en justice, comme ayant conjuré contre ce roi. Gaérin, convaincu de complicité, fut immédiatement lapidé; saint Léger, exposé à des tourmens cruels, fut cependant réservé en vie, et ses biographes assurent que toutes ses blessures se refermoient aussitôt miraculeusement, et qu'après qu'on lui eut coupé les lèvres et la langue, il n'en parloit qu'avec plus d'éloquence. Privé de ses yeux et mutilé de tous ses membres, saint Léger étoit déjà vénéré par les peuples comme un martyr. Ebroin sentoit sa colère s'accroître, lorsqu'il voyoit tout le mal qu'il avoit fait à son ennemi tourner à sa gloire. Il vouloit faire dégrader saint Léger par les évêques de France, qu'il assembla en concile en 678, et il somma le saint de confesser au milieu des prélats qu'il étoit complice du meurtre de Childéric II. Le bienheureux Léger ne voulut ni souiller la fin de sa vie par un parjure, en niant sa participation au régicide, ni cependant attirer de nouveaux malheurs sur lui-même en l'avouant. Il se contenta donc de répondre à toutes les questions qui lui furent faites, que Dieu seul, et non les hommes, pouvoit lire dans le secret de

son cœur. Les évêques n'en pouvant tirer d'autre réponse, regardèrent ces paroles comme un aveu; ils déchirèrent sa tunique du haut jusqu'en bas en signe de dégradation, et le livrèrent au comte du palais qui lui fit trancher la tête. C'est un des martyrs que vénère aujourd'hui l'Église. (1)

Dans les révolutions précédentes, l'Austrasie avoit toujours offert un refuge aux Neustriens mécontens; elle leur fut encore ouverte dans cette occasion. La jalousie contre un état voisin, et la pitié pour des réfugiés, disposoient déjà les Austrasiens à jouer ce rôle; mais d'ailleurs une révolution survenue en Austrasie avant le 24 mars 678, avoit rendu le pouvoir aux grands et au parti qui devoit désirer la chute d'Ebroïn. L'histoire des rois d'Austrasie nous est moins connue encore que celle des rois de Paris. Tout le règne de Dagobert II a même été oublié par les anciens chroniqueurs, et ce sont les érudits du dix-septième siècle, Mabillon, Le Cointe, Valois et Pagi, qui ont découvert son existence dans les Vies des Saints. Quelque chose doit être abandonné aux conjectures dans un sujet aussi obscur. Il paroît que les vices de Dagobert II justifièrent Grimoald,

678.

_____

(1) *Vita sancti Leodeg.* 1ª. Cap. 12, 13, 14 et 15, p. 619, 623. — 2ª. Cap. 9, 16, p. 630, 632. — *Hadriani Valesii.* Lib. XXII, p. 309.

qui avoit voulu en délivrer le royaume, et relevèrent le parti formé autrefois par Arnolphe et par Pepin. La maison du dernier étoit éteinte par le massacre de Grimoald et de son fils; mais Arnolphe, évêque de Metz, avoit eu deux fils, Chlodulfe, évêque de Metz, et saint comme son père, et Anségise, qui avoit épousé la fille de Pepin. L'un et l'autre étoient morts à leur tour, et leur maison étoit alors représentée par Martin, fils de saint Chlodulfe, et par Pepin, fils d'Anségise et de la fille de Pepin l'ancien. Ces deux jeunes hommes, distingués par leurs talens et leur courage, et qui avoient déjà donné des preuves de leur valeur, furent reconnus pour chefs par tout le parti des grands d'Austrasie; ils attaquèrent Dagobert II, le firent condamner par un concile des évêques de leur parti, et poignarder. Nous ne connoissons presque ces événemens que par la vie de saint Wilfrid, évêque d'Yorck, le même qui avoit assisté Dagobert à sa rentrée en France. Comme cet évêque revenoit de Rome, il fut arrêté par l'armée des Austrasiens, qui venoit d'accomplir cette révolution, et un évêque l'ayant reconnu, lui adressa ces reproches : « Avec quelle témé-
« raire confiance osez-vous traverser la région
« des Francs ! vous qui seriez digne de mort
« pour avoir contribué à nous renvoyer ce roi
« de son exil, ce destructeur de nos villes, qui

« méprisoit les conseils des seigneurs, qui hu-
« milioit, comme Roboam, fils de Salomon, les
« peuples par des tributs, qui ne respectoit ni
« les églises de Dieu ni leurs évêques ; aujour-
« d'hui il a payé la peine de tous ses crimes, il
« est tué, et son cadavre gît sur la terre. » Saint
Wilfrid se justifia en alléguant qu'il avoit secouru le pauvre et l'exilé, sans pouvoir prévoir
ce qu'il deviendroit ensuite, et on lui permit de
continuer son voyage. (1)

Les seigneurs de Neustrie, assurés de trouver
de la compassion et des secours en Austrasie,
où leur parti triomphoit, se rendoient en foule
auprès des deux petits-fils de saint Arnolphe,
qui n'avoient pas même cru nécessaire de se
donner le simulacre d'un roi au nom duquel
ils gouvernassent le pays. Le nombre de ces
fugitifs, l'illusion commune aux émigrés qui
croient toujours que tous leurs compatriotes
partagent leurs ressentimens, firent croire aux
deux ducs austrasiens que le mécontentement
contre Ebroin étoit général : ils résolurent donc,
en 680, d'attaquer la Neustrie. Ils rencontrèrent Ebroin qui étoit venu au-devant d'eux,
dans un lieu que les chroniques latines nom-

---

(1) *Sancti Wilfridi Episc. vit.* 1ᵃ. 2ᵃ. et 3ᵃ. p. 600, 602
et 604. — *Vita sanctæ Salabergæ abbat.* p. 605. — *Willelmi
Malmesher de gestis Episc. angl.* Lib. III. — *Hadr. Valesii.*
Lib. XXII, p. 317.

680. ment *Locofao*, et qu'on croit être Loixi dans le territoire de Laon. La bataille fut acharnée, et la mortalité très-grande des deux parts; mais enfin les Austrasiens furent vaincus et mis en fuite, et Ebroin, en les poursuivant, entra à son tour en Austrasie pour la ravager. Pepin s'étoit mis en sûreté par la fuite; Martin s'étoit retiré dans la ville de Laon où il comptoit se défendre. Ebroin ne voulut pas s'exposer aux longueurs d'un siége. Il appela à lui deux évêques ses partisans, saint Réole de Reims, et saint Ægilbert de Paris, qui tous deux sont aujourd'hui l'objet d'un culte public, et il les engagea à se rendre auprès de Martin à Laon. Ils devoient l'inviter à venir trouver Ebroin pour pacifier les deux monarchies, en se rendant garans sous leur serment qu'il ne courroit aucun danger pour sa personne ou sa liberté. Les deux évêques connoissoient bien Ebroin, et savoient ce que ses ennemis avoient à attendre de lui; cependant ils craignoient d'éprouver la vengeance immédiate des reliques sur lesquelles ils seroient obligés de prêter un faux serment; car le christianisme étoit alors réduit au culte des dieux locaux, qu'on voyoit, qu'on touchoit, et auxquels on supposoit toutes les passions humaines. Mais les deux saints trouvèrent moyen de dérober subtilement les reliques, des châsses sur lesquelles ils étoient appelés à poser la

main; alors, en sûreté de conscience, ils prêtèrent à Martin le serment que leur avoit imposé Ebroin; ils jurèrent que ce duc ne couroit aucun danger. Martin les crut; il se mit sous leur garde pour se rendre à Eschery-Launois, où se trouvoit alors Ebroin, et à son arrivée il y fut immédiatement massacré avec tous ses compagnons d'armes. (1)

Ebroin ne se seroit probablement pas contenté de cette victoire et de la mort d'un de ses deux rivaux, il auroit poursuivi l'autre jusqu'à ce qu'il s'en fût également délivré, et qu'il eût conquis l'Austrasie. Son courage, sa persévérance, et ses rares talens militaires, lui auroient de nouveau assuré la victoire, qu'il avoit obtenue dans presque tous les combats précédens; mais la mort l'arrêta lui-même au milieu de ses projets ambitieux. Il avoit confié une fonction fiscale à un seigneur franc, nommé Ermenfroi; puis l'ayant surpris en fraude, il avoit confisqué ses biens en réparation de ses voleries, et il le menaçoit même d'une peine capitale. Ermenfroi résolut de se défendre en même temps et de se venger. Un dimanche matin, comme Ébroin sortoit avant le jour de sa

---

(1) *Fredeg. contin. Austrasius.* Cap. 97, p. 451. Celui-ci, qui écrivoit en 735, est fort supérieur au premier en exactitude. — *Gesta reg. francor.* Cap. 46, p. 570. — *Chron. vetus Moissiac.* p. 653. — *Adonis Vienn. Chron.* p. 670. — *Hadr. Valesii.* Lib. XXII, p. 328.

maison pour se rendre à l'église où l'on chantoit matines, Ermenfroi se jeta sur lui avec une troupe de gens armés, et le tua d'un coup d'épée à la tête, après quoi il s'enfuit auprès de Pepin en Austrasie, qui lui témoigna la plus vive reconnoissance, et le combla d'honneurs. (1)

Ebroin avoit gouverné la France plus de vingt ans, avec un pouvoir qu'aucun roi, qu'aucun maire ne s'étoit arrogé avant lui : le premier, il lutta avec vigueur contre cette aristocratie territoriale qui se formoit alors, et qui devoit détruire un jour également le pouvoir des rois et celui du peuple. Il la combattit tour à tour par la force ouverte et la perfidie : il voulut l'affoiblir par les supplices et les confiscations ; il ne craignit point de comprendre dans ses vengeances les membres du clergé qui faisoient cause commune avec les grands. Mais quoique une autre partie du clergé dans laquelle on comptoit plusieurs saints, se fût déclarée pour lui, son histoire ne nous est connue que par ses ennemis les plus acharnés ; ils célèbrent sa mort comme un triomphe de la bonne cause ; ils attestent le témoignage d'un solitaire

---

(1) *Vita sancti Leodegarii.* Cap. 16 et 17, p. 623. — *Fredegarii cont.* Cap. 98, p. 451. — *Gesta reg. francor.* Cap. 47, p. 570. — *Chron. Moissiac.* p. 653. — *Ann. metens.* p. 678. — *Hadriani Valesii.* Lib. XXII, p. 332.

de l'île de Sainte-Barbe au-dessus de Lyon, qui entendit les diables emporter son âme en enfer (1), et leur excessive partialité ne semble point avoir inspiré assez de défiance aux écrivains postérieurs. Si le parti qui combattit avec tant de valeur et de succès sous les étendards d'Ébroin, avoit eu aussi un historien, sans doute ce maire paroîtroit aux yeux de la postérité sous des couleurs plus favorables. Ce parti semble avoir eu la principale influence dans l'élection de son successeur. Ce fut Warato, Franc illustre et d'un âge avancé, auquel fut transmis tout le pouvoir que Thierri III, qui ne sortit jamais de l'enfance, étoit incapable d'exercer.

Le nouveau maire s'occupa d'abord de rétablir la paix avec l'Austrasie. Le duc Pepin lui envoya des otages, et un traité fut signé entre eux. Mais Warato avoit un fils nommé Gislemar, homme plein d'ambition, de courage et d'habileté, qui supplanta bientôt son père dans l'exercice de toutes ses fonctions, et qui, loin d'approuver cette réconciliation, ne cessa de poursuivre Pepin de son inimitié, l'attaqua par surprise et contre la foi donnée, devant le château de Namur, et lui tua beaucoup de monde. Au milieu de ces combats, qui déjà sembloient plutôt les querelles de deux feudataires indépendans qu'une guerre entre deux

---

(1) *Adonis Vienn. Chron.* p. 670.

royaumes, Gislemar mourut. Warato ressaisissant toute son autorité, conclut un nouveau traité de paix avec l'Austrasie, puis il mourut aussi; et les Francs neustriens lui donnèrent pour successeur Berthaire, dont la vanité, la chétive apparence et le manque de talens, rendirent bientôt l'autorité chancelante. Plusieurs de ses leudes, après l'avoir tourné en ridicule, l'abandonnèrent pour s'allier à Pepin et aux Austrasiens. Dès qu'ils se sentirent assez forts pour compter sur le succès, ils engagèrent le duc d'Austrasie à entreprendre une nouvelle guerre civile. (1)

Avant de la commencer, Pepin somma le roi de Neustrie de rappeler tous les exilés qui avoient quitté le royaume pendant l'administration d'Ébroïn et de son successeur, et de leur rendre leurs biens. Berthaire répondit au nom de Thierri III, que loin de se laisser faire la loi par les exilés, il sauroit bientôt les aller chercher chez celui qui leur avoit accordé un asile contre la loi des nations. La guerre fut alors résolue dans le conseil des grands, qui avoient choisi Pepin pour leur chef; leur armée traversa la forêt Carbonaria, qui séparoit l'Austrasie de la Neustrie, et elle vint camper à Tes-

---

(1) *Fredegarii cont.* Cap. 98, 99, p. 452. — *Gesta regum francorum.* Cap. 47, p. 570. — *Chron. Moissiac.* p. 653. — *Ann. metens.* p. 678.

try en Vermandois, entre Péronne et Saint-Quentin. Berthaire s'y étoit avancé à sa rencontre, avec le roi et l'armée de Neustrie. Le combat s'engagea au passage d'une petite rivière nommée *le Daumignon*. Il fut très-acharné; mais enfin Pepin eut l'avantage. Une grande partie de l'armée neustrienne fut détruite; Berthaire fut tué dans sa fuite par quelques-uns de ses compagnons d'armes qui lui attribuoient leur défaite, ou qui attendoient une récompense du vainqueur. Beaucoup de Neustriens se réfugièrent dans les asiles consacrés de Saint-Quentin et de Péronne. Les abbés de ces monastères se présentèrent au vainqueur en sollicitant leur grâce; et en effet Pepin leur permit de se retirer, après avoir exigé d'eux un serment de fidélité : puis il poursuivit Thierri III qui s'étoit enfui à Paris. Ce foible prince ne sut préparer aucune résistance; il n'essaya point de défendre sa capitale, où il attendit son vainqueur. Prisonnier de Pepin, comme il l'avoit été d'Ebroin, il parut à l'un et à l'autre également propre à remplir le rôle de roi. Pepin, assuré qu'il ne pouvoit placer sur le trône un homme plus timide et plus docile que le monarque légitime, le reconnut pour son souverain, et le fit reconnoître à l'Austrasie, qui depuis la mort de Dagobert II n'avoit point eu de roi. Mais en même temps Pepin

687. prit pour lui-même le titre de maire du palais, et il se réserva les armées, les trésors, la justice, la correspondance des provinces, et la plénitude de la puissance royale. (1)

(1) *Annales metenses.* p. 678, 680. Ces Annales, composées par un partisan de la maison de Pepin, contiennent plus de détails que les autres; mais leur partialité les rend suspectes. — *Fredegarii cont.* Cap. 100, p. 452. — *Gesta reg. francor.* Cap. 48, p. 571. — *Chron. Moissiac.* p. 653. — *Hadr. Vales. Lib.* XXII, p. 339.

## CHAPITRE XII.

*Grandeur croissante de la famille de Pepin, jusqu'à la soumission de la Neustrie à Charles Martel.* 687 — 720.

Les Francs n'avoient reconnu d'autre hérédité dans leur monarchie que celle du trône. Ils avoient cru donner plus de stabilité à leurs institutions, en soustrayant la première dignité de l'état aux violences des partis et aux luttes de l'ambition; mais excepté les fonctions royales, toutes les autres devoient être réservées au plus digne. Ils ne reconnoissoient point de noblesse, leurs ducs et leurs comtes étoient électifs, leurs généraux étoient choisis par les soldats, leurs grands juges ou maires, par les hommes libres, et aucun homme ne devoit tenir de ses pères aucun droit sur ses concitoyens. Mais il y a une connexion si intime entre la richesse et le pouvoir; celui qui héritoit de la fortune avoit tant de facilité pour hériter aussi de toutes les clientelles, de tout le crédit de sa famille; le temps a tant d'empire sur l'imagination des hommes, et le souvenir du passé remplace si facilement la raison, que le système de l'hérédité faisoit, en dépit des lois et des convenances, des progrès rapides; que le gouvernement des provinces demeuroit presque toujours dans les mêmes familles; et qu'à dater de la bataille de Testry, l'office de premier juge, premier général et premier ministre de la monarchie, devint à son tour presque héréditaire.

Il ne seroit peut-être pas difficile de soutenir par des argumens plausibles, que dans une monarchie la fonction de premier ministre doit être héréditaire tout aussi-bien que celle de roi, puisque c'est à cette fonction que tous les pouvoirs, tous les avantages réels de la royauté sont attachés; qu'on tenteroit vainement d'identifier l'intérêt du monarque avec celui de la monarchie, et de tourner ses regards non sur le temps présent, mais sur la perpétuité, si le vrai dépositaire du pouvoir, celui qui pense, celui qui projette, celui qui gouverne, n'a d'intérêt que dans le moment présent, et si à toute heure il peut être destitué par la faveur ou l'intrigue; que c'est en vain que l'hérédité sauve à l'état les guerres civiles qui auroient pour objet d'occuper la première place, si la seconde est également une prime offerte à tous les ambitieux, et si l'on peut s'y élever ou par les arts du courtisan, ou par la faveur populaire, ou par les armes. Des guerres civiles assez fréquentes entre les maires du palais, jusqu'au temps où la famille de Pepin réussit à rendre cette dignité héréditaire, auroient suffi pour donner à cette théorie quelque vraisemblance. Il est peu probable cependant qu'elle ait été développée. La force aveugle des choses, la violence et souvent le crime, fondent les institutions; lorsqu'elles existent une fois, l'effort constant de chaque citoyen pour améliorer sa condition, modifie leurs inconvéniens, et empêche la société de souffrir tous les maux dont ces institutions paroissoient la menacer d'abord; mais ce n'est qu'après qu'elles ont duré long-temps qu'on voit paroître les hommes ingénieux qui se chargent de les expliquer, et de prouver au monde que toute la prudence humaine n'auroit pu mieux faire que ce qu'a opéré un aveugle hasard.

Pepin, que les modernes ont surnommé d'*Héristal*, du nom d'un château qu'il habitoit souvent, près de Liége et sur les bords de la Meuse (1), avoit triomphé des rois au nom de la haute aristocratie. Son aïeul, saint Arnolphe, avoit, à ce qu'assure son biographe, réuni le gouvernement de six provinces de l'Austrasie, avant d'être, en 610, promu à l'évêché de Metz; le crédit d'Arnolphe avoit duré autant que sa

687.

---

(1) Les érudits ont assez bien prouvé que le premier Pepin avoit un château à Landen, et le second à Héristal, mais non que l'un ou l'autre ait jamais songé à en prendre le nom.

687.

vie, et il avoit laissé à ses enfans les plus riches possessions et les emplois les plus importans (1). A cet héritage paternel, Pepin joignoit celui de son aïeul maternel Pepin, que les modernes ont nommé de *Landen;* s'il en avoit été dépouillé quelque temps pendant les guerres civiles, la victoire lui avoit rendu plus qu'il n'avoit perdu, et depuis le massacre de Dagobert II, l'Austrasie peut-être tout entière avoit été réunie sous son commandement; du moins est-il le plus souvent désigné par le nom de duc de cette province. Le pays qui s'étendoit des Ardennes et des Vosges jusqu'au Rhin, reconnoissoit son autorité, à peu près comme les nations germaniques d'au-delà du Rhin obéissoient à leurs ducs héréditaires. Les princes des Saxons, des Frisons, des Cattes ou Hessois, des Allemands ou Souabes, des Bavarois et des Thuringiens, étoient les égaux de Pepin; ils l'avoient secondé à la guerre, et ils croyoient avoir avec lui des intérêts communs; mais ils n'étoient nullement disposés à lui obéir; la victoire de Testry avoit assuré leur indépendance : ils vouloient bien faire encore partie de la confédération des Francs, mais ils comptoient n'avoir plus de maîtres (2). Dans l'Austrasie même, au mi-

(1) *Vita sancti Arnulphi Ep. metensis à Monacho coæva.* p. 507.

(2) *Annales metenses,* p. 680.

lieu du duché dont Pepin portoit le titre, d'autres grands seigneurs avoient, aussi-bien que lui, de vastes terres qu'ils tenoient de leurs ancêtres, et qu'ils gouvernoient comme des patrimoines privés, non comme des offices de la couronne. Ils avoient combattu avec lui, et ils entendoient participer à sa victoire. Les habitans de tout ce pays étoient presque uniquement Germains d'origine ; ils s'attribuèrent, par excellence, le nom de Francs; et en effet, ils renouvelèrent les habitudes militaires et les prétentions politiques des premiers conquérans: la nation redevint tout à coup plus guerrière et plus républicaine; depuis la bataille de Testry, l'armée des Francs et les comices des Francs semblèrent acquérir plus d'importance, tandis qu'on vit diminuer celle des maires du palais aussi-bien que des rois.

Pepin s'étoit fait revêtir de l'office de maire du palais de Neustrie : cependant il semble avoir attaché plus d'importance à son rang de duc d'Austrasie. Aussi, au lieu de se charger de la garde du roi Thierri III, et de s'établir à Paris, pour chercher à resserrer le lien social et à ramener les provinces à l'obéissance, il fixa sa résidence à Cologne, au milieu de ses possessions et des soldats qui lui étoient dévoués, et il fit choix d'un Franc, nommé Nordbert, qui paroît avoir été sa créature, pour en faire son lieutenant à la cour, et lui confier le soin de veiller sur le roi. (1)

Pepin avoit deux fils de sa femme Plectrude, matrone distinguée par sa noblesse et sa prudence. Il procura au premier, nommé Drogon, le duché de Champagne, tandis qu'il réservoit l'administration de la Neustrie pour Grimoald le plus jeune. Mais en même temps qu'il augmentoit ainsi la puissance de sa famille, il étoit obligé de partager entre les compagnons de sa victoire toutes les dépouilles du trône. Il renvoya dans leurs provinces les grands qui avoient combattu à ses côtés, tant ceux de l'Austrasie que ceux de la Neustrie et de la Bourgogne, en leur accordant des diplômes de ducs, de patrices et de comtes. Dans ces chartes, Thierri III parloit encore en souverain; il déclaroit qu'il confioit à tel seigneur le gouvernement de telle province ou cité, parce qu'il avoit reconnu sa foi et sa bravoure. Il ajoutoit qu'il lui conféroit cet emploi pour l'exercer avec toutes les prérogatives dont avoit joui son prédécesseur; qu'il lui recommandoit seulement une fidélité inébranlable envers la couronne, la protection des veuves et des pupilles, la punition des criminels, la régularité à faire passer

---

(1) *Fredegarii cont.* Cap. 100, p. 452. — *Gesta reg. franc.* Cap. 48, p. 570. — *Chron. Moissiac.* p. 653. — *Adon. Vien. Chron.* p. 670. — *Annales metenses.* p. 680.

chaque année au trésor ce qui appartenoit au fisc. Toutes ces conditions faisoient partie du formulaire, qui demeuroit toujours le même (1); mais ni le roi ni son maire n'avoient aucunes troupes de ligne pour les faire exécuter.

Pepin ne pouvoit faire marcher que les leudes, qui, en retour pour les terres qu'il leur avoit accordées, ou pour la protection qu'il s'étoit engagé à étendre sur eux, avoient promis de le servir. A cet égard, chacun des ducs et des comtes de la monarchie avoit presque la même autorité que lui. Chacun de ceux qui avoient obtenu des fonctions judiciaires, ou qui possédoient une grande étendue de terres, étoit devenu le capitaine de tous les hommes libres établis dans son voisinage. Le déclin de l'autorité suprême avoit contraint les voisins, les amis, à songer à se protéger réciproquement; les foibles s'étoient associés au fort, et ils avoient augmenté sa force dans le temps même où ils demandoient son appui. La richesse territoriale ou mobilière, les emplois dans la finance et l'armée, les prélatures et les abbayes, de nombreux parens ou de nombreux amis, avoient servi pour acquérir de nouvelles richesses et de nouveaux pouvoirs. Il n'y avoit, à cet

---

(1) *Charta de Ducatu, patriciatu, vel Comitatu in Marculfi monachi formularum.* Lib. I, formul. 8, p. 471, *Script. franc.* T. IV.

682.
égard, aucune différence entre le Franc, le Bourguignon et le Gaulois; le fils du Romain s'élevoit aux plus hautes dignités par les intrigues de cour ou les bénéfices de l'Église, aussi facilement que le soldat barbare par les armes. Ce dernier, s'il étoit pauvre, étoit tout aussi exposé que le Romain pauvre, à être privé du peu qu'il avoit par un voisin plus puissant que lui; et il ne pouvoit mettre son petit bien en sûreté qu'en renonçant à son indépendance. La distinction de naissance, la pureté du sang dans une race noble, n'étoient point encore des avantages dont on tirât vanité, ou auxquels on attachât des prérogatives politiques. Mais dans toutes les races également, la force et la richesse constituoient les grands, qui se maintenoient ensuite par eux-mêmes.

La victoire de Testry ne fut pas seulement avantageuse aux grands seigneurs qui accompagnoient Pepin, elle affermit plus encore l'indépendance des grands du midi de la Gaule, qui ne se reconnoissoient aucunement pour inférieurs au duc austrasien, et qui ne se croyoient plus obligés à aucun devoir envers le fantôme de roi qu'il avoit conservé sur le trône. Le royaume de Bourgogne ne tenoit plus qu'à peine à la monarchie, la Provence et l'Aquitaine lui échappoient tout-à-fait. L'histoire de ce siècle, si laconique, si incomplete dans tous ses monumens, ne nous donne presque aucune notion sur ces provinces méridionales. L'Aquitaine austrasienne s'étoit détachée de l'Austrasie, peut-être dès le règne de Dagobert : elle n'avoit obéi ni à Childéric II, ni à Dagobert II, et son éloignement avoit rendu plus facile pour les grands seigneurs l'affermissement de leur indépendance. A cette époque, Eudes, duc de Toulouse, avoit réduit sous son commandement presque toute l'Aquitaine. Les historiens de Languedoc s'efforcent de prouver que cet Eudes étoit fils de Boggis et petit-fils de Charibert, roi d'Aquitaine ; qu'un autre fils de Charibert, nommé Bertrand, avoit eu pour fils saint Hubert, qui, renonçant au monde, avoit cédé tous ses états à son cousin Eudes (1). Quoi qu'il en soit de cette généalogie, Eudes étoit obéi des bords de la Loire jusqu'à la Novempopulanie : dans cette dernière province, les Gascons avoient affermi leurs établissemens, et ils avoient absolument secoué le joug de la France. Dans l'Armorique, enfin, les Bretons avoient renoncé à leur allégeance, et ils avoient recommencé leurs courses et leurs déprédations dans les provinces qui les avoisinoient.

Cependant, les seigneurs francs qui avoient voulu être indépendans chez eux, commencè-

(1) *Histoire générale du Languedoc*, Liv. VII, cap. 39-74, p. 349-369.

rent bientôt à s'apercevoir, avec regret, que les forces de la monarchie étoient anéanties, qu'elle n'inspiroit plus de respect aux étrangers, et que chaque jour de nouveaux membres se détachoient de leur confédération. Ceux qui suivoient avec régularité les comices annuels des Francs s'indignoient contre les ducs qui ne reconnoissoient plus leur autorité. La seconde ou la troisième année de l'administration de Pepin, l'assemblée générale des Francs résolut de forcer, par les armes, Radbode, duc des Frisons, à se soumettre à l'autorité des rois des Francs qu'il avoit secouée. Ce duc et sa nation étoient encore idolâtres; mais la conversion des Frisons étoit le but le plus habituel des missions du clergé des Gaules. Radbode, aussi-bien qu'Adelgise son prédécesseur, avoit traité avec bienveillance plusieurs des saints qui avoient visité ses états. Saint Vulframn crut même avoir converti Radbode à la religion chrétienne. Déjà ce prince avoit mis un pied dans la fontaine sacrée du baptême; mais avant de faire abjuration, il demanda au missionnaire en quel lieu étoient les âmes de son père, de ses aïeux et de tous les héros dont sa nation vénéroit la mémoire. — Au fond du gouffre de l'enfer, répondit l'évêque de Sens, plongés par les diables dans des fleuves de poix bouillante. — Ce n'est pas de leur danger ou de leurs souffrances que je m'informe, répondit le héros Frison ; là où ils sont, là je veux aller ; et il ressortit du baptistère (1). Pepin, avec l'armée des Francs, s'avança vers les côtes de la mer du Nord pour chercher Radbode : il lui livra bataille, le vainquit, ravagea la Frise, et après en avoir enlevé un butin considérable, il reçut des otages de Radbode, qui promit de suivre désormais les étendards des Francs. (2)

Depuis le règne des petits-fils de Clovis, la nation avoit laissé tomber en désuétude les comices où elle avoit autrefois décidé, aux mois de mars et de septembre, de la paix, de la guerre, des lois et du gouvernement. Il semble que les rois postérieurs assemblèrent à peine le *mallum* deux ou trois fois dans la durée de leur règne. Mais les seigneurs qui avoient remporté avec Pepin la victoire de Testry, ne lui permirent point de méconnoître des droits qui avoient d'abord appartenu à toute la nation, et qu'ils s'étoient ensuite attribués. Ils prétendirent être consultés sur toutes les affaires de la paix et de la guerre. Chaque année, aux kalendes de mars, Pepin assembla les comices généraux de la nation, selon les anciennes coutumes. Par respect pour le

---

(1) *Vita sancti Vulframni, Episcopi Senonensis, inter Acta SS. Ord. sancti Bened. sæculo* 3°. T. I. p. 357. — *Hadriani Valesii.* Lib. XXIII, p. 412.

(2) *Fredegarii cont.* Cap. 102, p. 452. — *Annales metens.* p. 680. — *Hadr. Valesii.* Lib. XXII, p. 352.

TOME II. 7

nom royal, il y faisoit paroître le souverain mérovingien, qui présidoit l'assemblée et recevoit les présens des grands seigneurs francs. Le roi y prononçoit un discours sur la paix intérieure, la défense des églises, des pupilles et des veuves. Un édit présenté par lui, interdisoit l'enlèvement des femmes et l'incendie des maisons; puis l'ordre étoit donné en son nom, à l'armée, de se préparer à marcher au jour qui lui seroit indiqué. Après quoi Pepin renvoyoit le roi dans sa maison de campagne de Maumague, sur la gauche de l'Oise, pour y être gardé honorablement, tandis qu'il continuoit à présider les comices jusqu'à leur fin, qu'il y recevoit les légations des puissances étrangères, et qu'il commandoit ensuite les armées. (1)

Thierri III vécut trois ans et quelques mois dans cette espèce de captivité : il mourut en 691. Il avoit porté auparavant, quatorze ans, le nom de roi sous Ebroin et ses successeurs. Son règne nominal avoit donc duré dix-sept ans, sans compter l'année 670, où il avoit une première fois occupé le trône par l'autorité d'Ebroin, entre le règne de Clothaire III et celui de Childéric II; et comme Thierri étoit fils de Clovis II, mort, au plus tard, en 656, il avoit environ trente-neuf ans quand il mourut. Depuis long-

---

(1) *Annal. metens.* p. 680. — Chroniques de Saint-Denys, Liv. V, cap. 23; p. 305.

temps aucun roi de France n'étoit parvenu à un âge si avancé; cependant le cours des années ne l'avoit jamais fait sortir de l'enfance. Rien n'indique qu'il fût susceptible d'affection ou de haine, qu'il éprouvât des regrets de sa captivité, ou qu'il manifestât aucune envie d'exercer le pouvoir qu'on lui avoit ravi. Il paroît qu'il eut deux femmes, qu'on nomme Clothilde et Doda; il laissa aussi d'elles deux fils nommés Clovis et Childebert, qui nous sont représentés par les anciennes chroniques comme étant à sa mort encore en bas âge. Pepin, il est vrai, étoit intéressé à prolonger leur minorité : il fit proclamer l'aîné sous le nom de Clovis III, dans les trois royaumes d'Austrasie, de Neustrie et de Bourgogne, et l'administration n'éprouva aucun changement. (1) {691.}

Cependant Pepin travailloit à réorganiser le royaume : le zèle qu'il avoit montré pour l'indépendance des ducs dans les provinces s'étoit refroidi depuis qu'il tenoit lui-même le gouvernail. Il semble même qu'il chercha à se réconcilier avec le parti qu'il avoit combattu. Les restes de la faction populaire témoignoient un grand respect à Ausfride, matrone religieuse et vaillante, veuve du duc Warato, qui, en faisant épouser sa fille Austrude à Berthaire, avoit {691-695.}

(1) *Annales metens.* p. 680. — *Hadr. Valesii.* Lib. XXII, p. 355.

facilité l'élévation de celui-ci à la mairie de Neustrie. Berthaire avoit été tué à la suite de la bataille de Testry, et la mère et la fille, Ausfride et Austrude, veuves des deux derniers maires nommés par la faction populaire, conservoient un crédit d'autant plus grand sur ce parti, qu'il n'avoit pas d'autres chefs. Pepin rechercha l'amitié de ces deux matrones ; il fit épouser Austrude à son fils aîné Drogon, et dès que ces époux eurent un fils, nommé Hugues, sa belle-mère Ausfride se chargea de son éducation. En même temps un nouveau duché en Bourgogne fut accordé à Drogon, devenu l'un des plus puissans seigneurs de France. (1)

Clovis III mourut vers l'an 695, sans laisser aucun souvenir de son innocente vie. Childebert III, son frère, lui fut donné pour successeur. Vers le même temps, Nortbert, auquel Pepin avoit confié la garde des rois, et qui remplissoit sous lui, peut-être comme son lieutenant, les fonctions de maire du palais de Neustrie, mourut aussi. Les fils de Pepin étoient déjà assez avancés en âge pour qu'il pût reposer en eux une entière confiance. Il désigna le plus jeune, Grimoald, pour maire du palais de Neu-

---

(1) *Annales metens.* p. 681. — *Fredeg.* Cap. 101, p. 452. — *Gesta reg. francor.* Cap. 49, p. 570. — *Chron. Moissiac.* p. 653. Valois croit qu'il s'agit ici du duché de Champagne, précédemment accordé au même prince.

strie, et il lui confia la garde de Childebert. Il semble que Pepin regardoit déjà ces fonctions comme au-dessous de sa propre dignité, et qu'il aimoit mieux laisser à son plus jeune fils une charge long-temps réservée aux hommes libres, ou à ce que nous nommerions aujourd'hui les gentilshommes, par opposition à la haute noblesse. Grimoald, auquel les duchés de Reims et de Sens furent en même temps attribués, étoit, nous dit le continuateur de Frédégaire, un homme d'une douceur extrême : sa bonté, ses abondantes aumônes, et sa dévotion religieuse, l'avoient rendu cher aux Francs, qui concoururent à son élection. (1)

Pepin, outre les deux fils qu'il avoit eus de sa femme Plectrude, en avoit eu un troisième nommé Charles, d'Alpaïde, que quelques-uns regardent comme sa maîtresse, d'autres comme sa seconde femme; mais qui, tout au moins, étoit née dans un rang distingué parmi les Francs. Les mœurs du temps permettoient aux hommes puissans le divorce, le concubinage, et même la polygamie; et Pepin profitoit des priviléges que s'étoient arrogés à peu près tous les rois mérovingiens. Cependant le crédit des prêtres avoit fait de si grands progrès, qu'ils commençoient à exercer leur censure sur les

---

(1) *Fredegarii cont.* Cap. 102, p. 453. — *Gesta reg. franc.* Cap. 49, p. 571. — *Annales meténses.* p. 681.

hommes puissans, à les lancer en public, à les menacer peut-être de l'excommunication lorsqu'ils bravoient ouvertement la morale religieuse. Lambert, évêque de Maestricht, dès lors reconnu comme saint, paroît avoir reproché publiquement à Pepin le scandale que donnoit sa bigamie. Les écrivains plus rapprochés de son temps disent seulement qu'il essaya de corriger les mœurs de la maison royale; ceux du onzième siècle racontent qu'assis à la table de Pepin avec Alpaïde, il refusa de bénir la coupe de cette dernière, lui reprocha son concubinage, et sortit de sa table et de son palais en lui témoignant son mépris. Dodon, frère d'Alpaïde, étoit grand domestique du palais de Pepin, dignité considérable chez les Francs : indigné de l'outrage fait à sa sœur, il chargea deux de ses parens, Gallus et Riolde, de la venger sur l'évêque de Maestricht, dont ils saisirent les propriétés et maltraitèrent les prêtres. Les neveux de saint Lambert, pour délivrer leur oncle, tuèrent les parens du grand domestique; et celui-ci fit à son tour entourer la maison de saint Lambert à Liége par des assassins, dont l'un monta sur le toit, et de là tua le saint évêque comme il étoit en prières dans sa chambre. Lambert fut aussitôt inscrit au catalogue des martyrs. La dévotion des peuples lui éleva un temple à Liége. Plectrude et ses fils le regardèrent comme mort pour la défense de leurs droits; Alpaïde et son fils, comme un ennemi sacrifié à leur honneur. (1)

695-708

Pepin continuoit cependant à rappeler à l'obéissance les nations germaniques, qui, pendant les désordres des guerres civiles, avoient rejeté l'autorité des Francs. Radbode, duc des Frisons, n'avoit point observé la paix qui lui avoit été imposée. Ses états ne se bornoient pas à la Frise actuelle, ils s'étendoient jusqu'au Rhin, et même jusqu'à la Meuse. Ce fut entre ces deux fleuves, devant Duersted en Gueldres, que Pepin remporta sur Radbode une grande victoire, après laquelle il recommença presque chaque année à ravager le pays des Frisons, jusqu'au temps où ceux-ci ayant demandé la paix, Pepin, pour unir les deux familles aussi-bien que les deux nations, fit épouser à Grimoald, son fils, Theusinde, fille du duc Radbode. (2)

Les Allemands, qu'on désignoit souvent aussi par le nom de Suèves, et qui occupoient la Souabe actuelle, s'étoient également détachés de la monarchie française. Pepin profita de la mort de leur duc Godfrid, survenue vers l'an 709,

709.

(1) *Vita sancti Landeberti, Episcopi Trajecti ad Mosam.* p. 597, cum nota Mabillonii. — *Hadriani Vales.* Lib. XXIII, p. 373, seq. — *Sigeberti Gemblac. Chron.* p. 345.

(2) *Annales metens.* p. 681. — *Fredegarii contin.* Cap. 102 et 104, p. 453.

et non à 10,500 francs comme le prétendait Terrier qui aurait conservé la différence entre ses mains; que l'arrêt attaqué a refusé d'autoriser la dame Descombes à faire la preuve par elle offerte, par le motif qu'il n'existait pas de commencement de preuve par écrit et que Frézat aurait pu retirer de Terrier un récépissé de la somme réellement versée;

Mais attendu qu'il s'agissait d'un fait de dol et de fraude, sinon même d'un délit reproché à Terrier non par Frézat, mais par la veuve Descombes, qui manifestement n'avait pu s'en procurer une épreuve écrite;

D'où il suit qu'en rejetant la preuve offerte par celle-ci, l'arrêt attaqué a faussement appliqué l'article 1341 du Code civil et violé l'article 1348 du même code ci-dessus visé:

Par ces motifs, donnant défaut contre Terrier, défendeur non comparant,

Casse, etc.

Ordonne, etc.

Ainsi jugé, etc. — Chambre civile.

---

N° 284.

CONSEILS DE PRUD'HOMMES. — Appel. — Tribunal de commerce. — Compétence.

SOMMAIRE.

*L'appel contre une décision des prud'hommes est recevable lorsqu'il est formé pour incompétence, encore que le taux du litige soit inférieur à 200 francs.*

Rejet du pourvoi formé par le sieur *Jean-Baptiste Lainé* contre un Arrêt rendu, le 31 décembre 1886, par le Tribunal de commerce de la Seine, au profit du sieur *Arquembourg*.

NOTICE.

Les motifs de l'arrêt font suffisamment connaître l'objet de la contestation.

ARRÊT.

Du 6 Août 1889.

La Cour,

Ouï M. le conseiller Dareste, en son rapport; M° Clément, avocat, en ses observations, et M. le premier avocat général Charrins, en ses conclusions; et après en avoir délibéré conformément à la loi;

Sur l'unique moyen du pourvoi :

Attendu que le demandeur se borne à soutenir que l'appel de la décision des prud'hommes était irrecevable parce que la demande sur laquelle il avait été statué était inférieure à 200 francs ;

Mais attendu qu'Arquembourg, appelant, soutenait devant le tribunal de commerce que les premiers juges avaient été incompétents pour statuer à son égard, la demande dirigée contre lui par Lainé soulevant une question de responsabilité ; qu'au point de vue de cette question de compétence, l'appel était manifestement recevable, aux termes de l'article 454 du Code de procédure civile ; d'où il suit que le moyen proposé n'est pas fondé :

Par ces motifs, donnant défaut contre Arquembourg, non comparant,

REJETTE, etc.

Ainsi jugé, etc. — Chambre civile.

N° 285.

CHEPTEL. — VALEUR EN ARGENT. — POUVOIR DU JUGE.

SOMMAIRE.

*Statue souverainement en fait et échappe par suite au contrôle de la Cour de cassation la décision qui, pour déterminer les choses comprises dans un cheptel et sa valeur en argent, se fonde sur l'avis d'experts désignés par les parties et par justice, sur ce que les objets mobiliers dont il s'agit sont absolument distincts du sol et de ses accessoires, et sur ce que, conformément à l'usage des lieux, l'intention commune des parties contractantes a été que ces objets seraient payés en sus du prix d'adjudication.*

REJET du pourvoi formé par le sieur *Simon* contre un Arrêt rendu, le 15 décembre 1887, par la Cour d'appel de Rennes, au profit des liquidateurs de la société Saint-Gildas.

NOTICE.

Les motifs de l'arrêt font suffisamment connaître l'objet de la contestation.

ARRÊT.

Du 6 Août 1889.

LA COUR,

Ouï, en l'audience publique du 5 août 1889, M. de Lagrevol, conseiller, en son rapport, et en l'audience publique du lendemain,

714. l'église de Saint-Arnolphe à Metz. Pepin, qui se croyoit près de mourir, appela à lui son second fils Grimoald, qui d'ordinaire résidoit en Neustrie auprès du roi. Grimoald, avant d'arriver à Jopil, passa par Liége, où la basilique de Saint-Lambert étoit déjà élevée; il voulut rendre hommage à la châsse de ce saint, qui avoit perdu la vie en défendant ses propres droits et ceux de sa mère; qui avoit tenté d'écarter du lit nuptial Alpaïde, rivale de Plectrude, et de priver des honneurs de la légitimité Charles, avec qui Grimoald croyoit devoir partager l'héritage de son père. Grimoald se mit à genoux devant la châsse du saint, et y demeura long-temps en prières. Il y étoit encore lorsqu'un Franc, nommé Rantgare, se jeta sur lui et le tua. Aucun des anciens historiens n'a indiqué un seul motif pour cet assassinat, aucun n'a accusé Charles ou Alpaïde d'avoir armé le meurtrier. Cependant Grimoald, en arrivant auprès de son père mourant, commençoit par rendre un culte au saint que le frère d'Alpaïde avoit fait périr; il sembloit prendre devant son tombeau l'engagement de le venger; et l'adoration du martyr Lambert étoit une offense pour Charles et pour Alpaïde. Ceux qui nous ont appris en deux lignes le meurtre de Grimoald, ont tous écrit sous la domination de Charles et de ses descendans; leur silence sur cet événement semble cacher

un mystère, la conduite de Pepin suffit peut-être pour en donner l'explication.

Pepin, que les meurtriers de son fils croyoient accablé par la maladie, recouvra assez de vigueur pour les poursuivre; il envoya au supplice non-seulement Rantgare, mais plusieurs autres de ceux qui avoient eu part au meurtre de son fils. Disposant ensuite de son héritage, loin d'en donner aucune part au seul fils qui lui eût survécu, à Charles, dont le nom germanique signifioit *le valeureux*, et qui déjà s'étoit montré digne de ce nom par ses exploits, il le laissa en prison sous la garde de Plectrude, sa marâtre. Drogon, son fils aîné, avoit, en mourant, laissé deux fils légitimes, Hugues et Arnold. Pepin les confirma dans la possession des duchés de leur père; mais il choisit Théodoald, fils naturel de Grimoald, âgé tout au plus de six ans, pour être maire du palais de Dagobert III, sous la tutelle de son aïeule Plectrude; en sorte que la France vit avec étonnement un roi enfant sous la tutelle d'un maire du palais ou premier ministre également enfant, et tous deux obéissant à une femme (1). Pepin mourut le 16 décembre 714; il avoit gouverné la France depuis la bataille de Testry, pendant vingt-sept ans et six mois.

715.

(1) *Fredég. contin.* Cap. 104, p. 453. — *Gesta reg. franc.* Cap. 50, 51, p. 571. — *Chron. Moissiac.* p. 654. — *Adonis Vienn. Chron.* p. 670. — *Annales metenses.* p. 681.

715.

Pepin abandonnant Metz, jusqu'alors capitale de l'Austrasie, avoit transporté sa résidence et le siége de son gouvernement à Cologne. C'est là qu'il avoit amassé son trésor, là qu'il laissoit Plectrude et ses petits-fils, là que Charles son fils étoit retenu prisonnier. L'Austrasie, attachée par une affection héréditaire à la famille de ses ducs, ne songea point à changer les dispositions qu'avoit faites Pepin en mourant ; mais la Neustrie étoit humiliée du gouvernement de ces princes qu'elle regardoit comme étrangers. La nomination d'un enfant pour maire du palais lui parut une insulte. Tandis que Plectrude s'avançoit vers Paris, avec son petit-fils Théodoald, et l'armée que son mari lui avoit laissée, les Neustriens prirent les armes en tumulte ; et, conduisant avec eux leur roi Dagobert III, qui n'avoit que seize ans, ils attendirent l'armée austrasienne dans la forêt de Guise, près de Compiègne. Les deux peuples qui commençoient à se regarder comme étrangers l'un à l'autre, combattirent avec tout l'acharnement qu'on devoit attendre de leur longue jalousie. Enfin, les Neustriens eurent l'avantage ; presque tous les vieux guerriers de Pepin et de Grimoald périrent. Théodoald s'enfuit, et selon les Annales de Metz il mourut bientôt après. Les Neustriens se choisirent alors pour maire un de leurs compatriotes, nommé Raginfred ; ils

contractèrent alliance avec Radbode, duc de
Frise, qui leur promit d'attaquer l'Austrasie par
sa frontière septentrionale, tandis qu'ils l'attaqueroient au midi, et ils poussèrent leurs dévastations jusqu'à la Meuse. En même temps tous les Austrasiens établis en Neustrie, tous les Neustriens établis en Austrasie, éprouvèrent de cruelles persécutions. (1)

L'humiliation des Austrasiens les fit repentir de s'être soumis à une femme et à un enfant, tandis qu'il restoit un fils de Pepin, que sa bravoure, ses talens et son expérience désignoient comme le seul digne héritier de la grandeur paternelle. Quelques-uns des plus hardis parmi les partisans de Charles, l'enlevèrent de la prison où le retenoit sa belle-mère, et le montrèrent au peuple. Les Austrasiens crurent voir revivre son père en lui; ils l'accueillirent avec le plus vif enthousiasme. « C'étoit, dit le moine, « auteur des *Annales de Metz*, le soleil qui « renaît, et qui paroît plus brillant après une « éclipse. » De nombreux partisans se rangèrent autour de lui et lui formèrent une petite armée. Cependant, Cologne, les villes fermées et le trésor de Pepin, restèrent quelque temps encore entre les mains de Plectrude. (2)

(1) *Fredeg. contin.* Cap. 104, p. 463. — *Gesta reg. franc.* Cap. 31, p. 571. — *Chron. Moissiac.* p. 654. — *Adon. Chron.* p. 671. — *Annales metenses.* p. 682.

(2) *Annales metens.* p. 682. — *Fredeg. contin.* Cap. 104,

715.   Un nouveau règne avoit commencé dans le même temps chez les Neustriens : leur roi Dagobert III, parvenu tout au plus à sa dix-septième année, étoit mort. On vit plus tard monter sur le trône un Thierri IV, qui fut alors présenté à la nation comme son fils. A cette époque les Francs ne songèrent point à lui. La famille de Mérovée s'éteignoit : ces princes, qui après avoir vécu dans la captivité mouroient tous dès qu'ils parvenoient à l'adolescence, sembloient frappés d'une réprobation céleste. Cependant, par respect pour d'anciennes habitudes, on n'osoit point encore se passer d'eux. Ainsi, l'on vit les Romains conserver dans leur république un *pontife roi*, pour prendre certains augures, et ces républicains triomphèrent pour lui de la répugnance que leur inspiroit son nom seul. Mais plus les descendans de Mérovée demeuroient inconnus à la nation, et plus il étoit facile de remplacer ces rois de théâtre, et de supposer des enfans aux pères qui ne les avoient jamais connus. Une longue chevelure et une longue barbe suffisoient à la nation, encore la dernière étoit-elle presque toujours postiche car, parmi vingt rois fainéans, à peine deux furent en âge d'en avoir une naturelle. Quant aux preuves d'une descendance légitime, elles

p. 453. — *Gesta. reg. francor.* Cap. 51, p. 571. — *Annales fuldenses.* p. 673.

étoient laissées aux soins du maire, qui avoit besoin de se faire un souverain. Après la mort de Dagobert III, Raginfred tira d'un couvent un moine nommé Daniel, dont il avoit eu soin de laisser recroître la chevelure. Les historiens du temps se contentent de dire que les Francs l'établirent pour roi, et le nommèrent Chilpéric II ; mais dans plusieurs diplômes accordés par ce roi aux moines de Saint-Denis et à d'autres couvens, il nomme toujours, et même avec une sorte d'affectation, son père Childéric II (1). C'étoit celui que la faction de saint Léger et des grands avoit appelé d'Austrasie, qu'elle avoit fait tuer plus tard, et qu'Ebroïn avoit vengé. Comme il avoit été massacré en 674, le nouveau roi devoit, en 715, avoir au moins quarante-deux ans. Il y avoit près d'un siècle que la monarchie n'avoit eu un chef si avancé en âge. Mais la vie monacale avoit été pour Chilpéric une seconde enfance qui le rendoit tout aussi incapable d'administrer que s'il n'étoit point sorti de la première. Quoique la fortune le rendît tour à tour jouet de l'un et de l'autre parti, il ne manifesta jamais cette généreuse impatience du joug des maires du palais, que

---

(1) *Diplomata Chilperici regis Francorum, viri illustris*, n° 103 ad 112. *Script. franc.* T. IV, p. 690, seq. — *Gesta reg. francor.* Cap. 52, p. 571. — *Fredeg. contin.* Cap. 104, p. 453.

715. lui prête Adrien de Valois. Au contraire, on le vit exprimer dans ses diplômes, dans celui entre autres qu'il accorda au couvent de Saint-Maur-des-Fossés, le consentement de son maire du palais, Raginfred. Plusieurs causes de fermentation existoient encore parmi les Francs; les Neustriens étoient jaloux des Austrasiens; les grands voyoient avec envie l'élévation de la famille de Pepin, et les hommes libres redoutoient les usurpations de la haute aristocratie; mais personne ne s'intéressoit plus aux droits prétendus d'une famille dont on ne connoissoit que les vices.

716. Après l'élection de Chilpéric II, Raginfred, de concert avec Radbode, duc des Frisons, se prépara à envahir de nouveau l'Austrasie. Charles, qui tenoit la campagne avec ses partisans, marcha à la rencontre de Radbode, et lui livra bataille; mais il fut défait et contraint de s'enfuir, après avoir perdu un grand nombre de ses plus braves soldats. Radbode fit ensuite sa jonction devant Cologne, avec l'armée neustrienne que Raginfred y avoit conduite. De concert ils dévastèrent l'Austrasie, et ils ne se retirèrent que lorsque Plectrude eut en quelque sorte payé sa rançon par de riches présens. Mais Charles surprit auprès d'Amblef, dans la forêt d'Ardennes, les Neustriens qui retournoient dans leur pays; et, quoique fort infé-

rieur en nombre, il remporta sur eux une victoire signalée, et leur fit un grand nombre de prisonniers. (1)

L'Austrasie étoit alors cruellement dévastée; les Neustriens l'attaquoient au midi, les Frisons au nord : les Saxons, de leur côté, portoient leurs ravages dans celles de ses provinces où la confédération des Francs s'étoit formée pour la première fois. Les Attuaires et les Bructères, anciens peuples francs, étoient envahis par eux. Les Thuringiens et les Hessois, après avoir été long-temps exposés à leurs dévastations, avoient fini par leur payer un tribut. Les Saxons donnant leur nom à des peuples nouveaux qu'ils adoptoient, et se fortifiant chaque jour par des alliances, sembloient résolus à rétablir dans toute la Germanie le culte de ses anciens dieux. Charles s'opposa, autant qu'il put, à leurs ravages. Cependant il mettoit plus d'importance encore à rassembler une armée avec laquelle il pût entrer en Neustrie à son tour, et punir Raginfred des outrages faits à la famille de Pepin.

En effet, au printemps de l'année 717, il passa la forêt Carbonaria, et livra la Neustrie

---

(1) *Fredeg. contin.* Cap. 106, p. 453. — *Gesta reg. franc.* Cap. 53, p. 571. — *Chron. Moissiac.* p. 655. — *Adon. Chron.* p. 671. — *Ann. fuldenses.* p. 673. — *Ann. metens.* p. 682. — *Hadr. Valesii. Lib.* XXIII, p. 425.

717.

aux ravages de ses soldats. Raginfred ayant rassemblé l'armée neustrienne, qui se formoit surtout de la milice des villes, et qui étoit plus nombreuse, mais moins aguerrie que celle des Austrasiens, marcha à leur rencontre avec son roi Chilpéric II, et les atteignit près de Cambrai. Tandis que les deux armées étoient en présence, et que la France attendoit avec anxiété l'issue du combat, Charles adressa au roi Chilpéric II des propositions de paix. Il lui demanda d'arrêter l'effusion du sang français, et de renoncer à l'alliance des barbares qu'il avoit appelés en Austrasie. Il se plaignit de ce qu'après le juste et glorieux gouvernement de Pepin, les Neustriens cherchoient à le dépouiller de son héritage, et il demanda à être remis en possession de cette mairie du palais que ses ancêtres avoient exercée avec assez de gloire pour qu'elle dût demeurer héréditaire dans sa famille. A ces propositions, Chilpéric et Raginfred ne répondirent que par la menace de dépouiller Charles de ce qui lui restoit de son héritage paternel. Celui-ci communiqua aussitôt aux ducs et aux grands de son armée la réponse qu'il venoit de recevoir; et les ayant ainsi échauffés de son ressentiment, il donna le signal de l'attaque. Ce fut un dimanche matin, quinze jours avant Pâques, le 21 mars 717, à Vincy, à peu de distance de Cambrai, que les deux armées se ren-

contrèrent. Le ressentiment des deux nations
étoit extrême, et leur acharnement dans le
combat étoit proportionné à leur haine. Le
sort de la bataille fut long-temps douteux,
et le nombre des morts d'une et d'autre part
fut si grand, que, pendant cent vingt-quatre
ans, on ne trouva rien à comparer à ce massacre, jusqu'à ce que la bataille de Fontenay, en
841, le fît oublier. Enfin la fortune de Charles
l'emporta : Chilpéric et Raginfred furent mis
en fuite, et les Austrasiens les poursuivirent
jusqu'en vue de Paris. De retour ensuite dans
leurs foyers, ils ne permirent pas que Plectrude disputât plus long-temps à Charles un
pouvoir dont il s'étoit montré si digne. Ils l'inaugurèrent dans Cologne comme duc d'Austrasie,
et ils exigèrent que tous les trésors de son père
lui fussent livrés. En même temps, pour satisfaire ceux des Austrasiens qui croyoient encore
le sort de la monarchie attaché au sang de Mérovée, ils proclamèrent un roi qu'ils nommèrent Clothaire IV, et que Charles prétendit être
issu de la maison royale; mais on ne sait pas
même à quel père ce fils supposé fut attribué. (1)

717.

(1) *Annales metenses*. p. 683. — *Fredeg. contin.* Cap. 106
et 107, p. 454. — *Gesta regum francor.* Cap. 53, p. 571. —
*Chron. Moissiac.* p. 655. — *Adonis chron.* p. 671. — *Annal.
fuldens.* p. 673. — *Hadriani Valesii.* Lib. XXIII, p. 427.

Quoique Charles se fût avancé jusqu'aux portes de Paris après la bataille de Vincy, il n'avoit point soumis la Neustrie. Il fut même obligé de renoncer à poursuivre ses avantages, parce qu'il étoit appelé à repousser alternativement ses ennemis du nord et ceux du midi. Il consacra la campagne de 718 à mettre l'Austrasie à l'abri des invasions des Saxons, qu'il battit près des bords du Wéser. A cette époque même, l'Anglais saint Winfred, qui prit plus tard le nom de saint Boniface, commença, avec l'autorisation du pape Grégoire II, ses missions en Germanie; et par ses prédications parmi les Thuringiens, les Hessois et les autres peuples germains limitrophes des Saxons, il seconda les armes de Charles. (1)

En 719, Charles tourna de nouveau ses armes contre Raginfred. Celui-ci avoit contracté alliance avec Eudes, duc d'Aquitaine, qui s'étoit rendu indépendant dans les provinces situées entre la Garonne et la Loire; tandis que les Gascons avoient formé un autre duché également indépendant dans la Novempopulanie, entre la Garonne et les Pyrénées. On a cru que Raginfred, pour s'assurer l'amitié du duc d'Aquitaine, lui avoit accordé ou les droits régaliens sur ces provinces, ou le titre royal, parce que le laconique continuateur de Frédégaire

(1) *Vita sancti Bonifacii.* n° 16, p. 664.

nous apprend qu'il lui envoya le règne (*regnum*), sans nous indiquer quel sens nous devons attacher à ce mot unique. Eudes, avec les soldats aquitains, vint en effet se réunir à Raginfred et Chilpéric II. Ils s'avancèrent à la recherche des Austrasiens, et ils les rencontrèrent près de Soissons; mais leur armée combinée fut de nouveau mise en déroute par Charles, et poursuivie jusqu'à Orléans. Eudes se mit à couvert derrière la Loire; il emmena avec lui Chilpéric II et le trésor royal. Quant à Raginfred, il céda à la fortune, se soumit au vainqueur, et renonça à la mairie du palais de Neustrie. Comme dédommagement, Charles lui donna dans la suite le duché d'Anjou à gouverner.

Sur ces entrefaites, Clothaire IV vint à mourir, et Charles offrit la paix au duc d'Aquitaine, sous condition que Chilpéric, avec son trésor, seroit livré entre ses mains, et continueroit sous son ministère son règne nominal. Eudes accepta ces offres, et Chilpéric passant au camp de son ennemi, y fut reçu par l'armée et par son chef avec toutes les marques de respect que l'usage avoit réservées au roi des Francs. Jusqu'alors il avoit été reconnu seulement par la Neustrie et la Bourgogne, mais ses revers placèrent une nouvelle couronne sur sa tête, celle d'Austrasie. De nouveau la France entière parut n'obéir qu'à un seul chef; toutefois le moine

719. Daniel, que Charles nommoit son roi, et auquel il laissoit la jouissance de ses palais et de ses richesses, régnoit, moins encore dans le camp des Austrasiens qu'il n'avoit fait dans celui de Raginfred. (1)

(1) *Fredegarii cont.* Cap. 107, p. 454. — *Gesta reg. franc.* Cap. 53 et ultimus, p. 572. — *Chron. Moissiacens.* p. 655. — *Adonis chron.* p. 671. — *Annal. fuldens.* p. 673. — *Annal. metens.* p. 683. — *Hadr. Valesii.* Lib. XXIII, p. 434.

## CHAPITRE XIII.

*Gouvernement de Charles Martel et de ses fils, jusqu'à la déposition des rois de la première race. 720 — 752.*

Comme nous avançons vers l'époque de la déposition de la première race, nous sommes forcés de cheminer au travers d'une obscurité toujours croissante. Les ténèbres s'épaississent d'année en année jusqu'à celle du couronnement de Pepin-le-Bref; tandis qu'aussitôt que nous aurons passé ce terme nous commencerons à pressentir l'aurore d'une clarté nouvelle qui luit sur l'histoire, dès le règne de Charlemagne. Au huitième siècle, nous ne connoissons plus que les dates des principaux événemens, tandis que leurs causes, leur connexion, tout ce qui pourroit leur donner un caractère instructif, est dérobé pour jamais à notre connoissance, et que les personnages dont nous apprenons seulement les noms ne peuvent exciter en nous une idée précise ni de vices, ni de vertus, ni de talens, ni de passions, de manière à les distinguer les uns des autres. Le nombre des citations dont nous appuyons chaque fait ne doit point faire illusion aux lecteurs. Beaucoup d'annalistes de couvens, il est vrai, font remonter leurs chroniques jusqu'à ce temps de confusion et d'ignorance; mais on diroit que, dans leurs commencemens surtout, ils se sont tous copiés les uns les autres. Ils emploient toujours les mêmes mots pour rappeler les mêmes événemens, et ils le font avec le laconisme qu'on se prescriroit non pour une histoire, mais pour une table de chapitres. L'annaliste se fait presque toujours la loi de n'employer pas plus de deux lignes au souvenir de chaque année; et, pour y réussir, il retranche soigneusement de son récit toutes les causes, tous les détails, toutes les conséquences, tout ce qui forme enfin la liaison entre des faits divers.

Des guerres importantes furent soutenues par les Francs à cette époque, et contre les Sarrasins et contre les Saxons : peut-être n'ont-elles pas seulement décidé de l'existence de la nation française, mais encore de la liberté de l'Europe, et du progrès de la civilisation dans l'univers; cependant il peut nous suffire d'en connoître les résultats; l'histoire du monde nous a conservé le souvenir de tant de combats et de batailles, de tant de scènes de dévastation et de carnage, que nous ne saurions guère regretter les détails de quelques campagnes de plus. Nous pouvons aussi supporter, sans nous plaindre, l'ignorance où nous demeurerons sur les caractères les plus éminens de ce siècle, puisque l'histoire des précédens nous a suffisamment fait connoître ce que nous devions attendre des institutions des Barbares, de l'éducation des cours et des châteaux, et de l'enseignement des prêtres. Après avoir été introduit dans le palais des Chilpéric et des Frédégonde, on trouve peut-être quelque repos pour l'âme fatiguée de crimes, à ne rencontrer que le nom seul des derniers rois mérovingiens, et à ne connoître des maires du palais qui les remplaçoient, que leurs victoires. Mais c'est avec plus de regret qu'on doit renoncer à suivre les développemens des institutions de la France; qu'on doit perdre la nation de vue, tandis qu'il s'opéroit en elle les plus grands changemens; et qu'au lieu d'observer les progrès de ses ordres divers de citoyens, de ses opinions, de ses droits, de sa fortune publique, et de la distribution de la justice, on doit se résigner à la retrouver au bout d'un long espace de temps, tout autre qu'elle ne s'étoit jusqu'alors présentée à nos regards. L'étude du développement graduel du caractère et des institutions des nations est la vraie philosophie de l'histoire; c'est elle qui nous explique les temps présens par les temps passés, et qui nous apprend à connoître l'individualité qui différencie un peuple d'avec un autre; par elle, nous comprenons comment ce qui fut salutaire pour l'un peut devenir pernicieux pour l'autre, et nous apprécions l'influence de toutes les habitudes et de tous les souvenirs sur la politique.

720—737. Chilpéric II ne vécut pas plus d'une année sous la tutelle de Charles. A sa mort, survenue en 720, un fils de Dagobert III fut tiré du palais ou du couvent de Chelles, et couronné sous le nom de Thierri IV. Son père étoit mort en 715, âgé tout au plus de dix-sept ans, en sorte qu'il ne pouvoit pas lui-même en avoir plus de six quand il commença à régner. Il grandit obscurément dans le palais, sans donner aucun souci au maître de l'État, et sans que les historiens aient eu aucune occasion de parler de lui. Lorsqu'il fut parvenu à sa vingt-troisième année, il mourut en 737. C'étoit le sort commun des rois qu'on a nommés fainéans, et la nation y étoit si bien accoutumée, elle leur voyoit si rapidement détruire leur santé par leurs vices, que ces morts prématurées n'excitoient pas même de soupçon.

Sans inquiétude sur son prisonnier royal, Charles, auquel sa bravoure et la rapidité de ses expéditions obtinrent de la postérité le surnom de Martel, s'occupa de ramener à la dépendance de l'empire des Francs, les peuples qui avoient profité des troubles de la monarchie pour rejeter absolument le joug. Il tourna 726-737. contre les grands cette même armée que son père avoit formée pour défendre leur cause; et, parvenu au pouvoir à l'aide de la liberté aristocratique, il l'employa à l'affermissement de l'autorité monarchique. La nation étoit redevenue toute militaire; elle avoit recouvré une jeunesse et une vigueur nouvelles, mais elle avoit pris en même temps des habitudes d'obéissance et de subordination, qui résultoient pour elle de la vie des camps. Le septième siècle s'étoit écoulé sans que les Francs eussent à soutenir aucune guerre étrangère de quelque importance; aucun de leurs rois pendant cette période ne s'étoit distingué par ses talens militaires. Au huitième siècle, au contraire, une succession de grands capitaines mena les Francs de victoires en victoires; chaque année est marquée par quelque expédition, ou s'il y en a une, comme l'année 740, qui se passe sans guerre, les annalistes la signalent avec non moins d'étonnement que les Romains signaloient celles où ils fermoient le temple de Janus.

Charles Martel porta ses armes au nord et au levant des Gaules contre les Allemands, les Bavarois, les Frisons et les Saxons. Les trois premiers peuples furent contraints à reconnoître la suprématie de la France; mais les Saxons, devenus plus puissans à l'époque même où leurs voisins perdoient de leur importance, avoient les moyens de soutenir une plus longue lutte. Ils s'étoient approprié plusieurs provinces des Thuringiens et des Cattes ou Hessois ; ils avoient donné chez eux un asile aux sectateurs de leurs anciens dieux, que l'intolérance des prêtres chrétiens chassoit du reste de la Germanie ; ils avoient admis dans leur confédération des peuples jusqu'alors connus sous un autre nom, en sorte que leur domination sembloit s'étendre sur tout le nord de l'Europe. Leurs forces étoient doublées par la jouissance de leur antique liberté ; leur pays, sauvage et mal connu, étoit facile à défendre, et les irruptions de leurs ennemis n'apportoient que peu de dommage à leur pauvreté. De l'an 718 à l'an 739, Charles Martel pénétra six fois dans leur pays ; mais il ne réussit point à les soumettre, et il laissa cette guerre encore entière à son fils et à son petit-fils. Il n'avoit point de troupes de ligne, il ne bâtissoit point de forteresses, il ne pouvoit point laisser de garnisons ; ses soldats ne consentoient à le suivre chaque année que pendant une saison fort courte ; et avec une telle organisation militaire, il ne pouvoit obtenir de succès durables. (1)

(1) *Fredeg. cont.* Cap. 108, p. 454. — *Append. ad Gesta reg. francor.* p. 574. — *Chron. Moissiac.* p. 655. — *Adonis chron.* p. 671. — *Ann. fuldens.* p. 673, 674. — *Ann. metens.* p. 684. — *Ann. nazariani, etc.* p. 639, seq.

D'ailleurs les progrès des Sarrasins au midi avoient opéré, en faveur des Saxons, une diversion puissante. Dès l'an 714, l'Espagne entière étoit soumise aux Sarrasins. Leur général Musa avoit établi le siége de son gouvernement à Cordoue; les chrétiens fugitifs, qui avoient refusé de payer le tribut, se cachoient dans les districts les plus sauvages des montagnes, tandis que la plupart de leurs frères avoient courbé la tête sous le joug. Les Visigoths de la Septimanie, ou de cette partie du Languedoc qui étoit restée à l'Espagne, demeurèrent sept ans encore, après la chute de cette monarchie, sous la domination des divers ducs et comtes que les rois précédens leur avoient donnés. De 715 à 718, ils se défendirent avec succès contre Alahor, nouveau lieutenant des califes de Bagdad. Zama, qui lui succéda, franchit le premier les Pyrénées en 719; et au commencement de l'année suivante, il se rendit maître de Narbonne, capitale de la province, dont il passa les habitans au fil de l'épée : il les remplaça par une forte colonie de Sarrasins, auxquels il distribua des terres dans le pays. Il soumit ensuite le reste de la Septimanie gothique, et il obligea les chrétiens qui l'habitoient à lui payer un tribut. (1)

(1) Hist. générale du Languedoc, Liv. VIII, ch. 9, p. 389, et note 82, p. 686. — *Pagi critica in Baronium ad ann.* 720, §. 2, T. III, p. 194.

En 720, les Arabes tentèrent de passer le Rhône, pour étendre leur domination sur la Provence; mais il furent repoussés par les ducs et la milice du pays. Ils tournèrent alors leur marche vers Toulouse, dont ils entreprirent le siége. Eudes, duc d'Aquitaine, défendit contre eux sa capitale. Zama, général des Sarrasins, fut tué devant les murs de la ville assiégée, avant le mois de mai 721, et les troupes qu'il avoit commandées se retirèrent dans la Septimanie. Dès lors une guerre d'escarmouches se continua sur les frontières de l'Aquitaine jusqu'à l'année 725, où Ambiza, nouveau gouverneur d'Espagne, passa les Pyrénées avec une armée musulmane, prit Nîmes et Carcassonne; et, s'avançant ensuite hardiment au milieu des pays ennemis, traversa la plus grande partie du royaume de Bourgogne sans rencontrer d'armée, jusqu'à Autun, qu'il prit le 22 août 725; il livra cette ville au pillage, et revint ensuite dans la Septimanie avec ses troupes chargées de butin, sans avoir eu occasion de livrer de combats. (1)

Les expéditions des gouverneurs sarrasins n'étoient pas liées à un projet général de conquête; mais plutôt au désir de manifester pen-

---

(1) Hist. génér. du Languedoc, Liv. VIII, ch. 19, p. 393. —*Annal. anianenses. Ibid.* Preuves, T. I, p. 16. —*Annal. petaviani*, p. 641.

dant leur court gouvernement leur zèle pour la diffusion du koran et pour la gloire du calife, ou au dessein d'encourager leurs soldats par le pillage des infidèles. Après l'expédition d'Autun, les Musulmans s'abstinrent, pendant quatre ans, de toute attaque nouvelle, jusqu'à une entreprise qu'ils formèrent, en 729, sur l'Albigeois, et dont nous ignorons les circonstances. Cette nouvelle agression détermina Eudes, duc d'Aquitaine, à acheter la paix et l'alliance des Musulmans, en donnant sa fille en mariage à leur général Munusa. (1)

Mais l'alliance que le duc d'Aquitaine avoit contractée avec le général maure, loin de pourvoir à sa sûreté, ne servit qu'à l'engager dans les dangereuses intrigues qui commençoient alors à troubler l'empire des califes. Abdérame, lieutenant du calife Hescham à Cordoue, découvrit une conspiration de Munusa, qu'il accusa d'avoir voulu soustraire la Septimanie et la Catalogne à l'empire du commandeur des croyans, pour s'en faire une principauté indépendante. Abdérame marcha rapidement contre Munusa, le poursuivit dans les montagnes, offrit une récompense pour sa tête, qui lui fut bientôt apportée; et, faisant sa femme prisonnière, il

---

(1) *Isidori Pacensis Chron.* p. 18, et in *Scr. franc.* T. II, p. 720. — Hist. générale du Languedoc, Liv. VIII, chap. 22, p. 395.

732. envoya cette princesse française, fille du duc d'Aquitaine, au sérail de son souverain, à Bagdad. Abdérame, voyant alors l'armée qu'il avoit rassemblée rendue inutile par la destruction du parti de Munusa, passa les Pyrénées du côté de Pampelune et de la Navarre, et entra dans les Gaules par la Gascogne. Il emporta d'assaut la ville de Bordeaux, qu'il livra au pillage. Le duc d'Aquitaine, reculant devant ce redoutable ennemi, avoit rassemblé toutes ses forces de l'autre côté de la Dordogne. Abdérame passa cette rivière, attaqua Eudes sur ses bords, le vainquit avec un prodigieux massacre des Aquitains, et le força à s'enfuir de nouveau vers le nord.

Le duc d'Aquitaine et Charles Martel n'avoient pas long-temps observé la paix qu'ils avoient faite en 719 l'un avec l'autre : l'un prétendoit à une indépendance absolue; l'autre réclamoit l'autorité qu'avoient exercée les rois des Francs. L'année 731, Charles avoit deux fois passé la Loire pour ravager les pays situés à sa gauche. Cependant Eudes, vaincu par Abdérame, ne vit pour lui d'autre moyen de salut que de recourir à la protection du prince même qu'il venoit de combattre. Tandis que les Sarrasins ravageoient le Périgord, la Saintonge, l'Angoumois et le Poitou; qu'ils avoient brûlé, dans le faubourg même de Poitiers, l'église de Saint-Hilaire qu'ils menaçoient Tours où ils étoient attirés par les immenses richesses rassemblées dans la basilique de Saint-Martin, Eudes, avec les restes découragés de son armée, passa la Loire, et somma Charles Martel d'oublier leurs discordes pour défendre avec lui la commune patrie. La Gaule sembloit menacée du sort de l'Espagne : l'un et l'autre pays étoient affoiblis par les mêmes causes; il y avoit de même division entre les grands, corruption dans l'armée, absence d'intérêt public dans le peuple, résolution obstinée du clergé de ne point contribuer aux frais d'une guerre qui cependant l'intéressoit plus qu'aucun autre ordre de l'état. Mais si, à toutes ces causes de désastres, on pouvoit joindre l'incapacité des rois de France, plus constatée encore que celle des derniers rois visigoths, quoique celle-ci eût suffi pour perdre leur monarchie, les Francs, d'autre part, avoient l'avantage de voir à la tête de leurs armées un homme de cœur, qui sentoit ce que demandoit de lui la circonstance. (1)

(1) *Chron. Moissiac.* p. 655. — *Fredeg. contin.* Cap. 108, p. 454. — *Ademari appendix ad Gesta reg. francor.* p. 754. Il écrivoit en 1029, et il donna le premier à Charles le nom de *Martellus*. — *Pauli Diac. Gesta Lang.* Lib. VI, cap. 46, p. 639. — *Annal. nazariani*, p. 640. — *Petaviani*, p. 641. — *Tiliani*, p. 642. — *Lambeciani*, p. 645. — *Chron. fontanellense.* p. 660. — *Adonis chron.* p. 671. — *Ann. fuldens.* p. 674. — *Annal. metenses.* p. 684.

Charles en effet accueillit honorablement le duc d'Aquitaine, se réconcilia franchement avec lui, et prit aussitôt des mesures pour le secourir avec toutes les forces de la monarchie. Le progrès des Musulmans étoit retardé par la résistance des villes, et peut-être par l'avidité même avec laquelle ils pilloient tout le pays qu'ils traversoient. Ils avoient à peine passé Poitiers lorsqu'ils rencontrèrent Charles et l'armée des Francs austrasiens. Pendant sept jours les deux généraux manœuvrèrent, en présence l'un de l'autre, pour s'assurer le terrain le plus favorable, ou pour le faire abandonner à l'ennemi; ils sembloient hésiter à livrer une bataille dont les suites pouvoient être si fatales; enfin ils l'engagèrent un samedi du mois d'octobre 732. Un seul parmi les auteurs contemporains, Isidore, évêque de Beja en Portugal, a parlé de cette bataille avec un laconisme moins désespérant que le reste des chroniqueurs; mais ses phrases barbares, et qui semblent destinées à être chantées, ne sont pas toujours intelligibles. Il représente l'armée des hommes du nord ou des Francs, comme une parois immobile, comme un mur de glace, contre lequel les Arabes, armés à la légère, venoient se briser sans y faire aucune impression. Ces derniers avançoient, ils reculoient avec rapidité; mais cependant l'épée des Germains moissonnoit les Musul-

mans. Abdérame lui-même tomba sous leurs
coups. La nuit survint sur ces entrefaites, et les
Francs soulevèrent leurs armes, comme pour
demander à leurs chefs du repos. Ils vouloient
se réserver pour la bataille du lendemain; car
ils voyoient au loin la campagne couverte des
tentes des Sarrasins, et ils ne doutoient point
que de nouveaux guerriers n'en dussent sortir
pour leur disputer la victoire. Après avoir
dormi sur leurs armes, les Francs se rangèrent
de nouveau en bataille, en face du camp des
Musulmans. Ils les attendirent long-temps, puis
ils envoyèrent reconnoître ces tentes qu'ils
voyoient toujours rangées devant eux. Ce fut
alors seulement qu'ils apprirent que les Ismaélites étoient repartis au milieu de la nuit, et
qu'ils avoient déjà pris beaucoup d'avance.
Charles, qui sans doute avoit chèrement acheté
la victoire, ne voulut point s'engager à leur
poursuite; il craignit les embuscades que dres-
seroit, dans sa retraite, une armée encore redoutable. Il partagea le butin entre ses soldats,
et, se reprochant d'avoir manqué de vigilance,
il ramena ses troupes dans leurs foyers. (1)

On assure que ce fut alors que les Gaulois

---

(1) *Chronicon Isidori Episc. Pacensis*, desinens anno 751.
*Scr. fr.* T. II, p. 721. — *Rodericus Toletanus Histor. arab.*
Cap. 14, Ib. — *Hadr. Valesii.* Lib. XXIV, p. 489. — *Histoire
générale du Languedoc*, Liv. VIII, chap. 26, p. 398.

donnèrent le nom de Martel au capitaine des Francs qui avoit brisé la puissance de leurs ennemis; ce nom ne se trouve cependant que dans les écrivains postérieurs de deux siècles à cette époque. Ceux-ci donnèrent à la victoire de Poitiers une importance fort exagérée; ils adoptèrent avec complaisance les fables de Paul Diacre, et d'Anastase le bibliothécaire, qui racontent que trois cent soixante-quinze mille Sarrasins, bien plus sans doute que n'en contenoit toute l'Espagne, furent laissés sur le champ de bataille avec quinze cents Français. C'est ainsi que commencèrent les traditions merveilleuses sur lesquelles s'élevèrent ensuite celles des romans de chevalerie. (1)

Sans avoir fait répandre de tels torrens de sang, la victoire de Poitiers fut importante par ses conséquences : elle rendit aux Francs et aux Aquitains de la confiance; elle refroidit l'ardeur des Musulmans pour les conquêtes; elle ralentit surtout l'activité du gouvernement de Cordoue, qui devoit attendre de Bagdad le successeur que le calife donneroit à Abdérame, et qui bientôt fut troublé par des factions et des guerres civiles. Cependant l'armée des Sarrasins se retiroit de

---

(1) *Pauli Diaconi*, *Scr. ital.* T. I, p. 505. Lib. VI, cap. 56. — *Anastasius Bibliothecar. in vita sancti Gregorii II, papæ. Script. ital.* T. III, p. 155. — Chroniques de Saint-Denys, Liv. V, chap. 26, p. 310.

France sans se laisser entamer; sur la route elle massacroit tous les chrétiens qu'elle pouvoit atteindre, elle brûloit tous les lieux saints et tous les couvens; mais, à ce qu'ajoute le biographe de saint Pardulphe, abbé de Guéret, lorsqu'elle fut arrivée en vue de Guéret, un miracle du saint la contraignit à prendre une autre route. (1)

732.

L'année qui suivit la bataille de Poitiers, Charles Martel conduisit son armée dans le royaume de Bourgogne. A peine reste-t-il quelque souvenir de ce qui s'étoit passé dans ce royaume ou dans la Provence qui lui étoit annexée, depuis les guerres d'Ebroin. Il paroît que Eudes, duc d'Aquitaine, s'étoit soumis une partie de la Provence; on a même produit un monument qui a donné lieu de croire qu'il y prenoit le titre de roi (2). De leur côté les Sarrasins avoient aussi pénétré en Provence; ils y occupoient plusieurs villes, et il semble que quelques grands seigneurs s'étoient rangés volontairement sous leur protection, qu'ils opposoient aux prétentions de Charles Martel. Le

733.

---

(1) *Vita sancti Pardulfi abbatis Waractensis ab anonymo subæquali scripta inter acta SS. ord. S. Bened.* P. 1, sæc. 3, p. 573, et *Scr. franc.* T. III, p. 654.

(2) Inscription sur une lame de plomb trouvée en 1279 à Saint-Maximin. *Pagi critica anno* 716, n° 13, et *Scr. franc.* T. III, p. 640. Je crois cette inscription falsifiée.

reste de la Provence et de la Bourgogne étoit gouverné par cette orgueilleuse haute noblesse, qui, depuis la bataille de Testry, ne vouloit plus reconnoître de supérieurs; elle ne portoit plus elle-même le nom de Franche ou Française; ce nom étoit réservé à Charles et à son armée austrasienne, dont les mœurs et le langage étoient encore purement germaniques, tandis que les habitans des provinces méridionales, qui parloient un latin corrompu, d'où le *roman provençal* ne tarda pas à naître, sont fréquemment désignés par le nom de Romains. Les historiens du temps nous apprennent qu'à deux reprises, en 733 et 736, Charles *pénétra* dans la Bourgogne et la Provence jusqu'à Arles et à Marseille; qu'il confia les frontières de ce royaume à ses leudes les plus éprouvés; qu'il fit occuper Lyon par ses fidèles; qu'il confirma la paix publique par des alliances : mais il ressortit aussitôt après de ces provinces, devenues le patrimoine héréditaire de familles qui ne vouloient point lui obéir, et son autorité s'y évanouit dès qu'il les eut quittées. (1)

Obligé de combattre sans cesse, Charles dirigeoit le plus souvent ses armes contre des peuples qui avoient fait partie de la monarchie

---

(1) *Fredeg. contin. Austras.* Cap. 109 et ultimus, p. 455. — *Append. ad Gesta reg. francor.* p. 574. — *Ann. fuldens.* p. 674. — *Ann. metenses.* p. 684.

des Francs, et qui s'en étoient séparés ensuite. 733—737.
A plusieurs reprises, il envahit le pays des
Frisons, tantôt par terre, tantôt par mer; après
avoir battu leurs armées, il les poursuivit dans
leurs îles, tua leur duc Popon, brûla leurs
temples, et rapporta en France de riches dépouilles, qu'eux-mêmes avoient les premiers
enlevées à la France. Averti, en 735, de la
mort d'Eudes, duc d'Aquitaine, il parcourut
tout ce vaste duché jusqu'à la Garonne; il se
rendit maître de Bordeaux et de Blayes; il reçut
ensuite le serment d'Hunold, fils d'Eudes, qu'il
investit du duché que son père avoit gouverné.
Mais quoiqu'il remportât presque toujours la
victoire là où il commandoit lui-même ses armées, l'état de l'empire des Francs n'en étoit
guère moins misérable; de tous côtés il étoit ouvert aux invasions de peuples qui sembloient
avoir repris pour le pillage une activité nouvelle; et les seigneurs, qui se partageoient les
provinces, jaloux du roi, du maire et de tous
leurs voisins, ne savoient opposer aucune résistance à aucun ennemi. Les Saxons et les Frisons étoient impatiens de se venger sur les provinces du nord des victoires de Charles; les
Sarrasins, confians dans leur fortune, qui en
moins d'un siècle avoit élevé si haut leur puissance, ambitieux et fanatiques tout ensemble,
croyoient par leur hardiesse, ou s'élever aux

plus hautes dignités de leur empire, ou s'assurer l'entrée du ciel. Leur cavalerie légère étoit fort supérieure à celle des Européens ; aussi s'avançoient-ils sans crainte au milieu d'un pays ennemi, d'où ils étoient presque toujours sûrs de se retirer avant que la pesante infanterie des Francs pût les atteindre. Les biographies des saints nous les montrent partout à la fois, accordant aux uns la couronne du martyre, repoussés par les miracles des autres. Si l'on peut croire ces légendes, ils s'avancèrent jusqu'à Sens, d'où saint Ebbon les fit reculer. Chacun de ces faits, il est vrai, est suspect; mais on ne peut douter de l'effroi qu'inspiroient leurs armées ; cet effroi laissa des traces profondes dans l'esprit des peuples, et il explique probablement ces expéditions fabuleuses des Musulmans, que l'ignorance des romanciers a rapportées au règne de Charlemagne, plus connu d'eux que Charles Martel. (1)

Abdel Mélek, que le calife Hescham avoit donné pour successeur à Abdérame, chargea ses lieutenans de poursuivre leurs conquêtes dans les Gaules. Jouseph-Jbn Abderraman fut nommé, en 734, gouverneur de Narbonne, et dès l'année suivante, il passa le Rhône; il entra

(1) *Vita sancti Ebbonis Episcopi Senonensis. Scr. franc.* T. III, p. 650. On peut voir dans Fleury, *Histoire ecclésiastique*, Liv. XLII, chap. 13 et suivans, les martyres et les miracles rapportés à ces expéditions.

dans Arles par capitulation ; il s'empara des trésors de cette ville, et il poursuivit pendant quatre ans ses conquêtes en Provence. Plusieurs des seigneurs du pays firent alliance avec lui, et parurent préférer son joug à celui des Francs. L'un d'eux, le duc Mauronte, l'introduisit par trahison dans Avignon, dont les Arabes paroissent avoir voulu faire une place d'armes, comme ils avoient fait auparavant de Narbonne. (1)

Charles, impatient d'arrêter les progrès des Ismaélites, envoya d'abord en Provence le comte Childebrand, comme lui fils d'Alpaïde, mais d'un autre père, en lui donnant l'ordre de rassembler les ducs et les comtes fidèles de la Bourgogne pour les opposer aux Sarrasins. A leur tête Childebrand attaqua la ville d'Avignon, qui fut cruellement punie du crime de ses chefs. Les Francs, y étant entrés de vive force, en massacrèrent les habitans et en livrèrent les édifices aux flammes. Charles vint ensuite avec une armée plus nombreuse joindre son frère devant Avignon, et il s'avança dans la Gaule narbonnaise avec l'intention de chasser les Musulmans de Narbonne, et de les repousser au-delà des Pyrénées ; mais le siège de Narbonne lui présenta des difficultés que l'ignorance des Francs ne pouvoit surmonter. Tandis que le gouverneur sarrasin s'étoit enfermé dans la

(1). *Chronicon Moissiacensis Cœnobii.* p. 656.

737.

ville, et qu'il mettoit en œuvre, pour sa défense, les arts que ses compatriotes cultivoient déjà avec succès, l'émir de Cordoue avoit rassemblé une armée et une flotte pour la délivrance de Narbonne ; il l'envoya, avec ordre à son lieutenant de secourir la ville par l'embouchure de l'Aude, un bras de cette rivière qui porte bateau traversant l'enceinte des murs. Mais le lieutenant sarrasin trouva l'embouchure de la rivière fortifiée, et ses bords garnis d'estacades ; il fut obligé de faire son débarquement sur la côte ; et, comme il s'approchoit, il fut atteint par Charles Martel, entre Ville-Salsa et Sigeau, sur la rivière Berre, et complétement défait. Cette victoire ne fit point perdre courage au gouverneur de Narbonne, et Charles ayant peut-être reçu quelque échec sur lequel son historien garde le silence, leva le siége vers le mois d'octobre 737. En traversant la Septimanie dans sa retraite, il la ravagea aussi cruellement qu'avoient fait auparavant les Sarrasins. Il renversa les murs de Nîmes, d'Agde, de Beziers ; dans la première ville il fit mettre le feu aux arènes ; mais ce superbe monument ne fut point détruit par l'incendie, qui ne pouvoit consumer que ses portes et quelques superstructions en bois ; il rasa Maguelonne, et, portant le fer et le feu dans tous les châteaux qu'il put atteindre, il s'efforça de ne laisser dans le pays aucune forteresse dont les Maures pussent abuser contre lui. (1)

Thierri IV mourut à peu près à l'époque où Charles Martel levoit le siége de Narbonne ; mais les annalistes contemporains n'ont pas daigné faire mention de la fin de son règne nominal. Charles, qui avoit transporté dans les camps le gouvernement de la France, qui n'habitoit point Paris ni les palais des Mérovingiens, et qui méprisoit la mollesse des derniers rois, ne parut lui-même donner aucune attention à cet événement. Il ne crut point nécessaire de continuer la vaine pompe des rois fainéans. Thierri IV, qu'on a nommé aussi Thierri de Chelles, mourut âgé de vingt-trois ou vingt-quatre ans, et il fut enseveli à Saint-Denis. Il ne laissa d'autre monument de son règne que des chartes accordées à divers couvens. Elles ne sont point datées du palais de Maumagues, où l'on suppose quelquefois que les rois fainéans étoient prisonniers, mais tour à tour de Soissons, de Coblentz, de Metz, d'Héristal, de Kiersi, de Valenciennes, de Pontion, de Gondreville.

(1) *Fredegarii tertius continuator ex jussu Childebrandi comitis,* p. 456. — *Append. ad Gesta reg. francor.* p. 575. — *Chron. Moissiac.* p. 656. — *Chron. Fontanellense,* p. 661. — *Adonis Chron.* p. 671. — *Annal. fuldenses.* p. 674, 675. Il distribue en trois ans ce qui fut fait en une année. — *Annal. metenses,* p. 685. — Hist. générale du Languedoc, Liv. VIII, chap. 32-36, p. 402. — *Hadr. Valesii.* Lib. XXIV, p. 499.

737.   Ainsi ce roi n'étoit nullement sous une étroite surveillance, nullement réduit à l'habitation et au revenu mesquin d'une seule maison de campagne. Il voyageoit sans obstacle dans l'Austrasie comme dans la Neustrie ; il croyoit toujours régner, car il avoit, comme ses prédécesseurs, de nombreux palais, une pompe royale, tout le luxe de la table et des chevaux, tous les plaisirs de la chasse, et une cour. Mais à côté de lui, Charles, seul général et seul ministre, seul occupé des affaires et seul obéi, ne concevoit pas même de jalousie de lui. Ainsi, deux siècles plus tard, l'émir ol Omara, général des Turcs, régna à Bagdad à côté des califes fainéans. Pendant la vie de Thierri, les actes publics portoient pour date l'année de son règne ; après lui on les data de la seconde ou troisième année depuis la mort de ce roi. (1)

739.   En 738, Charles fut occupé dans le Nord par la guerre contre les Saxons ; mais en 739 il poursuivit ses expéditions contre les Sarrasins. Il contracta pour cela une alliance avec Liutprand, qui à cette époque régnoit avec gloire sur les Lombards, et qui craignoit de voir les Maures, déjà maîtres de la mer, passer de Provence en Italie. Tandis que Liutprand s'avançoit vers les Alpes pour en fermer les passages,

(1) *Diplomata Theuderici IV*, n° 113 à 122. *Script. franc.* T. IV, p. 697, seq.

Charles, à la tête de toutes ses troupes, entra en Provence; il prit Avignon pour la seconde fois, il parcourut le rivage de la mer jusqu'à Marseille, chassant les Sarrasins de leurs lieux forts; il contraignit le duc Mauronte, leur allié, à se réfugier dans des montagnes inaccessibles; il poursuivit et punit d'autres grands seigneurs qui avoient contracté alliance avec les ennemis de leur patrie et de leur religion; et quand il quitta la Provence, elle paroissoit pacifiée (1). Cependant ces victoires n'auroient point suffi pour sauver la France de l'invasion des Musulmans, si la puissance colossale des califes n'avoit été sur son déclin, et si leurs sujets avoient conservé l'ardeur militaire qui facilita leurs premières conquêtes. Mais dès la mort d'Abdérame à Poitiers, l'Espagne avoit commencé à être troublée par des guerres civiles. Abdel-Melek, son successeur, avoit été jeté en prison en 737 par Offa, qui venoit le remplacer. De 740 à 756, Abulcatar, Thoaba et Jusif se disputèrent l'Espagne à main armée. Enfin Abdérame, fils de Moaviah, sépara l'Espagne du califat de Bagdad; il fut proclamé à Séville au mois d'avril 756, avec le titre d'émir el Mou-

739.

---

(1) *Fredegarii contin.* p. 457. — *App. ad Gesta reg. franc.* p. 575. — *Annal. varii franc.* p. 640, seq. — *Chron. Fontan.* p. 661. — *Annal. fuldens.* p. 675. — *Annal. metens.* p. 685. — *Hadr. Valesii. Lib.* XXV, p. 514.

menim, ou commandeur des croyans; il y recommença la dynastie des Ommiades, mais en même temps il cessa d'être redoutable pour les princes chrétiens de l'Occident.

Aucun écrivain contemporain ne nous a fait connoître les mœurs, les opinions, les habitudes de Charles Martel : celui peut-être entre les princes français qui a fait les plus grandes choses, est aussi celui qui est enveloppé de la plus profonde obscurité. Le nom d'aucun général, d'aucun ministre, d'aucun conseiller n'est associé au sien, excepté celui de ce comte Childebrand, que les annalistes nomment son frère, sans nous apprendre de qui il étoit fils. Charles vécut toujours au milieu des soldats; mais nous ne savons point ni comment il traitoit ces soldats, ni comment il se conduisoit à l'égard des vaincus, ni comment il gouvernoit les peuples; nous ne savons pas même quelle étoit sa résidence habituelle, ou la province dont il avoit fait le centre de son gouvernement. Un seul reproche s'est élevé contre lui, et tous les ecclésiastiques l'ont répété avec violence. Il paroît que Charles Martel, qui ne cessoit de faire la guerre, qui ne connoissoit et n'aimoit que ses soldats, leur distribua la plupart des bénéfices ecclésiastiques du royaume : aussi les catalogues des évêques de chaque église présentent-ils à cette époque des lacunes, qu'on attribue à la nomination faite par Charles, de prêtres militaires qui n'avoient de clerc que la tonsure. (1)

739.

Si Charles employoit les biens de l'Église à récompenser ses soldats, il méritoit quelque indulgence, puisque ces mêmes soldats avoient sauvé l'Église des mains des Arabes musulmans et des Saxons idolâtres. Il avoit d'ailleurs, dans plus d'une occasion, enrichi le clergé de ses bienfaits (2). Mais les prêtres sont plus renommés pour la durée de leurs ressentimens que pour celle de leur reconnoissance. Tous ses services furent oubliés par des hommes qui lui devoient leur existence même; et près de cent vingt ans après sa mort, le clergé de France, assemblé en concile national à Kiersi, écrivit en 858, à Louis-le-Germanique, pour condamner sa mémoire.

« C'est parce que le prince Charles, père du
« roi Pepin, lui dirent-ils, fut le premier en-
« tre tous les rois et les princes des Francs à
« séparer et diviser les biens des Églises, que
« pour cette seule cause, il est damné éternel-
« lement. Nous savons en effet que saint Eu-

(1) *Codex msstus de gestis Episc. Trevirens.* T. III, p. 649. — *Hincmari epist.* 6, *ad Episcopos Remens. Dioc.* Cap. 19. — *Vita sancti Rigoberti Rem. archiep.* p. 658. — *Pagi critica ad ann.* 743. Cap. 7 et 8. — *Bonifacii epist. ad Zachariam papam. Script. franc.* T. IV, p. 90.

(2) *Hadriani Valesii. Lib.* XXV, p. 537.

« chérius, évêque d'Orléans, dont le corps repose
« dans le couvent de Saint-Trudon, étant en
« oraison, fut enlevé au monde des esprits; et
« parmi les choses qu'il vit, et que le Seigneur
« lui montra, il reconnut Charles exposé aux
« tourmens, dans le plus profond de l'enfer.
« L'ange qui le conduisoit, interrogé sur ce
« sujet, lui répondit, que dans le jugement à
« venir, l'âme et le corps de celui qui a em-
« porté ou divisé les biens de l'Église seront
« exposés, même avant la fin du monde, à des
« tourmens éternels, par la sentence des saints
« qui jugeront avec le Seigneur. Le sacrilége
« cumulera même avec la peine de ses propres
« péchés, celles des péchés de tous ceux qui
« croyoient s'être rachetés en donnant, pour
« l'amour de Dieu, leurs biens aux lieux saints,
« aux lampes du culte divin, aux aumônes
« des serviteurs du Christ et à la rédemption de
« leurs propres âmes. Saint Euchérius, revenu
« à lui, appela saint Boniface et Fulrad, abbé
« du couvent de Saint-Denis, premier chape-
« lain du roi Pepin, auxquels il conta toutes
« ces choses; il leur recommanda ensuite d'aller
« au sépulcre de Charles : s'ils n'y trouvoient
« pas son corps, ce seroit la preuve de la vérité
« de sa vision. Boniface et Fulrad se rendirent
« alors au couvent où le corps de ce Charles
« avoit été enseveli, et ayant ouvert son tom-

« beau, un dragon en sortit à l'instant même,
« et le tombeau parut noirci par dedans, comme
« s'il avoit été brûlé. Nous-mêmes nous avons
« vu des hommes qui ont vécu jusqu'à notre
« temps, et qui ont assisté à tout ce que nous
« venons de dire; et ils ont, avec vérité, attesté
« de vive voix les choses qu'ils ont ouïes et
« qu'ils ont vues. Cela étant venu à la connois-
« sance de Pepin, il fit assembler un synode à
« Leptines, auquel présida, avec saint Boniface,
« un légat du siége apostolique, nommé Georges.
« Nous avons les actes de ce synode qui s'efforça
« de rendre aux églises toutes les choses ecclé-
« siastiques qui leur avoient été enlevées; et
« comme Pepin ne put les rendre toutes, à cause
« de sa guerre avec Guaifer, prince d'Aquitaine,
« il les hypothéqua du moins aux évêques,
« voulant que tous ces biens leur payassent les
« nones et dîmes pour la réparation des toits;
« et que chaque maison payât douze deniers à
« l'Église, afin de demeurer chose bénéficiaire,
« jusqu'à ce que ces mêmes biens retournassent
« à l'Église. » (1)

Il est digne de remarque que cette déclaration solennelle de l'Église de France est pleine

---

(1) *Epist. patrum Synodi Carisiacensis anno* 858, *habitæ ad Ludovicum Germaniæ reg. Inter capitularia Caroli Calvi.* Tit. XXVII, *apud Chesnium.* T. I, p. 792. — *Script. franc.* T. III, p. 659.

739. de fausses allégations, non-seulement sur le prodige lui-même que les prélats pouvoient croire pour l'amour seul du merveilleux, mais sur tous les faits historiques qu'ils citent à l'appui, et qu'ils devoient mieux connoître. Le légat Georges ne présida point le concile de Leptines; ce concile ne fut point convoqué par Pepin, mais par Carloman; il n'y fut point question de la damnation de Charles Martel, ou de la restitution à faire aux églises. Enfin, saint Euchérius, dont les prélats invoquent le témoignage, étoit mort trois ans avant Charles. (1)

740. Mais le même Charles Martel qui dépouilloit le clergé de France d'une partie de ses richesses, étoit invoqué par le chef du clergé catholique, comme le protecteur et le défenseur de l'Église. L'empereur Léon l'Isaurien s'étant efforcé, dès l'année 726, d'abolir le culte des images, avoit aliéné de lui le pape Grégoire II. Ce dernier, après s'être refusé à l'exécution des édits de l'empereur, s'étoit fortifié dans Rome, et il avoit cherché à s'y mettre en mesure de résister à l'empereur de Constantinople, si celui-ci vouloit employer contre lui la violence. Peut-être dès lors tourna-t-il ses regards vers Charles Martel, comme vers le plus puissant des souverains de l'Occident; cepen-

(1). Notes des Bénédictins sur cette lettre.

dant il ne s'aliéna pas absolument de son souverain légitime. Grégoire II et son successeur Grégoire III conservèrent à Rome les images des empereurs ; ils datèrent leurs actes des années de Léon et de son fils Constantin Copronyme, et ils leur rendirent une sorte d'obéissance nominale ; mais en même temps ils trouvèrent moyen de se mettre à la tête d'une nouvelle république romaine ; car c'est ainsi qu'au huitième siècle on doit considérer le duché de Rome, gouverné en commun par les nobles, les prêtres et le peuple. Cette république, dont les empereurs regardoient l'indépendance comme une usurpation, ne pouvoit pas trouver d'appui dans ses plus proches voisins les Lombards, qui avoient sans cesse, avec les Romains, des disputes de juridiction, et qui les vidoient le plus souvent par les armes. En 740, Liutprand régnoit depuis vingt-neuf ans sur les Lombards, lorsque Grégoire III, non content de donner un refuge à Rome au duc de Spolète, ennemi de ce roi, lui fournit des soldats pour recouvrer le duché qu'il avoit perdu. Les hostilités qu'il avoit imprudemment commencées, attirèrent, dès l'année suivante, les armes de Liutprand dans le duché de Rome. Le pape, effrayé, envoya coup sur coup deux ambassades à Charles Martel, avec deux lettres qui nous ont été conservées. Dans ces lettres il demande son appui contre les Lombards, et il lui offre en échange de renoncer à l'allégeance de l'empire d'Orient, pour mettre le duché de Rome sous la protection du royaume des Francs. Un décret des princes ou des premiers citoyens de Rome, confirmoit les offres du pape; elles étoient encore accompagnées de présens merveilleux, parmi lesquels on montroit les clefs du saint sépulcre, et les chaînes de saint Pierre. Charles reçut cette légation avec beaucoup de joie; il envoya de son côté, au pape, Grincon, abbé de Corbie, et Sigebert, moine de Saint-Denis, avec des présens dont la richesse n'avoit besoin d'être relevée par aucune légende. Ces ambassadeurs, en traversant la Lombardie, recommandèrent la cause du pape au roi Liutprand; et celui-ci, qui ménageoit l'alliance de Charles, après avoir vaincu de nouveau le duc de Spolète, s'abstint de toucher au duché de Rome. Ainsi commencèrent ces relations des papes avec la famille carlovingienne, qui devoient, soixante ans plus tard, donner la couronne d'Occident au petit-fils de Charles Martel. Le prince des Francs et toute sa nation regardèrent les ambassades du pape et la protection que les Francs lui avoient accordée, comme l'événement dont ils devoient le plus tirer vanité; tous les historiens en consacrèrent le glorieux souvenir; cependant elles n'eurent pas pour lors de conséquence importante, parce que Grégoire III, Liutprand, Léon l'Isaurien et Charles Martel, tous ceux enfin qui étoient intéressés à cette transaction, moururent dans cette même année. (1)

Dès son retour de l'expédition de Provence, en 739, Charles Martel avoit commencé à se sentir malade, à son château de Verberie-sur-l'Oise, et peut-être ce fut la raison pour laquelle il ne conduisit point d'expédition guerrière l'année suivante. Mais en 741, quoiqu'il fût tout au plus âgé de cinquante ans, il s'aperçut que sa vie même étoit menacée. Il avoit trois fils de deux femmes différentes : Rotrude lui avoit donné Carloman et Pépin, dont le plus jeune avoit déjà vingt-sept ans ; et Sonichilde, qu'il avoit épousée en 725, en Bavière, lui avoit donné Grifon, qui n'avoit pas plus de quinze ans. Charles partagea entre eux l'empire des Francs, comme s'il pouvoit déjà en disposer par héritage. Il laissa à l'aîné, Carloman, l'Austrasie avec la Souabe et la Thuringe qui en relevoient; il laissa au second, Pépin, la Neustrie, la Bourgogne et la Provence ; mais il détacha quelques

---

(1) *Fredegarii contin.* Cap. 110, p. 457. — *Append. ad Gesta reg. francor.* p. 572 et 575. — *Chron. Fontanellense*, p. 662. — *Annales metenses.* p. 685. — *Codex Carolinus* epist. 1ᵃ. et *Script. franc.* T. IV, p. 92. — *Hadriani Valesii.* Lib. XXV, p. 517, seq.

741.

comtés de ces deux monarchies, pour en former l'apanage de Grifon, dont le petit état se seroit trouvé resserré entre celui de ses deux frères. L'Aquitaine ni la Bavière ne furent point comprises dans ce partage, leurs ducs n'étant point disposés à reconnoître l'autorité des maires du palais. Pepin, sans attendre la mort de son père, partit aussitôt pour la Bourgogne, avec son oncle Childebrand et les plus grands seigneurs de ses nouveaux états, pour s'y faire reconnoître par les peuples. Pendant ce temps, Charles, qui avoit une dévotion particulière pour saint Denis, se rendoit à sa basilique; et pour faire accueillir par ce saint sa dévote prière, il l'accompagnoit d'un présent considérable de terres et de châteaux (1). De là il se fit rapporter à Kiersy-sur-l'Oise près de Compiègne, où il mourut le 21 octobre 741, après avoir gouverné avec gloire la monarchie, vingt-quatre ans depuis la dernière défaite de Chilpéric et de Raginfred, et vingt-sept ans à compter de la mort de Pepin son père. (2)

Les dernières volontés de Charles ne furent

(1) *Diploma Caroli Martelli*, apud *Dubletum histor. abb. sancti Dionysii*, p. 690, et *Script. franc.* T. IV, p. 707.

(2) *Fredegarii contin.* Cap. 110, p. 458. — *App. ad Gesta regum francor.* p. 572 et 576. — *Chron. Moissiac.* p. 656. — *Chron. Fontanellense*, p. 662. — *Adonis chronic.* p. 671. — *Annal. fuldens.* p. 675. — *Annal. metens.* p. 686. — *Hadr. Valesii*, Lib. XXV, p. 531.

pas long-temps respectées par ses enfans. Grifon étoit de beaucoup plus jeune que ses frères; il étoit foible, et fils d'une étrangère; ses deux frères en prirent occasion de le considérer comme bâtard, et sa mère comme une concubine de Charles. Sonichilde, cependant, qui étoit d'une naissance illustre, avoit été légitimement mariée, et Charles avoit mis lui-même une grande différence entre Grifon et ses bâtards; car il en laissoit trois aussi, Remi, Jérôme et Bernard, dont les fils jouèrent plus tard un rôle remarquable sous Louis-le-Débonnaire (1). Carloman et Pepin persuadèrent aisément aux Francs qu'il ne convenoit pas d'altérer les anciens partages de l'Austrasie et de la Neustrie. Leur dessein étoit de saisir Grifon, et de le forcer à renoncer à son héritage. Sonichilde, sa mère, les prévint; elle s'enfuit avec lui à Laon, où elle espéroit pouvoir se défendre; elle persuada à Chiltrude, sa belle-fille, de se soustraire comme elle à la domination de ses frères, Carloman et Pepin. Chiltrude se réfugia en Bavière, auprès du duc Odilon, oncle de Sonichilde, qui l'épousa sans le consentement de Carloman ou de Pepin. Ceux-ci, pendant ce temps, pressoient le siège de Laon, où Sonichilde, abandonnée de tout le monde, fut enfin

---

(1) *Hadr. Valesius.* Lib. XXV, p. 543. Fulrad fut fils de Jérôme, Adelhard et Wala furent fils de Bernard.

obligée de se confier à leur merci, avec son fils Grifon. Par l'ordre de Carloman, elle fut enfermée dans le couvent de Chelles, et son fils à Neuchâtel, dans les Ardennes. (1)

742. Pepin et Carloman réunirent ensuite leurs armes contre Hunald, fils d'Eudes, duc d'Aquitaine, qui méprisoit leur autorité. Ils passèrent la Loire à Orléans, battirent les Aquitains, que le continuateur austrasien de Frédégaire appelle Romains; brûlèrent les faubourgs de Bourges, rasèrent le château de Loches sur l'Indre, et emmenèrent ses habitans en esclavage. Ce fut à leur retour de cette expédition qu'ils accomplirent à Vieux-Poitiers, près de Châtelleraut, le partage de leurs états. Après quoi Pepin accompagna à son tour Carloman en Germanie. Ils passèrent le Rhin, s'avancèrent jusqu'au Danube, et forcèrent les Allemands qui s'étoient révoltés, à payer leurs tributs accoutumés, et à leur donner des otages. (2)

La révolte des Aquitains, des Gascons et des Allemands, la guerre dont Odilon, duc des Bavarois, menaçoit Carloman, la répugnance des grands à se rendre aux armées, indiquoient

(1) *Fredegarii cont.* Cap. 111, p. 458. — *Gesta reg. franc.* p. 573 et 576. — *Annales nazariani,* p. 640, seq. — *Adonis chr.* p. 671. — *Annales fuldens.* p. 675. — *Annales metens.* p. 686. — *Hadr. Valesii.* Lib. XXV, p. 546.

(2) *Fredegarii contin.* Cap. 3, p. 458. — *Annales metens.* p. 686.

aux deux frères que cette orgueilleuse aristocratie qui s'étoit partagé les conquêtes des Francs, et qui n'avoit obéi qu'avec regret à Charles Martel, se préparoit à secouer leur joug. Pepin, né Austrasien, et parlant toujours la langue germanique, étoit considéré par les Neustriens et les Bourguignons comme un étranger. Ils ne lui obéissoient qu'à regret, et peut-être avoient-ils fait entendre quelque plainte de ce qu'il ne restoit plus de roi auquel ils pussent demander justice, lorsqu'ils étoient opprimés par le maire du palais. Pepin, pour les satisfaire, tira de quelque couvent un dernier Mérovingien qu'il nomma Childéric III. On ne sait ni son âge ni son origine; mais il est probable que Pepin, fidèle à la politique de ses prédécesseurs, fit, dans cette occasion, choix d'un enfant. La plupart des anciens chroniqueurs parlent pour la première fois de Childéric III au moment de sa déposition. (1)

Carloman ne fit point reconnoître Childéric III dans l'Austrasie, depuis long-temps indifférente à la race des Mérovingiens; mais dans le même temps il chercha à affermir sa propre autorité, et à assouplir le caractère de ses sujets par des

---

(1) Mabillon et Longuerue supposent que Childéric III fut fils de Chilpéric II. Valois le croit fils de Thierri IV. — Ludovici Dufour de Longuerue, *Annal. Francorum.* T. III, p. 704. — *Hadr. Valesii.* Lib. XXV, p. 553.

réformes religieuses. L'Église austrasienne, à ce qu'assure saint Boniface (1), étoit depuis quatre-vingts ans dans un état honteux de désordre; pendant tout ce temps, elle n'avoit eu aucun synode, et les métropoles aucun archevêque; la plupart des cures et des siéges épiscopaux étoient donnés à des laïques avides, ou à des clercs de mauvaises mœurs, qui en partageoient les revenus entre leurs nombreuses concubines. Saint Boniface assure en avoir connu qui en entretenoient quatre, cinq et davantage. Ce saint, muni de toute l'autorité du pape, de toute celle de Carloman, qui lui-même étoit fort religieux, fonda trois nouveaux évêchés dans la France orientale, à Wurtzbourg, à Erfurt, et à Baraburg en Hesse; fondations que le pape Zacharie confirma, et auxquelles Carloman attribua de riches dotations. Un concile assemblé à Leptines, près de Binche en Hainault, le premier mars 743, commença en même temps la réforme ecclésiastique; il contraignit les prêtres à renvoyer leurs maîtresses, et il leur interdit la profession des armes; mais cette dernière ordonnance ne fut pas long-temps observée (2). Des règlemens à peu près sembla-

(1) *Epistola Bonifacii ad Zachariam papam. Script. franc.* T. IV, p. 90.

(2) *Bonifacii epist. ad Zachariam papam,* sæc. 3. Bened. T. II, p. 54. — *Hadr. Valesii.* Lib. XXV, p. 550.

bles furent établis l'année suivante pour la Neustrie, par le concile de Soissons, que Pepin assembla au mois de mars, et où siégèrent vingt-trois évêques.

743.

Pendant que le concile de Leptines réformoit la France teutonique, Carloman attaquoit successivement les ducs et les peuples de Germanie qui avoient voulu secouer le joug des Francs. Odilon, duc de Bavière, s'étoit surtout rendu redoutable; il avoit contracté alliance avec les Allemands, les Saxons et les Esclavons; et quoiqu'il eût épousé la fille de Charles, la sœur des princes français, il sembloit vouloir se mettre à la tête de leurs ennemis. Pepin s'étoit rendu auprès de son frère pour attaquer la Bavière avec leurs forces réunies; mais Odilon, qui avoit fortifié les bords du Lech, avoit rassemblé son armée derrière cette rivière, et il y bravoit l'attaque de ses ennemis. Pendant quinze jours les armées furent en présence, séparées par le fleuve; et les Francs, qui ne pouvoient le franchir, étoient exposés aux sarcasmes des Bavarois. La colère excita leur courage et leur industrie; ils découvrirent un gué qu'on croyoit impraticable, et le franchirent au milieu de la nuit. Ils fondirent ensuite sur les Bavarois qu'ils mirent en fuite. Odilon se réfugia derrière l'Inn; Théodebald, duc des Allemands, s'enfuit dans les montagnes; et l'armée des Francs, maîtresse du pays, ravagea pendant cinquante-deux jours la Bavière. Cependant Pepin la quitta pour aller tenir tête à Hunold, duc d'Aquitaine, qui, après avoir secrètement contracté alliance avec Odilon, avoit passé la Loire à main armée, pillé et ravagé ses bords, et brûlé la ville de Chartres. Pendant cette année et les deux suivantes, les deux frères, tantôt ensemble, tantôt séparément, attaquèrent et battirent les Bavarois, les Allemands, les Saxons et les Aquitains. Hunold, duc des derniers, ne pouvant résister plus long-temps à des forces supérieures, reconnut enfin la souveraineté de Pepin, se lia par des sermens à lui obéir, et lui donna des otages. A peine avoit-il signé ce traité, qu'il attira à lui Hatton, comte de Poitiers, son frère, qui semble n'avoir point voulu s'associer à la guerre que le duc d'Aquitaine faisoit aux fils de Charles. Au mépris de la foi qu'il lui avoit donnée en l'appelant à sa cour, il lui fit arracher les yeux, et le jeta dans une prison où le malheureux comte de Poitiers ne tarda pas à mourir. Après cette action féroce, Hunold abdiqua la souveraineté en faveur de son fils Guaifer, et il alla s'enfermer dans un couvent de l'île de Rhé, où il vécut encore vingt-trois ans, occupé d'œuvres de pénitence. (1)

(1) *Annales metens.* p. 687. — *Fredeg. contin.* Cap. 114, p. 459. — *Append. ad Gesta reg. francor.* p. 573. — Histoire générale du Languedoc, Liv. VIII, chap. 41, p. 407.

La guerre d'Aquitaine se termina, au moins pour un temps, à la retraite de Hunold; celle de Germanie finit à peu près en même temps. Les Saxons avoient été battus à plusieurs reprises. Les Allemands n'avoient pas eu plus de bonheur. Théobald, fils de Godefroi, leur duc, avoit repris les armes presque chaque année, quoiqu'il se fût tout aussi souvent engagé à observer la paix. En 745 Pepin étoit entré en Souabe, et avoit forcé Théobald à s'enfuir dans les montagnes : cependant Pepin l'avoit rappelé et l'avoit rétabli dans sa dignité. L'année suivante Carloman étant entré avec son armée dans le pays des Allemands, indiqua une assemblée des plaids du royaume au château de Gundstadt, où l'armée des Francs et celle des Allemands se réunirent. « Là, survint une « chose prodigieuse, nous disent les annales de « Metz, savoir que l'une des armées chargea « l'autre de liens, sans qu'il y eût eu auparavant aucune bataille. » Le prodige d'une éclatante violation de la foi publique méritoit peut-être moins d'étonnement. Tous les princes qui, de concert avec Théobald, avoient secouru Odilon dans la guerre contre les Francs, furent mis en jugement et punis ; le même annaliste assure que ce fut avec miséricorde. Après ce coup d'état, Carloman déclara à son frère qu'il vouloit renoncer au monde, et se consacrer

747.
uniquement au service de Dieu, et dès lors il commença ses préparatifs pour se rendre à Rome, où il vouloit abjurer ses grandeurs entre les mains mêmes du pape. (1)

Quelques-uns attribuent cette résolution étrange de Carloman au remords qu'il ressentit des actes de sévérité exercés contre les Allemands; d'autres, à la terreur dont les prêtres l'avoient frappé, en l'entretenant sans cesse de la damnation de son père. Mais le fanatisme qui peuploit les couvens, étoit alors universellement répandu; il se suffisoit à lui-même, et il étoit rarement excité par le remords ou par un sentiment moral : les prédicateurs remplissant l'imagination des hommes, des tableaux du monde à venir, leur montroient l'enfer comme la conséquence inévitable de la vie séculière, et le couvent comme la seule porte du ciel. La terreur du jugement dernier avoit gagné des plus basses aux plus hautes classes; elle avoit atteint les souverains à leur tour : en peu d'années trois rois d'Angleterre, de l'heptarchie saxonne, se retirèrent dans les couvens. Hunold, duc d'Aquitaine, suivit leur exemple, et Rachis, qui régnoit alors sur les Lombards, imita, en 749, celui de Carloman.

(1) *Annales metens.* p. 687. — *Fredegarii cont.* Cap. 115, p. 459. — *Append. ad Gesta reg. francor.* p. 573. — *Annal. petaviani Codicis Moissiac.* p. 642. — *Ann. fuldens.* p. 675.

L'auteur de la Chronique de Moissiac, est, entre les historiens de cette époque, celui qui nous donne le plus de détails sur l'abdication de Carloman. « Touché, dit-il, d'un amour di-
« vin, et du désir d'une patrie céleste, il aban-
« donna volontairement son royaume et ses
« fils, qu'il recommanda à son frère Pepin.
« Ensuite, s'acheminant vers Rome, il parvint
« à la porte de saint Pierre l'apôtre, avec plu-
« sieurs des grands de ses états, et des présens
« sans nombre, qu'il déposa devant le tombeau
« de saint Pierre. Alors il coupa les cheveux de
« sa tête, il revêtit l'habit de clerc par les or-
« dres du saint pape Zacharie, et il resta quel-
« que temps auprès de lui. » (Il semble qu'il avoit fait bâtir d'avance sur le mont Soracte, un couvent près de la basilique de Saint-Sylvestre, et qu'il l'habita quelque temps avec les moines qui l'avoient suivi de France.) « Mais
« ensuite, par les conseils du même pape, il se
« retira au couvent de Saint-Benoît, sur le mont
« Cassin ; il s'y soumit à l'obéissance régulière
« envers l'abbé Optat, et il y fit les vœux mo-
« nastiques. (1) » Les auteurs des légendes ne se sont point contentés du merveilleux que leur présentoient ces événemens ; ils y ont ajouté des circonstances plus étranges encore ; ils ont pré-

---

(1) *Chron. Moissiac.* p. 656. — *Fredeg. contin.* Cap. 117, p. 459. — *Append. ad Gesta reg. francor.* p. 573.

tendu que Carloman, se soumettant volontairement aux dernières humiliations, avoit été tour à tour gardien des moutons du mont Cassin, et aide du chef de la cuisine des moines ; que, déguisant soigneusement son rang, et réprimant son antique fierté, il s'étoit laissé battre sans résistance par tous les valets du couvent. Mais les saints ont aussi leurs romanciers ; et toutes ces anecdotes, démenties par des faits mieux attestés, sont rejetées par les meilleurs critiques. (1)

Après l'abdication de Carloman, les nobles austrasiens hésitèrent s'ils reconnoîtroient pour leur souverain, Drogon, fils de Carloman, ou Pepin son frère. Ils s'adressèrent même à saint Boniface pour avoir ses avis sur cette question ; mais Pepin ne les laissa pas long-temps en suspens ; il se hâta de solliciter l'hommage des chefs et l'obéissance des provinces ; il ne réserva pas un duché, pas un comté à ses neveux, sans doute en bas âge, que son frère lui avoit recommandés ; et lorsque, quelques années plus tard, ce frère revint auprès de lui avec une mission du pape, Pepin se hâta de faire administrer la tonsure à ses fils, pour qu'ils ne pussent rien prétendre de lui. (2)

(1) *Annales metenses.* p. 688. — *Hadr. Vales.* Lib. XXV, p. 567.

(2) *Hadr. Valesii.* Lib. XXV, p. 571.

Cependant, à l'époque même où Pepin mettoit en oubli toute reconnoissance envers un frère qui lui transmettoit le plus puissant état de la chrétienté, il montroit un retour d'affection à un autre frère, qu'il avoit traité auparavant avec une rigueur excessive. Il rendit, en 747, la liberté à Grifon ; il le reçut dans son palais, et il lui assigna plusieurs comtés et des revenus fiscaux en apanage (1) ; mais Grifon, qui prétendoit avoir droit à une souveraineté, non à des pensions alimentaires, ne fut pas long-temps satisfait du rang qui lui étoit rendu. Il étoit alors parvenu à la force de l'âge, et il avoit trouvé à la cour de son frère un parti de mécontens dont nous ne connoissons point les griefs, parti qui s'empressa de le prendre pour chef. Il semble qu'on lui fit espérer que les provinces germaniques se déclareroient pour lui. Tandis que Pepin, en 748, avoit convoqué les Francs pour le Champ de Mars à Duren dans le duché de Juliers, Grifon s'échappa d'auprès de lui, passa le Rhin, suivi par un grand nombre de jeunes gens les plus distingués de la nation, et chercha à lever sur son autre rive l'étendard de la guerre civile. Pepin ne lui en laissa pas le temps ; il passa aussi le Rhin avec son armée, et, poursuivant Grifon et les Francs

747.

748.

---

(1) *Annales metenses.* p. 688. — *Append. ad Gesta regum francor.* p. 376. — *Annal. nazariani*, p. 640.

TOME II.                                                    11

748. fugitifs, il les força à chercher un refuge chez les Saxons. Ceux-ci s'étoient, par avance, préparés à la guerre; les rois des Vénèdes et des Frisons étoient venus à leur secours, et une chronique assure que cent mille combattans se trouvèrent sous les armes, pour arrêter Pepin. Toutefois ce dernier réussit à soumettre un des peuples compris dans la confédération des Saxons, que l'annaliste de Metz nomme les Nordsquaves; il en contraignit un grand nombre à recevoir le baptême, en signe de leur soumission à l'empire des Francs; il prit le château d'Hochsburg, et il y fit prisonnier l'un des capitaines qui avoient eu le plus de part aux mouvemens de la Saxe, Theuderic, qui pour la troisième fois se trouvoit captif des Francs. Il s'avança ensuite jusqu'à la rivière Ocker, sur laquelle est bâtie aujourd'hui la ville de Brunswick. Les Saxons en avoient fortifié les bords, et Grifon s'y trouvoit au milieu d'eux avec les Francs fugitifs. Cependant ils reconnurent bientôt que leurs moyens n'étoient pas suffisans pour arrêter l'armée des Francs : pendant la nuit, Grifon et les Saxons disparurent des bords de l'Ocker, Pepin passa la rivière, et pendant quarante jours il ravagea les pays situés à sa droite, sans rencontrer d'ennemis; après quoi il ramena son armée en France. (1)

(1) *Annal. metens.* p. 689. — *Fredegarii contin.* Cap. 117.

Sur ces entrefaites, Odilon, duc de Bavière, mourut, et son fils encore en bas âge, Tassilon, fut reconnu comme son successeur. Tassilon étoit fils de Chiltrude, sœur des princes français. Grifon, dès qu'il apprit son veuvage, accourut auprès d'elle, et les Bavarois le désignèrent aussitôt pour tuteur de leur jeune duc. Il semble qu'un mécontentement universel, dont nous ne connoissons pas la cause, réunissoit tous les peuples germaniques contre Pepin, en sorte qu'ils secondoient avec empressement quiconque avoit le courage de l'attaquer. Lanfrid, duc des Allemands, amena ses renforts à l'armée bavaroise. Cependant, à l'approche de Pepin, les deux peuples sentirent l'infériorité de leurs forces; ils abandonnèrent toutes les plaines situées entre le Leck et l'Inn, et les Bavarois, avec leurs femmes et leurs enfans, se retirèrent derrière ce dernier fleuve. Là ils commencèrent à traiter, ils promirent de se soumettre, et ils donnèrent des otages. Il paroît qu'à leur tour ils imposèrent quelques conditions à Pepin, car celui-ci reconduisit Grifon avec lui, le traitant non point en prisonnier, mais en frère. Il lui donna pour apanage la ville du Mans, avec douze comtés, et il vécut en paix avec lui jusqu'à l'époque où Grifon, entraîné par son in-

p. 459. — *Append. ad gesta reg. francor.* p. 573. — *Adonis chron.* p. 672. — *Annal. fuldenses.* p. 676.

constance habituelle, ou provoqué peut-être par de nouvelles injustices, alla chercher un refuge chez Guaifer, duc d'Aquitaine. (1)

Ce fut la dernière campagne de Pepin, comme maire du palais, et le dernier fait que la chronologie, bien plutôt que l'histoire, attribue à la première race. Deux années de paix s'ensuivirent, pendant lesquelles Pepin prépara sans doute cette révolution qui semble si importante, et que nous connoissons si mal, par laquelle les Carlovingiens acquirent le titre, comme ils avoient la puissance des rois. Childéric III, qui croissoit à l'ombre du palais, pouvoit un jour devenir dangereux pour celui qui l'avoit dépouillé de toute prérogative. Ces mécontens, qui sembloient si actifs dans tout l'empire des Francs, et qui s'étoient joints tour à tour à Grifon, aux Allemands, aux Saxons, aux Bavarois, pouvoient couvrir du nom de Childéric III ou de quelque autre prince de sa race, un nouveau projet de révolution. Pepin voulut sans doute prévenir ce danger. Nous trouvons dans Eginhard, que « Burchard, évêque de « Wirtzburg, et le prêtre Fulrad, chapelain, « furent envoyés à Rome, au pape Zacharie,

---

(1) *Annal. metens.* p. 689. — *Fredegarii contin.* Cap. 117, p. 459. — *Append. ad Gesta reg. francor.* p. 573. — *Annal. tiliani.* p. 643. — *Annal. lambeciani.* p. 646. — *Adonis chr.* p. 672. — *Annal. fuldenses.* p. 676.

« pour consulter le pontife sur les rois qui
« existoient alors en France, et qui n'avoient
« que le nom de rois, sans aucune puissance
« royale. Par eux le pontife répondit qu'il valoit
« mieux que celui-là fût roi, qui exerçoit la
« puissance royale; et, l'ayant sanctionné de
« son autorité, il fit que Pepin fut constitué
« roi (1). » Le continuateur de Frédégaire, qui
écrivoit par les ordres du comte Childebrand,
oncle de Pepin, ajoute : « Qu'alors, du conseil
« et avec le consentement de tous les Francs, et
« avec l'autorisation du siége apostolique, l'il-
« lustre Pepin, par l'élection de toute la France,
« la consécration des évêques, et la soumission
« des princes, fut élevé au royaume, avec la
« reine Bertrade, selon les anciennes coutu-
« mes » (2). Un récit plus long ou plus circon-
stancié de cet événement ne nous a été transmis
par aucun écrivain contemporain, par aucun
de ceux qui, venus depuis, auroient pu avoir
des informations authentiques. Nous savons
seulement que ce fut à Soissons que Pepin fut
élevé sur le bouclier ou sur le trône ; que cette
cérémonie se fit probablement le 1er mars 752,
dans l'assemblée de la nation, et que Childé-

---

(1) *Eginhardi Annal.* ad ann. 749. T. V. *Scr. fr.* p. 197.
— Ludov. Dufour de Longuerue. *Ann. franc.* T. IV, p. 705.

(2) *Clausula Append. Fredegarii.* Cap. 117, p. 460.

752. ric III, dont nous ignorons complétement l'âge, les mœurs et le caractère, ayant reçu la tonsure ecclésiastique, fut enfermé dans le couvent de Sithieu, nommé depuis, Saint-Bertin, à Saint-Omer, où il mourut en 755. (1)

(1) *Append. ad Gesta reg. francor.* p. 574 et 576. — *Ann. nazariani,* p. 640. — *Tiliani,* p. 643. — *Lambeciani,* p. 646. — *Chron. Moissiac.* p. 656. — *Chron. Fontenel.* p. 662. — *Chron. Brev.* p. 664. — *Adonis Vienn.* p. 672. — *Ann. fuld.* p. 676. — *Fragment. histor. Anon.* p. 694.

# HISTOIRE
# DES FRANÇAIS
SOUS LES DEUX PREMIÈRES DYNASTIES.

―――

## SECONDE PARTIE.

HISTOIRE DES FRANÇAIS SOUS LES CARLOVINGIENS.

# SECONDE PARTIE.

## LES CARLOVINGIENS.

## CHAPITRE PREMIER.

*Règne de Pepin. 752—768.*

L'histoire des Français embrassant tout l'espace de temps qui sépare la civilisation antique de la civilisation moderne, et passant au travers de tous les siècles de barbarie, présente une période de confusion, de contradiction et d'obscurité qu'on n'est appelé à parcourir dans aucune autre histoire. Après de pénibles efforts, l'historien croit avoir atteint un fil qui le conduira dans ces épaisses ténèbres; il le suit quelque temps, puis il le laisse échapper au milieu du labyrinthe. Il entrevoit de place en place un rayon de lumière qui lui fait distinguer les objets environnans; il croit approcher du grand jour, il hâte ses pas pour l'atteindre; mais cette lumière trompeuse disparoît, et il doit recommencer à tracer sa route dans l'obscurité.

Les grandes révolutions que subit la monarchie attirent plus particulièrement notre attention. Nous aimons à nous persuader que si elles étoient mieux connues, elles jetteroient du jour sur la formation du caractère national, sur les lois, les usages, les préjugés qui nous régissent encore. Mais dans ces siècles de barbarie, plus une révolution devoit être importante, plus son histoire demeure obscure. Presque toujours cette révolution étoit accomplie par la guerre, le carnage et la désolation : elle détruisoit ainsi ses propres monumens ; en augmentant le pouvoir de l'épée, elle faisoit abandonner toujours plus la culture des lettres : ceux qui s'étoient emparés de l'autorité pouvoient bien tirer vanité de leurs victoires, mais non des intrigues ou des conspirations qui les avoient préparées, et tout le souvenir qu'ils se soucioient de transmettre aux siècles à venir, c'étoit qu'en telle année tel chef avoit vaincu tels ennemis : le plus souvent les annales des Francs, au huitième siècle, ne contiennent pas autre chose.

Parmi les plus importantes révolutions que présente l'ancienne histoire du peuple français, on doit ranger celle qui fit succéder sur le trône la race des Carlovingiens à celle des Mérovingiens ; d'autant plus que ce ne fut point uniquement l'usurpation d'une nouvelle maison royale, la succession d'une dynastie à une autre dynastie ; ce fut aussi une vraie révolution nationale qui rajeunit le peuple franc, qui ranima son ardeur guerrière, et qui rendit à l'armée une autorité qu'elle avoit perdue presque immédiatement après la première conquête. Mais cette révolution dont l'importance se révèle par toutes ses conséquences, nous est à peine indiquée par quelques mots des écrivains contemporains. Tout ce que nous en pouvons savoir, c'est qu'un dimanche du mois de mars 752, le maire du palais, Pepin, « fut élevé sur le trône des « Francs, par l'autorité et le commandement « du saint pape Zacharie; par l'onction du « saint chrême, qu'il reçut des mains des bien- « heureux évêques de France, et par l'élection « de tous les Francs. » (1)

Tout ce qu'on trouve dans les écrivains postérieurs, et surtout dans ceux des deux derniers siècles, sur le caractère de Pepin, sur ses projets, sur sa politique, est purement conjectural; d'ailleurs les vues qu'on lui prête, les motifs sur lesquels on fonde ses décisions, se ressentent bien plus de la politique du dix-huitième siècle que de celle du huitième (2). On a raconté de lui, que pour relever sa réputation aux yeux des Francs qui tournoient en dérision sa petite taille, il avoit mis aux prises un lion avec un taureau furieux; qu'il avoit ensuite invité ses courtisans à les aller séparer, et que comme aucun

---

(1) *Clausula in fine libri Gregorii Turon: de gloria confessorum Script. franc.* T. V, p. 9.

(2) Velly, *Histoire de France*. T. I, p. 204. — Mably, *Observations sur l'Histoire de France*. Liv. II, chap. 1. — P. Daniel, *Hist. de France*. T. I, p. 354.

d'eux n'osoit descendre dans l'arène, il y étoit entré lui-même, et avoit abattu d'un coup d'épée, la tête des deux animaux : mais cette anecdote devroit être reléguée parmi les aventures des paladins de Charlemagne. Le moine de Saint-Gal qui l'a racontée le premier cent cinquante ans plus tard, ne jouit pas même d'assez de crédit pour nous faire admettre, sur sa seule foi, des faits plus vraisemblables ou plus rapprochés de son temps (1). L'auteur de cette importante révolution, le fondateur de la dynastie carlovingienne, se perd pour nous dans la nuit de ces temps barbares ; nous n'avons guère, sur sa personne ou sur son règne, que l'indication de quelques expéditions militaires auxquelles il conduisit les Francs.

Ceux-ci, sous la conduite de son père et de son aïeul, semblent, pour la seconde fois, avoir conquis la Gaule ; c'est une invasion nouvelle de la langue, de l'esprit militaire et des mœurs de la Germanie, qui n'est annoncée dans les historiens que comme la victoire dans une guerre civile des Francs austrasiens sur les Neustriens. Les nouveaux chefs, comme leurs prédécesseurs, s'intitulent toujours rois des Francs ; ils se présentent comme les successeurs légitimes de Clovis et de ses descendans : tout est changé

---

(1) *Monachi san Gallensis de gestis Carol. I. Lib. II*, cap. 23, p. 131.

cependant dans leur esprit et dans leurs mœurs.
Dans deux siècles et demi, les premiers conquérans s'étoient déjà naturalisés parmi les Romains ou Gaulois ; ils avoient adopté en grande partie leur langue, leurs opinions et surtout leur mollesse ; ils sembloient n'avoir fait avec eux qu'un seul peuple encore tout entaché des vices de Rome ; ou plutôt la race conquérante s'étoit rapidement éteinte ; les débauches de la paix et les fureurs de la guerre moissonnoient également les soldats, non pas chez les Francs seulement, mais chez les Goths et les Vandales, dans toutes les parties du monde romain que les Barbares avoient conquises. Leurs familles dépérissoient, comme on avoit vu dépérir celles des rois mérovingiens ; les Francs de la première conquête avoient presque disparu de l'Aquitaine, de la Provence, de la Bourgogne, et même de la Neustrie ; et lorsque Charles Martel ou Pepin conduisirent de nouveau leurs armées austrasiennes dans ces provinces, tout le peuple de la contrée considéra ces soldats germaniques comme étrangers et comme ennemis. Childéric III, que Pepin avoit déposé et enfermé au couvent de Sithieu, étoit le roi des vaincus. Pepin, et son père, et son aïeul, étoient, depuis trois générations, les chefs des vainqueurs. Lorsque Pepin avoit, dix ans auparavant, fait couronner Childéric III,

il avoit apparemment présenté ce fantôme de roi comme un gage de réconciliation aux Neustriens qui lui étoient soumis; lorsqu'il le déposa, il est probable qu'il ne croyoit plus que leurs préjugés ou leurs affections méritassent de sa part tant de ménagemens. On n'oseroit décider si ce fut par politique ou en cédant à l'empire de ses propres sentimens, que Pepin, au moment où il blessoit quelques affections populaires, redoubla pour d'autres de déférence. Son père, en dépouillant les gens d'église, avoit aliéné le clergé; mais lui-même et son frère Carloman, et son fils et son petit-fils, semblent avoir entièrement abandonné aux prêtres la direction de leur conscience et de leur raison. En montant sur le trône, il établit lui-même, pour son avantage personnel, un droit inouï en faveur de l'Église, celui de choisir et de déposer les souverains. Il prit à tâche de placer sa couronne avec tous ses droits sous cette sanction ecclésiastique. Il avoit, contre l'usage commun, appelé tous les évêques des Gaules à la diète ou assemblée du Champ de Mars, où il fut porté sur le trône : il avoit, sous l'autorisation du pape Zacharie, renouvelé pour lui-même le rite hébraïque, d'une onction sacrée, d'un saint chrême qu'il regardoit sans doute comme le sanctifiant aux yeux des peuples, et le plaçant sous les garanties que les livres sacrés accordoient aux rois des Juifs ; il avoit voulu que l'archevêque de Mayence, l'apôtre de la Germanie, Boniface, dont la sainteté étoit universellement reconnue de son vivant, versât sur lui cette huile qui devoit lui imprimer un caractère plus auguste (1). Enfin il obtint, après trois ans, que le pape Etienne II se rendît auprès de lui dans les Gaules, et renouvelât pour lui, sa femme et ses fils, cette cérémonie de l'onction sacrée qui n'avoit point été pratiquée par la première race. Ainsi les Carlovingiens voulurent eux-mêmes devoir leur couronne aux prêtres. Mais si le chef des guerriers francs se proposoit seulement de faire intervenir les prélats dans des cérémonies vaines pour éblouir et tromper le vulgaire, il fut la dupe de sa propre politique. Le sceptre qu'il avoit remis aux prêtres pour le recevoir ensuite d'eux, ne ressortit plus de leurs mains, aussi long-temps que sa race fut sur le trône.

Les assemblées nationales paroissent avoir été fort négligées sous les derniers rois mérovingiens ; la nation éparse sur un vaste territoire, ne pouvoit plus s'y rendre ; les grands seigneurs, devenus propriétaires de provinces peuplées d'un grand nombre d'esclaves, se trouvoient exposés, par l'étendue même de leurs possessions, à confondre les droits de propriété avec

(1) *Pagi critica in Annales Baronii.* Ann. 752.

ceux de souveraineté; ils oublioient les affaires nationales pour ne s'occuper plus que de la province dont ils avoient fait une grande ferme. Les *arimans*, hommes libres, ou petits propriétaires, auroient senti davantage, peut-être, le besoin de tenir au corps de la nation, et d'invoquer la protection du roi, du maire du palais ou des assemblées du Champ de Mars; mais les derniers rois mérovingiens avoient perdu toute volonté comme toute puissance : la mairie du palais, usurpée par la faction des grands seigneurs, avoit passé aux mains des ennemis des hommes libres; ceux-ci regardoient comme fort onéreuse l'obligation de se rendre, avec de grandes dépenses, à des assemblées souvent lointaines, où leurs voix se perdoient dans la foule. On ne peut pas affirmer que ces assemblées n'eussent plus lieu; mais pendant un long espace de temps, il ne nous reste aucun monument de leur existence. Pepin, au contraire, déjà comme maire du palais, les avoit convoquées avec une grande régularité, aussi bien que son frère Carloman (1). Il changea même, pour la commodité publique, l'époque de l'assemblée du mois de mars qu'il remit au mois de mai; c'étoit la saison où la terre étoit déjà couverte de fourrages, et où la cavalerie pouvoit s'assembler

---

(1) *Carlomanni Principis Capitul. in Capitul. reg. Franc.* T. I, p. 146, seq.

avec le plus de facilité. Les comices du peuple étoient en même temps la revue de l'armée, et les Francs, après avoir délibéré sous les yeux de leur roi, alloient combattre sous ses ordres. Pépin et Carloman appelèrent les prélats à ces mêmes assemblées, et ceux-ci s'y trouvèrent bientôt les maîtres. La constitution de l'état fut changée en entier par cette seule innovation à laquelle un peuple dévot ne vit aucune raison de se refuser, et les Champs de Mars des soldats devinrent des synodes d'évêques.

Les prélats, en effet, introduisirent dans ces assemblées l'usage de la langue latine et celui des longs discours; ils leur soumirent toutes les questions de dogme, de discipline ecclésiastique et de controverse, auxquelles les soldats francs ne pouvoient rien comprendre. Étrangers à la langue, à la science théologique, et aux formes de délibération usitées par les prélats, leur rôle devenoit absolument passif. On ne contestoit point leurs droits, mais on les chassoit, par l'ennui, du lieu même où ils avoient régné. Bientôt les Austrasiens montrèrent, pour leurs assemblées, la même indifférence qui en avoit fait déchoir l'usage chez les Neustriens, et les rois, loin de ressentir de la jalousie contre les comices nationaux, travaillèrent vainement à rappeler les Francs au Champ de Mai, pour former ensuite leur armée.

Dès la première année de son règne, Pepin assembla une diète à son palais royal de Vermerie ; les actes de cette diète nous ont été conservés, soit parmi les capitulaires, soit parmi les canons des conciles, où ils sont mieux à leur place. En effet, l'assemblée législative des soldats francs, à en juger d'après ces actes, ne s'occupa que de discipline ecclésiastique ; elle travailla surtout à classer et à punir ces péchés contre la pureté des mœurs, dont la législation des Juifs avoit fait des crimes. Il est impossible, en lisant ce capitulaire et les trois suivans, publiés également au nom de Pepin, après les assemblées de Vernon, de Metz et de Compiègne, de ne pas être frappé du rôle passif auquel devoient être réduits les guerriers germaniques dans la discussion et la décision de questions semblables. (1)

Ce n'est pas qu'il n'y eût beaucoup à faire pour la réforme des mœurs des Francs, et que l'entreprise ne fût peut-être digne du législateur ; mais en voyant comment elle fut exécutée, on ne peut pas méconnoître l'esprit monastique d'après lequel elle étoit dirigée. Les prélats, dès qu'ils eurent obtenu l'entrée des diètes, changèrent tout l'ancien système de législation des peuples du Nord. Jusqu'à cette époque, les délits

---

(1) *Stephani Baluzii Capitularia.* T. I, p. 161. — *Labbei Concilia generalia.* T. VI, p. 1656.

étoient une offense privée qui n'étoit poursuivie
que par les intéressés ; aucun supérieur n'avoit
encore le droit de s'enquérir, dans le sein d'une
famille, de la conduite de ses membres, les uns
à l'égard des autres. Selon les codes des Barbares, le juge intervenoit seulement, lorsqu'une
famille offensée par une autre famille, avoit
recours aux armes pour se venger ; l'autorité
publique lui faisoit alors obtenir régulièrement
la compensation que les intéressés auroient
pu rechercher par la force. L'introduction
des ecclésiastiques dans les conseils nationaux
fit considérer les actions punissables comme
mauvaises en elles-mêmes, comme contraires
aux lois de Dieu, et non plus seulement comme
troublant la paix publique. Ainsi, les plus anciennes lois des Francs avoient puni le rapt,
parce que c'étoit une offense qu'une famille
éprouvoit de la part d'une autre famille ; mais
les capitulaires de Pepin poursuivirent surtout
l'inceste qui, jusqu'alors, avoit échappé aux
lois, toutes les fois que personne n'avoit eu lieu
de s'en plaindre. Ils réglèrent les cas nombreux
dans lesquels les conjoints devoient être séparés
par l'autorité publique ; ceux plus nombreux
encore où le désordre de leurs mœurs devoit
leur faire interdire le mariage ; ils statuèrent enfin
sur les peines à infliger aux incestueux, savoir,
l'amende ou la confiscation des biens, la prison

et le fouet; en enjoignant de plus à tous les citoyens de ne point les admettre dans leurs maisons, et de ne leur donner aucune nourriture. En lisant toute la suite des capitulaires de Pepin, on ne voit pas sans surprise le grand conseil de la nation occupé, pendant tout un règne, de classer et de détailler toutes les abominations qui depuis furent l'objet des études des casuistes, et que des exemples fréquens rappeloient apparemment alors à la mémoire des prélats.

On peut remarquer aussi que les règles établies à cette époque par l'Église, sur les mariages et les divorces, ne sont point celles qu'elle suit aujourd'hui; et les écrivains ecclésiastiques ont quelque peine à réconcilier les décisions de ces anciens conciles infaillibles, avec les décisions contraires des conciles également infaillibles qui sont venus depuis. « Si un prêtre, est-il dit, « §. 3 du capitulaire de Vermerie, a épousé sa « nièce, qu'il la renvoie et qu'il soit dégradé; « si alors un autre homme la prend, il ne « doit point la garder non plus; mais s'il ne « peut se contenir, qu'il choisisse plutôt une « autre femme, car il seroit répréhensible qu'un « autre homme gardât la femme qu'un prêtre « auroit renvoyée. » De même il est stipulé, par six ou sept articles différens du même capitulaire, que lorsqu'un homme étant déjà marié, aura séduit sa belle-fille, sa belle-mère, sa belle-sœur, son mariage sera dissous, et lui-même non plus que celle qu'il aura séduite, ne pourront point se remarier; mais la femme dont il se divorce peut épouser un autre mari; car, dans tous les cas, la faute de l'un des deux conjoints rend à l'autre une liberté entière. (1)

Quelques articles du même capitulaire avoient pour objet la réforme du clergé. En effet nous apprenons par des lettres de saint Boniface au pape Zacharie, et par les réponses du dernier, que beaucoup d'esclaves fugitifs, de vagabonds, d'hommes poursuivis pour des meurtres et des adultères, s'étoient fait tonsurer, et qu'ils prenoient le nom d'évêques et de prêtres, quoiqu'ils n'eussent jamais été ordonnés par de vrais prélats. Ils entroient ainsi en partage du crédit et de la richesse dont jouissoit le clergé; ils exploitoient la superstition des peuples, ils se prêtoient à toutes les pratiques païennes, à toutes les croyances qui pouvoient leur rapporter de l'argent. Saint Boniface se plaignoit d'en avoir trouvé dans ses missions un nombre bien plus grand que de vrais prêtres, et d'avoir eu sans cesse à lutter avec eux pour la conversion des

---

(1) Voyez les articles 2, 9, 10, 11, 12, 17, 18 de ce capitulaire. Par une étrange interprétation donnée au sens très-clair de ces articles, l'Église a prétendu que la faculté de se remarier n'étoit réservée au conjoint innocent qu'après la mort de l'autre. (Fleury, *Histoire ecclés.* Liv. XLIII, §. 2.)

infidèles. Zacharie, qui donne à ces faux prêtres le nom de ministres de Satan, ordonne à Boniface de les renvoyer tous dans des couvens, pour y terminer leur vie dans la pénitence (1). Le capitulaire publié dans le Champ de Mars ou plutôt dans le concile de Vermerie, défend aux évêques d'accorder l'ordination à ces prêtres errans; mais il veut que, même après avoir été dégradés, ils aient le droit d'administrer le baptême. Les autres capitulaires du règne de Pepin pourvurent à la répression des prêtres non baptisés, des évêques vagabonds, et des autres faussaires qui usurpoient les prérogatives et les richesses du vrai clergé. (2)

Les lois portées pour la répression des crimes, nous apprennent leur multiplicité. Ces capitulaires, monument le plus authentique de la seconde race dès ses commencemens, nous indiquent ce qu'étoient alors les mœurs nationales: rien ne ressemble moins à ces vertus chevaleresques qu'on se plaît toujours à chercher dans l'antiquité. C'étoit sans doute pour un peuple bien féroce et bien corrompu en même temps, qu'étoit fait l'article 8 du même capitulaire de Vermerie. « Que l'homme libre, y est-il dit,

(1) *Epistolæ Zachariæ pontif. et spec.* Ep. 10, p. 1519, T. VI, *Concil. general. Labbei.*

(2) *Capitul. Verm.* §. 14 et 15; *Capit. Verm.* §. 13; *Capit. Compend.* §. 9, etc.

« qui tuera son père ou sa mère, son frère ou
« son oncle, perde son propre héritage; que
« celui qui aura commis un inceste avec sa
« mère, sa sœur ou sa tante, le perde égale-
« ment. »

Les prélats qui, sans révolution, sans que la nation s'aperçût d'avoir perdu ses droits, se trouvoient tout à coup dépositaires de toute la puissance législative, par le seul fait de leur admission dans le conseil des gens de guerre, ne négligèrent point de donner à leurs décrets une sanction puissante, en organisant les formes et les conséquences de l'excommunication. Les évêques furent invités à excommunier non-seulement les prêtres désobéissans, mais aussi les laïques et les femmes tombées en faute. « Et
« pour que vous sachiez quel est le mode de
« cette excommunication, continue le législa-
« teur, l'excommunié ne doit point entrer dans
« l'église, ni manger ou boire avec aucun chré-
« tien. Personne ne doit lui donner un baiser,
« ni se joindre à lui dans la prière, ni le saluer
« avant qu'il ait été réconcilié par son évêque. »
Quiconque communique sciemment avec un excommunié, est enveloppé dans la même sentence; quiconque méprise toutes ces peines, et ne se soumet point à son évêque, doit être exilé par le roi. (1)

(1) *Capitul. Vern.* §. 9, p. 172.

Pepin étoit peut-être de très-bonne foi dans son zèle pour l'accroissement du pouvoir ecclésiastique; la réprobation dont le clergé avoit frappé Charles Martel, semble avoir ébranlé l'imagination de tous ses descendans, et avoir redoublé leur soumission à l'Église. Mais si la politique entroit pour quelque chose dans les concessions de Pepin, il est possible que toute sa défiance se portât sur les hommes libres que son père avoit vaincus, sur les grands qu'il avoit associés à ses victoires, et qui étoient armés, inquiets, arrogans, pleins du souvenir de leurs droits et d'audace pour les défendre; tandis qu'il croyoit n'avoir rien à craindre d'un clergé qu'il avoit lui-même enrichi, organisé, rendu puissant, et qui lui devoit toute son existence. Pepin ne vécut pas assez long-temps pour apprendre quelle reconnoissance un roi peut attendre d'un corps impérissable, qui croit que tout ce qu'on fait pour lui, lui est dû; qui acquiert des forces par la durée, et qui profite également des vertus et des vices, des grandes actions et des crimes de tous ses contemporains.

Ce ne fut pas seulement dans l'administration intérieure de la monarchie que Pepin sollicita l'appui des ecclésiastiques, il soumit aussi à leurs conseils sa politique extérieure, achetant à ce prix leur coopération. Il prit les armes, tantôt pour défendre la cour de Rome

contre les Lombards, tantôt pour étendre le
christianisme chez les Saxons, toujours pour
augmenter le pouvoir de l'Église; et, en effet,
dans le même temps la monarchie des Francs
s'agrandit de presque toutes les conquêtes que
les missionnaires de Rome firent pour le christianisme.

752.

Zacharie, qui avoit accordé la couronne à
Pepin, étoit mort le 14 mars 752, peu de mois
après avoir autorisé le clergé de France à élever
la seconde race à la place de la première. Il
avoit eu pour successeur un prêtre romain
que les uns nomment Étienne II, et d'autres
Étienne III (1). Rome faisoit alors encore partie
de l'empire d'Orient. Un duc et d'autres officiers
envoyés de Constantinople, y représentoient
l'empereur Constantin Copronyme; mais la
monarchie des Lombards entouroit de toutes
parts le duché romain. Ces peuples, toujours
avides de guerres et de brigandages, ne se faisoient pas plus de scrupule de poursuivre leurs
déprédations sur cette petite province demeurée
aux Grecs, qu'ils n'en avoient eu auparavant
de les étendre sur tout le reste de l'Italie. Les

(1) Selon que l'on compte ou non un autre Étienne élu avant
lui, qui ne vécut que trois jours, et ne fut probablement pas
consacré. *Baronii Annal. eccles.* 752. T. IX, p. 204, édit.
Antverp. 1601. — *Pagi critica*, 752, §. 12, T. III, p. 283.
— *Anastasius Biblioth.* T. III, *Scr. italic.* p. 165.

habitans du duché de Rome formoient cependant le troupeau immédiat du pape, et comme la considération accordée par l'Église au premier évêque de l'Occident, alloit croissant de jour en jour, c'étoit aussi à lui que les fidèles de Rome avoient recours dans toutes leurs tribulations. Constantin Copronyme, en vain sollicité par Étienne comme il l'avoit été avant lui par Zacharie, n'envoya point d'armée, mais seulement des ambassadeurs pour protéger les petites provinces qui lui restoient en Italie. Étienne II les suivit à la cour d'Astolphe, à Pavie; il se mit en route de Rome, le 14 octobre 753, pour s'y rendre; en même temps il prit ses mesures pour continuer son voyage jusqu'en France, s'il ne réussissoit pas auprès d'Astolphe. En effet, le roi Lombard consentoit bien à accorder dorénavant la paix aux Romains, mais il ne vouloit point entendre parler de restitutions; cependant il traita le pape avec respect, et quoiqu'il se défiât du voyage qu'il lui voyoit entreprendre au-delà des Alpes, sous la conduite des ambassadeurs de Pepin, qui avoit déjà contracté une étroite alliance avec le saint-siége, Astolphe n'essaya point d'y mettre obstacle. (1)

Il est probable que le pape passa les Alpes

(1) *Baronii Annal. eccles.* ann. 753. T. IX, p. 208. — *Pagi critica*, §. 2, p. 285.

par le mont Saint-Bernard; du moins c'est au couvent de Saint-Maurice, en Valais, qu'il se regarda comme ayant, pour la première fois, mis le pied sur le territoire de France. Deux messagers de Pepin, un duc et un prélat, l'y attendoient, et ils le conduisirent à Pontyon, dans le Perche, près de Vitry-le-Brûlé, maison royale où se trouvoit alors Pepin avec sa femme et ses enfans. (1)

A son arrivée, le pape Étienne s'étoit couvert de cendre avec tout son clergé; il s'étoit revêtu du cilice, il s'étoit prosterné en terre, et, sans vouloir se relever, il avoit supplié le roi Pepin, par la miséricorde du Dieu tout-puissant, et par les mérites des saints apôtres Pierre et Paul, d'avoir pitié de lui et du peuple romain; de les délivrer de la main des Lombards, et de la servitude du superbe roi Astolphe. Il ne consentit point ensuite à se relever de terre, que le roi Pepin, ses fils et les grands de France ne lui eussent tendu la main en signe de l'aide qu'ils promettoient de lui donner (2). Mais bientôt Étienne connut mieux le peuple auquel il étoit venu demander des secours. Les Lombards, dont il avoit vu les drapeaux menaçans autour de Rome, lui témoignoient bien un

753.

(1) *Fredegarii contin.* Cap. 119, T. V, p. 2. — *Anastasius Biblioth.* T. III, *Scr. italic.* p. 168.
(2) *Annales francor. metens.* p. 336.

753.  respect extérieur, mais en même temps ils mettoient son Église à contribution, et ils n'avoient point voulu déférer à ses prières; les Grecs, dont il s'avouoit encore sujet, étoient jaloux des prétentions de son Église, quelquefois même, depuis qu'ils avoient embrassé le schisme des iconoclastes, ils le traitoient en ennemi; les Romains, enfin, ne lui montroient une grande déférence que quand ils sentoient un grand besoin de lui. En France, au contraire, il s'aperçut qu'on le regardoit comme un messager de la Divinité, qui, en dirigeant le zèle des guerriers vers la protection de ses sujets, ouvroit aux premiers une voie nouvelle vers le salut. Son pouvoir paroissoit tellement supérieur à celui de tous les autres évêques, on le confondoit si bien avec celui de Dieu lui-même, que le roi croyoit s'honorer et s'affermir sur le trône en tenant de lui sa couronne, et qu'il lui demanda comme une faveur insigne de renouveler pour lui la cérémonie du couronnement et de l'onction sacrée.

754.  Étienne II, qui passa l'hiver en France, et qui séjourna alternativement à Pontyon, à Saint-Denis, et à Kiersi-sur-Oise, couronna, le 28 juillet 754, Pepin pour la seconde fois, aussi-bien que sa femme Bertrade et ses deux fils Charles et Carloman; pour la seconde fois aussi il répandit sur sa tête et sur celles de ses

enfans une huile bénie, et qu'on dit ensuite être miraculeuse. Il conféra à Pepin le titre de patrice des Romains, magistrature que les empereurs de Constantinople avoient seuls droit de décerner, et qui avoit autorité sur le pape, au lieu de dépendre de lui. Enfin il interdit aux seigneurs francs, sous peine d'excommunication, de jamais se choisir un roi dans une autre race que celle de Pepin (1). Comme le roi déposé, Childéric III, mourut à peu près vers cette époque, dans son couvent de Sithiu, quelques modernes en ont conclu qu'Étienne saisissoit cette occasion pour sanctionner la nomination de Pepin, devenue dès lors légitime. Mais Childéric III, en mourant, avoit laissé un fils auquel la nation n'accordoit plus ni intérêt ni estime, et Étienne lui-même ne croyoit pas aux droits des souverains déposés.

La nation s'étoit jointe à son roi pour promettre à Étienne II la protection qu'il étoit venu demander. Les comices des Francs, assemblés par Pepin à Braine dans le Soissonnois, le 1$^{er}$ mars 754, avoient pris l'engagement de le défendre. Le roi Astolphe, voulant détourner de ses états l'orage qu'il voyoit déjà gronder sur sa tête, essaya de traverser les négociations d'un pape par celles d'un saint. Carloman, frère de

---

(1) *Clausula in fine libri Gregor. Turon. de gloria confessor. Scr. franc.* T. V, p. 10.

Pepin, qui s'étoit fait moine, vivoit au mont Cassin dans ses états. Son supérieur, l'abbé Optat, lui donna ordre de se rendre en France pour empêcher les Francs d'attaquer les Lombards. Carloman devoit représenter à son frère que la querelle entre Astolphe et le pape avoit pour origine les intérêts de l'empire grec et la possession de l'exarchat; qu'en se mêlant des affaires d'Italie, les Francs embrasseroient la cause des Grecs hérétiques et iconoclastes contre les Lombards orthodoxes et dévoués à l'Église; qu'ils attaqueroient donc la religion en croyant défendre le saint-siége. Mais la haute naissance de Carloman n'en imposoit plus aux Francs; sa sainteté les frappoit moins que l'autorité pontificale d'Étienne; d'ailleurs ils désiroient la guerre et le pillage. Ils envoyèrent donc à Astolphe une ambassade menaçante, pour le sommer de restituer la Pentapole d'où il avoit chassé les Grecs, aussi-bien que Narni et Ceccano qu'il avoit conquis dans le duché de Rome. Pepin ne permit point à Carloman de retourner dans son monastère en Italie; il l'envoya à Vienne en Dauphiné, où ce prince mourut avant l'année révolue. (1)

Les passages des Alpes qui conduisoient de France en Italie, étoient fermés par des portes ou des fortifications que les historiens du temps

(1) *Annales metens.* p. 337. — *Eginhardi Annal.* p. 197.

nomment cluses. Dans ces défilés étroits on avoit pu ménager aisément une double porte pour la sûreté de chaque nation. Le bibliothécaire Anastase parle en effet des cluses de France et des cluses d'Italie, dont les premières étoient gardées par les soldats du roi Pepin; les secondes, par ceux du roi Astolphe. L'avant-garde des Francs étoit déjà arrivée aux premières, mais elle n'avoit point encore mis le pied sur le territoire ennemi. Le roi lombard crut devoir la prévenir, et se flatta de la surprendre. Il attaqua les Francs dans leurs cluses; mais non-seulement il fut repoussé, il perdit encore les siennes propres; et comme après ce passage des Alpes il n'avoit point de fortifications de seconde ligne, il se retira dans Pavie, sa capitale, pour y soutenir un siége. Pepin, qui s'étoit avancé de la Maurienne dans le Val-de-Suze, entra sans résistance en Lombardie, et mit le siége devant Pavie. Etienne II, qui l'accompagnoit, ne désiroit point alors renverser le trône des Lombards, et élever celui des Francs à sa place; il préféroit opposer, au besoin, ces deux peuples les uns aux autres, et demeurer leur arbitre; il offrit ses bons offices pour la paix, et les historiens ecclésiastiques assurent qu'elle fut conclue à sa seule sollicitation. Astolphe s'engagea à réparer le dommage qu'il avoit causé à l'Église et au siége aposto-

754. lique; à ne jamais plus attaquer ni ce siége, ni la république, nom que l'on conservoit encore aux provinces de l'empire d'Orient, et à donner des otages pour l'accomplissement de ces promesses. Etienne, après la signature de ce traité, retourna à Rome avec ses prélats; et le roi, enrichi par le pillage de la Lombardie, et par les contributions qu'avoit payées Astolphe, et qui furent partagées entre les grands seigneurs de France, reprit le chemin de ses états. (1)

755. Mais Astolphe ne supposoit pas que les Francs fussent également prêts, chaque année, à reprendre les armes, à l'appel du pape. Il étoit aigri contre les Romains, contre les Grecs, contre Etienne II, par l'affront qu'il venoit de recevoir; tandis que les Romains le menaçoient, en toute occasion, de la vengeance de leur puissant allié, il crut avoir le temps de les écraser, avant qu'ils fussent secourus, et dès l'année suivante, il retourna à l'attaque de Rome avec un redoublement de furie. Il nous reste plusieurs lettres adressées par Etienne II aux rois des Francs, Pepin, Charles et Carloman, dans lesquelles le pape se plaint de ce qu'Astolphe n'a pas rendu un palme de terre à saint Pierre, à la sainte Église de Dieu, et à la république romaine; de ce qu'il n'a cessé, au contraire, d'af-

---

(1) *Fredegarii contin.* Cap. 120, T. V, p. 2. — *Anastasius Biblioth.* p. 169.

fliger l'Église, depuis le jour où le pape a pris congé des rois. Étienne reproche à Pepin de n'avoir pas voulu le croire, lorsqu'il l'exhortoit à ne donner aucune confiance à Astolphe; d'avoir plutôt prêté foi aux mensonges de ceux qui se jouoient de lui, qu'à la vérité, qu'il ne cessoit de lui dire. De tels reproches ne s'accordent guère avec l'esprit de modération, de conciliation et de paix que le biographe d'Étienne assure qu'il apporta dans toute cette négociation (1). Dans une autre lettre adressée par Etienne aux rois des Francs, il les sollicite d'exécuter la promesse qu'ils avoient faite à saint Pierre, le portier des cieux; car, au lieu d'exiger qu'Astolphe restituât à l'empire grec ce qu'il avoit conquis sur lui, Pepin en avoit fait don à l'Église. « Ce que vous avez promis en donation à saint
« Pierre, dit le pape à Pepin et à ses deux fils,
« vous devez le lui livrer. Considérez quel
« créancier redoutable est saint Pierre, le portier des cieux, le prince des apôtres : hâtez-vous donc de lui livrer tout ce que vous lui
« avez promis en don, si vous ne voulez demeurer condamnés dans la vie à venir, et
« pleurer dans l'éternité...... Car, sachez-le,
« l'acte chirographique de votre donation a été
« reçu par le prince des apôtres, qui le tient
« fortement dans sa main. Aussi est-il néces-

755.

(1) *Epistola* 7, *Codicis Carolini. Scr. franc.* T. V, p. 487.

« saire que vous en remplissiez toutes les condi-
« tions; autrement il le montrera dans le juge-
« ment dernier, lorsque le juste juge viendra,
« au travers des feux, juger les vivans, les
« morts et le siècle. » (1)

Dès le commencement de l'année 755 Astolphe vint, avec toute l'armée lombarde et
toute celle du duché de Bénévent, assiéger la
ville même de Rome. Etienne écrivit de nouveau, de la manière la plus pressante, pour demander du secours. Il adressa sa lettre, au nom
de tous les Romains dans l'affliction, aux trois
rois de France, à tous les évêques, les abbés,
les prêtres, les moines, les ducs, les comtes et
l'armée des Francs (2). Mais ne croyant point
en avoir fait encore assez, il écrivit aux rois
et à la généralité des Francs, une lettre qu'il
prétendit leur transmettre seulement par les
ordres de l'apôtre saint Pierre. « C'est moi-
« même, y est-il dit, Pierre, l'apôtre de Dieu,
« qui vous tiens pour mes fils adoptifs......;
« croyez-le fermement, vous qui m'êtes chers,
« et n'en doutez point, lorsque je vous parle
« moi-même, comme si j'étois revêtu de ma
« propre chair, et toujours vivant devant vous.
« C'est moi aujourd'hui qui vous conjure et qui
« vous oblige, par les plus fortes instances.....

(1) *Epist.* 9, *Codicis Carol.* p. 489.
(2) *Epist.* 4, *Codicis Carol.* p. 490.

« Bien plus, Notre-Dame, la mère de Dieu,
« Marie, toujours vierge, se joint à nous pour
« vous solliciter, vous protester, vous admo-
« nester, vous ordonner. En même temps les
« trônes et les dominations, et toute l'armée de
« la milice céleste, les martyrs, les confesseurs
« du Christ, et tous ceux qui plaisent à Dieu,
« se joignent à nous pour vous exhorter et vous
« conjurer, avec protestation, d'avoir pitié de
« cette ville de Rome que Notre-Seigneur Dieu
« nous a confiée, des brebis du Seigneur qui y
« demeurent, et de sa sainte Église que Dieu
« même m'a recommandée..... Ne vous séparez
« point de mon peuple romain, si vous ne vou-
« lez pas être séparés du royaume de Dieu et
« de la vie éternelle. Tout ce que vous me de-
« manderez en retour, je vous l'accorderai, ou
« j'y emploierai du moins tout mon crédit.....
« Je vous en conjure donc, ne permettez point
« que ma ville de Rome et le peuple qui l'ha-
« bite, soient tourmentés et déchirés par la race
« des Lombards, si vous ne voulez pas que vos
« corps et vos âmes soient tourmentés dans le
« feu inextinguible d'enfer, par le diable et
« ses anges pestilentiels. » (1)

Je ne sais pourquoi les historiens de l'Église
n'ont pas admis l'authenticité de cette lettre qui
n'est pas plus incroyable que plusieurs des mi-

(1) *Epist. Cod. Carol.* 3, p. 495.

racles qui l'ont précédée ou suivie; ils se contentent de justifier le pape de cette audacieuse supposition, en alléguant le danger des circonstances, et l'empire de la nécessité (1). Cependant la fraude pieuse d'Étienne fit un effet prodigieux sur les Francs et sur leur roi. Pepin, rassemblant une puissante armée, s'achemina vers le Mont-Cénis, par Châlons, Genève et Saint-Jean-de-Maurienne. Astolphe, abandonnant le siége de Rome, étoit accouru pour occuper les gorges des montagnes; il s'étoit fortifié aux cluses de l'Italie. Il y fut forcé et contraint de s'enfermer à Pavie, pour la seconde fois. Il y soutint un siége, après lequel, vers la fin de l'année, il fut réduit à accepter les conditions que Pepin voulut bien lui imposer. Le roi des Francs exigea de lui des concessions plus considérables encore que la première fois; malgré les réclamations des ambassadeurs de l'empire d'Orient, qui se trouvoient présens dans son camp, il voulut que les villes de Ravenne, de l'Emilie, de la Pentapole et du duché de Rome, qu'il se faisoit céder par les Lombards, fussent rendues à l'Église de Rome, et non point à l'empire romain. Il envoya dans toutes ces villes ses propres messagers, pour qu'elles leur fussent consignées; après quoi ces mêmes messagers dépo-

---

(1) *Baronii Annal. eccles.* T. IX, p. 225. — Fleury, *Hist. eccles.* Liv. XLIII, chap. 17.

sèrent aux pieds du pape les clefs de toutes ces villes, et ils lui remirent les otages qu'ils s'étoient fait livrer dans chacune. (1)

Les expéditions des Francs contre les Lombards, et les relations de Pépin avec la cour de Rome, sont les événemens de ce règne qui nous sont le mieux connus; l'histoire ecclésiastique, même dans les siècles les plus barbares, ne demeure jamais sans monumens. Les Lombards, aussi-bien que les Francs, avoient des historiens, et, tout incomplets qu'ils soient, ils s'éclairent mutuellement quand on les compare; mais Pépin avoit en même temps des guerres importantes à soutenir sur les autres frontières, et dans ces expéditions qui fondèrent la monarchie, nous ne pouvons reconnoître les traces de la nation et de son chef.

Ainsi, la guerre de Pépin contre les Saxons a laissé à peine un souvenir. Dès l'an 753 les Saxons avoient secoué le joug des traités qui leur avoient été imposés: les chroniques nous apprennent que Pépin passa le Rhin, qu'il ravagea leur pays, brûla leurs villages et leurs moissons, et qu'il leur imposa un tribut plus onéreux que celui qu'ils payoient auparavant, après leur avoir enlevé un grand nombre de

(1) *Anastasii Biblioth.* p. 171. — *Fredegarii contin.* T. IV, cap. 121, p. 3.

captifs (1). Mais il paroît que, pendant son règne, c'est la seule occasion où il ait été appelé à tourner ses armes du côté de la Germanie, tandis qu'il eut à soutenir dans le Midi, des guerres plus longues et plus importantes.

755.   En Orient, les Abassides avoient succédé, l'an 750, aux Ommiades, dans la dignité du califat : c'étoit à peu près l'époque de l'élévation de la maison carlovingienne. Des guerres civiles entre les Sarrasins avoient amené cette révolution qui divisa leur menaçante monarchie. L'un de ses premiers résultats fut l'abandon où se trouvèrent les Sarrasins d'Espagne, séparés de l'empire des califes, et en guerre avec leurs anciens maîtres. Abdérame, fils de Moaviah, dernier descendant de la famille des Ommiades, ayant abordé en Espagne au mois d'août 755, fit valoir sur cette province les droits héréditaires que le reste des Musulmans ne vouloit plus reconnoître; et, l'année suivante, il y fonda la monarchie des rois de Cordoue, qui prenoient eux-mêmes le titre d'émir el Moumenym (commandeur des croyans), dont les Latins firent celui de Miramolin.

750—759.   D'autre part, Alfonse-le-Catholique, dans les Asturies, relevoit la monarchie des Goths, et il chassoit successivement les Sarrasins d'Astorga,

---

(1) *Fredegarii contin.* cap. 118, p. 1.

de Léon et de Galice. Un mouvement semblable des chrétiens pour s'affranchir du joug musulman, se faisoit observer dans la partie des Gaules soumise à la domination des Sarrasins. Après trente ans de servitude, les Goths s'agitoient pour recouvrer leur indépendance. Tous les riches propriétaires, tous les hommes dont les pères avoient occupé des emplois sous les rois visigoths, mettoient en état de défense les lieux forts qui se trouvoient dans leur patrimoine, armoient leurs paysans, réunissoient tous leurs moyens de résistance ; et tandis qu'ils annonçoient ouvertement leur haine pour ces maîtres auxquels ils avoient long-temps obéi, les Sarrasins s'enfermoient dans la ville de Narbonne, capitale de la Septimanie · ils abandonnoient les campagnes ; mais ils croyoient conserver leur souveraineté sur toute la province, s'ils se maintenoient en possession de cette forte place. Pepin offrit son assistance aux seigneurs visigoths qui avoient déjà pris les armes : ceux-ci crurent devoir opposer la protection des Francs à la puissance des rois de Cordoue. Le Visigoth Ansémond, qui s'étoit fait reconnoître pour seigneur par les villes de Nîmes, Maguelonne, Agde et Beziers, se déclara volontairement sujet de Pepin. Celui-ci, en retour, fit attaquer par les Francs les Musulmans de Narbonne (1). Ses sol-

(1) Histoire générale du Languedoc, Liv. VIII, chap. 48,

dats parurent pour la première fois, en 752, devant cette capitale des Sarrasins dans les Gaules ; mais leurs attaques interrompues par les expéditions de Pepin en Lombardie et en Saxe, sembloient promettre peu de succès. Les Francs n'avoient nullement perfectionné l'art des siéges, tandis que les Sarrasins, secondés par toutes les sciences des peuples les plus civilisés, avoient réuni pour la défense de Narbonne tout ce qui sembloit devoir rendre cette ville inexpugnable. La trahison suppléa cependant à la science et à la valeur. Les chrétiens étoient encore dans Narbonne en plus grand nombre que les Musulmans : après de longs combats, fatigués d'une guerre ruineuse, ils s'entendirent avec les Visigoths, leurs compatriotes, qui s'étoient déjà soumis aux Francs ; ils se firent promettre par Pepin la conservation de leurs droits, de leurs lois et de leur juridiction ; puis, tombant tout à coup sur les Sarrasins qui gardoient leurs remparts, ils les massacrèrent, et ils ouvrirent leurs portes aux Francs. Il y avoit alors sept ans que la guerre duroit autour de leurs murailles, et quarante ans que Narbonne obéissoit aux Musulmans. (1)

p. 412. Preuves, p. 17, note 85, p. 698. — *Chron. Moissiac.* §. 5, p. 68.

(1) Histoire générale du Languedoc, Liv. VIII, chap. 54, p. 415. — *Chron. Moissiac.* p. 69.

C'est ainsi que la Septimanie, comprenant presque tout le Languedoc, fut pour la première fois réunie à la monarchie française. Pendant toute la durée du règne des Mérovingiens, elle avoit obéi aux Visigoths, et elle avoit souvent même été désignée sous le nom d'Espagne, parce qu'elle dépendoit d'un monarque espagnol. Tous les seigneurs goths ou romains qui avoient des possessions dans cette province, et qui n'avoient point été dépouillés par les Musulmans, traitèrent avec les Francs aux mêmes conditions que ceux de Narbonne. Les comtes de chaque ville furent confirmés ou nommés de nouveau par le roi; des priviléges considérables furent accordés aux églises, que la domination des Sarrasins avoit réduites à une grande pauvreté, et le Languedoc put, dès cette époque, fonder ses droits et ses priviléges sur les traités volontaires et les services réciproques par lesquels il s'étoit uni à la France.

Mais une autre partie non moins importante de l'ancienne monarchie des Visigoths, après avoir été soumise par les premiers rois mérovingiens, avoit recouvré son indépendance, et opposoit aux prétentions de Pepin une jalousie nationale bien plus profonde que celle qu'excite la rivalité du commandement. C'étoit le duché d'Aquitaine, dont la capitale étoit alors Toulouse, et qui s'étendoit des Pyrénées jusqu'à la Loire.

750—759.    L'origine des ducs d'Aquitaine, qui détachèrent cette vaste province de la monarchie des Francs, et que l'on fait remonter à Charibert, frère de Dagobert, s'appuie bien moins sur des preuves que sur des conjectures historiques (1). Il est douteux que ces grands seigneurs fussent de la famille de Clovis; mais il est certain que leurs sujets n'étoient pas et ne vouloient pas être de la race des Francs. Les familles des conquérans du Nord qui s'étoient établis parmi les Aquitains, ou s'étoient éteintes, ou avoient adopté le langage et les mœurs du reste de la population. Ce reste étoit romain ou gaulois de nom, et peut-être d'origine. Il avoit conservé la langue de Rome, non sans la corrompre; plusieurs des arts d'une ancienne civilisation, des habitudes plus efféminées, et un caractère moins belliqueux que celui des peuples germaniques : il se passa plusieurs siècles encore avant que cette différence de valeur s'effaçât entièrement. Les Aquitains, qui se croyoient civilisés, détestoient les Francs comme des barbares. La révolution qui avoit élevé les Carlovingiens, et qui les avoit entourés de soldats d'Austrasie, avoit donné un caractère plus germanique encore à la monarchie des Francs; elle avoit en même temps redoublé

---

(1) Charte accordée en 845 au monastère d'Alaon, note 83. A l'Histoire du Languedoc, T. I, p. 688.

l'éloignement des Aquitains, et la préférence que tous les comtes, tous les riches propriétaires et les seigneurs du midi de la Loire donnoient à Waifre ou Guaifer, duc d'Aquitaine et petit-fils d'Eudes, sur Pepin.

Waifre ou Guaifer avoit, comme son père Hunald et son aïeul Eudes, toujours regardé la maison de Pepin avec défiance; il avoit cherché à y fomenter des dissensions, et il avoit offert un refuge dans ses états à Grifo, le plus jeune des fils de Charles Martel, lorsque son frère Pepin l'avoit dépouillé de son héritage. Mais en 753, Grifo, appelé sans doute par le roi Astolphe, avoit quitté Toulouse pour se rendre en Italie, où il espéroit trouver chez les Lombards une plus puissante assistance. A son passage dans la Maurienne, il fut surpris sur les bords de l'Arche, par deux comtes, vassaux de Pepin, qui l'assassinèrent (1). Le roi des Francs, délivré de l'inquiétude que lui donnoit son frère, ne se hâta point de témoigner son ressentiment au duc des Aquitains : il attendit d'avoir terminé la guerre d'Italie; mais lorsqu'il se sentit en liberté, il accusa, en 760, Guaifer d'avoir usurpé les revenus de plusieurs églises de France et de Septimanie; il intéressa ainsi à sa querelle le clergé dont il s'efforçoit toujours de capter la bienveillance. Il exposa

(1) *Fredegarii contin.* Cap. 118, p. 2.

donc à l'assemblée du Champ de Mai, où les prélats siégeoient parmi les guerriers des Francs, que ses ambassadeurs avoient sommé Guaifer de recevoir dans les propriétés des églises de France et de Septimanie situées en Aquitaine, des juges et des exacteurs royaux que depuis long-temps on n'avoit plus voulu y admettre; de payer au roi une compensation pour tous les Visigoths que lui-même ou ses sujets avoient tués illégalement; de restituer enfin tous les fugitifs et les esclaves du royaume des Francs qui avoient été chercher un refuge en Aquitaine. Guaifer avoit refusé de satisfaire à ces trois conditions, et l'assemblée, partageant le ressentiment du roi, déclara la guerre au duc d'Aquitaine. (1)

La guerre d'Aquitaine dura neuf ans, de 760 à 768, et elle fut signalée par d'effroyables dévastations. Les deux capitaines ne sembloient point chercher l'occasion de terminer leur querelle par une bataille rangée; ils se proposoient plutôt de se forcer réciproquement à poser les armes, par la destruction de toutes leurs récoltes, et la ruine des paysans et des esclaves par lesquels ils faisoient valoir leurs propriétés. En 760 et en 761, Pepin consuma par le feu tout le Berri et toute l'Auvergne; mais dans les mêmes années, Guaifer, avec les comtes d'Auvergne

(1) *Fredegarii contin.* Cap. 124, p. 4.

et de Bourges, pénétra en Bourgogne jusqu'à Autun et Châlons, dont il brûla les faubourgs; il rendit aux Francs ravages pour ravages, et il laissa la province dans la désolation. L'un et l'autre chef, après avoir saisi tout le butin qu'il pouvoit enlever, et détruit tout le reste par le feu, loin de songer à demeurer dans le pays et à y défendre ses conquêtes, se retiroit fort en arrière de la Loire qui servoit de limite aux deux états, et ne prenoit aucune mesure pour garantir son propre territoire (1). Cependant Pepin, dans l'année 762, se rendit maître, après un siége, de la ville de Bourges et du château de Thouars; il en releva les fortifications, il y prit des otages, et il y laissa des comtes pour lui conserver ses conquêtes et les gouverner pendant son absence. L'année 763 fut consacrée par Pepin à la destruction du Limousin : sa piété ne l'empêchoit point d'user de tous les droits de la guerre contre les églises aussi-bien que contre les chevaliers. « Après avoir tenu, dit « notre ancien historien, son Champ de Mai « auprès de Nevers, avec ses Francs et les « grands de son royaume, il passa la Loire pour « entrer dans l'Aquitaine, et s'avança jusqu'à « Limoges, dévastant tout le pays et faisant « brûler toutes les villes publiques soumises à « la domination de Guaifer. Ayant ravagé toute

---

(1) *Fredegarii contin.* Cap. 126, p. 5.

« cette province et pillé un grand nombre de
« couvens, il s'avança jusqu'à Issoudun, détrui-
« sant la partie de l'Aquitaine où il y a le plus
« de vignes ; car dans toute l'Aquitaine, tant les
« églises que les couvens, les riches et les pau-
« vres tirent leurs vins de ce district qu'il dé-
« truisit tout entier. » (1)

Pepin continua pendant plusieurs années à détruire un pays qu'il sembloit pouvoir conquérir : on eût dit que la haine, et non la politique, lui mettoit les armes à la main ; il rejeta toutes les ouvertures de paix qui lui furent faites par Guaifer, et il parut ne vouloir se contenter de rien moins que de la ruine absolue de son rival. Le duc d'Aquitaine, épuisé par cette manière cruelle de faire la guerre, se vit contraint d'abandonner la défense de ses grandes villes, et d'en raser les murailles pour qu'elles ne servissent pas à son ennemi ; il se retira avec les soldats qui lui étoient demeurés plus dévoués, dans les châteaux forts que ses prédécesseurs avoient bâtis sur les montagnes les plus sauvages ; dans ces retraites, il n'y avoit qu'un très-petit nombre d'habitans, en sorte que la garnison ne couroit pas, comme dans les cités, le risque de recevoir la loi des bourgeois. Pepin, profitant de cet abandon, se rendit maître successivement des villes de Poitiers,

(1) *Fredegarii contin.* Cap. 130, p. 7.

Limoges, Saintes, Périgueux et Angoulême. Les comtes de Berri et d'Auvergne, et les Basques ou Gascons, avoient donné à Guaifer des preuves de leur fidélité. Le premier fut obligé de se soumettre, le second périt dans un combat, les Basques furent vaincus à plusieurs reprises. En 767, pour la première fois, Pepin prit ses quartiers d'hiver au midi de la Loire, à Bourges, où il séjourna avec son armée. Au commencement de l'année suivante, Remistan, oncle de Guaifer, et son plus brave capitaine, tomba dans une embuscade, et fut pendu par ordre de Pepin. Enfin le 2 juin 768, Guaifer fut assassiné dans le Périgord par ses propres satellites que Pepin avoit gagnés, et le grand duché d'Aquitaine fut réuni à la couronne. (1)

Pendant que Pepin poursuivoit la guerre en Aquitaine, il maintenoit, avec la cour de Rome, cette correspondance amicale qui servoit en même temps à sa religion et à sa politique. Les lettres que lui adressoient les papes, nous ont été conservées, et nous sommes, à cette époque, tellement dépourvus d'historiens, que ces lettres sont peut-être l'écrit contemporain qui nous fait

---

(1) *Fredegarii contin.* Cap. 134, 135, p. 8. — Hist. génér. du Languedoc, Liv. VIII, chap. 78, p. 425. Toutes les Annales des Francs réunies dans le tome V de D. Bouquet, p. 13, 17, 35, 63, 69, etc.; et que nous ne citerons plus séparément, qu'autant qu'elles contiendront des faits qu'on ne trouve pas dans les autres.

le mieux connoître le siècle et les hommes. Astolphe, roi des Lombards, étoit mort en 756 d'une chute de cheval, à la chasse, une année après avoir signé la paix que lui avoit imposée Pepin, et en avoir exécuté les conditions envers l'Église. Le pape Etienne II rendit compte de cet événement au roi des Francs, dans le langage que la cour de Rome a le plus souvent employé en parlant de ses ennemis. « Ce tyran, « dit le pape, ce partisan du diable, Astolphe, « ce dévorateur du sang des chrétiens, ce des- « tructeur des églises de Dieu, frappé par un « coup de la vengeance divine, a été plongé « dans les gouffres de l'enfer. Les Lombards « ont choisi pour leur roi Desiderius ou Didier, « homme d'une grande douceur, qui a promis, « sous serment, de rendre à saint Pierre le reste « des villes que nous réclamons, savoir, Faenza, « Imola, Ferrare et leurs territoires; les sa- « lines du bord de la mer, Osimo, Ancône, « *Humane*, et même la ville de Bologne, avec « tout son district (1). » On voit que les acquisitions qu'avoit faites le saint-père ne servoient qu'à augmenter en lui l'ambition d'étendre plus loin ses frontières.

Mais Étienne II mourut le 24 avril 757, peu de mois après Astolphe. Son frère, Paul I<sup>er</sup>, lui

―――――――――――
(1) *Codex Carolinus*. Epist. 8, *Script. franc.* T. V, p. 499.

fut donné pour successeur (1), et celui-ci ne tarda pas à renouveler contre Didier les plaintes qu'Etienne avoit si souvent portées contre Astolphe. Il l'accusa d'avoir ravagé la Pentapole, d'avoir conclu une alliance avec l'empereur grec, pour recouvrer Ravenne, et il avertit Pepin de ne donner aucune croyance à d'autres lettres qu'il lui avoit aussi écrites, et par lesquelles il lui demandoit de faire relâcher les esclaves lombards. Celles-ci, lui disoit-il, n'étoient qu'une ruse à laquelle il avoit recouru pour entrer en communication avec la France. En effet, il nous est demeuré une autre lettre écrite le même jour par Paul I<sup>er</sup> à Pepin, dans laquelle, en parlant du roi des Lombards, il ne l'appelle plus *l'impie et cruel roi Didier*, mais *son fils chéri, le très-excellent roi*, qui venoit de se rendre en toute humilité aux pieds *du prince des Apôtres* (2). Mais jusqu'à la mort de Paul I<sup>er</sup>, survenue seulement le 28 juin 767, Pepin fut trop occupé dans les Gaules, et surtout par la guerre d'Aquitaine, pour conduire de nouveau une armée en Lombardie; aussi se contenta-t-il d'envoyer à Rome quelques commissaires qui reconnurent les ravages causés par les Lombards, et en obtinrent la compensation. (3)

(1) *Codex Carol.* Ep. 13 et 22, p. 500.
(2) *Ibid.* Ep. 15 et 29, p. 505, 506.
(3) *Ibid.* Ep. 21, p. 521.

Ces papes, que les Francs regardoient alors comme les oracles de la Divinité, dont ils recevoient les ordres avec tant de respect, et pour l'amour desquels ils avoient bouleversé le droit public, en dépouillant avec une égale injustice les Grecs et les Lombards des provinces qui appartenoient aux uns par héritage, aux autres par conquête; ces papes n'inspiroient point la même vénération aux Italiens plus rapprochés d'eux, et le Dieu de la Gaule étoit élevé sur son autel, ou abattu par les factions de la ville de Rome ou des provinces voisines. Ces factions ne nous sont qu'imparfaitement connues; nous voyons seulement que l'une étoit romaine et l'autre lombarde; qu'à la tête de la première étoit un duc de Népi, qui par la force des armes fit élire pour pape, à la fin de juin 767, son frère Constantin, dont nous avons, dans le Code Carolin, deux lettres adressées à Pepin; qu'à la tête de la seconde, sous l'influence du roi Didier, étoit le duc de Spolète, qui, le 28 juillet 768, s'empara de Rome à main armée, fit aveugler le pape Constantin, et installer à sa place Etienne III. Il est assez remarquable que l'Église s'étant, durant tout ce siècle, déclarée ennemie des Lombards, ce soit cependant le pape élu par les Lombards, qui, seulement parce qu'il demeura victorieux, soit considéré comme orthodoxe; tandis que le romain Constantin est entaché des noms de schismatique et d'anti-pape. Aux yeux des écrivains ecclésiastiques, cette décision de la fortune, après que Constantin eut été treize mois à la tête de l'Église romaine, a justifié son supplice; ils le rapportent sans horreur, quoique ce malheureux, de la main de qui le pape son successeur, et tous les évêques qui le condamnèrent avoient reçu la communion, éprouvât des tourmens qu'on devroit épargner aux plus grands criminels. Ses frères avoient déjà péri par les mains du peuple. Son grand-vicaire, l'évêque Théodore, auquel on avoit arraché les yeux et la langue, avoit été jeté au fond d'une tour où on l'avoit laissé périr de faim et de soif. Le pape Constantin, auquel la populace avoit déjà arraché les yeux, fut alors traduit devant le pape Etienne III et ses évêques assemblés en concile. Constantin, prosterné en terre, reconnut qu'il étoit indigne du souverain pontificat; il affirma qu'on lui avoit fait violence pour le lui faire accepter, et il se soumit à la pénitence qu'on voudroit lui imposer. Comme ces réponses ne donnoient pas assez de prise contre lui, on renvoya son examen au lendemain. Dans cette seconde séance, Constantin essaya de se justifier, en rapportant de nombreux exemples de laïques, qui, comme lui, avoient reçu tous les ordres en un même jour, et avoient été élevés

768. aussi rapidement que lui à l'épiscopat. Alors, les prélats assemblés en concile, et présidés par le pape, n'eurent pas honte d'oublier leur qualité de juges, de se jeter sur Constantin, et d'accabler de soufflets, de leurs propres mains, la tête aveugle du vieillard que peu de jours auparavant ils avoient adoré, de qui plusieurs avoient reçu les dignités dont ils étoient revêtus, et de qui tous avoient reçu la communion (1). Le cardinal Baronius remarque seulement que cette sévérité inusitée étoit sans doute nécessaire pour éviter le retour d'un si grand désordre.

Le nouveau pape, Etienne III, se hâta d'écrire à Pepin pour lui rendre compte de cette révolution et s'assurer de sa protection. Mais le second de ses chanoines, Sergius, qu'il lui envoya, n'arriva en France qu'après que Pepin avoit cessé de vivre. Cent jours seulement après la mort de son antagoniste, Guaifer, duc d'Aquitaine, le roi des Francs avoit été atteint à Saintes, d'une hydropisie. Vainement il s'étoit fait transporter d'abord au tombeau de saint Martin, à Tours, ensuite à celui de saint Denis, près de Paris, pour obtenir leur intercession en sa faveur; vainement il avoit distribué aux pauvres, et surtout aux religieux, d'abondantes

(1) *Anastasii Bibliothecarii vita Stephani IV*, p. 174, 175. — *Baronii Annal. eccles.* Ann. 768, 769.

aumônes, dans l'espoir d'en être récompensé
par un miracle; il sentit enfin que sa mort approchoit; alors il partagea son royaume entre
ses deux fils, Charles et Carloman; puis il expira le 18, ou selon d'autres, le 24 septembre 768. (1)

768.

Après avoir régné onze ans comme maire du
palais, et seize ans comme roi, Pepin disparoît
de nos yeux, sans laisser aucune image précise
dans notre souvenir. Pendant son règne, la
France fut absolument sans historiens. On a rassemblé, pour éclairer cette période, quinze ou
seize chroniques, toutes anonymes, toutes d'un
laconisme qui accorde rarement plus de deux ou
trois lignes à chaque année. Par leur moyen on
peut assigner avec assez de précision la date des
événemens; mais il est impossible de distinguer
leurs causes ou leur nature. Ces chroniques sont
toutes écrites avec un sentiment d'obéissance
et de respect pour le pouvoir existant, mais
avec une telle absence de mouvement et de
chaleur, que le mal et le bien, la vertu et le
crime, semblent absolument indifférens à leurs
auteurs. Dans aucune, on ne sauroit découvrir
un signe de regret pour la race mérovingienne,
de répugnance à l'usurpation de Pepin, ou
d'enthousiasme pour le nouveau monarque.
Le plus souvent, les moines qui paroissent les

(1) *Fredegarii contin.* Cap. 136, 137, p. 8, 9.

avoir composées semblent s'être copiés l'un l'autre avec une minutieuse exactitude. Cependant les versions diverses ont été recueillies et comparées, pour y chercher si par hasard un mot échappé à l'un des auteurs, un adjectif ajouté à une phrase, donneroit une lueur de plus sur quelque événement ou quelque caractère. Dans ces chroniques, la nation et le roi disparoissent également; on ne voit pas mieux ce qu'étoient les Champs de Mars et de Mai, les grands, les prélats, les soldats, le peuple entier des Francs, que ce qu'étoient les princes. Nous ne chercherons point à suppléer par des conjectures au silence de nos guides; car c'est aussi une partie des vérités historiques qu'il est essentiel de connoître, que de distinguer les temps sur lesquels on ne sait rien.

Les légendes elles-mêmes nous présentent moins de ressources pour connoître le règne de Pepin, que pour celui de ses prédécesseurs. Le nombre des saints diminuoit; saint Boniface, évêque de Mayence, et saint Othmar, abbé de Saint-Gall, sont les seuls contemporains dont l'histoire paroisse avoir quelque authenticité. Le premier périt en 755, chez les Frisons qu'il vouloit convertir; le second fut victime, en 761, des persécutions de son supérieur, l'évêque de Constance (1). Mais les miracles ne diminuoient

(1) *Annales eccles. Baronii*, ann. 755, 759, p. 233, 245,

point avec le nombre des saints; ceux qu'on racontoit d'eux de leur vivant, étoient bien peu de chose à côté de ceux qu'on attendoit de leurs cendres après leur mort. Les uns et les autres sembloient avoir uniquement pour but de protéger la juridiction ou les propriétés ecclésiastiques, et les avantages du clergé.

Le pape avoit accordé à Pepin le droit de retenir quelques biens des églises, moyennant un cens annuel. La cour de Rome, qui avoit alors besoin de protection, transigeoit ainsi sur des intérêts moins importans; mais les saints, ou les desservans de leurs églises qui les faisoient parler, paroissent avoir été moins endurans. Pepin voulut recouvrer, d'après la concession de Rome, la terre d'Anisiac, de l'évêché de Loudun, que saint Remi avoit donnée à l'église de la Vierge: dans cette vue il vint coucher au château; mais comme il y dormoit, saint Remi, à ce qu'assure son biographe, s'approcha de lui et lui dit: « Que fais-tu « ici? pourquoi es-tu entré dans cette maison, « qu'un homme plus dévot que toi m'a donnée, « et que j'ai donnée à mon tour à l'église de la « mère de Dieu? » En même temps il le frappa

---

T. IX. — *Vita sancti Bonifacii à Willibaldo presbyt.* p. 424. — *Vita sancti Othmari abbat. in actis SS. ordin. Benedict.* p. 11, sæcul. 3, p. 155. — *Pagi critica in Annales.* T. III, §. 9-18, p. 297.

si rudement de sa discipline, que les meurtrissures en demeurèrent long-temps sur le corps du monarque. Saint Remi disparut, mais Pepin fut atteint d'une fièvre violente qui ne le quitta point, après même qu'il eut renoncé à l'acquisition d'Anisiac. C'est ainsi, ajoute Baronius, « que Dieu voulut corriger son fils, parce « qu'il l'aimoit. Une pareille punition ne seroit « point tombée sur un sacrilége obstiné; car « Dieu, comme un bon père, n'étend sa disci- « pline que sur ses enfans. » (1)

Les invasions des Lombards avoient engagé le pape Paul à transporter dans l'enceinte de Rome et dans l'église de Saint-Sylvestre, les corps des martyrs qui étoient demeurés déposés dans des lieux ouverts : cette translation, faite avec une grande pompe en 761, et sous la sanction d'un concile provincial assemblé à Rome (2), donna une ardeur nouvelle au culte des reliques. Les Églises de France et d'Allemagne firent demander à Rome les corps des saints dont elles vouloient orner leurs sanctuaires. Chrodogang, évêque de Metz, vint lui-même en 764 en Italie, pour y faire cette récolte pieuse, et les chroniques des villes et des monastères,

---

(1) *Baronii Annales eccles.* 760, T. IX, p. 247. — *Hincmarus de vita et miraculis sancti Remigii.* T. V, p. 432.

(2) *Baronii Ann.* 761, T. IX, p. 248. — *Pagi crit.* 761, §. 1, p. 313.

tout comme les vies des saints, nous montrent 752-768.
la France constamment occupée, à cette époque,
des processions par lesquelles on accueilloit ces
objets d'un culte nouveau (1). Quelques-unes
de ces légendes font mention de Pepin; elles le
montrent toujours animé d'un zèle religieux
digne de celui avec lequel il transféra aux
évêques presque toute l'autorité législative,
et s'engagea dans toutes ses guerres d'après les
conseils du clergé. Dans la translation des reliques de saint Austremon, Pepin, la couronne
en tête, et revêtu de pourpre, accompagné par
tous ses courtisans en habits de fête, marchoit
devant l'arche qui portoit les reliques dans un
couvent d'Auvergne; et, comme un nouveau
David, tour à tour il dansoit devant cette arche,
ou bien il en soutenoit le poids sur ses épaules (2). Dans la translation des reliques de saint
Germain, évêque de Paris, à laquelle Pepin
assistoit aussi en 754, les historiens sacrés assurent que jamais les évêques ou les moines ne
purent soulever le cercueil qu'il s'agissoit de
transporter, jusqu'à ce que Pepin eût accordé
au couvent du saint sa maison de campagne de
Palaiseau, qui étoit située dans le voisinage (3).

(1) *Baronii Ann.* 764, T. IX, p. 266. — *Pagi critica*, §. 1
et 2, p. 318.
(2) *Secunda sancti Austremonii translatio.* T. V, p. 433.
(3) *Translatio sancti Germani. Acta SS. Benedict. ord.*
p. 11, sæc. 3, p. 94, *Scr. franc.* p. 426.

752-768. Il ne sembloit pas nécessaire de recourir à ces grossiers artifices pour engager Pepin à enrichir l'Église. Tout ce que nous savons de lui nous le montre comme y étant assez disposé de lui-même; dix-neuf diplômes de ce roi, qui nous ont été conservés, ont tous pour objet d'accorder des terres ou des immunités à divers couvens, surtout à celui de Saint-Denis (1); et le premier des rois carlovingiens, quelques doutes que nous puissions d'ailleurs entretenir sur sa politique ou son caractère, ne peut jamais paroître à nos yeux que comme un serviteur zélé, et un bienfaiteur libéral de l'Église.

(1) *Diplomata Pippini regis.* T. V, p. 697-711.

## CHAPITRE II.

*Commencemens du règne de Charlemagne, jusqu'à sa victoire à Buckholz, et à la conquête de la Saxe. 768 — 789.*

Nous arrivons enfin à une époque illustrée par l'un des plus grands caractères qu'ait produits la France au moyen âge, par un monarque dont les victoires changèrent la face de l'Europe, et donnèrent à sa nation une prépondérance qu'elle n'avoit point atteinte dans les trois siècles qui le précédèrent, qu'elle ne recouvra plus dans les dix siècles qui se sont écoulés depuis, jusqu'aux temps que nous avons vûs nous-mêmes. Charlemagne, réclamé par l'Église comme un saint, par les Français comme leur plus grand roi, par les Allemands comme leur compatriote, par les Italiens comme leur empereur, se trouve en quelque sorte en tête de toutes les histoires modernes; il est l'auteur d'un nouvel ordre de choses, qui, sous plus d'un rapport, s'est conservé jusqu'à nous.

Les capitulaires publiés par Charlemagne, et les divers corps de lois des peuples germaniques, qu'il eut soin de recueillir et de sanctionner de nouveau, lui assignent un rang distingué parmi les législateurs. Les lettres lui dûrent la fondation de nombreuses écoles ; les poésies nationales des Francs, qui n'étoient guère que des chansons guerrières, furent recueillies par ses ordres ; tout semble commencer avec lui, et les monumens historiques, si rares pendant toute la première moitié du moyen âge, jettent sur son règne une lumière beaucoup plus vive que sur les temps qui le précèdent et sur ceux qui le suivent. Un historien contemporain, admis à sa cour et rapproché de sa personne, nous a laissé un portrait de son caractère et un précis de son règne ; il est renfermé dans un petit nombre de pages, il est vrai ; mais ces pages sont écrites avec sentiment et avec jugement. La chronologie fit en même temps un pas important, par l'adoption presque universelle de l'ère vulgaire, qui n'étoit point en usage avant lui. Et les mêmes chroniques qui renfermoient en une ou deux lignes chaque année du règne de son prédécesseur, consacrent tout au moins un quart de page ou demi-page in-folio, à chaque année du règne de Charlemagne. La suite des événemens, à cette époque, est donc assez bien connue. Nous nous faisons une idée assez juste de leurs causes et de leur enchaînement. Il reste, il est vrai, tant d'obscurité sur l'état et la constitution des peuples, sur la condition privée des citoyens ; nous nous représentons si mal l'aspect du pays et de la société, à dix siècles en arrière de nous, d'autant plus qu'une moitié de ces dix siècles est enveloppée d'ombres épaisses, que les faits historiques eux-mêmes, que nous croyons le mieux connoître, donnent lieu sans cesse à des illusions ou à des erreurs.

Charles ne succéda point immédiatement à tous les états qu'avoit gouvernés son père. Il étoit l'aîné des deux fils de Pepin, et il pouvoit alors être âgé de vingt-six ans ; l'âge de Carloman son frère est incertain. Pepin, voulant sans doute leur assurer les fruits de sa propre usurpation, s'étoit hâté, dès l'an 754, de les faire couronner par le pape Étienne II. Ils portoient dès lors le titre de rois ; ils y joignoient encore celui de patrices des Romains, qu'ils devoient à une concession d'Étienne, quoique le pape n'eût aucunement le droit de disposer de cette dignité impériale. Pepin, en mourant, appela également ses deux fils à la succession, et il partagea entre eux la monarchie dont il s'étoit rendu maître. Dans ce but, il avoit rassemblé à Saint-Denis, peu de jours avant sa mort, tous les grands de l'état. On y voyoit les ducs et les comtes des Francs, avec les évêques et les prélats des villes ; tous furent consultés, et donnèrent leur consentement au partage qui fut

768.

arrêté; sans doute aussi ils le confirmèrent par leurs sermens. Comme ses prédécesseurs, Pepin ne chercha point à donner aux états de ses deux fils une consistance qui pût les rendre indépendans l'un de l'autre. Il les accolla au contraire longitudinalement, de telle sorte que chaque prince réunît dans ses domaines les avantages des climats du Nord aux jouissances des climats du Midi. L'Occident fut assigné à Charles, et l'Orient à Carloman. Le royaume du premier s'étendit de la Frise jusqu'aux Pyrénées, au travers d'une partie de l'Austrasie, de la Neustrie et de l'Aquitaine; celui du second, de la Souabe et du Rhin jusqu'à la mer de Marseille, et il comprit l'Alsace et l'Helvétie, la Bourgogne et la Provence (1). Ce partage ayant été suivi de près par la mort de Pepin, les deux frères furent couronnés le même jour, au milieu de leurs féaux, qui les reconnurent pour rois, le dimanche 9 octobre 768; Charles à Noyon, et Carloman à Soissons. (2)

L'inégalité de partage entre les fils, qui est aujourd'hui demeurée dans nos mœurs comme une conséquence du régime féodal, et qui est si chère à ceux qui se disent les champions des anciens usages, étoit également contraire aux opinions et aux sentimens des conquérans du

---

(1) *Capitularia reg. franc.* T. I, p. 187-188.
(2) *Pagi critica chronol.* ann. 768, §. 6, p. 329. — *Annal. metens.* p. 339.

Nord qui fondèrent ce régime. Ils ne pouvoient se résoudre à sacrifier un de leurs fils à l'autre, et à mettre les cadets dans la dépendance de l'aîné. Comme ils confondirent en toute occasion les droits de propriété avec ceux de souveraineté, ils étendirent jusqu'à la succession à la couronne ce système de partage égal, qui étoit juste et avantageux quand on l'appliquoit au patrimoine d'un particulier, qui étoit absurde et outrageant pour le peuple, quand on l'étendoit jusqu'à la royauté; car celle-ci est une magistrature instituée pour le bien de ceux qui lui sont soumis. Les conséquences funestes du partage de l'autorité souveraine entre les fils d'un roi, ne réussirent à dégoûter les Francs de cette dangereuse pratique, qu'après quatre ou cinq siècles de révolutions et de guerres civiles ; mais lorsqu'ils y renoncèrent pour leurs rois, comme les droits de souveraineté et de propriété continuoient à se confondre à leurs yeux, ils y renoncèrent aussi pour leurs feudataires, qui étoient de petits souverains; puis pour leurs gentilshommes. La même marche fut suivie par les autres peuples barbares ; et les lois de primogéniture, appliquées à la succession des simples citoyens, peuvent être considérées comme la conséquence des troubles causés dans l'état par l'appel de tous les fils d'un roi mérovingien ou carlovingien à la couronne.

768.

Ces troubles furent, en effet, la première conséquence du partage réglé par Pepin; et Charles se montre à nous comme mauvais frère, avant de se faire connoître comme législateur ou comme guerrier. La mésintelligence des deux princes Francs, qui se manifestoit seulement par des propos amers et des mesures qui décéloient leur défiance, fut encore, à ce qu'on assure, aigrie par les seigneurs de leur cour qui comptoient profiter de leur discorde. Chacun d'eux commença son règne par un voyage autour de ses états; Charles célébra les fêtes de Noël à Aix-la-Chapelle, celles de Pâques à Rouen; mais tandis que les deux frères s'éloignoient, les Aquitains se flattèrent de profiter de leur désunion. (1)

769.

Le dernier duc d'Aquitaine, Guaifer, avoit été assassiné peu de mois avant la mort de Pepin; la province qu'il avoit gouvernée étoit soumise et partagée entre Charles et son frère. Les Gascons, les plus belliqueux des peuples de cette province, avoient reconnu un nouveau duc qui leur avoit été donné par Charles; c'étoit Loup, fils de cet Hatton, à qui Hunold, duc d'Aquitaine, et père de Guaifer, avoit fait arracher les yeux avant de se jeter, en 745, dans un couvent de l'île de Rhé, pour s'y consacrer à la pénitence. Loup réunissoit ainsi, aux yeux

(1) *Eginhardi Annal.* ann. 768, p. 200.

de Charles, les avantages d'une naissance illustre et chère aux Aquitains, avec ceux d'une inimitié bien prononcée contre Guaifer et toute sa race. Cependant le père de celui-ci, Hunold ayant appris, après vingt-cinq ans de retraite dans un couvent, la désolation de sa famille et la ruine de son pays, se crut dispensé de ses vœux monastiques, par le devoir plus impérieux de la vengeance. Il rappela même sa femme auprès de lui ; il reparut en Aquitaine, et il fut bientôt secondé par tous les comtes et les chevaliers du pays, qui regardoient les Francs comme des étrangers et des barbares dont ils n'entendoient pas la langue, et dont ils méprisoient la grossièreté. (1)

Charles, averti de la révolte des Aquitains, rassembla son armée et marcha contre eux pour les soumettre. Il invita son frère Carloman à se joindre à lui; et les deux princes, avec leurs deux armées, ayant passé la Loire, se rencontrèrent en Poitou, dans un lieu nommé *Duas Dives*. Mais la jalousie du commandement étoit plus forte en eux que l'intérêt de la guerre d'Aquitaine. Leur mésintelligence éclata au point de faire craindre qu'ils n'en vinssent aux mains. Enfin Carloman se retira avec ses troupes, et Charles poursuivit seul son expédition. Hunold

---

(1) Hist. génér. du Languedoc, Liv. VIII, ch. 76, p. 426, et preuves, p. 88. — *Pagi critica ad ann.* 769, §. 2, p. 329.

avoit sans doute compté que leur brouillerie auroit des suites plus sérieuses. Quand il vit les Francs approcher et entrer dans Angoulême sans éprouver de résistance, il perdit courage, ses troupes se dissipèrent sans combat, et lui-même passant la Garonne, il alla chercher un refuge chez ce duc Loup, son neveu, dont il avoit traité le père avec tant de barbarie. Charles l'y fit redemander, et Loup livra le fugitif, ainsi que sa femme; mais il les suivit auprès de Charles, en se constituant aussi prisonnier, et sans doute en intercédant pour eux. Hunold fut en effet traité avec quelque indulgence. Il fut emmené en France; apparemment qu'il n'y fut pas soumis à une garde bien sévère, car au bout de deux ans il s'échappa pour venir d'abord à Rome, puis auprès de Didier, roi des Lombards. Loup fut confirmé dans le gouvernement du duché de Gascogne; et Charles, après avoir bâti sur les bords de la Dordogne le fort château de Fronsac, qu'il destinoit à contenir les Aquitains dans le devoir, repassa la Loire avec son armée (1). C'est un trait caractéristique de l'état militaire, ou de la civilisation à cette époque, que l'entreprise de donner un frein par la fabrication

---

(1) *Eginhardi vita Caroli Magni.* Cap. V, p. 90. — *Ejusd. Annal.* p. 200. — *Annal. metenses*, p. 340. — *Tiliani*, p. 18. — *Loiseliani*, p. 36.

d'un seul château fort, à toute une province
qui formoit près du quart de la France. Mais il
faut se rappeler qu'après chaque expédition,
le roi quittoit toujours cette province, avec
toute son armée; qu'il y laissoit seulement quelques officiers chargés de correspondre avec lui,
et de surveiller ceux qu'il devroit punir; que
toutes les fortifications des villes étoient abattues, que tous les lieux forts étoient ruinés,
que tous les paysans et les esclaves étoient désarmés, qu'une poignée de soldats pouvoit parcourir toute la province; et qu'en cas de rebellion, il convenoit à cette poignée de soldats
d'avoir un lieu sûr, une citadelle imprenable,
où elle pût se défendre par elle-même, sans
avoir recours à l'assistance suspecte d'aucun
Aquitain.

La reine Berte ou Bertrade, veuve de Pepin,
avoit travaillé dans le même temps à réconcilier ses deux fils, et à les maintenir en paix.
Dans ce but, elle eut avec Carloman une conférence à Saluces en 770, où il paroît qu'elle
réussit à apaiser son ressentiment. Bertrade ne
connoissoit point encore le talent militaire que
devoit déployer son fils aîné, et elle désiroit, au
commencement d'un nouveau règne, surtout
après avoir à peine étouffé une discorde intestine, préserver ses enfans d'une guerre étrangère. Elle entreprit donc de les réconcilier aussi

avec ceux de leurs voisins qui avoient des motifs d'inimitié contre les Francs, savoir, les Bavarois et les Lombards. Tassilon, duc des Bavarois, fils d'Odilon et d'une sœur de Pepin, avoit été forcé de reconnoître la souveraineté des Francs; mais sa soumission blessoit également l'orgueil des Agilolfinges dont il étoit descendu, et celui des guerriers qui l'avoient reconnu pour chef. Il avoit donné à connoître à plusieurs reprises, et plus tard il manifesta de nouveau son inimitié pour la maison de Pepin, à laquelle il étoit allié de si près. Bertrade se rendit auprès de lui en Bavière, et elle l'engagea à la paix, on ne sait à quelle condition. De là elle passa en Italie pour traiter aussi avec Didier, roi des Lombards. (1)

Celui-ci, qui avoit vu son prédécesseur presque écrasé par la puissance du roi des Francs, désiroit bien plus encore que Bertrade, une alliance qui lui garantît la paix sur cette frontière. L'orgueil des familles royales chez les peuples septentrionaux leur ayant fait mépriser tout mélange de leur sang avec celui de leurs sujets, on avoit commencé à chercher une sanction nouvelle pour les alliances des peuples dans les mariages de leurs rois, et l'on avoit ainsi perdu toujours plus de vue les intérêts nationaux pour

(1) *Eginhardi Annal.* p. 201. — *Pagi critica*, 770, §. 3, p. 331.

ne s'occuper que de ceux des familles. L'expérience dès lors n'a pas cessé de démontrer, sans que les rois profitassent cependant de ses leçons, que leurs affections de famille ne sont pas celles des peuples, et que leurs mariages ne doivent ni ne peuvent faire poser les armes à des citoyens offensés. En mêlant les passions privées aux passions publiques, les mariages des rois furent souvent une occasion de guerre; ils ne donnèrent jamais une garantie solide ou honorable à la paix. Didier en jugeoit autrement; il désira unir sa famille de la manière la plus étroite à celle de Pepin; il crut qu'il réussiroit ainsi à fondre presque en un même peuple les Francs avec les Lombards, et Bertrade entra dans ses vues.

Didier avoit un fils et une fille non mariés: il demanda pour Adalgise son fils et son successeur présomptif, Gisèle, sœur de Charles et de Carloman, et il offrit en retour sa fille à l'un ou l'autre de ces deux princes. Le pape Étienne III, qui régnoit alors, ne fut pas plus tôt instruit de cette négociation qu'il s'efforça de la traverser. Il écrivit aux rois Francs pour leur représenter l'alliance avec les Lombards comme la plus coupable, la plus honteuse qu'ils pussent conclure; non-seulement parce que l'un et l'autre s'étoient déjà mariés du consentement de Pepin leur père, et que leurs femmes étoient toujours vivantes;

mais, ajoutoit-il, « parce que la nation des Lom-
« bards où ils comptoient prendre de nouvelles
« femmes, étoit la plus perfide et la plus dégoû-
« tante des nations, celle qui avoit donné la
« lèpre à la terre, et celle qui méritoit le moins
« d'être comptée parmi les nations. » Le pape déclara « qu'il ne pouvoit être permis aux princes
« Francs de prendre des femmes étrangères, de
« s'allier aux ennemis de saint Pierre auquel
« ils avoient promis d'être fidèles, et qu'ils en-
« courroient par cette action honteuse l'excom-
« munication (1). » Carloman se laissa arrêter
par ces violentes invectives; il demeura attaché
à Gilberga, qu'il avoit épousée depuis quelques
années et dont il avoit déjà plusieurs enfans.
Charles répudia une femme de la nation des
Francs, dont nous ne savons pas même le nom,
et dont il n'avoit point d'enfans, pour épouser
Désirée, fille de Didier. Le mariage de sa sœur
Gisèle paroît ne s'être point accompli, car elle
finit ses jours dans un couvent. Lui-même, une
année après, sans en donner de raison, répudia
Désirée; et ce mariage, destiné à resserrer l'alliance des deux familles et des deux nations,
devint entre elles, au contraire, un sujet d'offenses mutuelles, de haine et de vengeance. (2)

(1) *Codex Carolinus.* Ep. 45, *Scr. franc.* p. 541.
(2) *Eginh. vita Caroli.* Cap. 18, p. 96. — *Baronii Annal.
eccles.* ann. 770, p. 300. — *Pagi critica,* ann. 770, §. 5,

A l'exemple de son père, Charles, dès le commencement de son règne, assembla les états de la nation, et nous avons de lui un capitulaire que l'on croit publié au Champ de Mai de l'année 769, on ne sait en quel lieu. Dans ce premier capitulaire on peut remarquer encore l'influence des ecclésiastiques appelés par Pepin au grand conseil de la nation. Il se compose presque uniquement de lois sur la discipline ecclésiastique, sur les mœurs, sur celles des prêtres en particulier, que l'article 5 prive du sacerdoce, lorsqu'ils ont plusieurs femmes, ou lorsqu'ils répandent le sang des chrétiens, car alors, dit le législateur, ils sont pires que des séculiers. L'article 12 répète l'obligation imposée aux laïques de se trouver deux fois par année au mallum ou assemblée nationale (1), tandis que les articles

p. 331.—Muratori, je ne sais sur quelle autorité, suppose deux filles de Didier, offertes aux deux rois des Francs. (*Annali d'Italia*, ann. 770, p. 232.)

(1) Le Capitulaire ne fait point mention de la nature de ce *mallum*, qui étoit en même temps une assemblée législative, judiciaire et militaire. Tous les procès se terminoient au mallum, où chaque citoyen étoit consulté pour *dire la loi* qui à sa connoissance devoit décider chaque question. Mais tandis que les grands seigneurs se rendoient presque seuls au *mallum* ou *placita majora* de tout le royaume, la masse des hommes libres se contentoit d'assister au *mallum* ou *placita minora* du comte, du centenier, du gouverneur de chaque district, pour régler les affaires provinciales et rendre la justice. (Meyer, *Esprit des Instit. judiciaires*, Liv. II, ch. 9 et 10, p. 350.)

Proprement, l'assemblée nationale ou celle du comté s'ap-

770. 1 et 2 interdisent aux ecclésiastiques de fréquenter les armées. Charles ne repoussa point les prélats des assemblées nationales; toutefois il est évident qu'ils eurent moins d'influence sur leurs décisions pendant son règne que pendant celui de son père. Il faut sans doute l'attribuer à ce que les Champs de Mai de Charles furent presque toujours des revues de son armée qu'il faisoit sur le territoire ennemi. L'entrée en étoit toujours libre aux prélats comme aux soldats; mais de même que sous le règne de son père et sous celui de son fils, les guerriers se dégoûtèrent d'assemblées où l'on ne parloit que de théologie et de discipline ecclésiastique, de même sous le règne de Charles, les prélats se fatiguèrent de suivre l'armée dans les déserts de la Germanie et en présence des ennemis, pour y délibérer sur les affaires de l'Église, au milieu des soldats. (1)

771. Ce fut dès le commencement de l'année 771, que Charles renvoya Désirée, et qu'il épousa Hildegarde, femme d'une naissance distinguée de la nation des Suèves, qui vécut treize ans

peloit *mallum*, quand elle étoit convoquée pour rendre la justice, et *heribannum*, quand elle étoit convoquée pour la guerre. Mais la défense intérieure et extérieure de la société, confiée également à tous les citoyens, et administrée d'après les mêmes principes, se confondoit sans cesse aux yeux des Germains.

(1) *Capitul. reg. francor.* T. I, p. 189.

avec lui, à ce que nous apprenons par son épitaphe, et qui mourut le 30 avril 783. Les écrivains ecclésiastiques se sont épuisés en conjectures pour découvrir les causes légitimes d'après lesquelles Charles put répudier sa première, puis sa seconde femme; ils se trouvent pressés entre des faits contraires aux lois, et la réputation du saint roi, ou le respect de l'Église pour sa propre discipline. Mais il est impossible de réconcilier les mariages de Charles, les quatre femmes et la concubine que nous lui connoissons au commencement de sa vie, les quatre concubines qu'il prit ensuite en même temps, avec aucune des lois de l'Église; et l'on ne peut guère douter que les prêtres et le pape lui-même, trop heureux de trouver un roi qui protégeoit avec tant de vigueur l'orthodoxie et le saint siége, ne fermassent les yeux sur des désordres qu'ils punirent ensuite comme des crimes chez des princes plus foibles. (1)

La même année, Carloman, frère de Charles, tomba malade, et il mourut le 4 décembre, dans son château de Saumonci, près de Laon, après avoir régné trois ans et deux mois, sans faire rien de remarquable, ou dont le souvenir se soit conservé jusqu'à nous. Il fut enseveli à Reims. A cette nouvelle, Charles se hâta de se

---

(1) *Eginhardi vita Caroli Magni.* Cap. 18, p. 96. — *Pagi critica*, §. 1, 2, 3, p. 332.

rendre au château de Carbonac, dans les Ardennes, où il convoqua les comices nationaux de cette partie de la France qui avoit été assignée à son frère. Plusieurs des prélats, des comtes et des seigneurs qui avoient été attachés à Carloman, se rendirent en effet auprès de lui; et parmi eux on compte son cousin Adelhard, jeune homme âgé alors de vingt ans, fils de Bernard, frère naturel de Pepin. Ce même Adelhard, depuis abbé de Corbie et canonisé comme saint, eut, près d'un demi-siècle plus tard, une grande part aux troubles du royaume. A cette époque il reconnut avec l'assemblée de Carbonac, Charles comme successeur de son frère, et seul chef de la monarchie française; mais d'autres seigneurs de la France orientale s'attachèrent à Gilberga, veuve de Carloman, à ses deux enfans, dont l'aîné, Pepin, leur paroissoit le successeur légitime de son père; et comme ils furent sans doute menacés de quelque violence, Gilberga, ses enfans, et les grands qui s'étoient attachés à elle, s'enfuirent auprès de Didier, roi des Lombards, qui leur accorda un asile en Italie. (1)

Jusqu'ici, Charles n'avoit rien fait qui le signalât, aux yeux de ses compatriotes, comme plus digne d'amour ou de respect qu'aucun de

(1) *Eginhardi Annal.* p. 201. — *Annal. metens.* p. 340. — *Annal. fuldens.* p. 328. — *Pagi critica*, §. 5, p. 334.

ses prédécesseurs. Ses mariages et ses divorces, ses brouilleries avec son frère, et son injuste occupation de l'héritage de ses neveux, ne montroient en lui qu'un homme abandonné à ses passions, et qui, depuis qu'il étoit roi, se croyoit au-dessus des lois. Mais vers cette époque commença la longue et terrible guerre qu'il soutint contre les Saxons, pendant la plus grande partie de son règne; guerre qui développa la première ses talens militaires, qui le rendit cher à la nation et à ses soldats, qui accoutuma les Francs à se considérer de nouveau comme un seul peuple, et qui les engagea à corriger dans leur constitution politique ce qui paroissoit nuire à la rapidité de leurs décisions ou à leur vigueur.

Les Saxons que Pepin et Charles Martel avoient déjà combattus, que Charlemagne devoit combattre long-temps encore, étoient divisés en Ostphaliens à l'orient, en Westphaliens à l'occident, et Angariens au milieu. Leurs frontières septentrionales s'étendoient jusqu'à la mer Baltique, les méridionales jusqu'au royaume des Francs. Comme les autres peuples germaniques, et comme les Francs eux-mêmes, au moment où ils conquirent les Gaules, ils n'étoient pas soumis à un seul maître, mais à autant de chefs ou de rois qu'ils comptoient de cantons, ou presque de villages (1). Ils tenoient

(1) *Poetæ saxonici Annales Caroli Magni.* Lib. I, v. 40, p. 136.

chaque année sur les bords du Weser, une diète générale où ils discutoient leurs affaires publiques. Dans une de ces assemblées, probablement en 772, le prêtre saint Libuin se présenta à eux, et les exhorta à se convertir à la foi chrétienne, leur annonçant en même temps l'attaque prochaine du plus grand roi de l'Occident, qui bientôt ravageroit leur pays par le glaive, le pillage et l'incendie, et qui en extermineroit la population pour venger la divinité. Il s'en fallut peu que l'assemblée des Saxons ne massacrât le saint qui venoit l'aborder avec de telles menaces. Un vieillard cependant le prit sous sa protection; il représenta à ses compatriotes que le prêtre étoit l'ambassadeur d'une divinité étrangère et peut-être ennemie; que de quelque langage offensant qu'il fît usage en délivrant son ambassade, ils devoient respecter en lui les franchises d'un ambassadeur. En effet, les Saxons s'abstinrent de châtier les provocations de saint Libuin; mais en haine de ce Dieu dont il leur portoit les menaces, ils brûlèrent l'église de Daventer qu'on venoit de construire, et ils massacrèrent les chrétiens qui s'y trouvoient rassemblés. (1)

Pendant le même temps les comices des Francs, présidés par Charles, étoient assemblés à Worms; ils considérèrent le massacre des chrétiens de

---

(1) *Sancti Libuini vita, apud Pagi crit.* 772, §. 5, p. 336.

Daventer comme une provocation, et ils déclarèrent la guerre aux Saxons. L'assemblée du Champ de Mai étoit en même temps pour les Francs une diète et la revue de l'armée ; celle de Worms se trouva prête à entrer aussitôt en campagne ; elle suivit Charles dans le pays des Saxons, et le ravagea par le fer et le feu. Charles, dans cette campagne, prit le château d'Ehresburg ( aujourd'hui Stadbergen dans l'évêché de Paderborn ), et renversa l'idole que les Saxons appeloient Hermansul (1). Cette idole, honorée à Merseburg, semble avoir été d'abord une colonne ou monument élevé en l'honneur de toute la nation Germanique ( Herman-Saule ). Elle étoit revêtue d'armes défensives ; de sa main droite elle portoit un drapeau sur lequel on voyoit une rose ; de sa gauche une balance ; sur son bouclier un lion commandant à d'autres animaux ; à ses pieds un champ semé de fleurs. On expliquoit tous ces

---

(1) *Eginhardi Annal.* p. 201. *Herman*, qui depuis est devenu le nom d'un homme ou d'un dieu, est probablement le nom même du peuple *germain*. *Saule* signifie également colonne ou statue. Dans la rudesse de l'art, la *colonne du Germain*, qui n'étoit point sculptée, étoit le seul monument national ; mais les Germains apprirent depuis à imiter la figure humaine, et *Herman saule* devint la statue d'Herman.

Le nom même d'Heer-man a dû signifier *homme d'armée*, homme de guerre ; si les Germains l'adoptèrent pour leur nom national, c'étoit à cause de leur respect pour la valeur. Ils étoient avant tout *hommes d'armée*.

symboles comme se rapportant aux joies et à la courte durée de la gloire militaire (1). L'armée occupée à renverser ce monument, fut pendant trois jours tourmentée de la soif ; lorsque ensuite elle découvrit une source abondante, elle crut voir dans cet événement une intervention miraculeuse de la divinité ; et après s'être fait livrer douze otages par les Saxons, elle revint sur le Weser, persuadée qu'elle avoit servi Dieu contre ses ennemis, et qu'elle en avoit été récompensée par un prodige. (2)

« La guerre que Charles commença alors
« contre les Saxons, fut la plus longue, nous
« dit Eginhard, son historien, la plus cruelle
« de celles qu'il entreprit, et celle qui fatigua
« le plus son peuple. Car les Saxons, comme
« presque toutes les nations qui habitoient la
« Germanie, étoient d'un naturel féroce, et
« adonnés au culte des démons (c'est-à-dire
« au paganisme). Ennemis de notre religion,
« ils ne croyoient point déshonnête de souiller
« ou de transgresser les droits divins et hu-
« mains. D'autres causes, d'ailleurs, pouvoient
« chaque jour troubler la paix. Nos frontières
« rencontroient les leurs presque toujours dans

(1) *Spelman. in Irminsul. Pagi critica*, §. 4, p. 336.
(2) *Eginhardi Annal.* p. 201. — *Poeta saxon.* p. 137. — *Ann. fuldens.* p. 328. — *Ann. metens.* p. 340.

« des plaines ouvertes, à la réserve d'un petit
« nombre d'endroits où d'épaisses forêts et des
« montagnes séparoient nos limites. Ces plaines
« étoient sans cesse exposées au carnage, aux
« rapines, aux incendies des Saxons. Aussi les
« Francs en étoient tellement irrités, que non-
« seulement ils leur rendoient la pareille, mais
« qu'ils crurent de leur dignité d'entreprendre
« contre eux une guerre ouverte. Cette guerre,
« commencée de part et d'autre avec beaucoup
« d'animosité, se continua pendant trente-trois
« ans, avec plus de dommage encore pour les
« Saxons que pour les Francs. Elle auroit fini
« plus tôt, si la perfidie des Saxons l'avoit per-
« mis. On ne sauroit dire combien de fois ils
« furent vaincus, combien de fois ils se ren-
« dirent en supplians au roi, promettant de
« faire ce qui leur étoit ordonné, livrant sans
« retard des otages, et recevant nos ambassa-
« deurs. Quelquefois ils étoient tellement domp-
« tés et abattus, qu'ils promettoient même
« d'abandonner le culte des démons, et de se
« soumettre à la religion chrétienne. Mais s'ils
« paroissoient quelquefois enclins à le faire,
« on les retrouvoit bientôt après empressés à
« détruire ce qu'ils avoient fait, en sorte que
« on ne sauroit dire auquel des deux partis
« ils se montrèrent plus faciles. A peine, en
« effet, depuis le commencement de la guerre

772.

« y eut-il une année qui ne fût marquée par
« l'un de leurs changemens. Mais la grandeur
« d'âme du roi, et sa constance dans la bonne
« ou la mauvaise fortune, ne purent jamais être
« vaincues par leur légèreté ; jamais il ne se
« rebuta de ce qu'il avoit commencé. Jamais il
« ne laissa aucun de leurs outrages impunis,
« jamais il ne négligea, ou de conduire lui-même
« une armée contre eux, ou de l'envoyer sous
« les ordres de ses comtes, pour venger leur
« perfidie, et leur infliger la peine qu'ils avoient
« méritée. Ayant enfin défait tous ceux qui
« avoient coutume de lui résister, et les ayant
« réduits en sa puissance, il fit enlever dix mille
« hommes de ceux qui habitoient l'une et l'autre
« rive de l'Elbe, avec leurs femmes et leurs en-
« fans, et il les distribua en divers lieux de la
« Gaule et de la Germanie. Ce ne fut qu'après
« leur avoir imposé et leur avoir fait accepter
« cette condition, qu'il termina enfin une guerre
« continuée pendant tant d'années. Les Saxons
« renoncèrent au culte des démons et aux céré-
« monies de leurs pères ; ils embrassèrent la
« foi chrétienne et les sacremens de la reli-
« gion, et, se mêlant aux Francs, ils ne for-
« mèrent plus avec eux qu'un seul peuple. » (1)

Eginhard, à qui nous avons emprunté ce fragment, pour faire connoître les opinions qui

(1) *Eginhardi vita Caroli Magni.* Cap. 7, p. 91.

régnoient à cette époque, et le point de vue d'où l'on considéroit les faits, étoit originaire de la France orientale, et avoit été élevé à la cour de Charles, dont il fut long-temps le secrétaire ou chancelier. Il aimoit le héros dont il parle, et le sentiment qu'il exprime nous donne un moyen de le connaître, tandis que toutes les chroniques auxquelles nous avons été et nous serons long-temps encore réduits, ne nous donnent qu'une chronologie morte; les événemens s'y suivent sans s'y enchaîner, et en chargeant notre mémoire de faits, elles n'excitent pas une pensée. Malheureusement l'écrit d'Eginhard, qui renferme toute la substance de ce que nous savons sur Charlemagne, est bien court; dans l'édition de D. Bouquet, il est renfermé dans quinze pages.

Après sa victoire à Ehresburg, Charles fut détourné quelque temps de la poursuite de la guerre de Saxe, par une autre guerre qu'il entreprit contre les Lombards. La manière insultante dont Charles avoit renvoyé Désirée à son père Didier, avoit déjà aliéné les deux maisons royales; le refuge que Didier avoit accordé dans ses états, à la veuve et au fils de Carloman, avoit excité la défiance et l'inquiétude du roi des Francs. Mais il étoit réservé à l'Église de changer ces mécontentemens royaux en querelle nationale. Adrien Ier avoit succédé à Étienne III, mort au mois de février 772. Didier pressoit ce nouveau pontife d'accorder l'onction royale aux fils de Carloman, réfugiés à sa cour. Il s'avança même vers Rome, avec ces jeunes princes et les seigneurs Francs qui les avoient accompagnés. « Mais, quelque artifice qu'il employât « dans sa méchanceté, nous dit le biographe « d'Adrien Ier, jamais il ne put engager le très-« saint pontife à sacrer les fils de Carloman, et « à offenser ainsi le très-chrétien roi Charles-le-« Grand. » (1)

Il y avoit, au reste, entre l'Église romaine et le roi des Lombards, d'autres causes de dissension, que ce refus du pape d'accorder sa protection à la veuve et à l'orphelin injustement dépouillés. Les concessions auxquelles Astolphe, pressé par les armes de Pepin, avoit consenti, étoient si peu précises, qu'elles donnoient lieu aux interprétations les plus contradictoires ; et dans un temps où il étoit impossible de décider si le pape étoit souverain de Rome, ou si c'étoit l'empereur d'Orient, il ne l'étoit pas moins de déterminer quelles étoient la nature et l'étendue des justices qu'Adrien, au nom de saint Pierre, réclamoit des Lombards. Le pape faisoit toujours valoir les droits de la *république romaine*, qu'il confondoit avec les siens. Par ce nom, on désignoit communément l'empire ; Adrien le don-

(1) *Anastasii Biblioth. vita Hadriani papæ.* p. 183.

noit peut-être aussi au gouvernement municipal de Rome qui, à cette époque, étoit en effet républicain ; mais surtout il évitoit de le définir, et comme tout le pays que les Lombards occupoient avoit appartenu à la république ou à l'empire, il ne mettoit aucune borne à ses prétentions.

Les hostilités avoient commencé entre les Lombards et les Romains, lorsque les députés d'Adrien I<sup>er</sup>, qui s'étoient rendus par mer à Marseille, et qui de là, nous dit Eginhard, avoient continué par terre leur route jusqu'en France, avertirent Charles que Didier n'observoit point les conditions imposées à son prédécesseur Astolphe. Charles s'en étant mieux assuré encore par des ambassadeurs qu'il envoya lui-même à Rome et à Pavie, résolut d'entreprendre la guerre contre les Lombards, et la fit décréter par les comices des Francs qu'il assembla, selon sa politique habituelle, hors de leur pays, à Genève, ville qui faisoit alors partie du royaume de Bourgogne. Il est probable que les guerriers seuls se rendoient au Champ de Mai, lorsqu'il étoit ainsi convoqué sur la frontière, et que l'assemblée s'y montroit plus obéissante envers son général, qu'elle ne l'auroit été au sein de la France. Charles partageant son armée en deux divisions, en confia une à son oncle Bernard, fils naturel de Charles

773.

Martel, qui passa par le Mont-Joux ou grand Saint-Bernard, tandis qu'il conduisit l'autre lui-même par le Mont-Cénis. (1)

Le biographe des papes croit relever la gloire de Charles, en le montrant humble dans la négociation, et triomphant dans le combat, moins par sa bravoure, que par la lâcheté de ses ennemis. Suivant lui, le roi des Francs chercha à tout prix à éviter la guerre; il offrit même à Didier une contribution de quatorze mille sous d'or pour le déterminer à rendre les justices de saint Pierre. Celui-ci, qui occupoit les cluses d'Italie, où l'ouverture des gorges des Alpes, refusa toute condition, et les Francs étoient sur le point de se retirer sans combat, lorsque les Lombards, frappés d'une terreur panique, abandonnèrent leur poste (2). Les chroniques des Francs ne donnent aucun détail sur le passage des Alpes. Vers le mois d'octobre, Charles arriva devant Pavie, où Didier s'étoit enfermé, avec la plupart des ducs et des guerriers lombards. Adelgise, son fils, avoit en même temps entrepris la défense de Vérone. Dans cette seconde place, s'étoient réfugiés la veuve et les enfans de Carloman, avec le Franc Autcharis, et les autres seigneurs de cette nation qui s'étoient attachés à la fortune des enfans du plus

(1) *Eginhardi Annal.* p. 202.
(2) *Anastasii Biblioth.* p. 184.

jeune des fils de Pepin. Aucune autre place de la Lombardie, ou n'étoit assez bien fortifiée, où n'avoit un nombre suffisant de défenseurs pour essayer de soutenir un siége, et tout le pays ouvert passa sous l'obéissance des Francs. (1)

Si les Lombards n'avoient pas appris l'art de défendre les villes, et avoient laissé ruiner presque toutes les forteresses de leur pays, les Francs ignoroient davantage encore l'art de les attaquer et de les réduire. Il ne paroît pas même qu'ils fissent des tentatives pour renverser les murailles de Pavie ; ils se contentèrent d'en garder toutes les issues, espérant réduire les assiégés par un blocus. Celui-ci pouvoit être long ; mais Charles, comme s'il vouloit prendre ainsi l'engagement de ne point se rebuter, fit venir sous les murs de Pavie sa femme Hildegarde, qui, pendant que le blocus duroit encore, lui donna une fille nommée Adélaïde. Les assiégés ne paroissant point disposés à se rendre, Charles laissa au printemps la direction du siége à son lieutenant, et se rendit à Rome où aucun roi franc n'étoit encore entré, quoique depuis trois cents ans ils manifestassent, plus qu'aucun autre souverain, leur zèle pour la religion et pour l'Église romaine. (2)

(1) *Annal. Eginhardi*, p. 202. — *Tiliani*, p. 19. — *Loiseliani*, p. 37. — *Chron. Moissiacens*. p. 69. — *Eginhardi vita Caroli Magni*, Cap. 6, p. 91.

(2) *Eginhardi Annal*. p. 202. — *Anastasii Biblioth*. p. 185.

Charles, ayant traversé la Toscane, arriva à Rome le samedi saint 1ᵉʳ avril 774, accompagné par un grand nombre d'évêques, d'abbés, de juges, de ducs et de graphions. Adrien envoya au-devant de lui, jusqu'à trente milles de distance, les juges de Rome pour le complimenter; puis, à un mille de la ville, Charles rencontra les corporations qu'on nommoit les écoles, précédées par des croix et de la musique. C'étoit le cérémonial avec lequel les Romains recevoient toujours l'exarque ou le patrice. Mais le roi, beaucoup moins occupé de sa dignité que de son respect pour la ville sainte, en les voyant approcher, descendit de cheval, et ne voulut entrer à Rome qu'à pied, avec toute sa suite, qui revêtit l'apparence d'une procession de pénitens. Dès qu'Adrien en fut averti, il se hâta de prendre place, avec tout son clergé, sur le haut du perron de la basilique de Saint-Pierre. Charles, en montant ce perron, en baisa chacun des degrés, et arriva ainsi auprès du pape qui l'embrassa; ensuite ils entrèrent ensemble dans le temple. Dans cette occasion, dans la visite de Charles à la basilique de Saint-Jean-de-Latran, et dans toutes les cérémonies des jours suivans, Adrien eut toujours soin de donner à entendre qu'il faisoit plus pour Charles qu'il n'auroit fait pour aucun roi de la terre; qu'il l'accompagneroit de tous ses vœux, qu'il seconderoit ses entreprises de tous les pouvoirs du ciel dont il étoit dépositaire; mais en même temps il le plaçoit au-dessous de lui, à une immense distance, comme un homme cher à l'Église, sans doute, mais comme un simple homme, devant une divinité. Au reste, Charles compensa glorieusement l'hospitalité qu'il recevoit. On lui fit lire la donation que son père avoit faite à l'Église; il la confirma solennellement; et si le compte qui nous en est rendu par les écrivains ecclésiastiques, n'a pas été falsifié, cette donation, dont l'original est perdu, comprenoit la plus grande partie du royaume des Lombards que Charles étoit occupé à conquérir. (1)

La dévotion de Charles étant satisfaite, il revint joindre son armée devant Pavie. Les assiégés commençoient à souffrir de la faim et des maladies; ils renoncèrent à une défense sans espoir, et à la fin de mai ou au commencement de juin, ils capitulèrent et ouvrirent leurs portes. Didier fut livré à Charles, avec sa femme et sa fille, et envoyé en prison à Liége, d'où il paroît qu'il fut ensuite transféré à Corbie. Le reste de sa vie fut consacré aux jeûnes et aux prières, dernière consolation de sa captivité. Adelgise, son fils, qui dans le même temps

---

(1) *Anastasius Biblioth. vita Hadriani*, p. 185. — *Baronii Annal. ad ann.* 774, §. 1 à 10, p. 320, T. IX. — *Pagi crit.* §. 1, p. 339.

avoit été assiégé à Vérone, s'étoit dérobé, par la fuite, à un sort semblable. S'échappant de la ville, sans doute sous un déguisement, il s'étoit embarqué au port Pisan, et il avoit trouvé un asile à Constantinople. La veuve et les enfans de Carloman, avec leur gouverneur Autcharis, et les autres Francs réfugiés chez les Lombards, furent livrés alors aux mains de Charles. L'histoire garde dès lors sur eux un profond silence, qui fait naître de fâcheux soupçons sur la conduite du roi des Francs, à l'égard de ses neveux. (1)

Jusqu'à cette époque, l'on n'avoit point vu les rois, lorsqu'ils étendoient leur domination par des conquêtes, s'attribuer un titre nouveau, qui les désignât comme chefs de la nation qu'ils avoient soumise. Ils incorporoient les nouveaux états et les nouveaux peuples à leur monarchie; et lorsque les Allemands, les Bourguignons ou les Visigoths furent assujettis à Clovis et à ses successeurs, ceux-ci ne grossirent point leurs titres du nom de ces divers peuples; la victoire appartenoit au peuple franc plus encore qu'au roi, et c'étoit aussi aux Francs que les nations étoient réunies. Il paroît qu'Adrien

---

(1) *Anastasius Biblioth.* p. 185. — *Contin. Pauli diaconi. Scr. ital.* T. I, §. 11, p. 183. — *Eginhardi Annal.* p. 202. — *Lambeciani*, p. 64. — *Moissiac.* p. 70. — *Fuldens.* p. 328. — *Metens.* p. 341.

suggéra à Charles une autre politique; il lui conseilla de s'attacher à chaque peuple séparément par des titres distincts; et avant même que Pavie se fût rendue, il lui adressa une lettre dans laquelle il l'appeloit roi des Francs et des Lombards, et patrice des Romains (1). Les Francs ne parurent point jaloux de ces droits de conquête dont ils se trouvoient dépouillés, et les Lombards furent probablement flattés de ce que leur vainqueur acceptoit leur couronne. Tous les chefs de leurs provinces, tous les ducs reconnurent Charles comme leur roi, à la réserve d'Arigise qui gouvernoit sous le nom de duché de Bénévent presque toute la portion de l'Italie qui forme aujourd'hui le royaume de Naples. Celui-ci, qui avoit épousé la fille du roi Didier, et qui avoit ouvert ses états comme un asile aux réfugiés lombards des autres provinces, comptant sur l'étendue, la force et la situation isolée de son duché, osa prétendre à l'indépendance. Tout le reste obéit, et Charles se présenta aux peuples d'Italie comme le successeur légitime de Didier. (2)

Non-seulement le royaume que Pepin avoit divisé entre ses enfans se trouvoit réuni, il avoit acquis par les conquêtes de Charles beau-

(1) *Codex Carolin.* Ep. 55, p. 544.
(2) Muratori, *Annali d'Ital.* T. VI, p. 250. — *Pagi critic.* §. 8, 9, 10, p. 342.

coup plus d'étendue et des frontières plus compactes. Celles-ci traversoient, depuis la Frise jusqu'à la Bavière, les plaines de l'Allemagne, que les Francs partageoient avec les Saxons ; elles comprenoient ensuite toute l'Italie et toute la France jusqu'aux Pyrénées et à l'Océan. Dans l'enceinte de ces frontières, se trouvoient, il est vrai, quelques peuples, habitans des montagnes, dont les souverains héréditaires se regardoient presque comme indépendans. Ainsi, le duc des Allemands qui marchoit sous les étendards des Francs, gouvernoit toute la Suisse et presque toute la Souabe. Ainsi, Tassilon, fils d'Odilon, de l'illustre maison des Agilolfinges, gouvernoit les Bavarois ; et quoique ceux-ci eussent promis, dès l'an 743, d'obéir aux Francs, quoique Tassilon fût fils d'une sœur de Pepin, il cherchoit sans cesse l'occasion de secouer le joug. Ainsi enfin, le Lombard Rodgaudes avoit été confirmé par Charles dans le duché du Frioul, et il gouvernoit avec un pouvoir presque illimité cette frontière importante, qui pouvoit ouvrir ou fermer l'Italie aux Esclavons. Dans le voisinage de cette vaste monarchie, on ne voyoit que des petits peuples et des petits princes, qui ne pouvoient songer à se mesurer avec les Francs, et qui s'efforçoient au contraire d'obtenir leur protection. Offa, roi de Mercie, le plus puissant des rois de l'heptarchie saxonne en Angleterre, étoit allié de Charles, comme nous l'apprenons par une lettre du dernier (1). Aurèle, Silo, Mauregat et Bermude, qui se succédèrent sur le trône d'Oviédo, s'efforcèrent de se concilier la bienveillance du puissant roi des Francs; Ibn Alarabi lui-même, gouverneur musulman de Sarragosse, recherchoit aussi sa protection contre Abdérame, dont il vouloit secouer le joug.

Mais quoique les rois des Saxons d'Allemagne ne fussent guère plus puissans que ceux des Saxons d'Angleterre, ou des Visigoths d'Espagne, ils étoient, pour les Francs, des voisins tout autrement redoutables. Ils poursuivoient leurs hostilités avec un acharnement que leurs revers ne pouvoient dompter. Tandis que Charles étoit occupé en Italie, au commencement de l'année 774, ils s'étoient jetés sur la Hesse, ils l'avoient ravagée par le fer et le feu; arrivés à Fritzlar, où saint Boniface avoit élevé un temple, ils voulurent le détruire; mais ils craignoient eux-mêmes ce Dieu des chrétiens, qu'ils regardoient comme une puissance surnaturelle, quoique ennemie; et au milieu de leurs attaques une terreur panique dissipa leur armée. (2)

(1) *Epistola Caroli ad Offam. Spelman Concilium angl.* T. I, p. 315. — *Capit. reg. francor.* T. I, p. 194.
(2) *Eginhardi Annal.* p. 202.

775. Charles, qui après la conquête de la Lombardie étoit rentré en France, et qui avoit célébré les fêtes de Pâques à son palais de Kiersy, convoqua les Francs pour tenir le Champ de Mai à Duren, dans le duché actuel de Juliers; il les trouva disposés à le seconder pour tirer vengeance des Saxons, et il leur fit immédiatement passer le Rhin, pour les mener à l'attaque des ennemis. Il prit Siegesburg, forteresse où les Saxons avoient mis garnison; il releva les fortifications d'Ehresburg qu'ils avoient ruinées, et il y mit une garnison française. S'approchant ensuite du Weser, il trouva que les Saxons s'étoient assemblés à Brunesberg, pour lui disputer le passage de ce fleuve. Il les battit et les mit en fuite avec un grand carnage. Passant alors le Weser, il marcha jusqu'à l'Oakre. Hesso, l'un des rois les plus considérés des Saxons westphaliens, vint le rencontrer sur les bords de cette rivière, avec les principaux de sa nation; et renonçant à lui opposer une plus longue résistance, il lui prêta serment de fidélité, et lui remit des otages. Les Angariens suivirent bientôt cet exemple; le roi des Francs les trouva rassemblés à Buch, et leurs chefs offrirent eux-mêmes les sermens et les otages qui furent acceptés par le vainqueur. Mais Charles ayant alors partagé son armée, en renvoya une partie sur le Weser. Celle-ci étoit campée dans un lieu que les an-

nales de Loisel nomment Lidbad, d'autres Hudbeck. A midi, comme les fourrageurs francs rentroient dans le camp, des Saxons westphaliens qui s'étoient mêlés parmi eux, y pénétrèrent sans exciter de défiance, ils tombèrent sur les gardes endormis, et en firent un grand massacre, avant que l'alarme fût répandue. Les Francs se rallièrent enfin et repoussèrent leurs agresseurs. Charles, qui survint peu après, les poursuivit dans leur retraite, et leur ayant tué beaucoup de monde, il contraignit les Westphaliens à suivre l'exemple des autres Saxons, à donner des otages, et à jurer d'observer la paix. Charles ramena ensuite son armée en France pour y passer l'hiver. (1)

Il avoit choisi lui-même pour y célébrer les fêtes de Noël, son château de Schelestadt en Alsace. Les Carlovingiens n'avoient point pour Paris la prédilection qu'avoient montrée les Mérovingiens ; cette ville, abandonnée par les rois, cessoit d'être considérée comme une capitale ; car la justice, les conseils et tout le gouvernement suivoient le monarque ; et si la souveraineté résidoit dans les Champs de Mai, ceux-ci étoient assemblés chaque année dans un lieu différent. Charles montroit surtout une préférence marquée pour les pays où l'on par-

---

(1) *Eginhardi Annal.* p. 202. — *Tiliani*, p. 19. — *Loisel.* p. 39. — *Metenses*, p. 342. — *Poeta saxon.* p. 139.

loit la langue allemande. Paris, qui avoit conservé l'usage du latin, ou plutôt du dialecte qui s'étoit formé par corruption des débris de cette belle langue, et que l'on commençoit à nommer Roman, paroissoit aux Francs montrer dans ce dialecte même des preuves de sa servitude : ils ne se croyoient chez eux qu'en Alsace, en Austrasie, sur tous les bords du Rhin, et dans les provinces d'où sortoient leurs soldats.

Mais à peine Charles étoit-il établi à Schelestadt, lorsqu'il apprit que le Lombard Rotgaudes, auquel il avoit confié le gouvernement du Frioul et de la Marche trévisane, étoit entré dans une conspiration pour rappeler Adelgise de Constantinople, et le replacer sur le trône d'Italie. Charles avoit confirmé presque tous les ducs lombards dans leur gouvernement; il avoit voulu que la conquête fût accompagnée d'aussi peu de bouleversement que possible. Mais le pape Adrien ne cessoit de lui dénoncer tous les ducs des Lombards voisins de Rome, et de l'exciter à les dépouiller et à les punir. Au lieu de prêter l'oreille à ces accusations, Charles avoit chargé ses envoyés de réconcilier le pape avec Hildebrand, duc de Spolète; il étoit déjà trop tard; les Lombards, menacés et poussés à bout, avoient tenu à Spolète même un conciabule dont Adrien se hâta de rendre compte au roi des Francs. « Notre fidèle chapelain Étienne, lui di-

« soit-il, étant arrivé auprès d'Hildebrand, l'a
« trouvé gonflé d'orgueil, car les députés d'Ari-
« gise, duc de Bénévent, ceux de Rotgaudes, duc
« de Friuli, et de Reginbald, duc de Cluse,
« s'étoient réunis à Spolète, audit Hildebrand,
« pour comploter contre nous ; ils étoient con-
« venus de rassembler leurs forces au mois de
« mars prochain ; de se joindre à une armée
« grecque qu'amèneroit Adelgise, fils de Didier,
« pour nous attaquer par terre et par mer, s'em-
« parer de notre ville de Rome, piller les églises
« de Dieu, enlever le ciboire de votre protecteur
« saint Pierre, et nous entraîner nous-mêmes
« ( ce dont Dieu veuille nous préserver ), en
« captivité, pour rétablir enfin le roi des Lom-
« bards, et résister à votre autorité royale. » (1)

L'inimitié du pape et ses constantes dénon-
ciations avoient sans doute contribué à pousser
les Lombards à la révolte ; mais Charles devoit
s'attendre à ce que ce peuple, humilié du joug
des vainqueurs, regrettât son indépendance,
et fît de plus grands efforts pour la recouvrer
qu'il n'avoit fait pour la défendre. Il prévint ses
mouvemens. Passant des bords du Rhin à ceux
du Danube, et traversant la Souabe et la Bavière, il entra par le Tyrol en Italie ; il attaqua et soumit rapidement Citta de Friuli, où
il fit prisonnier Rotgaudes, et Trévise, où

(1) *Codex Carolin.* Ep. 59, *Scr. franc.* p. 548.

commandoit Stabilinus, beau-père de ce duc rebelle. Il les punit tous deux de mort, et il accorda le duché de Frioul à Marchaire, seigneur franc, qu'on suppose avoir été allié à la famille Carlovingienne. Il changea en même temps tous les comtes qui gouvernoient chaque ville, et il mit partout des Francs à la place des Lombards. Un assez grand nombre de soldats de la même nation s'attachèrent volontairement à ces capitaines ; et tandis que l'intérieur de l'Italie fut laissé sans défense, ses portes se trouvèrent suffisamment gardées par les conquérans. Après avoir, en peu de semaines, dissipé les rebelles de Lombardie, Charles, qui avoit célébré la Pâque à Trévise, repassa les Alpes juliennes, et revint en hâte à Worms, où il avoit convoqué l'assemblée du Champ de Mai. (1)

En effet, il avoit appris que durant son court voyage les Saxons s'étoient soulevés de nouveau. S'il faut en croire un poète, saxon lui-même, mais converti au christianisme, qui a écrit en vers latins des annales du règne de Charlemagne, la dernière diète des Francs avoit résolu de ne laisser aux Saxons aucun repos jusqu'à ce qu'ils se fussent tous convertis, ou

---

(1) *Annal. Loiseliani*, p. 39. — *Tiliani*, p. 19. — *Moissiac.* p. 70. — *Eginhardi*, p. 203. — *Metenses*, p. 342. — *Poeta saxo.* Lib. I, p. 141.

qu'ils fussent tous détruits jusqu'au dernier; puis il s'écrie : « O piété vraiment divine, qui « veut ainsi sauver tous les humains ! » (1) Il semble cependant que ses compatriotes ne furent pas si touchés que lui de cette piété prodigieuse. D'ailleurs, leurs peuplades étoient indépendantes les unes des autres; et il suffisoit, pour renouveler la guerre, qu'une seule d'entre elles résolût, dans l'ivresse d'un festin, de briser un joug odieux. En effet, au printemps de l'an 776, les Saxons avoient surpris le château d'Ehresburg, qu'ils regardoient comme destiné à les enchaîner; ils avoient aussi attaqué celui de Siegesburg; mais ils avoient été repoussés. Charles trouva sa brave armée rassemblée au Champ de Mai de Worms; il s'avança rapidement en Saxe, avant que le pays fût prêt à se défendre; il renversa sans peine les corps peu nombreux qui essayèrent de lui résister : parvenu aux sources de la Lippe, il y rencontra un grand rassemblement de Saxons; mais ceux-ci, troublés et éperdus, ne songèrent qu'à lui demander grâce. Ils jurèrent qu'ils étoient prêts à se faire chrétiens; ils se soumirent à être bap-

(1) *Poeta saxo.* Lib. I, v. 186-190, p. 139.
*Hinc statuit requies illis ut nulla daretur*
*Donec Gentili ritu cultuque relicto*
*Christicolæ fierent, aut delerentur in ævum.*
*O pietas benedicta Dei, quæ vult genus omne*
*Humanum fieri salvum!*

776. tisés, ils donnèrent de nouveaux otages, ils consentirent à ce que Charles relevât le château d'Ehresburg, et en bâtît un autre sur la Lippe; enfin ils paroissoient entièrement soumis, lorsque le roi des Francs ramena son armée sur le Rhin, et s'établit lui-même pour l'hiver à son palais d'Héristal sur la Meuse. (1)

777. Cependant Charles ne se croyoit point assuré de la soumission des Saxons; même en hiver il s'éloignoit peu de leurs frontières. Il passa la Pâque à Nimègue, et il convoqua l'assemblée du Champ de Mai, à Paderborn, au milieu de leur propre pays. Il falloit que cette assemblée législative des Francs ressemblât à une armée, bien plus qu'à un conseil, pour que le souverain pût songer à lui donner rendez-vous dans une contrée déjà désolée par une longue guerre, et où l'on pouvoit, à toute heure, redouter une nouvelle attaque. Mais ce n'étoit guère que dans l'espoir de combattre que les Francs quittoient leurs demeures; et ils auroient négligé leurs assemblées nationales, si elles n'avoient pas signalé l'ouverture d'une campagne. Les Saxons furent convoqués aussi-bien que les Francs au Champ de Mai de Paderborn; ils y assistèrent pour confirmer leurs précédens engagemens; et ceux qui n'avoient pas encore reçu le baptême se soumirent à cette cérémonie. Mais

(1) *Eginhardi Annal.* p. 203. — *Annal. metenses*, p. 342.

Wittikind, le plus renommé parmi les petits rois de la Westphalie; celui qui, jusqu'alors, avoit le plus constamment excité ses compatriotes à reprendre les armes, et qui avoit obtenu le plus de succès dans les combats, ne parut point à cette assemblée. Désespérant de résister aux Francs avec les seules forces de sa nation, il avoit passé dans la Scandinavie, dont les habitans étoient alors appelés indifféremment Normands ou Danois; il avoit demandé l'hospitalité à leur roi Siegfrid, et il cherchoit parmi eux des libérateurs et des vengeurs de sa patrie. Les Saxons, qui en son absence reçurent le baptême, reconnurent en même temps qu'ils mériteroient de perdre leur patrie et leur liberté, s'ils violoient jamais les engagemens qu'on leur faisoit contracter. (1)

777.

Au milieu des Saxons qui se soumettoient au joug des Francs, on vit arriver aux comices de Paderborn, Ibn al Arabi, gouverneur musulman de Saragosse, accompagné de quelques seigneurs de sa nation, qui venoit demander à Charles la protection des Francs, contre Abdérame, emir al Moumenim d'Espagne. La monarchie des Sarrasins, qui si récemment avoit menacé l'univers d'une conquête universelle, s'étoit affoiblie par des divisions. Deux khalifes,

---

(1) *Eginhardi Annal.* p. 203. — *Metenses*, p. 343. — *Sigeberti Gemblac.* p. 377.

777.

l'un à Bagdad, l'autre à Cordoue, se partageoient l'empire des croyans; le premier cependant, qui étoit de la race des Abbassides, étoit de beaucoup le plus puissant, et il regardoit Abdérame, le khalife Ommiade de Cordoue, comme un rebelle. De grands talens sembloient héréditaires, comme de grandes vertus, dans la maison nouvelle qui occupoit le trône de l'Orient, et Mohammed Mohadi, vingt-deuxième khalife, se montroit digne d'Almansor, son père, ou d'Haroun al Raschid, son fils, qui lui succéda en 786. Pour la sûreté de l'Europe, pour l'existence même du christianisme, il étoit à désirer qu'Abdérame pût maintenir en Espagne son indépendance contre les souverains de la plus riche moitié du monde connu. Les Francs auroient dû offrir leur alliance à l'émir de Cordoue; mais leur politique à cette époque, ou celle de leur chef, n'étoit point si clairvoyante. Abdérame étoit le plus rapproché des deux rivaux; ils le regardèrent comme le plus dangereux. Un vice-roi des Abassides, Jusif, avoit quelque temps représenté en Espagne le souverain de Bagdad. Assiégé à Grenade en 757, soumis, et de nouveau révolté l'année suivante, il avoit enfin perdu la tête à Tolède; mais sa mort n'avoit pas entièrement détruit le parti des Abassides qui vouloient rétablir l'unité de l'empire musulman. Des révoltes continuelles contre Abdérame montroient que la séparation de l'Espagne d'avec le corps de la monarchie, répugnoit encore au peuple. Déjà en 759, Zuleiman, gouverneur abasside de Barcelonne et de Gironne, s'étoit mis sous la protection de Pépin. Par un même sentiment, en 777 Ibn al Arabi invoqua celle de Charles contre les Ommiades; il conduisit avec lui, à Paderborn, son gendre Alaroès, fils de Jusif, avec un autre fils de ce vice-roi des Abassides, et plusieurs seigneurs, tous également partisans du khalife de Bagdad, et ennemis de celui de Cordoue. (1)

777.

Charles saisit avec empressement l'occasion qui lui étoit offerte, d'étendre sa domination sur l'Espagne; il convoqua l'assemblée du Champ de Mai pour l'année 778, au palais de Chasseneuil, dans l'Agénois, sur la rive droite du Lot; et après y avoir passé en revue son armée, il la partagea en deux corps, dont l'un traversa les Pyrénées par Saint-Jean-Pied-de-Port, arriva devant Pampelune, et s'en empara; tandis que l'autre, rassemblé dans les provinces orientales, et dont les chefs seuls s'étoient peut-être rendus à Chasseneuil, entra par le Roussillon en Espagne, et se réunit au premier, seulement sous les murs de Saragosse. Cette ville, dont Ibn al

778.

---

(1) Histoire du Languedoc, Liv. VIII, ch. 80, T. I, p. 429. — *Petrus de Marca in Marca hispanica.* Lib. III, cap. 6, nº 4. — *Pagi critica*, §. 4, p. 352.

778. Arabi avoit été gouverneur, ne reconnoissoit plus son autorité : Charles fut obligé d'en faire le siége ; mais, après quelque résistance, les Sarrasins intimidés se soumirent à lui, donnèrent des otages, et payèrent en or une rançon considérable. Ibn Thaurus, seigneur de Huesca et de Jacca, avoit également ouvert ses portes à l'armée des Francs, et prêté serment de fidélité ; enfin les villes de Barcelonne et de Gironne avoient renouvelé les mêmes engagemens qu'elles avoient déjà pris précédemment. Charles fit abattre les murailles de Pampelune, puis il reprit le chemin de la France, non-seulement avec les otages qu'il s'étoit fait livrer par les villes sujettes, mais aussi avec Ibn al Arabi et ses autres vassaux musulmans qui devoient apparemment l'accompagner jusqu'à la frontière. (1)

Peut-être l'empressement de Charles à quitter l'Espagne fut-il déterminé par la nouvelle qu'il y reçut, que Wittikind, de retour de Danemarck en Saxe, avoit entraîné ses compatriotes à la révolte, et que la moitié de la Germanie étoit soulevée. Charles avoit soumis une grande partie du pays situé entre les Pyrénées et l'Ebre : il en avoit changé la plupart des gouverneurs ; il avoit établi des comtes francs dans les villes de la Marche espagnole ; il avoit ainsi aliéné

(1) *Annal. Petav.* 14. — *Tiliani*, 19. — *Nibelung.* 26. — *Loiseliani*, 40. — *Lambeciani*, 64. — *Moissiac.* 70. — *Eginh.* 203.

peut-être les Sarrasins qui lui avoient ouvert l'entrée du pays, et il ne s'étoit pas concilié les chrétiens. Inigo Garcias, roi de Navarre, et Fruela, roi des Asturies, qui avoient été contraints de se mettre sous la protection d'Abdérame, et de contracter alliance avec lui, avoient pu s'assurer qu'ils auroient tout à perdre, s'ils échangeoient cette protection contre celle de Charles, puisque celui-ci ne manqueroit pas de mettre des Francs dans leurs lieux forts et leurs cités. Lorsque ces deux petits princes apprirent que Charles alloit de nouveau traverser leurs montagnes pour retourner en France, ils se concertèrent pour l'attaquer avec les Sarrasins Ommiades, et surtout avec le gouverneur qu'Abdérame avoit donné à Saragosse, et que les romanciers ont nommé Marsilio. Ils s'assurèrent aussi l'appui de Loup, duc des Gascons, petit-fils d'Eudes, duc d'Aquitaine, neveu d'Hunold, et cousin de Guaifer, qui tous avoient été dépouillés et persécutés par la famille carlovingienne.

Les Gascons et les Navarrois, dont l'origine étoit commune, parcourant leurs montagnes avec une rapidité qui les distingue encore aujourd'hui, et qu'aucun autre montagnard ne sauroit égaler, dressèrent des embûches à Charles, à son retour, comme il traversoit la vallée de Roncevaux, si fameuse dans les romans. Tandis

que l'armée défiloit dans cette vallée, qui communique de la Navarre à la France, et qu'elle cheminoit sur une longue ligne tortueuse, ainsi que l'exigeoient les gorges étroites qu'elle avoit à traverser, « les Gascons, suivant le récit
« d'Eginhard, dressèrent leurs embûches sur
« le sommet de la montagne; l'épaisseur des fo-
« rêts qui sont là en grande abondance, rendant
« le lieu très-propre aux surprises. Se précipi-
« tant ensuite de ces hauteurs dans la vallée
« au-dessous d'eux, ils attaquèrent la queue
« des bagages, et le bataillon destiné à les cou-
« vrir : ces guerriers ayant voulu se défendre,
« furent tous tués, jusqu'au dernier. Puis les
« Gascons, après avoir pillé les bagages, profi-
« tèrent de la nuit pour se dissiper, dans tous
« les sens, avec une extrême célérité. La lé-
« gèreté de leurs armes et le lieu du combat
« leur donnoient tout l'avantage, tandis que les
« Francs avoient contre eux et leur position, et
« la pesanteur de leur équipement. Dans ce
« combat, ajoute notre historien, Eygihard,
« grand maître d'hôtel du roi, Anselme, comte
« du palais, et Roland, préfet de la frontière
« britannique, furent tués avec plusieurs au-
« tres. Il ne fut point possible à Charles de
« venger immédiatement cette offense, parce
« que l'ennemi, après avoir remporté la vic-
« toire, se dispersa si rapidement, que la re-

« nommée même ne pouvoit annoncer où il
« s'étoit retiré. » (1)

C'est là tout ce que l'histoire nous a appris sur le palladin Roland, et sur cette bataille de Roncevaux, si célébrée par les romanciers et par les historiens espagnols des temps postérieurs. Roland, qui n'est nommé qu'une seule fois par Eginhard, et dont il n'est fait aucune mention dans aucun autre historien, s'étoit apparemment illustré dans le temps de Charles Martel, et non dans celui de Charlemagne ; car on ne doit peut-être point refuser toute croyance aux traditions populaires de deux grandes nations, quelque mêlées qu'elles soient de fables. C'est contre les Sarrasins que tous les romanciers supposent que Roland signala sa vaillance ; mais les Sarrasins envahirent la France pendant le règne de Charles Martel, et non de Charlemagne. Le héros des romanciers n'étoit plus jeune lors de la bataille de Roncevaux. Un long espace de temps qu'ils n'ont pas même rempli par des fables, sépare la grande époque de ses hauts faits, de celle de sa mort. On peut donc supposer qu'il étoit né dans les dix premières années du huitième siècle ; il auroit pu alors

778.

---

(1) *Eginhardi vita Caroli Magni.* Cap. 9, p. 92.—*Ejusdem Annales*, p. 203. — *Poeta saxo.* Lib. I, v. 362-400, p. 143. — Chroniques de Saint-Denys, Liv. I, chap. 6, p. 235. Les autres Chroniques ne parlent point de cette déroute.

778. assister déjà, comme page, aux premières déroutes des Francs devant Narbonne, en 720, et se distinguer, en 725, dans la défense de Nismes, de Carcassonne et d'Autun, contre les infidèles; en 729, dans la guerre d'Aquitaine, et en 732, à la bataille de Poitiers. Les invasions des Sarrasins dans les Gaules ne cessèrent pas même à cette époque; il y en eut encore après la mort de Charles Martel, en 741; et Roland put continuer à combattre les Sarrasins sous Pepin ou Carloman, durant la conquête de la Septimanie et celle de la Marche d'Espagne. Il ne nous reste presque aucun monument de cette longue lutte; Roland n'est, il est vrai, nommé par aucun historien, mais aucun capitaine de Charles Martel ne l'est mieux que lui. La ressemblance de nom de ce Charles et de Carloman, avec Charlemagne, aura plus tard causé l'erreur du peuple et des romanciers. Les traditions ne sauroient conserver une bonne chronologie, mais il est bien rare et bien étrange qu'un nom devienne populaire, si sa gloire n'a pas quelque réalité. Un génie tel que celui de l'Arioste, auroit pu créer la célébrité de Roland; les chroniques de l'archevêque Turpin n'avoient point tant d'empire sur l'imagination populaire: elles furent recueillies au onzième siècle, et traduites au treizième pour être insérées dans la grande Chronique de Saint-Denys. On

doit les regarder moins comme l'invention d'un romancier, que comme le dépôt des fables et des légendes qui circuloient alors parmi le peuple. Les romances populaires de l'Espagne, qui nous donnent tant de détails sur la vie de ce Bernard de Carpio qu'on suppose avoir étouffé Roland dans ses bras, contiennent de même les traditions, embellies par l'imagination populaire, qui circuloient au midi des Pyrénées. Les Espagnols, jaloux d'établir l'existence du plus ancien de leurs chevaliers, ont cependant pris un mauvais parti, en supposant une seconde bataille de Roncevaux, et une seconde déroute du paladin français, vers l'an 812. La fin du règne de Charlemagne est assez bien connue, et l'on ne sauroit, à cette époque, supposer des événemens dont il ne reste aucune trace dans les historiens du temps. (1)

Pendant que Charles étoit engagé contre les Sarrasins de l'autre côté des Pyrénées, et qu'il perdoit à cette expédition une partie de son armée, Wittikind étoit rentré en Saxe, et il avoit encouragé ses compatriotes à reprendre les armes. Les Saxons s'étoient en effet portés

(1) Les fables de Roncevaux ont été répétées par Rodericus Toletanus. *Rer. Hispanicarum*, Lib. IV, cap. 10. — *Mariana de rebus Hispan.* Lib. VII, cap. 11. Elles ont été discutées et combattues par Baronius, *Annales ecclés.* 778, §. 1, p. 334; et 812, p. 582. — *Pagi critica*, 778, §. 3, 4, 5, 6, p. 354. — *Histoire génér. du Languedoc*, Liv. VIII, ch. 81, p. 430.

en foule sur les bords du Rhin, et n'ayant pu traverser ce fleuve, ils avoient ravagé ses rives, depuis Duisburg, en face de Cologne, jusqu'au confluent du Rhin et de la Moselle. Ils avoient porté le fer et le feu dans les palais comme dans les villages ; ils n'avoient pas épargné les édifices sacrés plus que les profanes, ou les femmes et les enfans plus que les vieillards ; la vengeance, et non le désir d'acquérir du butin, les avoit conduits sur le territoire des Francs. Au moment de cette invasion, Charles étoit à Auxerre ; il donna ordre aussitôt aux Allemands et aux Austrasiens de son armée de se hâter de regagner leurs foyers, pour les défendre contre les Saxons. Ces corps de troupe accélérèrent en effet leur marche ; mais les pillards s'étoient déjà retirés : comme néanmoins leur retraite étoit ralentie par le butin dont ils s'étoient chargés, les Austrasiens les atteignirent dans un village de la Hesse, que le poëte saxon nomme Badenfeld, d'autres Lihesi, sur la rivière Adern ; ils les attaquèrent au moment où ils s'efforçoient de passer la rivière, et ils les tuèrent presque tous. Pendant ce temps, Charles, qui avoit licencié la plus grande partie de son armée, s'étoit établi à Héristal pour y passer l'hiver. (1)

(1) *Eginhardi Annal.* p. 204. — *Petaviani*, 14. — *Tiliani*, 20. — *Nibelungi*, 26. — *Loiseliani*, 41. — *Lambeciani*, 64. —

Mais en licenciant son armée, Charles avoit aussi convoqué le Champ de Mai pour l'ouverture de la campagne suivante, à son palais de Duren, à dix lieues environ de Cologne. Les Francs se montrèrent prêts à le suivre, et passant le Rhin de bonne heure, ils s'avancèrent jusqu'à la Lippe. Les Saxons essayèrent de leur tenir tête dans un lieu nommé Buckholz. Souvent ils avoient fait trembler plusieurs provinces de France par leurs rapides invasions, et ils les avoient ruinées autant peut-être que Charles pouvoit les ruiner eux-mêmes; mais ils avoient toujours évité de se mesurer avec les Francs en rase campagne. Ceux-ci, quoique demeurés barbares presque à tous égards, avoient cependant sur les habitans païens du nord de l'Allemagne, tous les avantages de l'art militaire et de la discipline. Il semble que la tradition de la tactique romaine leur étoit seule demeurée, comme récompense de leurs anciens services dans les armées de l'empire. En effet, l'armée des Saxons fut repoussée et mise en fuite à Buckholz. Charles, pénétrant ensuite dans leur pays, força, par ses ravages, chaque canton l'un après l'autre à lui demander la paix, et à embrasser le christianisme comme moyen d'échapper au massacre. Les Westphaliens se

*Moissiacense*, 70 — *Poeta saxo*, 143. — *Fuldenses*, 329. — *Metenses*, 343.

779. soumirent les premiers; tous ceux du Bardengaw et plusieurs des Nordleutes furent baptisés; les Angariens et les Ostphaliens vinrent ensuite trouver le roi au château de Medfull, sur les bords du Weser. Ils lui amenèrent des otages, et prêtèrent de nouveau entre ses mains les sermens qu'ils avoient déjà violés à plusieurs reprises. (1)

Ce fut alors, à ce qu'il paroît, que Charles, pour établir plus solidement le christianisme en Saxe, et pour dompter cet esprit d'indépendance que les peuples avoient si long-temps conservé, institua ces riches et puissantes prélatures germaniques, investies de presque tous les droits de la souveraineté, et qui pendant dix siècles ont soumis une nation belliqueuse à la domination des prêtres et des moines. Selon les Annales du comte Nibelung, « Charles « divisa la patrie des Saxons entre les prêtres « ou les abbés et les évêques, pour qu'ils y prê- « chassent et qu'ils y baptisassent. » Ces gouverneurs ecclésiastiques lui parurent plus fidèles et moins remuans que les comtes militaires qu'il donnoit aux autres pays; l'expérience montra qu'ils n'étoient cependant pas moins ambitieux.

780. Pendant l'hiver Charles avoit ramené son armée sur la gauche du Rhin, et avoit séjourné à Worms; mais dès le retour de la belle sai-

---

(1) *Eginhardi*, p. 204, et cæteri. Ib.

son, il rentra en Saxe à la tête de ses guerriers; il visita la forteresse d'Ehresburg, et remonta aux sources de la Lippe. Tournant ensuite au levant, il s'établit sur les bords du fleuve Obacre, au lieu nommé Ohrheim, où il avoit donné rendez-vous aux Saxons orientaux. Ceux-ci s'y trouvèrent en grand nombre, et y reçurent le baptême avec autant de soumission et aussi peu de foi que de coutume. Charles s'approcha ensuite de l'Elbe, et, établissant son camp au confluent de l'Ohre et de l'Elbe, il y passa quelque temps pour régler les différends des Saxons qui habitoient sur la rive gauche de ce fleuve, avec les Vénèdes ou Esclavons qui habitoient sur la rive droite. La conquête de la Saxe lui paroissoit ainsi terminée; il avoit pénétré jusqu'à son extrême frontière, et il avoit acquis pour voisins une race d'hommes nouvelle, parlant un autre langage, animée par d'autres sentimens et d'autres passions. Après avoir établi des traités de paix et de bon voisinage entre ces Esclavons, limitrophes des Saxons, et les Francs, il ramena son armée en France, et la licencia. (1)

780.

(1) *Eginhardi*, *Annal*. p. 204, et cæteri ad ann.

## CHAPITRE III.

*Suite du règne de Charles jusqu'à la suppression du duché de Bavière. 780 — 788.*

L'ÉCLAT des victoires que Charles avoit remportées, l'importance de ses conquêtes et les changemens que sa grandeur nouvelle apportoient à la balance des empires dans tout l'univers, avoient réveillé l'attention de tous ceux qui consacroient quelque partie de leur temps aux études. Ils sentoient que les monumens d'événemens aussi extraordinaires devoient être transmis aux âges à venir, et ils inscrivoient avec bien plus de régularité qu'ils ne l'avoient fait précédemment, dans leurs annales, dans les registres surtout des couvens, un précis des guerres et des victoires de chaque année. Ils s'efforçoient cependant de le faire à peu près en aussi peu de mots que s'ils avoient dû les graver sur la pierre. Cette économie des paroles lorsqu'il s'agissoit de garder la mémoire des plus étranges révolutions, est déjà un caractère de ce siècle qui nous révèle l'esprit des contemporains. Soit que le travail d'exprimer en latin les actions journalières de leurs compatriotes parût aux moines trop pénible, pour que dans une année ils pussent jamais passer les quinze ou vingt lignes qu'ils consacroient tout au plus au récit des plus grandes catastrophes, soit que de plus grands détails ne parvinssent jamais dans l'intérieur de leur couvent, on sent également combien à cette époque toute opinion publique devoit être morte, combien tout sentiment patriotique devoit être étouffé, lorsque les âmes des contemporains n'étoient pas plus remuées par les circonstances mêmes d'où devoient dépendre leur bonheur ou leur malheur.

Les sujets de Charles, les guerriers de Charles devoient ressentir bien peu d'enthousiasme pour la soumission de l'Italie ou de la Saxe, de la Marche d'Espagne ou des bords du Danube, puisque aucune trace de cet enthousiasme ne s'est conservée dans un grand nombre de chroniques écrites au moment même de leur triomphe; et comme les calamités de la guerre étoient toujours les mêmes, quoique les jouissances des victoires fussent bien moins vives, on pourroit en conclure que le règne de Charles fut une période d'assez grande souffrance, puisque ses sujets achetoient par de grands sacrifices des succès dont ils ne savoient point jouir.

Il est difficile de consulter les historiens sur la condition de la nation à cette époque. Les moines qui nous ont laissé des chroniques ne s'apercevoient pas même de son existence; ils ne parloient jamais du gouvernement intérieur, non plus que des opinions dominantes, des désirs, des besoins, des peines du peuple : les expéditions militaires sont le seul événement dont ils se soient crus obligés de consigner le souvenir dans leurs écrits : et comme chaque campagne reculoit les frontières de la monarchie, chaque campagne portoit aussi l'histoire des Francs plus loin de la France. Au commencement de ce règne, on voit Charles agir tour à tour sur l'Allemagne, l'Italie et l'Espagne. A la fin du même règne, nous devons suivre ses relations avec les Danois, les Esclavons, les Grecs et les Musulmans; son histoire se compose ainsi de tout ce qui se passoit à une grande distance de son pays, tandis que l'ancienne France, la Gaule surtout, est absolument oubliée; et comme ses soldats étoient levés presque exclusivement dans les provinces germaniques, aucune partie de l'Europe n'est plus rarement mentionnée dans toute la durée du règne de Charlemagne, que celle qui porte aujourd'hui le nom de France.

C'est aux recueils de lois que nous devons recourir, pour suppléer au silence des historiens; et ceux-ci nous expliquent en partie, ou plutôt encore, nous laissent deviner comment la nation des Francs, la nation des Gaulois disparoissoient des pays où elles avoient dominé; comment la suite immédiate d'un règne signalé par les plus brillantes victoires, fut un état si étrange d'épuisement, qu'aucun pays où Charles avoit régné n'eut la force de résister aux plus méprisables ennemis.

En effet, les lois seules nous donnent quelque indication d'une révolution importante à laquelle la grande masse du peuple fut exposée à plusieurs reprises dans toute l'étendue des Gaules, révolution qui, s'étant opérée sans violence, n'a laissé aucune trace dans l'histoire, et qui doit cependant expliquer seule les alternatives de force et de foiblesse dans les états du moyen âge. C'est le passage des cultivateurs de la condition libre à la condition servile. L'esclavage étant une fois introduit et protégé par les lois, la conséquence de la prospérité, de l'accroissement des richesses, devoit être toujours la disparition de toutes les petites propriétés, la multiplication des esclaves, et la cessation absolue de tout travail qui ne seroit pas fait par des mains serviles. Chaque fois que le pays devenoit la proie d'une conquête nouvelle, il s'y établissoit un certain nombre de vigoureux soldats qui ne méprisoient point, comme les vaincus, les travaux des champs, et qui, en posant l'épée, se montroient empressés à reprendre la bêche; mais dès la seconde ou la troisième génération, les fils de ces soldats ne vouloient pas être confondus avec des esclaves; ils cessoïent de travailler, et s'ils ne pouvoient se maintenir dans l'oisiveté par le travail d'autrui, ils vendoient leur petit héritage à quelque riche voisin; ils alloient aux armées, leur famille s'éteignoit, et toutes les petites propriétés disparoissoient, de même que toute la classe des hommes libres, tandis que le nouvel acquéreur augmentoit le nombre de ses esclaves. Ainsi, Clovis avoit introduit des cultivateurs libres dans les Gaules, ils disparurent pendant le règne de ses petits-fils; Pepin l'ancien et Charles Martel en avoient amené de nouveaux, ils disparurent sous Charles, et la totalité des champs de la Gaule ne fut plus cultivée que par des esclaves. Cependant la révolution ne s'opéra pas dans les personnes, mais dans les propriétés; les familles, à un petit nombre d'exceptions près, ne furent pas dégradées, mais elles s'éteignirent; les achats, les échanges, les concessions de terre changèrent bien plus l'état des Français que l'épée n'auroit pu le faire.

Plus le roi des Francs étendoit ses conquêtes, plus il avoit de terres disponibles dont il pouvoit gratifier ses serviteurs, plus leur ambition s'accroissoit aussi, et plus ils demandoient de lui des concessions considérables. Dans les idées de ce siècle, la juridiction, la souveraineté

même se confondoient tellement avec la propriété, que chacun des duchés, des comtés, des seigneuries qu'il accordoit à quelqu'un de ses capitaines, n'étoit pas seulement un gouvernement, c'étoit aussi un patrimoine, plus ou moins couvert d'esclaves qui travailloient pour leur maître. Peut-être Charles fit-il des milliers de ces concessions à des laïques; mais les titres des propriétés patrimoniales ne sont conservés avec soin que par ceux qui y ont un intérêt, et aucune famille ne pouvant prouver qu'elle existoit déjà du temps de Charlemagne, aucune n'a pu produire des titres aussi anciens. Les couvens, les églises qui se sont conservés sans altération, ont beaucoup mieux préservé leurs titres. En effet, nous trouvons dans dom Bouquet près de cent chartres accordées par ce monarque à des monastères; tantôt avec des concessions de terres nouvelles, « avec tous leurs
« habitans, leurs maisons, leurs esclaves, leurs
« prés, leurs champs, leurs meubles et leurs
« immeubles » (1); tantôt pour confirmer les concessions faites aux lieux saints, par d'autres hommes pieux, et pour empêcher « qu'aucuns
« juges ou commissaires royaux ne prétendent
« exercer aucune autorité sur les villes et les

(1) Voyez, entre autres, une Chartre accordée en 775 à Saint-Denis. D. Bouquet. T. V, p. 736.

« cours qui dépendent de l'Eglise » (1). C'est ainsi que la plus grande partie de la France se trouvoit devenue le patrimoine ou des seigneurs ou des prélats ; la richesse dès lors ne se comptoit plus que par têtes d'esclaves ; plusieurs milliers de familles devoient travailler pour nourrir un courtisan ; et le savant Alcuin, que Charles avoit enrichi par ses libéralités, mais qui ne pouvoit cependant le disputer en opulence et en pouvoir aux ducs et aux évêques de sa cour, avoit, à ce que nous apprenons de l'évêque Alipand, vingt mille esclaves sous ses ordres. (2)

Mais outre les vastes patrimoines, les immenses seigneuries accordées par les rois aux premiers conquérans ou aux courtisans qui avoient obtenu la faveur de leurs maîtres, outre les héritages des hommes libres achetés par les riches, et réunis à leurs propriétés, ou ceux que les puissans avoient usurpés, et que de simples soldats ne pouvoient se faire rendre ; outre ces possessions presque sans bornes, que l'Église tenoit de la générosité des rois, de celle des nobles, de celle de tous les pécheurs et de tous les saints, possessions qui s'accroissoient à chaque génération, et qui ne s'aliénoient jamais, une

(1) Voyez une Chartre accordée la même année à Saint-Martin. *Ib*. p. 737.
(2) *Præf. ad Elipand. epist.* 37, *apud* Fleury, *Hist. ecclés.* Liv. XLV, chap. 17.

partie très-considérable du territoire appartenoit toujours à la couronne. Il nous reste un capitulaire sans date, de Charles, et le plus curieux de tous peut-être, qu'il publia avant d'être empereur, pour régler l'économie de ses terres, ou, comme elles sont appelées, des villes et des cours royales. Celles-ci étoient distribuées dans toutes les provinces, et habitées par plusieurs milliers de serfs et de fiscalins; leurs rentes constituoient la part la plus essentielle des revenus royaux. Un juge étoit assigné par le roi à chacune de ces communautés, et ce juge étoit chargé de toute l'administration économique, depuis la nourriture des poules et des oies autour des moulins, et la vente des œufs, jusqu'à la distribution des ouvriers dans tous les arts mécaniques; depuis le partage des chanvres et des laines que le juge doit donner aux femmes pour filer, jusqu'aux approvisionnemens qui doivent servir pour la maison de l'empereur dans ses voyages ou pour la nourriture de l'armée. On a souvent loué Charles de cet esprit d'ordre et d'économie qu'il avoit appliqué jusqu'aux plus petits détails de l'administration. On oublie que ce capitulaire sur les villes royales régissoit peut-être les habitans du quart de la France, et qu'il servoit tout au moins d'exemple aux seigneurs laïcs et ecclésiastiques pour régir les trois autres quarts. Personne n'a remarqué combien la condition des fiscalins ou des esclaves soumis à une telle législation devoit être dure ; tandis qu'ils étoient dirigés, dans tous les détails de la vie domestique, par ces espèces d'intendans qu'on nommoit juges, et qu'ils étoient privés de tout libre arbitre, comme de toute espérance. On a cherché encore dans ce capitulaire un monument de ce qui restoit de civilisation en France. En effet, Charles en pourvoyant aux jouissances du maître et de sa cour, indique combien d'arts différens doivent être cultivés dans chaque résidence royale, combien de cultures variées doivent être maintenues dans les champs. Il fait une énumération des différens fruits, des différens légumes dont on ne doit jamais laisser perdre les espèces, et leur liste n'est peut-être pas fort inférieure à celle que pourroit faire aujourd'hui un habile jardinier. Mais la civilisation est sur le point de s'anéantir quand ses jouissances sont réservées à une classe infiniment peu nombreuse. Les esclaves ne connoissoient aucuns des goûts qu'ils devoient satisfaire dans leur maître ; ils n'avoient aucun intérêt à les entretenir, et dès que la baguette du juge cessa de les menacer, ils renoncèrent à cette industrie fatigante qui leur étoit imposée. (1)

Ne perdons jamais de vue qu'à cette époque

(1) *Capitulare de villis. Caroli Magni.* T. I, p. 531-542.

la nation des Francs se composoit des seuls propriétaires d'hommes et de terres; eux seuls étoient riches, étoient indépendans, étoient consultés sur les affaires publiques, admis au Champ de Mai, et appelés dans les armées. Leur nombre égaloit, surpassoit même peut-être celui des gentilshommes anglais, qui aujourd'hui sont aussi seuls en possession de la souveraineté nationale comme du territoire. Ce nombre cependant étoit bien petit lorsqu'il s'agissoit de défendre le pays. Qu'on ne s'étonne donc point si la grande masse du peuple étoit à peine aperçue, si elle ne prenoit aucun intérêt à ses affaires, si elle ne trouvoit en elle-même ni force ni pensée, si enfin la nation passa en un instant du faîte de la puissance au dernier abaissement. Quelques milliers de gentilshommes perdus parmi quelques millions d'esclaves abrutis, et qui n'appartenoient plus ni à la nation, ni à la patrie, ni presque à l'humanité; quelques milliers de gentilshommes ne pouvoient rien faire seuls pour conserver à la France ou ses lois, ou sa puissance, ou sa liberté.

Cette confusion malheureuse des droits de souveraineté et de ceux de propriété, cette déplorable économie qui cultivoit et qui mettoit en valeur une province tout entière, par le moyen d'esclaves, contribua aussi à mettre en contradiction les prétentions des souverains et celles des papes, et à jeter les germes d'inextricables difficultés dans les concessions mêmes faites au saint-siége par Pepin et par Charles.

Au moment de la conquête de l'Italie, et avant même que Didier eût été fait prisonnier, nous avons vu que le pape Adrien Ier s'étoit fait confirmer par Charles la donation de Pepin, et celle-ci avoit probablement été habilement étendue, sans que le guerrier, qui connoissoit mal la géographie d'un pays qu'il n'avoit pas encore achevé de soumettre, comprît bien ce qu'on lui demandoit. En effet, si la donation de Charles avoit transmis au saint-siége, comme on l'a prétendu, l'Exarquat, la Vénétie, l'Istrie, les duchés de Spolète et de Bénévent, de Parme, de Reggio, de Mantoue, de Monselice et la Corse, il ne seroit presque rien resté du royaume des Lombards (1). Mais Charles ne se fut pas plutôt assis sur le trône de Didier, qu'Adrien commença à réclamer les *justices* promises à saint Pierre par le donateur, justices qui n'avoient jamais été livrées. « Très-bon, « très-doux, très-excellent fils que Dieu a établi « roi, lui écrivoit-il, je te supplie, je te demande avec instance et avec la même confiance que si j'étois devant toi, d'accomplir « au plus tôt cette donation que, pour le bien de « ton âme, tu as promis de faire à saint Pierre,

---

(1) *Muratori Annali d'Italia*, ann. 774.

« le portier des cieux, afin qu'à son tour ce
« prince des apôtres t'aide et te seconde auprès
« de la Majesté divine (1). — Surtout, notre
« doux fils, disoit-il dans une autre lettre,
« nous recourons à toi contre ce perfide semeur
« de zizanie, cet ennemi du genre humain, Re-
« ginald, auparavant châtelain de Félicité, et
« qui prétend aujourd'hui être duc de Cluse;
« car il ne cesse, par ses iniques tentatives, d'af-
« fliger la sainte mère l'Église, et nous-même,
« en s'efforçant de retrancher à saint Pierre
« ces dons que tu lui as faits » (2). Nous
avons vu que les villes royales, ou les possessions de la couronne, étoient gouvernées en
France par des juges; il est donc probable que
dans les donations faites à saint Pierre, elles
avoient été désignées par le nom de justices.
Cependant Charles n'avoit jamais entendu renoncer à la souveraineté de ces vastes pays; et
en effet, il continua à les gouverner; les ducs
qu'il donnoit aux provinces n'entendoient pas
davantage que l'Église s'en attribuât la propriété
territoriale; de sorte qu'ils résistoient au pape
de toutes leurs forces. Les évêques, les archevêques, et surtout Léon, archevêque de Ravenne, avoient représenté à Charles que sa
donation pieuse étoit accomplie lorsqu'il aban-

780.

(1) *Codex Carolinus* epist. 53. — *Hadriani* 7$^{ma}$, p. 551.
(2) *Ibid.* epist. 60. — *Hadriani* 8$^{va}$, p. 552.

donnoit aux églises les seigneuries qu'il avoit promises à Dieu; mais qu'il ne devoit pas ruiner une église pour en enrichir une autre; qu'ainsi les propriétés qu'il abandonnoit à Dieu dans le diocèse de Ravenne, devoient demeurer à l'église de Ravenne, et non à celle de Rome; et les prélats se joignoient ainsi aux seigneurs pour repousser les demandes du pape.

Au milieu de ces prétentions opposées, il est devenu impossible de comprendre ce que Charles avoit réellement voulu céder à l'Église romaine, et peut-être aucun des contractans ne s'en fit-il jamais une juste idée. Soit que ce fût cependant des terres avec leurs laboureurs esclaves, des gouvernemens, ou une souveraineté, il devenoit nécessaire de s'entendre, et Charles sentit le besoin de se rendre de nouveau à Rome, pour réconcilier Adrien et les ducs lombards, avec lesquels le chef de l'Église étoit sans cesse en hostilité. Les lettres d'Adrien qui nous ont été conservées, nous le montrent constamment occupé de noircir tous les lieutenans de Charles dans l'esprit de leur souverain. Les ducs lombards, de leur côté, accusèrent le père commun des fidèles, d'autoriser le commerce scandaleux des esclaves que les Sarrasins venoient faire sur les côtes d'Italie. Ils dirent à Charles que, loin d'avoir pourvu au salut de son âme, lorsqu'il avoit accordé à l'Église d'immenses terres chargées d'esclaves, il s'étoit au contraire rendu responsable du crime nouveau qu'il donnoit occasion de commettre; car ces esclaves chrétiens, vendus ensuite par les prêtres aux infidèles, étoient exposés à apostasier. Charles, qui commençoit à connoître un peu mieux la cour de Rome, et à croire moins implicitement à la pureté de sa conduite, écrivit au pape avec beaucoup de chaleur sur cette infamie. Adrien, dans sa réponse qui nous a été conservée, s'efforce de faire retomber l'accusation portée contre lui sur ses accusateurs.

« Nous trouvons aussi dans vos lettres, lui
« dit-il, ce que vous dites sur la vente des es-
« claves, comme si c'étoient nos Romains qui
« les eussent vendus à la race infâme des Sarra-
« sins : mais jamais, et Dieu nous en garde,
« nous n'étions descendus à un pareil crime,
« ou nous n'y avions donné notre consente-
« ment; c'est sur le rivage des Lombards que
« les exécrables Grecs naviguent, c'est avec les
« Lombards qu'ils ont fait amitié, c'est là qu'ils
« achètent leur famille et qu'ils se procurent
« des esclaves. Nous avons même sommé le duc
« Allo d'assembler ses vaisseaux, de saisir ces
« Grecs et de brûler leurs navires; mais il n'a pas
« voulu se conformer à nos ordres, et pour nous
« qui n'avons ni vaisseaux ni matelots, nous
« n'avons pu les saisir. Cependant pour empê-

« cher ce crime, autant qu'il étoit en nous,
« nous avons fait brûler les vaisseaux des Grecs
« qui se trouvoient dans notre port de *Centum*
« *Cellæ* (Civita-Vecchia), et nous avons retenu
« ces Grecs long-temps en prison. Les Lom-
« bards, il est vrai, ont vendu un très-grand
« nombre d'esclaves, car la misère et la faim
« les y forçoient : plusieurs mêmes des Lom-
« bards montoient d'eux-mêmes sur les vais-
« seaux des Grecs, pour se livrer à eux, car il
« ne leur restoit aucun autre moyen de con-
« server leur vie. Quant à nos prêtres, ce qu'on
« a osé vous suggérer faussement contre eux,
« au préjudice de Dieu et de leur âme, est un
« mensonge inique, et votre sublimité ne doit
« point croire que nos prêtres aient encouru
« une telle souillure. » (1)

Adrien avoit aussi cherché à indisposer Charles contre le duc de Spolète, Ildebrand ; mais celui-ci s'étoit rendu à Compiègne, pendant l'hiver de 779 ; il avoit apporté au roi des présens considérables, et il avoit été de nouveau reçu en grâce (2). Il avoit cependant pressé lui-même Charles de visiter incessamment l'Italie - celui-ci désiroit aussi suivre de plus près les négociations qu'il avoit entamées avec l'impératrice Irène, qui venoit de succéder à Léon IV,

(1) *Codex Carolin.* ep. 65. — *Hadriani*, ep. 12, p. 557.
(2) *Annales metens.* p. 343, et cæteri.

son mari, sur le trône des Grecs, et en même temps appuyer de l'autorité pontificale celles qu'il entretenoit avec Tassilon, duc de Bavière. Il s'agissoit de faire épouser Rothrude sa fille, à l'auguste Constantin V, et d'engager Tassilon à donner des gages de sa fidélité. Charles partit donc pour l'Italie, avec sa femme et ses enfans, et il passa l'hiver à Pavie.

780.

Au printemps de l'an 781, Charles se rendit à Rome, et il s'y trouva aux fêtes de Pâques, qui tomboient cette année sur le 15 avril. Il conduisoit avec lui deux de ses fils, dont l'un n'avoit pas encore reçu le baptême : Adrien le baptisa lui-même, et fut aussi son parrain; il changea son nom de Carloman en celui de Pepin, et après cette cérémonie, il le sacra comme roi de Lombardie; il sacra en même temps le second nommé Louis, Chlotwig, ou Clovis, comme roi d'Aquitaine. Charles, appelé presque constamment à vivre et à combattre sur la frontière d'Allemagne, crut qu'il assureroit mieux l'obéissance des peuples nouvellement soumis, et qui regrettoient leur indépendance, s'il établissoit au milieu d'eux, avec deux fantômes de rois, deux cours et deux gouvernemens. (1)

781.

L'orgueil des Grecs ne pouvoit admettre qu'un roi barbare fût l'égal d'un de leurs em-

(1) *Eginhardi Annal.* p. 204, et cæteri.

pereurs ; cependant la puissance de Charles, qui s'étendoit déjà sur la plus grande partie de l'ancien empire d'Occident, pouvoit rendre son alliance désirable au souverain de Constantinople ; et dans ce moment, les révolutions survenues à cette cour augmentoient le besoin qu'elle pouvoit sentir d'un appui étranger. Pendant soixante ans, trois souverains de nation isaurienne avoient occupé le trône de l'Orient. Ces montagnards, plus simples que les Grecs dans leurs mœurs, plus énergiques dans leur caractère, plus étrangers aux arts, et plus ennemis de la superstition, avoient vu avec indignation le christianisme dégénérer en idolâtrie. Le culte des images leur paroissoit une rébellion contre la Divinité ; le travail des moines, pour encourager leur invocation et faire attendre d'elles une assistance miraculeuse, étoit une attaque journalière contre la raison et la morale. Les empereurs se figurèrent qu'ils réformeroient l'Église par leurs édits, et ils voulurent arrêter la superstition par des menaces, des rigueurs et des supplices. La passion religieuse qu'ils combattoient n'en acquit que plus de force ; et eux-mêmes, égarés par l'animosité d'une longue lutte, ils outrepassèrent toute borne, et ils se rendirent odieux à une grande partie de leurs sujets par leur intolérance. De l'an 717 à l'an 780, le règne des empereurs iconoclastes,

Léon III, Constantin IV, et Léon IV, fut sans cesse ébranlé par des séditions. Les moines entraînoient presque toujours leurs sujets à la révolte, et lorsqu'ils étoient ensuite punis de leur audace, le peuple leur rendoit un culte comme à des martyrs. Aigri par leurs prédications, leurs injures et leurs complots, Léon IV poussa la persécution jusqu'à envoyer au supplice plusieurs des adorateurs des images. Au plus fort de son ressentiment, il découvrit dans le lit même de sa femme, au mois de février 780, deux images auxquelles elle avoit rendu un culte secret. Léon punit avec cruauté ceux qui avoient introduit dans son propre palais la superstition qu'il avoit en horreur; il repoussa Irène de son lit; il se préparoit à lui faire son procès, peut-être à la faire périr, lorsque tout à coup sa tête se couvrit de pustules noires au lieu où elle avoit touché une couronne consacrée à Dieu, qu'il avoit voulu porter; il fut saisi par une fièvre ardente, et il mourut en peu d'heures. C'est ce que tous les historiens ecclésiastiques ont appelé un miracle, qui vengeoit la Divinité offensée. (1)

Irène, après avoir accompli ce miracle, qui

---

(1) *Theophanes Chronographia. Byzant. Ven.* T. VI, p. 304. — *G. Cedrenus Histor.* part. II, p. 370; T. VIII. — *Jo. Zonaræ. Annal.* Liv. XV, p. 90, T. X. — *Baronii Annal. eccl.* 780, 781, T. IX, p. 343. — *Pagi critica*, T. III, p. 358.

seul peut-être pouvoit la sauver, n'étoit pas hors de tout danger. Elle se fit couronner avec son fils Constantin V, qui n'étoit âgé que de dix à douze ans, et elle se réserva toute l'autorité ; mais elle avoit contre elle tous les grands, jaloux du pouvoir d'une femme; tous les partisans des derniers empereurs, qui ne croyoient pas facilement aux miracles qui font mourir si à propos les rois ; tout le haut clergé iconoclaste, tous les fonctionnaires publics élevés au pouvoir par ses prédécesseurs, et tous les Isauriens. Irène chercha un appui dans la populace que dirigeoient les moines, et dans le grand monarque des Latins. Elle rétablit avec pompe le culte des images, elle honora comme des martyrs tous ceux qui avoient souffert sous les iconoclastes; elle enferma dans des couvens les frères de son mari, elle en fit périr quelques autres qu'elle accusa de conjuration, et elle obtint ainsi une haute réputation de piété et de zèle pour l'orthodoxie. D'autre part elle envoya au roi des Francs deux ambassadeurs pour lui demander sa fille aînée en mariage. Cette princesse, que les Francs nommoient Rothrude, nom que les Grecs traduisirent par celui d'Érytrée, étoit née en 773, et âgée seulement de huit ans : après que le contrat eut été signé et confirmé par des sermens, l'eunuque Élysée fut placé auprès d'elle pour lui enseigner la langue et les lettres grecques, en attendant qu'elle fût en âge de passer à la cour de Constantinople. (1)

La négociation avec Tassilon eut un égal succès. Charles, inquiet du mécontentement secret de ce duc, le plus éloigné et le plus puissant de ses feudataires, et le plus rapproché des Saxons et des Esclavons, ses seuls ennemis, engagea le pape Adrien à lui envoyer deux évêques, qui, joints à ses propres ambassadeurs, rappelassent au duc de Bavière les sermens qu'il avoit prêtés à Pepin, à ses fils et au peuple des Francs. Tassilon fut touché, ou des discours de ces envoyés, ou de cette marque de considération; il se déclara prêt à se rendre à la cour du roi des Francs, pourvu qu'on lui donnât des otages qui répondissent de sa sûreté. Charles consentit à lui en envoyer, mais il en demanda d'autres en retour, qui garantissent la fidélité du duc de Bavière; puis, comme il avoit lui-même repris par Milan la route de la France germanique, il donna rendez-vous à Tassilon, au palais de Worms, où il reçut ses sermens. (2)

Charles passa tout l'hiver dans son palais de

---

(1) *Idem loco cit. et Chronic. Nibelung. com.* p. 27. — *Moissiacens.* p. 71. — *Saxonic.* p. 344.

(2) *Eginhardi Annal.* p. 205. — *Petaviani*, 15. — *Tiliani*, 20. — *Loiseliani*, 42. — *Lambeciani*, 65. — *Moissiacens.* 71. — *Fuldenses*, 329. — *Metenses*, 344.

782.

Worms, jusqu'aux Pâques de l'an 782. Mais dès que l'abondance des fourrages du printemps permit les mouvemens de la cavalerie, il convoqua l'assemblée nationale du Champ de Mai, auprès des sources de la Lippe (Lippspring, près de Paderborn). Il n'y avoit eu encore aucun trouble en Saxe, mais il jugeoit nécessaire de déployer de nouveau, aux yeux de ce peuple si récemment soumis, tout l'appareil des forces de la France. Il passa le Rhin à Cologne avec son armée, et il la conduisit en un seul corps, au lieu qu'il avoit assigné aux Francs pour leurs délibérations, et aux puissances étrangères pour la rencontre de leurs députés. Les ambassadeurs de Sigefrid, roi des Danois, ceux du Chagan des Avares, et du Vigurre, prince des Huns, se rendirent au camp de Charles sur la Lippe, et se retirèrent ensuite après avoir renouvelé leurs traités avec les Francs; les Saxons se soumirent à recevoir une administration en tout pareille à celle de la France. Charles choisit parmi leurs chefs et leurs petits rois, ceux à qui il voulut confier l'administration de leurs divers districts, avec le titre de comtes; il rendit justice à ceux qui avoient quelque occasion de se plaindre, il calma les ressentimens privés qui pouvoient dégénérer en hostilités nationales, et croyant n'avoir laissé derrière lui aucune semence de discorde, il ramena son armée en

France, et la licencia après avoir repassé le Rhin. (1)

Mais le plus illustre des Saxons, le chef qui avoit seul le talent de les rallier pour la défense nationale, Wittikind, n'avoit point attendu Charles dans sa patrie. Il s'étoit retiré chez les Normands, c'est-à-dire dans quelque partie de la Germanie septentrionale ou de la Scandinavie. Dès qu'il fut averti que Charles avoit repassé le Rhin, il revint parmi ses compatriotes, et profitant de leur aversion pour les institutions étrangères qu'on venoit d'implanter parmi eux, il les engagea à reprendre les armes, en leur promettant les secours des peuples germains qui avoient conservé leur liberté. Le roi franc ignoroit ces mouvemens secrets; mais il avoit appris que les Sorabes, peuple Esclavon qui habitoit entre l'Elbe et la Sala, avoient envahi les frontières voisines de la Thuringe et de la Saxe, et qu'ils y signaloient leur marche par le pillage et l'incendie. Il fit partir aussitôt pour leur tenir tête, trois de ses officiers, Adelgise, *cubiculaire* ou chambellan; Geilon, comte de l'étable, et Worad, comte du palais; car déjà les fonctions serviles qui attachoient à la personne même du monarque étoient regardées comme des distinctions honorifiques, et donnoient un titre

(1) *Id. Ibid. et Nibelung*, p. 27. — *Poeta saxon.* Lib. II, v. 13, p. 145.

au commandement des armées. Il leur ordonna de rassembler sur les lieux mêmes les Austrasiens et les Saxons intéressés à réprimer les brigandages des Slaves. Ces trois officiers arrivés sur la frontière de la Saxe, y apprirent le soulèvement des Saxons et le retour de Wittikind; ils renoncèrent alors à combattre les Slaves, et ils entrèrent dans la Saxe avec les seuls Austrasiens; bientôt ils y furent joints par le comte Théderic, proche parent du roi, qui, sur la nouvelle de l'armement de Wittikind, avoit appelé à lui les Francs ripuaires, et avoit passé le Rhin à leur tête, pour mettre obstacle à la rébellion.

Les lieutenans de Charles, ayant reconnu que les Saxons étoient campés au nord du mont Sonnethal, près du village de Munder, dans le duché actuel de Brunswick (1), s'en approchèrent en deux divisions; le comte Théderic sur l'une des rives du Weser, les trois grands officiers du palais sur l'autre; mais ceux-ci, qui se flattoient d'obtenir seuls une gloire qu'ils ne vouloient pas partager avec le comte, au lieu de concerter ensemble leurs projets, s'efforcèrent de n'avoir rien de commun avec lui. Sans le prévenir ils attaquèrent seuls les Saxons, contre lesquels ils marchoient comme à une victoire certaine: en effet, leurs troupes animées par

(1) *Notæ ad Poetam saxon.* p. 146.

l'espoir des dépouilles qui leur avoient été promises, au premier choc enfoncèrent les ennemis; mais en avançant toujours au milieu d'eux, elles se trouvèrent enveloppées; elles perdirent alors courage, et furent presque toutes massacrées. Adalgise et Geilon, avec quatre comtes et vingt des plus nobles chefs de l'armée, furent au nombre des morts. Ceux qui se dérobèrent au carnage par la fuite, au lieu de regagner leur camp, traversèrent la rivière, et vinrent jeter l'alarme dans celui du comte Théderic, qui eut le temps de se retirer sans être entamé. Pendant ce temps Charles assembloit son armée, et avant la fin de la belle saison il entra en Saxe et vint tracer son camp au confluent de l'Aller et du Weser. Les armées qui avoient vaincu ses lieutenans s'étoient dissipées, Wittikind s'étoit retiré chez les Normands, les Francs n'avoient éprouvé nulle part de résistance, et les seigneurs saxons, obéissant aux sommations de Charles, se rendirent tous auprès de lui aux comices des Francs. Là, d'une commune voix, ils accusèrent Wittikind d'avoir seul excité leurs compatriotes à la révolte; mais Charles ne voulut point se contenter de ces excuses, il exigea qu'on lui livrât tous ceux qui avoient pris les armes dans la dernière campagne. Les comtes saxons n'hésitèrent point en effet à remettre au monarque irrité ces courageux patriotes, au nombre de quatre mille cinq cents, et Charles, en un même jour, au lieu nommé Verden sur le fleuve Aller, leur fit trancher à tous la tête. Il se retira ensuite dans son palais de Thionville, pour y passer l'hiver, et il y célébra successivement les fêtes de Noël et celles de Pâques. (1)

Cette sanglante exécution est racontée par tous les anciens historiens, sans qu'ils témoignent à cette occasion ni étonnement ni désapprobation, ou qu'ils cherchent en aucune manière à en motiver la cruauté. Il est juste de remarquer cependant qu'elle ne ressemble point aux autres actions de Charlemagne, et qu'il se distingue avantageusement entre tous les rois ses prédécesseurs et ses successeurs, par sa douceur envers les peuples conquis. Le plus souvent il les gouvernoit d'après leurs propres lois et avec leurs propres magistrats : aussi sa cour étoit-elle presque autant composée de Lombards, de Saxons, de Visigoths, de Bavarois, que de Francs. S'il s'éloigna à l'égard des Saxons, et après une lutte opiniâtre, de sa politique accoutumée, il eut bientôt lieu de se convaincre que la cruauté est un moyen aussi imprudent qu'immoral de

(1) *Eginhardi Annal.* p. 205. — *Annal. Petaviani*, p. 15. — *Tiliani*, 20. — *Nibelung*, 27. — *Loisel.* 42. — *Moissiac.* 71. — *Fuldenses*, 329. — *Metenses*, 344. — *Poeta saxon.* Lib. II, v. 28-100, p. 145.

gouverner les peuples. Les Saxons qui étoient presque soumis se révoltèrent de toutes parts. Cependant un roi recule rarement quand il est entré dans cette carrière funeste, et à dater de cette époque le règne de Charles fut bien plus souvent ensanglanté, tantôt par le supplice des vaincus, tantôt par celui de ses ennemis domestiques. On a attribué en partie ce changement à l'influence des femmes qui l'approchoient. Dans l'année 783, Charles perdit sa femme et sa mère. La première, Hildegarde, mourut le 30 avril; la seconde, le 12 juillet. Fartrade, née chez les Francs austrasiens, et fille du comte Radolf, que Charles épousa la même année, étoit, à ce qu'assure Eginhard, d'un caractère hautain et cruel. (1)

Charles étoit encore à Thionville lorsqu'il fut informé des mouvemens des Saxons; il rassembla aussitôt son armée, passa le Rhin, et s'avança dans leur pays. Jusqu'alors les Saxons avoient quelquefois attaqué avec avantage ou surpris ses lieutenans, mais ils n'avoient point osé lui tenir tête à lui-même. Cette fois, le ressentiment leur donna de l'assurance; ils l'attendirent de pied ferme à Theutmold, aujourd'hui Dethmold, près de la montagne d'Osnegg. Le succès ne répondit point à leur courage; leur

782.

783.

(1) *Eginhardi Annal.* p. 206. *Vita*, cap. 20, p. 97, et cæteri ut supra.

783. obstination leur fut plus fatale que ne l'avoit été leur foiblesse; presque tout ce qui se trouvoit sur le champ de bataille fut taillé en pièces. Leur résistance cependant avoit sans doute fait éprouver à Charles des pertes sévères, car après sa victoire il se retira à Paderborn, pour y attendre les renforts qui lui arrivoient de France. Les Saxons, de leur côté, n'espérant plus rien de la miséricorde du vainqueur, rassembloient une nouvelle armée sur les bords de la rivière Hase, dans la contrée des Westphaliens, non loin du site où est bâti aujourd'hui Osnabruck. Un mois ne s'étoit pas écoulé depuis la bataille de Dethmold, que Charles fut en état de venir les y chercher. Il les joignit sur les rives de la Hase, et les vainquit pour la seconde fois. Une partie de l'armée saxonne périt sur le champ de bataille, une autre fut emmenée en captivité, et les Francs ravageant tout le pays, s'étendirent au levant jusqu'au Weser et jusqu'à l'Elbe. Après cette victoire, Charles ramena sur le Rhin son armée chargée de dépouilles, et la congédia, tandis qu'il passa lui-même l'hiver au château d'Héristal avec sa nouvelle épouse. (1)

784. Encouragé par ces deux sanglantes victoires,

(1) *Eginhardi Annal.* p. 206. — *Ejusd. vita,* cap. 8, p. 92. — *Annales Petaviani,* 15. — *Tiliani,* 20. — *Nibelung,* 27. — *Loiseliani,* 43. — *Moissiac.* 71. — *Poeta saxon.* 147. — *Annal. Fuldenses,* 329. — *Metenses,* 344.

Charles étoit résolu de n'accorder aux Saxons aucun relâche, jusqu'à ce qu'il les eût absolument soumis. La plus grande difficulté pour les incorporer avec les Francs consistoit à leur faire adopter la religion chrétienne; car du reste ils parloient une même langue, ils se sentoient une origine commune; leurs mœurs, leurs opinions, leurs lois, leur point d'honneur, avoient les plus intimes rapports; et Charles, en voulant les assujettir, leur offroit toujours le partage de tous les droits des Francs, qui n'étoient point alors réduits à de vains noms; la même part aux assemblées nationales; le même rang dans les armées, qu'on pouvoit regarder comme les vraies souveraines; la même administration provinciale, par des comtes nés au milieu d'eux. Mais pour les réduire à accepter ces conditions et à renoncer à leur indépendance, Charles ne savoit trouver d'autre parti que de dévaster leur pays par le fer et le feu, et d'exterminer tout ce qui résisteroit. Dès que la saison lui permit de commencer la campagne de 784, il traversa le Rhin à Lippeheim, et il s'avança jusqu'au Weser, en brûlant les villages des Westphaliens. Il avoit intention de pénétrer dans la partie la plus septentrionale de la Germanie, et de punir les Frisons qui s'étoient joints aux Saxons dans leur révolte. Mais l'abondance des pluies le força de s'arrêter sur le Weser, où il traça son camp dans un lieu nommé Huculbi, peut-être Hoxter. Après y avoir demeuré quelque temps, l'obstination de la saison le fit changer de projet. Il partagea son armée avec son fils aîné Charles, auquel il donna ordre de demeurer en Westphalie, tandis que prenant lui-même le chemin de la Thuringe, il ravagea les campagnes adjacentes à l'Elbe et à la Sala; il brûla tous les villages et tous les hameaux des Saxons orientaux, et il rentra par Steinfurt et Schaninge dans la France austrasienne. (1)

Son fils, qu'il avoit laissé en Westphalie, rencontra à son retour l'armée des Saxons au lieu nommé Druvenick, sur la Lippe. Il les attaqua avec sa cavalerie seulement, et les dissipa, après en avoir tué un grand nombre. Il revint ensuite joindre son père à Worms. Celui-ci résolut de continuer la campagne pendant l'hiver, ce qu'il n'avoit encore jamais fait. Aussi, rassemblant de nouveau son armée, à la fin de l'automne il entra en Saxe, et ayant passé l'Ems, il célébra les fêtes de Noël dans un lieu nommé par la chronique d'Eginhard, Huettagoe, peut-être Wechta. On ne peut au reste s'attacher beaucoup à la géographie germanique de cette époque; les noms sont si diversement écrits dans les diverses chroniques, qu'ils se prêtent à toutes les conjectures. Il s'avança en-

(1) *Eginhardi Annal.* p. 206, *et cæter.*

suite jusqu'au lieu nommé Rheme, près de Minden, où la petite rivère de Werra se jette dans le Weser, et de là il étendit ses ravages dans tous les sens. De nouvelles inondations le forcèrent à prendre ses quartiers d'hiver dans le château d'Ehresbourg, aujourd'hui nommé Stadt-Bergen, dans l'évêché de Paderborn. Il y fit venir sa femme et ses enfans, et les y établit sous la garde d'une forte garnison, tandis qu'il profitoit de tous les jours de beau temps pour diriger des attaques, soit par lui-même, soit par ses lieutenans, sur tous les lieux que les Saxons habitoient. Partout où il pouvoit les atteindre, il abandonnoit leurs personnes au fer des soldats, et leurs propriétés à l'incendie. (1)

Les troupeaux, les récoltes, les approvisionnemens de tout genre étoient détruits au loin autour de lui, et la Saxe ravagée ne pouvoit plus fournir de vivres à son armée ; il fut obligé en conséquence de faire venir des convois de France. En même temps il convoqua l'assemblée du Champ de Mai à Paderborn, et il recruta ainsi ses troupes par l'arrivée de nouveaux guerriers. Cette diète nationale étant terminée, il s'avança jusqu'à Bardengaw, sur la rivière d'Ilmenaw, près du lieu où Lunebourg a depuis été bâti ; là on lui annonça que le chef des Saxons qui jusqu'alors avoit soutenu la

(1) *Eginhardi Annal.* p. 206, *et cœter. Annalistæ.*

785. lutte avec tant de courage et d'obstination, Wittikind étoit de l'autre côté de l'Elbe, avec Abbio, son frère et son compagnon d'armes, et qu'ils paroissoient disposés à traiter. Cependant effrayés du traitement qu'avoient subi, leurs compatriotes, ils ne voulurent se remettre entre les mains des Francs qu'après qu'Amalwin, l'un des courtisans de Charles, leur eut conduit des otages de l'autre côté de l'Elbe, avec la promesse que leur précédente conduite seroit oubliée. Alors ils se déclarèrent prêts à se convertir au christianisme, et à se trouver à la diète que Charles convoqua pour sceller cette grande réconciliation, à son palais d'Attigny, sur l'Aisne. Dans cette assemblée, en effet, l'on vit paroître peu après, au milieu des Francs, les deux chefs des Saxons qui, au nom de leurs compatriotes, prêtèrent le serment de demeurer en paix et d'obéir, et qui reçurent le baptême. Leur pays étoit désolé, la fleur de la nation étoit massacrée, leurs dieux même sembloient convaincus d'impuissance. Ils se soumirent à celui des vainqueurs qui avoit manifesté sa supériorité en rendant vaine leur longue résistance. Charles combla Wittikind et son frère de présens, il les renvoya avec honneur dans leur pays, et pendant huit ans la Saxe demeura pacifiée. (1).

(1) *Eginhardi Annal.* p. 207. — *Nibelung. Comit. Annal.* p. 27, *et Annal. cæter.*

Les cruautés, les exécutions sanglantes, toutes les mesures de rigueur dont on attribuoit l'adoption à la reine Fartrade, avoient réussi à dompter les Saxons, mais elles avoient soulevé contre Charles des ennemis secrets qui, pendant que la Saxe résistoit encore, avoient formé le complot de retenir au-delà du Rhin le roi des Francs et de l'y faire périr. Le chef de cette conspiration étoit un comte Hartrad, thuringien, qui se flattoit de rétablir l'indépendance de son pays, ou peut-être d'y fonder sa propre souveraineté. Quoique Charles se trouvât au-delà du Rhin avec une armée, lorsqu'il recueillit les premiers indices de la conjuration, il ne se crut sans doute pas assez fort pour lui tenir tête, puisqu'il ramena ses troupes en Picardie. Il y a aussi lieu de croire que la nation paroissoit peu disposée à s'associer à une querelle qui étoit toute personnelle à son roi. En effet, au lieu de poursuivre sa propre offense, ou de réclamer les droits de la souveraineté, il n'occupa les comices de la nation, à Attigny, que des réclamations privées d'un seigneur franc contre un seigneur thuringien. Le second avoit promis au premier sa fille en mariage, et refusoit ensuite de la lui donner. Charles la fit demander par ses hérauts d'armes. Le Thuringien, pour résister, arma ses vassaux. Les Francs regardèrent alors l'insulte comme nationale, et leurs

785.  lois sur les fiançailles comme méprisées. Ils déclarèrent la guerre aux Thuringiens, et entrèrent dans leur pays pour le ravager. La résistance ne fut pas longue ; les Thuringiens, hors d'état de tenir tête à l'armée, cherchèrent un refuge au pied de l'autel de saint Boniface, l'apôtre des Allemands. L'abbé du couvent où reposoient les cendres de ce saint, interposa ses bons offices entre le roi et les mécontens, et engagea les derniers à se rendre à la diète que Charles avoit convoquée à Worms pour le mois d'août 786. (1)

786.  Les Thuringiens parurent en effet à la diète assemblée pour les juger à Worms. Là, ils furent, pour la première fois, questionnés sur la conjuration du comte Hartrad. Malgré le respect que Charles inspiroit à tout son peuple, ce comte n'hésita pas à répondre : « Si mes associés avoient « voulu m'en croire, jamais tu n'aurois repassé « le Rhin vivant. » Cependant les conjurés ne furent point condamnés à mort ; on exigea seulement qu'ils prêtassent serment de fidélité au roi et à ses enfans. Pour donner à ces sermens plus d'efficacité, Charles demanda que les conjurés se rendissent en pèlerinage à Rome, et dans les divers sanctuaires en Neustrie et en Aquitaine, afin d'y prêter leur serment sur les reliques

---

(1) *Annales nazariani*, p. 11. C'est la seule partie de ces Annales qui contienne des détails instructifs.

mêmes de chaque saint et en présence de son tombeau. Mais Fartrade conservoit toujours sur son époux la même influence ; et elle lui persuada de faire arrêter ces coupables soit en route, soit à leur retour à Worms, pour leur infliger des supplices plus sévères : trois d'entr'eux perdirent la vie, en se défendant l'épée à la main pour n'être pas arrêtés ; les autres furent condamnés à la perte de leurs yeux, ou à l'exil avec confiscation de leurs biens ; quelques-uns cependant furent absous. (1)

A cette même diète de Worms parurent les chefs des Bretons de l'Armorique, qui venoient prendre l'engagement de respecter désormais les propriétés de leurs voisins, de payer aux Francs le tribut accoutumé, et qui remettoient au roi des otages pour sûreté de ces promesses. Ces Bretons établis dans la partie la plus occidentale de la France, que d'après sa situation on nommoit Corne des Gaules, *Cornu Walliæ* ou Cornouailles, dans le voisinage de la ville de Vannes, étoient les descendans de ceux qui, deux cents ans auparavant, avoient successivement abandonné leur patrie dans l'île voisine, lorsqu'elle étoit envahie par les Angles

---

(1) *Annales nazar.* p. 11. — *Annales nibel. Comit.* p. 27. — *Eginh. vita Carol.* cap. 20, p. 97, *et cæt. Annal.* — *Chron. breve*, p. 29. — *Moissiacens.* p. 72. — *Poeta saxon.* p. 148. — *Eginhardi Annal.* p. 207. — *Annal. fuldens.* p. 329.

et les Saxons. Les rois mérovingiens s'étoient contentés d'exiger des ducs bretons qu'ils reconnussent leur suzeraineté, et qu'ils leur payassent un tribut. Mais ces peuples demi-sauvages dès leur arrivée dans les Gaules, n'avoient fait aucun progrès vers la civilisation. Leur cupidité, ou quelque offense qu'ils prétendoient avoir reçue de leurs voisins, les engageoient souvent à franchir leurs frontières pour piller autour d'eux. En 786, ils avoient porté plus loin que de coutume leurs déprédations, et le comte Audulfe, ordonnateur de la table royale ou grand sénéchal, les avoit remis dans le devoir. Aucune autre inquiétude ne troublant la vaste monarchie de Charles, il résolut de passer en Italie pour soumettre à son obéissance le duché de Bénévent, seule partie du royaume des Lombards qui ne reconnût pas son autorité. (1)

Le pape voyoit avec inquiétude les Lombards et les Grecs établis à si peu de distance de Rome. Les premiers, souverains de Bénévent, confinoient avec le territoire propre de l'Église; les seconds, dont l'autorité s'étoit maintenue seulement à Naples, à Gaëte, dans les villes de Calabre et en Sicile, exerçoient presque tout le commerce maritime de l'Italie, et leurs vais-

(1) *Eginhardi Annal.* p. 207; *ejusd. vita Carol.* cap. 10, p. 93. — *Tiliani*, p. 21. — *Loiseliani*, p. 44. — *Metenses*, p. 345. — *Poeta saxon.* Liv. II, v. 207-225, p. 148.

seaux visitoient ou menaçoient tour à tour et à toute heure l'embouchure du Tibre. Le pape Adrien s'étoit rendu également odieux à ces deux peuples, et il pouvoit tout craindre de leur ressentiment : c'étoit lui qui, en invoquant l'aide des Francs contre Didier, avoit causé la ruine du royaume des Lombards. Leur nation n'étoit cependant pas détruite, et tandis qu'elle demeuroit souveraine à peu près dans tout le pays qui forme aujourd'hui le royaume de Naples, elle composoit la partie la plus belliqueuse, et peut-être même la plus nombreuse, de la population dans les pays italiens soumis aux Francs. Son orgueil étoit humilié de s'y trouver dans la dépendance, et l'on devoit croire qu'elle seroit prête à prendre les armes pour Adelgise, fils de Didier et beau-frère du duc de Bénévent, si celui-ci paroissoit en Italie avec des forces suffisantes. Le ressentiment des Grecs contre le pape n'étoit pas moins fondé. Au moment où Adrien Ier avoit invoqué l'aide de Charles, il étoit sujet de l'empire d'Orient, et il avoit sollicité le roi franc de défendre les droits de cet empire à Rome et à Ravenne. Mais, profitant ensuite de la piété de son libérateur, il s'étoit fait accorder en don les provinces mêmes qu'il avoit d'abord réclamées pour son maître. Il avoit chassé les Grecs de cette ville de Rome où il demandoit à Charles de les protéger; et après

786. avoir fait valoir leurs droits contre les Lombards, il avoit déclaré eux et les Lombards également ennemis de Dieu et de l'Église. Aussi dans ses lettres à Charles, qui nous ont été conservées, ne parloit-il jamais des uns et des autres qu'avec les expressions de la haine et de la défiance, et le sollicitoit-il sans cesse d'étendre au midi ses conquêtes, pour mettre entièrement à couvert les frontières de l'Église. Sa propre condition dans la monarchie des Francs étoit ambiguë : tantôt il agissoit en souverain, et tantôt en lieutenant du roi; tantôt il donnoit des ordres, et tantôt il sollicitoit des grâces : mais la piété de Charles étoit pour lui une meilleure garantie que les chartres qu'il avoit obtenues, et il étoit bien assuré que la confusion entre les limites des deux autorités lui donneroit occasion d'étendre la sienne. (1)

787. Charles cédant aux sollicitations d'Adrien, entra en Italie au commencement de l'hiver, à la tête d'une puissante armée; et après avoir célébré les fêtes de Noël à Florence, il s'avança vers Rome avec célérité. Là, il consulta le pape et les grands de son armée, sur la manière dont il devoit attaquer le duc Arigise. Celui-ci, pour détourner l'orage qui le menaçoit, envoya au roi des Francs son fils aîné Romuald avec des

---

(1) *Codex Carolin.* epist. 88, 90, 92. — *In Hadriani epist.* 29, 30, 31. *Scr. franc.* T. V, p. 571.

présens considérables. Cependant Charles, après s'être autant avancé, ne vouloit point licencier ses troupes sans avoir obtenu tous les avantages qui étoient l'objet de son expédition. Il fit retenir Romuald à Rome, au mépris, à ce qu'il semble, du droit des ambassadeurs; et il continua à marcher en avant jusqu'à Capoue. Arigise ne se sentoit pas en état de livrer bataille au grand monarque de l'Occident; mais le pays montueux qu'il avoit à défendre étoit d'un difficile accès, et ses défilés étoient encore garantis par un nombre plus grand de châteaux et de fortifications grecques ou barbares qu'aucune autre partie de l'Occident. Quoique Bénévent fût alors une ville forte, et dont la population étoit nombreuse et belliqueuse, Arigise ne voulut pas s'y renfermer. Il se retira à Salerne, afin d'avoir toujours derrière lui la mer libre, pour recevoir les secours des Grecs, ou pour se mettre en sûreté à Constantinople. En même temps il faisoit réparer les murailles de toutes ses places, garnir tous les défilés, et il présenta aux Francs une résistance que ceux-ci n'étoient point accoutumés à rencontrer.

Charles, qui ne faisoit aucun progrès contre un ennemi qu'il avoit jugé si foible, et qui craignoit en prolongeant les hostilités d'attirer les Grecs en Italie, ou de s'exposer à une révolte des Lombards, désiroit, malgré les exhorta-

787.

tions du pape, accorder une bonne paix au duc de Bénévent. Celui-ci, de son côté, connoissoit tous les dangers de la lutte dans laquelle il s'étoit engagé; et malgré le mauvais succès de la députation de son fils aîné, il se hasarda, sans doute d'après les promesses qui lui furent faites, à envoyer encore à Charles le second, Grimoald, avec des offres plus avantageuses : elles furent acceptées. Arigise fut confirmé par Charles dans le duché de Bénévent, aux conditions auxquelles il l'avoit tenu des anciens rois Lombards; il dut payer un tribut annuel de sept mille sols d'or; prêter, aussi-bien que tous ses sujets, serment de fidélité au roi des Francs et des Lombards, et lui laisser en otage son second fils Grimoald, avec onze de ses principaux seigneurs : l'aîné, Romuald, lui fut rendu par Charles. (1)

Mais le roi des Francs ne se fut pas plutôt éloigné du duché de Bénévent, que le pape commença à lui reprocher d'avoir usé de miséricorde envers les Lombards, cette génération de vipères qu'il falloit écraser. Il lui dénonça Arigise comme continuant ses négociations avec

(1) *Eginhardi Annal.* p. 208.—*Ejusd. vita Carol.* cap. 10, p. 93. — *Erchemperti Mon. Cassin. epit. histor. langobard. Script. ital.* T. V, p. 16. — *Annal. Francor. Petaviani*, p. 15. — *Tiliani*, p. 21. — *Loiseliani*, p. 44. — *Moissiac.* p. 72. — *Metens.* p. 345.

les Grecs; il lui apprit qu'Adelgise son beau-frère, fils du dernier roi des Lombards, Didier, avoit été nommé par l'empereur grec, patrice de Sicile, pour le mettre à portée de renouer ses intrigues dans toute l'Italie. Adrien se flattoit, s'il faisoit recommencer les hostilités, d'obtenir ensuite de la générosité de Charles, quelques parties de l'Italie méridionale pour le patrimoine de l'Église; mais sur ces entrefaites, Romuald, fils aîné du duc de Bénévent, mourut le 21 juillet de la même année, et son père Arigise mourut le 26 août suivant. Le second fils, Grimoald, étoit alors en otage auprès de Charles: Adrien demanda avec instance au roi des Francs de ne point le remettre en liberté, tandis que tous les seigneurs bénéventains le sollicitoient de leur rendre leur prince légitime. (1)

Un autre duc également dépendant du roi des Francs, donnoit à cette époque de l'inquiétude à Charles par sa secrète inimitié. C'étoit Tassilon, duc de Bavière, beau-frère du duc de Bénévent; car, comme lui, il avoit épousé une fille de Didier, roi des Lombards. Cette princesse, nommée Liudberge, excitoit le ressentiment de son mari, et veilloit toutes les occasions de venger son père et de rétablir son frère sur le trône. Tassilon étoit entré en négociation

---

(1) *Annal. Nibelung.* p. 27. — *Codex Carolin.* epist. 90, p. 571, seq. — *Baronii Annal. eccles.* 787, p. 402.

787.
avec les nations esclavonnes qui confinoient avec lui ; il vouloit les attirer dans l'empire des Francs, et attaquer, de concert avec elles, l'Italie ou la Gaule ; mais ses intrigues ayant été découvertes avant qu'il fût prêt pour la guerre, il envoya une ambassade à Rome, pendant que Charles y étoit encore, pour solliciter sa réconciliation par l'entremise du pape. Adrien commença par lui promettre son assistance ; mais lorsqu'il apprit que les ambassadeurs n'étoient munis d'aucun pouvoir pour conclure, et que leurs prétendues offres de négociation n'étoient qu'une ruse pour gagner du temps, il entra contre eux dans une furieuse colère, et il menaça Tassilon de l'excommunier, si par sa résistance à Charles, il excitoit une guerre dans la chrétienté. (1)

Pour empêcher une guerre dangereuse d'éclater en Bavière, Charles quitta Rome d'abord après les fêtes de Pâques, sans avoir rien décidé sur le duché de Bénévent, et il se rendit à Worms, où il avoit convoqué le Champ de Mai, ou la diète du royaume. Dans la même ville il retrouva Fastrade sa femme, ses fils et ses filles qui ne l'avoient point accompagné en Italie. Charles s'adressant aux grands de ses états, leur

---

(1) *Eginhardi Annal.* p. 208. — *Tiliani*, p. 21. — *Loisel.* p. 44. — *Poeta saxon.* Lib. II, v. 275-296, p. 159. — *Annal. Metens.* p. 345.

rendit compte de ce qu'il avoit fait à Rome, et de la légation qu'il y avoit reçue de Tassilon. L'assemblée, dit Eginhard, voulant éprouver quelle foi elle devoit ajouter aux promesses du duc de Bavière, donna ordre d'assembler trois armées pour entrer dans son pays. La première, composée de Lombards, marchoit sous les étendards du jeune Pepin, fils de Charles, qui portoit le titre de leur roi ; elle entra par la vallée de Trente dans la Bavière ; la seconde avoit été rassemblée dans l'Austrasie et la Saxe, et elle s'avança sur le Danube, jusqu'au lieu nommé Pféringa, aujourd'hui Phoring, à moitié chemin entre Ingolstadt et Ratisbonne ; la troisième, que Charles conduisoit lui-même, s'avança jusqu'au Lech, au travers du duché des Allemands, et vint camper dans les faubourgs mêmes d'Augsbourg. Tassilon, effrayé du déploiement de tant de forces, se rendit le 11 octobre, comme suppliant, auprès du roi, et il implora son pardon. Charles ne voulut point prendre sur lui de décider du sort d'un si grand feudataire. Il le renvoya au jugement des comices des Francs, et il exigea son serment et celui de son peuple, qu'il se soumettroit à la décision de l'assemblée du Champ de Mai, convoquée à cet effet à Ingelheim, non loin de Mayence, pour le printemps suivant. En garantie de ce serment, il se fit livrer comme otage

787.  Théodon, fils de Tassilon, avec douze autres des premiers seigneurs de Bavière; puis il licencia son armée, et revint lui-même s'établir pour l'hiver au palais d'Ingelheim. (1)

Tassilon avoit par avance remis son sceptre au roi, en signe de sa soumission à restituer son fief, si l'assemblée des Francs le trouvoit
788. coupable. Au mois de mai 788, il vint en effet se présenter devant cette assemblée; et là, ses propres sujets, déliés de leur serment, l'accusèrent eux-mêmes de haute trahison. Ils déclarèrent que leur duc n'avoit pas renoncé à ses négociations avec les Huns, pour les armer contre les Francs, depuis même qu'il avoit donné au roi son fils en otage. Et les événemens postérieurs confirmèrent cette accusation. On répéta devant l'assemblée les propos qu'il avoit tenus, les actions dans lesquelles il s'étoit engagé, et d'où l'on pouvoit conclure qu'il étoit animé d'une haine violente contre le roi et contre la nation. Il n'essaya pas même de nier un seul des faits rapportés à sa charge; en sorte que l'assemblée le déclara convaincu de haute trahison, ce qui étoit exprimé alors par le mot

(1) *Eginhardi Ann.* p. 208. — *Ejusd. vita Caroli*, cap. 11, p. 93. — *Poeta saxon.* Lib. II, v. 300-332, p. 150. — *Annal. Francor. Nazar.* p. 12. — *Tiliani*, p. 21. — *Nibelung*, p. 27. — *Loisel.* p. 45. — *Lambeciani*, p. 65. — *Moissiac.* p. 72. — *Metens.* p. 346.

*Harisliz*, et à l'unanimité des suffrages le condamna à mort. Mais Charles, après le jugement, s'interposa pour lui sauver la vie, sous condition qu'il entreroit avec son fils dans un couvent. Il lui épargna même l'humiliation que Tassilon redoutoit le plus, d'être tonsuré devant l'assemblée qui avoit prononcé sa condamnation. Il l'envoya ensuite au couvent de Goar, où le duc de Bavière fit ses vœux le 6 juillet, après quoi il passa au couvent de Jumiège, où il finit ses jours. Son fils Théodon fut tonsuré au couvent de Saint-Maximin ; ses deux filles furent enfermées dans les couvens de Chelles et de Laon. Sa femme prit également le voile, mais de son propre mouvement, et hors de France ; c'étoit son dernier refuge, après avoir vu la ruine de toute sa famille. Ainsi la maison des Agilolfinges qui avoit régné sur les Bavarois au moins deux cents ans, et depuis que ceux-ci formoient un peuple, cessa d'exister. Les sujets, en petit nombre, de Tassilon que l'assemblée des Francs jugea complices de ses trahisons, furent punis par l'exil. (1)

(1) *Annales Eginhardi*, p. 208, *et cœteri*. — *Pagi critica*, p. 384.

## CHAPITRE IV.

*Suite du règne de Charlemagne jusqu'au soulèvement des Romains contre Léon III. 788 — 799.*

LE surnom de Grand, *Magnus*, qui a été donné à Charles d'un commun consentement par la postérité, et qui est devenu en quelque sorte une partie de son nom propre, ne semble pas lui avoir été attribué pendant sa vie, ou du moins n'étoit point alors régulièrement joint à son nom (1). Cependant sa grandeur réelle, celle de son pouvoir, de son caractère, l'éclat de ses conquêtes, l'influence qu'il exerçoit sur son siècle, avoient frappé d'admiration ses contemporains. Ils sentoient bien que c'étoit un homme d'une trempe d'âme toute particulière, comme il n'en étoit de long-temps monté sur le trône, comme il n'y en remonteroit de long-temps. Malheureusement ils s'étoient peu exercés à peindre les caractères, et le portrait que Eginhard nous a tracé du prince dont il fut le secrétaire et l'ami, laisse beaucoup à désirer. Nous le traduirons tout entier cependant, même avec

(1) *Mabillonius veter. analect.* T. II, p. 420.

les détails qu'on peut juger au-dessous de la dignité de l'histoire, et par lesquels il commence.

« Charles, dit Eginhard, portoit les vête-
« mens de sa patrie ou des Francs : il revêtoit
« d'abord son corps d'une chemise et d'un cale-
« çon de lin, puis il se couvroit d'une tunique
« bordée de soie, et de tibiales (haut de chausses),
« enfin il serroit ses jambes dans des bande-
« lettes, et ses pieds dans leur chaussure. En
« hiver il y ajoutoit, pour couvrir ses épaules
« et sa poitrine, une veste de peau de loutre. Il
« s'enveloppoit d'un manteau de Venise, et il
« ceignoit toujours une épée dont la poignée et
« le baudrier étoient ou d'or ou d'argent. Quel-
« quefois aussi, mais seulement dans les grandes
« fêtes, et quand il recevoit les ambassadeurs
« des nations étrangères, il se servoit d'une
« épée ornée de pierres précieuses. Quant aux
« habits étrangers, quelque beaux qu'ils fus-
« sent, il les repoussoit et ne vouloit point per-
« mettre qu'on l'en revêtît. Deux fois seulement
« à Rome, à la prière du pape Adrien, et à celle
« de Léon, son successeur, il consentit à re-
« vêtir la longue tunique, la chlamyde et la
« chaussure à la romaine. Dans les grandes
« fêtes, il marchoit aux processions avec une
« tunique tissue d'or, une chaussure couverte
« de pierreries, une agrafe d'or à son man-
« teau, et un diadème d'or enrichi de pierre-

« ries. Dans les autres jours, ses habits diffé-
« roient peu de ceux que portoient les hommes
« du peuple.

« Il étoit sobre pour la nourriture, mais plus
« sobre encore pour la boisson. En effet, il
« avoit horreur de l'ivresse en tout homme,
« mais bien plus encore pour soi-même ou les
« siens. Quant à la nourriture, il ne pouvoit
« point autant s'en abstenir, et il se plaignoit
« souvent que les jeûnes nuisoient à sa santé. Il
« donnoit très-rarement des repas, et seulement
« dans les plus grandes fêtes ; mais alors c'étoit
« à un très-grand nombre de convives à la fois.
« A l'ordinaire, on ne servoit à sa table que
« quatre plats, outre le rôti qu'il préféroit à
« toute autre nourriture, et que ses chasseurs
« avoient coutume d'apporter sur la broche.
« Pendant le repas, il prêtoit l'oreille ou à
« quelque récit, ou à son lecteur. On lui lisoit
« les histoires et les exploits des anciens ; il se
« plaisoit aussi beaucoup à la lecture des livres
« de saint Augustin, et surtout de celui de
« la Cité de Dieu. A peine, pendant tout le
« cours du repas, buvoit-il trois fois. Mais en
« été, après avoir mangé quelques fruits, il bu-
« voit encore, puis, posant ses habits et sa chaus-
« sure, comme il l'auroit fait à la fin de la soi-
« rée, il se reposoit deux ou trois heures. Pen-
« dant la nuit, c'étoit son usage d'interrompre

« son sommeil quatre ou cinq fois, non pas
« seulement en se réveillant, mais en se levant.
« Tandis qu'on le chaussoit et qu'on l'ha-
« billoit, il admettoit ses amis; bien plus, si
« le comte du palais lui annonçoit qu'il eût
« quelque procès qu'il ne pouvoit terminer sans
« son ordre, Charles faisoit à l'instant entrer
« les plaideurs, et ayant écouté le procès, il
« prononçoit sa sentence, comme s'il eût siégé
« sur son tribunal. En même temps il expé-
« dioit les ordres à chacun, pour ce qu'il avoit
« à faire dans la journée, et il assignoit le tra-
« vail à ses ministres.

« Son éloquence étoit abondante, et il pou-
« voit exprimer avec facilité tout ce qu'il vou-
« loit ; et, ne se contentant point de sa langue
« maternelle, il s'étoit donné la peine d'en ap-
« prendre d'étrangères. Il avoit appris si bien
« la latine, qu'il pouvoit parler en public dans
« cette langue, presque aussi facilement que
« dans la sienne propre. Il comprenoit mieux
« la grecque qu'il ne pouvoit l'employer lui-
« même. » Il est digne de remarque que Eginhard ne parle point ici du *roman* qui commençoit alors à se former dans les Gaules, et qui depuis a donné naissance au français. Ce patois du latin étoit donc à cette époque trop rélégué parmi les plus basses classes du peuple, pour que Charles, dont la langue maternelle étoit

l'allemand, se donnât la peine de l'apprendre.
« Charles avoit assez de faconde, continue
« Eginhard, pour pouvoir être accusé d'en abu-
« ser. Il avoit étudié avec soin les arts libéraux;
« il en respectoit fort les docteurs, et les com-
« bloit d'honneurs. Il avoit appris la gram-
« maire du diacre Pierre Pisan, qui lui donna
« des leçons dans sa vieillesse. Dans ses autres
« études, il avoit eu pour précepteur Albin,
« surnommé Alcuin, diacre venu de Bretagne,
« mais de race saxonne, homme très-docte
« en toute science. Il avoit consacré avec lui
« beaucoup de temps et de peine à apprendre
« la rhétorique, la dialectique, et surtout l'as-
« tronomie. Il apprenoit encore l'art du calcul,
« et il s'appliquoit avec beaucoup de soin à fixer
« le cours des astres. Il s'essayoit aussi à écrire,
« et il gardoit communément sous son oreiller
« des tablettes et de petits livrets, pour accou-
« tumer, lorsqu'il avoit du temps de reste, sa
« main à former les lettres; mais il réussissoit
« mal dans ce travail tardif, et commencé hors
« de saison. » (1)

Il est si loin de tous nos usages, qu'on puisse
arriver à une assez grande connoissance et des
langues et des sciences, sans savoir écrire,
que presque tous les commentateurs ont répété,
d'après Lambecius, qu'il s'agissoit ici de calli-

(1) *Eginhardi vita Caroli*, cap. 23, 24, 25, p. 98-99.

graphie et non d'écriture; que Charles s'exerçoit ainsi à orner ses manuscrits par de belles lettres majuscules; mais que l'écriture courante avoit été pour lui, comme elle est pour tous nos écoliers, le premier pas dans la carrière des études. Nous croyons plutôt que ces savans ont perdu de vue la direction que prenoit l'enseignement dans les siècles barbares, et dont Charles est un des plus remarquables exemples. Avec peu de livres, et moins encore de papier, écrire étoit un grand luxe et une grande dépense; aussi les leçons étoient-elles presque toutes orales, et l'écriture ne servoit-elle jamais pour apprendre. Charles n'avoit pas besoin, il est vrai, d'épargner le parchemin, mais ses maîtres ne s'étoient accoutumés avec aucun autre écolier à fonder leur enseignement sur des extraits et des cahiers. Ils gravoient sur la mémoire et non sur des tablettes; ils n'exigeoient de leurs élèves ni notes ni compositions, et ils poussoient assez loin les études sans faire pratiquer un art qui nous en paroît le premier commencement. Quant aux lettres à écrire et aux chartres à accorder, c'étoit l'ouvrage des seuls secrétaires. Charles se seroit reproché comme une perte de temps l'emploi de sa propre plume, et son envie d'apprendre à écrire étoit presque pour lui un goût de luxe et sans objet.

Aussi, quoique Charles ne sût point écrire,

ne peut-on l'accuser d'être un barbare ignorant.
Il avoit au contraire le goût des lettres; il les
connoissoit mieux qu'aucun souverain de son
temps, mieux que la plupart de ceux qui sont
venus ensuite : il respectoit ceux qui contri-
buoient à en répandre la culture, et il s'efforçoit de rendre à la civilisation les pays qui lui
étoient soumis. Les lettres étoient cultivées avec
un peu plus de succès en Italie qu'en France :
surtout on y retrouvoit à Rome, et dans les
provinces grecques du midi, des écoles qui,
n'ayant jamais été sous la domination des Barbares, conservoient mieux la tradition des anciennes études et de l'ancienne philosophie :
la puissance de l'Église, en substituant les sciences théologiques aux lettres humaines, loin de
diminuer, avoit augmenté le respect qu'on témoignoit aux savans. Ce fut en effet en Italie
que Charles chercha surtout des instituteurs
pour relever les écoles publiques qui, dans
toute la France, avoient été abandonnées. « Il
« rassembla à Rome, dit le moine d'Angou-
« lême, des maîtres de l'art de la grammaire et de
« celui du calcul, et il les conduisit en France,
« en leur ordonnant d'y répandre le goût des
« lettres; car avant le seigneur roi Charles, il
« n'y avoit en France aucune étude des arts
« libéraux. » (1)

(1) *Monachus Egolismensis. Script. franc.* T. V, p. 185.
— *Pagi critica*, ann. 787, §. 10, p. 380.

Charles ne s'étoit, au reste, pas borné aux savans qu'il pouvoit appeler d'Italie, il les avoit attirés à lui de toutes les parties du monde chrétien; et Alcuin, qui passoit alors pour le plus beau génie du siècle, et dont on nous a conservé en deux volumes in-folio les écrits sur la théologie, la philosophie et la rhétorique, se rendit à ses invitations vers l'an 780, et fonda, dans le palais même du prince, l'académie et l'école palatine qui dirigeoient les études dans le reste du royaume. (1)

Vers le même temps, Charles écrivit à tous les évêques et à tous les couvens pour les encourager à reprendre des études qu'on avoit trop négligées. Une de ces circulaires, adressée à l'abbé Baugulfe, de Fulde, nous a été conservée. « Dans les écrits, lui dit-il, qui nous ont
« été fréquemment adressés par les couvens,
« durant ces dernières années, nous avons pu
« remarquer que le sens des religieux étoit
« droit, mais leurs discours incultes; que ce
« qu'une dévotion pieuse leur dictoit fidèlement
« au dedans, ils ne pouvoient l'exprimer au
« dehors sans reproche, par leur négligence et

---

(1) *Alcuini abbatis*, epist. 23, *apud Pagi critica*; p. 380. Alcuin fut récompensé magnifiquement par Charles. Les plus riches bénéfices des Gaules furent accumulés sur sa tête. Il réunissoit les abbayes de Ferrières, près de Sens, de Saint-Loup, près de Troie, de Saint-Josse sur la mer, et de Saint-Martin de Tours.

« leur ignorance de la langue. » Il leur représente qu'ils s'exposent par là à des erreurs nombreuses dans l'interprétation des saintes Écritures, dont le langage est tout rempli de figures. Aussi il leur recommande d'élire partout des hommes qui aient la volonté et le pouvoir d'apprendre, et ensuite le désir d'enseigner ce qu'ils auront appris. « Car nous sou-
« haitons, ajoute-t-il enfin, que vous soyez tous
« comme il convient à des soldats de l'Église,
« dévots au dedans, doctes au dehors, chastes
« pour bien vivre, érudits pour bien parler. » (1)

Parmi les enseignemens que Charles prit à tâche d'introduire d'Italie en France (et sous ce dernier nom on désignoit alors bien moins la Gaule que l'Austrasie, ou les provinces de sa monarchie qui parloient allemand), il mettoit beaucoup de prix à la musique de l'Église. C'étoit une conséquence de son zèle religieux. L'Église gallicane et germanique demeuroit attachée au chant ambrosien, de préférence au chant grégorien adopté à Rome. Les chantres de Charles, qui l'avoient accompagné de France en Italie, se croyant assurés de sa protection, disputoient sans cesse avec les Romains sur la préférence à accorder à l'un ou à l'autre rite, à l'une ou à l'autre musique. Mais Charles leur imposa silence en leur faisant observer que l'eau

(1) *Capitular. Caroli,* apud *Baluzium.* T. I, p. 201.

d'une rivière étoit plus pure à sa source que dans les canaux qui en sont dérivés, et que Rome étant la source de toute sagesse divine, il falloit réformer le rite gallican sur le rite romain. Il se fit ensuite donner par Adrien deux maîtres de chant; il en garda un pour sa chapelle, qu'il conduisit avec lui de province en province; il voulut que l'autre fût stationnaire à Metz, afin d'y fonder, pour toute la France, une école de chant ecclésiastique. Adrien lui donna aussi des antiphonaires écrits de sa main, pour le chant grégorien, d'après lesquels on dut corriger tous les antiphonaires de France.

Cette révolution musicale ne s'accomplit point, il est vrai, sans résistance. Pour forcer les clercs francs à l'obéissance, il fallut dans plusieurs provinces recourir aux menaces, et même aux supplices; il fallut brûler, de vive force, tous les livres du rite ambrosien. Les prêtres francs se soumirent enfin à chanter à la manière de Rome : « Seulement, dit un chroniqueur de « ce temps-là, les Francs, avec leurs voix na- « turellement barbares, ne pouvoient rendre « les trilles, les cadences et les sons tour à tour « liés et détachés des Romains. Ils les brisoient « dans leur gosier plutôt que de les exprimer. » Toutefois, l'école de Metz s'éleva autant au-dessus de tout le reste des chanteurs français, que l'école de Rome étoit au-dessus de celle de Metz. (1)

Quant à ces études sacrées qui avoient fondé la réputation d'Alcuin, qui distinguoient l'école de Rome et que Charles cherchoit à répandre dans son royaume, on a, précisément à cette époque, un exemple frappant du peu de critique, du peu de connoissance de l'histoire, et de justesse d'esprit de tout le clergé. C'est en effet en 785, que pour la première fois on vit faire usage des fausses décrétales, ou de la collection des canons d'Isidore Mercator. Personne ne révoque plus en doute aujourd'hui que cette collection ne soit une grossière imposture d'un homme qui ne connoissoit ni les mœurs ni les lois de l'ancienne Église. Cependant le pape Adrien s'appuya sur leur autorité dans les capitulaires qu'il adressa, le 19 septembre 785, à l'évêque de Metz, Engherrand; et dès cette époque jusqu'au dix-septième siècle, les papes comme les conciles, représentans de l'Église infaillible, s'y sont trompés pendant huit cents ans, et les ont aussi long-temps regardés comme une des bases fon-

(1) *Monachus san Gallens de eccles. cura Caroli Magni. Lib. I, cap. 11, p. 110. — Mon. Egolismensis, p. 185. — Constitutio de emendatione libror. et officior. eccles. Baluzii Capitul.* T. I, p. 203. — *Baronii Annal.* 787, §. 68, p. 404. — *Pagi critica*, §. 9, p. 379.

damentales du droit canon, de la discipline, et même de la foi de la chrétienté. (1)

788.

La domination de Charles s'étendoit à cette époque sur presque toutes les nations qui parloient ou la langue germanique ou la langue latine; bornée au couchant par l'océan Atlantique, elle se prolongeoit au nord jusqu'aux bouches de l'Elbe. Sur la droite de ce fleuve, près de son embouchure, se trouvoient encore, il est vrai, des Germains qui n'avoient pas subi le joug des Francs, et qu'on désignoit tour à tour par les noms de Danois, de Normands et de Saxons maritimes.

Sous ces noms divers étoient aussi compris tous les peuples germains des bords de la Baltique et de la Scandinavie. Ces derniers n'étoient point à portée de prendre part à la guerre de terre; mais cette année même on vit trois de leurs vaisseaux débarquer sur les côtes d'Angleterre. Ainsi commença le funeste système de piraterie que les Danois poursuivirent pendant deux siècles : chaque année, dès cette époque, ils renouvelèrent leurs pillages et leurs dévastations sur les côtes de la mer Atlantique; ce ne fut cependant que douze ans plus tard, en l'an 800, qu'ils commencèrent à soumettre les

(1) Fleury, *Histoire ecclés.* Liv. XLIV, chap. 22. — *Capitulare Hadr. papæ. Concilia Labbei.* T. VI, p. 1828. — *Pagi critica*, p. 375, 376.

788.   côtes de France aux mêmes ravages que celles d'Angleterre. (1)

Tout le reste de la rive droite de l'Elbe, depuis le Holstein jusqu'à la Bohême, étoit occupé par des peuples slaves, qui, tout en conservant leur indépendance, avoient recherché soigneusement l'alliance de Charles. Des sources de l'Elbe jusqu'au Danube, et des bords du Danube jusqu'au golfe Adriatique, l'empire de Charles présentoit une frontière plus vulnérable; du côté de la Pannonie, les Huns et les Avares, peuples tartares, s'y trouvoient, aussi-bien que d'autres peuples sarmates et esclavons, en contact avec les Francs. C'étoit de ce côté que Tassilon, duc de Bavière, s'étoit trouvé chargé de la défense de la chrétienté, et que ses trahisons compromettoient le plus l'existence de tous les Francs. En effet, à l'époque même où Tassilon se soumettoit aux condamnations de l'assemblée d'Ingelheim, deux armées de Huns qu'il avoit appelées, se jetoient l'une par la Bavière, l'autre par le Frioul, sur l'Allemagne et sur l'Italie. Ces barbares cependant trouvèrent la résistance préparée, là où ils avoient compté sur l'aide d'un traître. Ils furent battus dans l'un et l'autre pays. A peine avoient-ils regagné leurs foyers, que pour se venger de leur dé-

(1) *Pagi critica ex Chron. Saxonic. Huntindon et Hoveden.* ad ann. 787, §. 19, p. 382 et 788; §. 13, p. 386.

faite, ils préparèrent une nouvelle invasion
avec une armée supérieure aux deux premières.
Avant la fin de la campagne, ils rentrèrent en
Bavière, mais les seuls Bavarois suffirent pour
remporter sur eux une seconde victoire. Les
Huns y perdirent beaucoup de monde, soit durant le combat, soit lorsque dans leur fuite ils essayèrent de traverser le Danube à la nage. Charles, vers le même temps, se rendit à Ratisbonne
pour organiser la Bavière sur le modèle du reste
de sa monarchie, et donner des comtes particuliers à chacun de ses districts. (1)

L'Adriatique et la Méditerranée jusqu'à l'embouchure de l'Elbe, entouroient le reste des
frontières de Charles. Toutefois, dans plusieurs
parties de l'Italie il se trouvoit en contact avec
les Grecs, qui conservoient toujours des droits
de souveraineté sur Venise, sur Naples et sur
plusieurs villes de la Calabre. Les relations de
Charles avec les Grecs avoient cessé d'être
amicales. Le mariage proposé entre le fils d'Irène
et la fille de Charles ne s'étoit point effectué.
Irène, cette Athénienne ambitieuse et jalouse,
commençoit à se défier de son fils presque autant
qu'elle s'étoit défiée de son mari. C'étoit pour

---

(1) *Eginhardi Annal.* p. 209. — *Ejusd. vita*, cap. 11, p. 93.
— *Capitulare Baiuvarior. Baluzii.* T. I, p. 207. — *Annales Tiliani*, 21. — *Loisel.* 46. — *Adonis*, 319. — *Metenses*, 346.
— *Poeta saxon.* Lib. II, p. 151.

elle-même qu'elle avoit voulu l'appui du redoutable monarque de l'Occident ; elle ne se soucioit plus de le donner au jeune Constantin qui pourroit la supplanter. Les annalistes des Francs prétendent que Charles refusa de donner au jeune empereur sa fille Rotrude qu'il lui avoit promise ; le Grec Théophane assure au contraire qu'Irène rompit d'elle-même cette alliance, et qu'elle contraignit son fils à épouser une Arménienne, quoiqu'il préférât hautement la princesse des Francs (1). Dès ce moment cependant l'impératrice chercha à troubler les possessions de Charles en Italie, et à lui susciter des ennemis. Elle choisit pour gouverner la Sicile et la Calabre, avec le titre de patrice, Adelgise, fils de Didier, qu'elle supposoit avoir encore parmi les Lombards de nombreux partisans, et elle le fit avancer avec une armée formidable, jusqu'aux villes de Naples et de Gaëte, où il se trouvoit à portée de lier des intrigues avec les nouveaux sujets du roi des Francs. En effet, le pape Adrien, alarmé de la fermentation que produisit son approche, se hâta d'écrire à Charles qu'Adelgise avoit été reçu avec enthousiasme par les peuples, que les seigneurs Lombards accouroient à sa rencontre, et que sa sœur,

(1) *Eginhardi Annal.* p. 209. — *Theophan. Chronograph.* T. VI, p. 311. — *Pagi critica*, §. 5, p. 383.

veuve du dernier duc de Bénévent, étoit sans cesse en conférence avec lui. (1)

788.

Les concessions faites par les Carlovingiens à l'Église romaine avoient éveillé son ambition. Adrien n'avoit plus d'autre pensée que celle d'étendre en tout sens la domination de saint Pierre. Plein de confiance dans la vaillance des Francs, il les poussoit vers de nouvelles guerres dont il espéroit partager les dépouilles. Dans ses lettres à Charles, il lui représentoit les Grecs et les Lombards comme les plus odieux de tous les criminels, surtout il lui recommandoit de ne pas prêter l'oreille aux sollicitations des Bénéventains qui lui demandoient de relâcher Grimoald, fils de leur dernier duc, et de le leur donner pour chef ; il conseilloit plutôt à Charles de soumettre, par les armes, tout ce grand duché. « Que votre excellence royale, lui écrivoit-il, « se hâte donc d'envoyer ses meilleures armées « du côté de Bénévent ; et alors, notre cher fils « que Dieu protége, il nous semble convenable « que lors même que les Bénéventains vou- « droient faire toutes vos volontés, vous ne con- « sentissiez en aucune manière à leur rendre « Grimoald, fils d'Arégise. Toutefois le Seigneur « vous a accordé sa prudence et sa sagesse, pour « que vous fassiez tout ce qui conviendra à « votre intérêt et au nôtre..... Mais si les Béné-

(1) *Codex Carol.* ep. 90, 92. Hadriani, 73, 86, p. 571-576.

« ventains ne veulent pas se soumettre à tous
« vos ordres, hâtez-vous d'y envoyer une telle
« armée, que cela puisse tourner au profit de
« notre sainte Église et de votre excellence
« royale ;..... surtout qu'elle soit bien assurée
« que ce n'est par aucune avidité d'acqué-
« rir les cités que vous avez données à saint
« Pierre l'apôtre et à nous, que nous vous pres-
« sons ainsi, ce n'est que pour l'avantage qui
« en résultera à la sainte Église de Dieu, et pour
« la gloire que votre excellence en recueillera
« par ses victoires. » (1)

Mais dans cette occasion comme dans plusieurs autres, Charles montra qu'il savoit juger les conseils haineux et intéressés du pape, et s'élever à une politique plus noble que celle des gens d'église. Malgré la défiance qu'Adrien avoit cherché à exciter en lui contre Grimoald, il le remit en liberté, il l'investit du duché qu'avoit gouverné son père, et il le chargea d'aller repousser les Grecs qui se disoient ses alliés. Hildeprand, duc de Spolète, son voisin, fut chargé de le seconder; et Charles ne leur joignit, pour les surveiller, que son lieutenant Winigise, avec un petit nombre de Francs. Cette noble confiance fut couronnée par le succès. Les deux ducs avec les seuls Lombards de Spolète et de Bénévent attaquèrent les Grecs dans la

(1) *Codex Carolin.* ep. 90, p. 571.

Calabre, les défirent, leur enlevèrent un grand nombre de captifs et beaucoup de butin, et le prince Lombard qui les conduisoit, Adelgise lui-même, fut tué dans cette bataille. (1)

Les bords de l'Elbe sembloient donner à l'empire de Charles une frontière militaire d'autant plus facile à défendre qu'elle séparoit des peuples de mœurs et de langage différens : les Germains d'une part, les Slaves de l'autre. Cependant il est impossible de placer des bornes à l'accroissement des grandes monarchies; elles pèsent sur tous leurs voisins, de manière à les froisser; les plus foibles invoquent leur aide contre les plus puissans; autour d'elles on intrigue de toutes parts en leur nom, et on les entraîne dans des guerres, on leur suggère des conquêtes que leurs chefs n'avoient pas même désirées. En 789, les Francs de Charlemagne commencèrent à passer l'Elbe, et ils attaquèrent cette seconde ceinture de peuples barbares dont ils étoient entourés. Les plus septentrionaux parmi les Slaves de la droite de l'Elbe étoient ceux qui se désignoient eux-mêmes par le nom de Weletabi, et que les Francs nommoient Weltsi, peut-être du même nom générique de Welches, qu'ils donnoient aux Gaulois, aux Italiens, et à tous ceux qui ne parloient

---

(1) *Eginhardi Annal.* p. 209. — *Tiliani*, p. 21. — *Loisel.* p. 46. — *Metens.* p. 346. — *Theophanis chronograph.* T. VI, p. 311. *Script. byzant.*

pas allemand. Les Weltsi partageoient le pays situé entre l'Elbe et l'Oder, avec un autre peuple slave, les Abodrites, qui habitoient plus au couchant, dans le voisinage de Schwerin. Les Abodrites se sentant les plus foibles avoient recouru à la protection des Francs; Charles les avoit admis à son alliance, et avoit même profité de leur aide contre les Saxons. Les Weltsi, jaloux de cette alliance, molestèrent les Abodrites qui recoururent aussitôt à l'assistance de leur puissant allié. Charles se montra empressé de leur porter du secours; après avoir passé le Rhin à Cologne, il traversa la Saxe, et il arriva sur l'Elbe inférieur, sur lequel il jeta deux ponts; il les défendit par des remparts de terre et des châteaux de bois; il traversa ensuite la rivière que jusqu'alors il avoit regardée comme la dernière limite que son empire pût atteindre, et il entra dans le pays des Weltsi. Son armée étoit toute composée de Francs, de Saxons et de Frisons, qui, à peine soumis, combattoient déjà pour la France. Les Abodrites vinrent le joindre, aussi-bien que les Sorabes, autre peuple slave, situé plus au midi, à peu près là où est aujourd'hui la Lusace. Les uns et les autres préférèrent partager le butin avec le conquérant, plutôt que de s'exposer à être écrasés en défendant l'indépendance de leur pays. Les Weltsi ne purent opposer une longue résistance à des forces aussi disproportionnées : quoiqu'ils eussent assemblé une armée assez nombreuse, ils furent battus. Leur roi nommé Wiltsan, qui étoit fort avancé en âge, se rendit alors auprès de Charles, dans un lieu nommé Dragoïd : il lui promit par serment, au nom de tous ses compatriotes, de garder désormais la foi au roi et au peuple des Francs, et il lui remit des otages. Tous les autres chefs des Weltsi, qui portoient aussi le nom de rois, imitèrent son exemple; la nation fut soumise en une seule campagne, et les limites des Francs furent étendues des rives de l'Elbe à celles de l'Oder. (1)

Probablement dans la même année, Pepin, roi d'Italie et fils de Charlemagne, conquit les deux provinces d'Istrie et de Liburnie, à l'autre extrémité de la longue frontière qu'occupoient les Slaves, et sur le golfe Adriatique. Il y établit deux nouveaux ducs qui, dès l'année suivante, le secondèrent dans la guerre qu'il porta plus au levant. Les historiens du temps se taisant sur cette guerre, on ne sait point si les Francs enlevèrent aux Grecs ces deux provinces qui

---

(1) *Eginhardi Annal.* p. 209. — *Ejusd. vita Carol.* Cap. 12, p. 93. — *Poeta saxon.* Lib. II, v. 432, p. 152. — *Annal. Franc. Nazariani*, p. 12. — *Petav.* p. 15. — *Tiliani*, p. 21. — *Nibel.* p. 28. — *Loisel.* p. 46. — *Lambec.* p. 65. — *Chron. Moissiac.* p. 72.

789.   relevoient de l'empire d'Orient, ou si elles avoient déjà secoué le joug. Charles étoit alors brouillé avec l'impératrice Irène, et ses drapeaux avoient atteint les frontières de l'empire grec; mais l'autorité des souverains de Constantinople étoit à peine sentie aux extrémités de leurs états. Venise et quelques ports de l'Istrie enclavés dans les états des Francs, arborèrent toujours les aigles romaines, et cependant ces cités se gouvernoient comme des états indépendans. (1)

790.   Entre ces Slaves arrachés au joug des Grecs, et les Slaves libres que Charles venoit de combattre, se présentoit dans la Pannonie la frontière du royaume des Huns, par laquelle l'empire franc couroit le plus de risque d'être attaqué. L'étendue du royaume des Huns, même en y joignant celui des Avares, ne pouvoit se comparer à celle du royaume de Charlemagne; mais ces guerriers avoient peu d'esclaves, ils étoient demeurés tous égaux, tous libres et tous armés. Ils vivoient sur leurs chevaux, dans les champs, constamment occupés de la vie pastorale ou de la guerre, et le nombre de cavaliers qu'ils pouvoient rassembler au premier signal, surpassoit celui des soldats que Charles auroit pu lever dans des provinces quatre ou cinq fois plus étendues. La frontière entre les Huns

(1) *Pagi critica ad ann.* 789, §. 6, p. 587. — *Muratori ad ann.* 791. *Annali d'Italia*, p. 314.

et les Bavarois donnoit lieu à des contestations que Charles désiroit régler. Il reçut à Worms les ambassadeurs du roi des Huns; il lui en envoya d'autres à son tour, et, comme pour appuyer une négociation qu'on avoit peine à conclure, il s'avança dans la Germanie, sur le Mein et la Sala; la paix qui régnoit sur toutes ses frontières, ne lui ayant point donné lieu cette année d'assembler son armée. (1)

Les Huns n'ayant pu tomber d'accord avec les Francs sur la démarcation de leurs frontières, Charles se prépara, au printemps suivant, à leur arracher par les armes les concessions qu'il leur demandoit. Il rassembla dans l'Austrasie et la Germanie les deux armées avec lesquelles il comptoit pénétrer dans la Pannonie, tandis qu'il donnoit à Pepin son fils l'ordre de le seconder du côté de la Lombardie, avec une troisième armée. Le comte Thederic et son chambellan Magenfrid commandoient les guerriers levés dans le nord de la Germanie, qui devoient suivre la rive gauche ou septentrionale du Danube, et entrer en Bohême en passant le Camb qui se jette dans ce fleuve près de Chrembs, et qui marquoit en ce lieu la limite entre la monarchie des Francs et celle des Avares, au milieu de l'archiduché actuel d'Autriche. Charles, avec l'autre armée composée de Francs, d'Alle-

(1) *Eginhardi Annal.* p. 209.

mands et de Bavarois, suivoit la rive méridionale du Danube. Parvenu sur la rive de l'Ens qui séparoit les Bavarois d'avec les Huns, il s'y arrêta trois jours, pour implorer sur ses armes, par des prières publiques, les bénédictions du ciel. En même temps il fit solennellement déclarer la guerre aux Huns, puis il entra dans leur pays. Ceux-ci ne lui opposèrent pas d'armées, mais seulement des garnisons qui s'efforçoient de défendre les lieux forts. La première fut battue, et sa forteresse détruite au passage du Camb ; la seconde, au mont Cumeberg, près de la cité Comagine, sans doute Comorn. L'armée des Francs détruisoit en même temps par le fer et le feu tout le pays environnant. Charles parvint ainsi, en dévastant les campagnes, jusqu'au fleuve Raab qu'il passa, et dont il suivit ensuite la rive droite jusqu'à son embouchure dans le Danube. Là, il donna pour quelques jours à son armée des quartiers de rafraîchissemens, puis il se prépara à rebrousser chemin vers la Bavière. Quoiqu'il n'eût point atteint les Huns, et qu'il n'eût pu leur livrer de bataille, son expédition sembloit couronnée par un plein succès. Mais les terres basses de la Hongrie se trouvèrent être singulièrement contraires aux chevaux francs ; une épizootie les attaqua à leur retour, plusieurs milliers périrent avant d'avoir atteint les frontières de la

Bavière, et à peine Charles ramena-t-il la dixième partie de ceux avec lesquels il étoit entré dans le pays ennemi. Cependant comme il suivoit toujours les rives du Danube par lequel il recevoit des munitions, son infanterie, quoique dépourvue de cavalerie et d'équipages, ne souffrit pas autant qu'elle auroit pu le faire. Il arriva ainsi à Ratisbonne, où il fixa son séjour pour l'hiver. Il avoit en même temps fait avertir les comtes Théderic et Mégenfrid de rebrousser chemin avec les Saxons et les Frisons qu'ils avoient conduits, et ceux-ci rentrèrent dans leurs foyers après avoir ravagé la Bohême, comme Charles ravagea la Pannonie. La troisième armée, composée de Lombards que Pepin avoit conduits par les provinces illyriques en Pannonie, se retira de même sans avoir rencontré les ennemis. (1)

791.

Les Huns avoient éprouvé toute la puissance de Charlemagne, et leur foiblesse pour se défendre contre lui. Mais le vainqueur se sentoit bien plus épuisé par la perte de sa cavalerie, qu'il n'auroit pu l'être par celle d'une grande bataille. Il ne regardoit point la guerre comme terminée; Les Huns ne donnoient encore aucun signe

792.

---

(1) *Eginhardi Annal.* p. 210. — *Annal. Petaviani*, p. 16. —*Tiliani*, p. 21. —*Nibelung*, p. 28. C'est la fin. —*Loiseliani*, p. 47. — *Moissiac.* p. 73. —*Poeta saxon.* Lib. III, p. 154. — *Annal. Metens.* p. 347.

de soumission; Charles, qui vouloit rentrer en Pannonie, et qui passa toute l'année à Ratisbonne, pour être plus rapproché de cette frontière, ne se sentit point cependant en état de marcher à l'ennemi. Il faisoit construire des bateaux en grand nombre qui devoient suivre l'armée, et avec lesquels il se réservoit les moyens de jeter un pont sur la rivière, et de transporter ses troupes d'une rive à l'autre du Danube, au moment où cela lui conviendroit; mais l'été tout entier se passa à faire ces préparatifs, sans que les Francs entrassent sur le territoire ennemi. (1)

Durant ce temps, Félix, évêque d'Urgel, fut amené à Ratisbonne sur une accusation d'hérésie intentée contre lui. Plus Charles étendoit les limites de sa domination, plus aussi son pouvoir devenoit absolu dans leur enceinte : les évêques se soumettoient à sa juridiction, les ducs héréditaires se laissoient destituer par ses ordres, chacun osoit moins soutenir contre lui ses propres droits, ses propres priviléges, parce que chacun, se comparant à sa grandeur croissante, se trouvoit proportionnellement plus petit. L'évêque d'Urgel avoit son siége dans cette partie de l'Espagne soumise récemment à Charles; mais il partageoit les opinions d'Eli-

(1) *Annal. Loiseliani*, p. 48. — *Poëta saxon.* Lib. III, v. 98, p. 156. — *Annal. Metens.* p. 347.

pand, évêque de Tolède, soumis aux Sarrasins. Tous deux avoient enseigné que Jésus-Christ, fils de Dieu quant à sa nature divine, n'étoit, quant à sa nature humaine, que le fils adoptif de la Divinité. Félix, traduit devant Charles à Ratisbonne, confessa son erreur ; il fut ensuite envoyé à Rome, où il fit abjuration devant Adrien : cependant cette hérésie, qui n'étoit que l'explication par un autre mot du dogme orthodoxe des deux natures, se conserva parmi ses sectateurs, et fut long-temps persécutée dans la Marche d'Espagne sous le nom d'hérésie des Féliciens. (1)

Vers le même temps le Lombard Fardulfe découvrit au roi une conjuration dans laquelle plusieurs Francs étoient entrés. Elle avoit pour chef Pepin, l'aîné de ses enfans, non point celui qui régnoit en Italie, mais un autre fils né hors du mariage, qu'il avoit eu d'Himiltrude sa concubine. Ce prince étoit rendu difforme par une bosse, mais sa physionomie étoit agréable. Jaloux des honneurs accordés à ses plus jeunes frères, il s'étoit écarté de la cour en prétextant une maladie. La naissance légitime étoit à peine un avantage aux yeux des Francs, qui comptoient Charles Martel parmi leurs plus glorieux princes. Plusieurs des seigneurs auxquels la

---

(1) *Baronii Annal. eccles.* ann. 792, p. 416. — *Pagi crit.* p. 392.

cruauté de la reine Fastrade étoit devenue insupportable, offrirent à Pepin leur assistance pour le mettre sur le trône. On les accusa d'avoir voulu tuer non-seulement le roi, mais tous ses fils légitimes, pour faire place au fils naturel. Nous ne connoissons pas mieux les vrais desseins des conjurés que l'offense qu'avoit pu leur donner la reine Fastrade, ou la manière dont ils pouvoient se trouver en butte à la cruauté et à l'arrogance qu'ils lui reprochoient. Ce fut à l'assemblée des Francs, convoquée à Ratisbonne, que Charles dénonça les conjurés. Un jugement unanime les condamna à mort : le roi ne les envoya pourtant pas tous au supplice. Il accorda, entre autres, à Pepin sa grâce, en se contentant de le faire tonsurer, et de l'enfermer au couvent de Pruim, dans le diocèse de Trèves. Fardulfe, qui avoit révélé la conjuration, en fut récompensé par le don de l'abbaye de Saint-Denis. (1)

La seconde campagne contre les Huns, que Charles n'avoit pu tenter l'année précédente, devoit commencer au printemps de l'année 793. Le comte Théderic avoit ordre de lever de nouveau une armée en Frise, et de s'avancer,

(1) *Eginhardi vita Caroli Magni*. Cap. 20, p. 97. — *Id. Annal.* p. 210. — *Petaviani*, p. 16. — *Loiseliani*, p. 48. — *Lambec.* p. 65. — *Moissiac.* p. 73. — *Poeta saxon.* Lib. III, p. 156.

comme il l'avoit fait deux ans auparavant, au travers de la Saxe vers la Bohême. Mais il étoit encore le 6 juillet dans un lieu nommé Rhiustri, aujourd'hui Rustringen, sur le Bas-Weser, lorsqu'il fut surpris par les Saxons révoltés, et mis en pièces avec son armée. La Saxe, qui pendant huit ans avoit paru soumise, et qui avoit fourni à Charles des soldats pour toutes ses guerres, se soulevoit tout entière; et, abandonnant le christianisme, elle retournoit avec un mouvement passionné au culte de ses dieux nationaux. Ce n'étoit point cette fois Wittikind qui l'y encourageoit : subjugué lui-même par cette religion qu'il avoit si long-temps combattue, il avoit consacré son temps et ses richesses à fonder des évêchés et à bâtir des églises (1). Mais ses compatriotes, plus jeunes et plus ardens, avoient envoyé des députés aux Huns et aux Avares, pour leur offrir leur alliance; en même temps ils avoient brûlé toutes les églises bâties sur leur territoire, ils en avoient chassé les évêques et les prêtres, et ils en avoient sacrifié quelques-uns au ressentiment supposé de leurs anciennes divinités. (2)

(1) *Krantzius saxonia.* Lib. II, cap. 24.—*Pagi critica ann.* 785, §. 9, p. 373.

(2) *Eginhardi Annales*, p. 211. — *Breve Chronic. Sancti Dionysii*, p. 29. — *Loiseliani*, p. 48. — *Moissiac.* p. 73. — *Poeta saxon.* p. 157. Plusieurs de ces Chroniques rapportent la rébellion des Saxons à l'année précédente.

793. La fortune, si long-temps fidèle à Charles, sembloit l'abandonner à la fois dans toutes ses entreprises. En même temps qu'il recevoit la nouvelle du désastre du comte Théderic dans la Saxe, et de la révolte d'un pays qui lui avoit coûté tant de sang et de sueurs à conquérir, il fut aussi averti que l'Aquitaine étoit envahie par les Sarrasins qui avoient brûlé les faubourgs de Narbonne, et remporté une grande victoire sur Guillaume, duc de Toulouse. Cependant sa cavalerie, presque en entier démontée depuis la campagne de Pannonie, ne pouvoit lui rendre aucun service, et il étoit réduit à recevoir de ses ennemis les outrages les plus sanglans sans essayer de se venger. Les forces mêmes de la nature sembloient se combiner contre lui. Il avoit entrepris de creuser un canal de navigation pour réunir le Danube avec le Rhin. Pour cela, il vouloit profiter du cours de deux rivières, le Rednitz qui coule dans le Mein, et celle qu'Eginhard nomme Almonus qui se jette dans le Danube. Un canal qui avoit trois cents pieds de large, et deux milles de longueur, fut ouvert entre ces deux rivières ; mais l'hydraulique étoit alors trop peu cultivée pour que ces travaux pussent réussir. La terre, qui étoit marécageuse en cet endroit, ne pouvoit être contenue en place ; des pluies abondantes l'entraînoient de nouveau dans le bassin d'où

on l'avoit tirée, et le canal qu'on avoit péniblement creusé le soir se retrouvoit plein de boue chaque matin. Pour diriger cet ouvrage, Charles avoit passé l'été à son palais de Saint-Kilien sur le Mein, près de Wirtzbourg. Il se retira l'hiver à Francfort. (1)

Il y avoit alors douze ans qu'il n'avoit point visité l'Aquitaine, et à peine, dans cet espace de temps, avoit-il mis les pieds dans ce que nous nommons aujourd'hui la France. En même temps qu'il avoit, en 781, conféré à son fils Louis la dignité de roi d'Aquitaine, il avoit entouré cet enfant, alors âgé de trois ans, de comtes et de ducs qui devoient le suppléer dans le gouvernement. Quinze comtés étoient soumis à la couronne d'Aquitaine : le Toulousain, le Berri, le Poitou, le Périgord, l'Auvergne, le Bourdelais, le Limousin, l'Albigeois, le Velay, le Rouergue, le Quercy, l'Agénois, l'Angoumois, la Saintonge et le Gévaudan. Entre ceux-ci il y en avoit neuf auxquels Charles avoit, en 778, donné des chefs nouveaux, la plupart français : il avoit en même temps assigné plusieurs terres vacantes ou confisquées, à des seigneurs qui relevoient immédiatement de lui, et qui furent nommés vassaux du

---

(1) *Eginhardi Annal.* p. 211. — *Tiliani*, p. 22. — *Loisel.* p. 49. — *Moissiac.* 74. — *Poeta saxon.* Lib. III, p. 157.

roi (1). Trois autres grandes provinces étoient également soumises au gouvernement du jeune Louis, sans faire pour cela partie du royaume d'Aquitaine. C'étoient la Septimanie conquise par son père au levant, la Novempopulanie ou Gascogne au couchant, et les Marches au midi. On donnoit le nom de Marches aux conquêtes qu'avoit faites Charles au-delà des Pyrénées, et on les divisoit en Marche de Gothie, qui renfermoit presque toute la Catalogne, et Marche de Gascogne, qui s'étendoit jusqu'à l'Èbre, dans l'Aragon et la Navarre. Ces dernières provinces avoient cependant presque toutes des seigneurs sarrasins : c'étoient les mêmes qui s'étoient volontairement soumis à Charles pour se soustraire à l'autorité de l'émir de Cordoue ; et selon leur politique ou les circonstances, ils passoient tour à tour de l'obéissance du roi franc à celle du souverain arabe. (2)

Louis, connu depuis sous le nom de Débonnaire, étoit alors parvenu à l'âge de quinze ans. Il avoit été mis par son père sous la tutelle de Guillaume, duc de Toulouse, qu'on a surnommé *au court nez*, et dont les romanciers ont fait un chevalier errant, et les agiographes un saint, tandis que les historiens n'en ont con-

(1) Histoire génér. du Languedoc, Liv. VIII, chap. 82-84, p. 431.
(1) Histoire du Languedoc, Liv. VIII, chap. 91, p. 436.

servé que le nom. Le royaume de Louis, qui étoit borné par la Loire, l'Èbre, le Rhône et les deux mers, ne pouvoit être attaqué que par les Sarrasins, sur la seule frontière méridionale; et il sembloit devoir d'autant moins les craindre, que Issem, qui en 788 ou 789 avoit succédé à Cordoue à son père Abdérame, avoit commencé son règne par une guerre civile contre ses deux frères aînés. Mais à peine eut-il obtenu sur eux l'avantage, qu'il songea à attaquer aussi les chrétiens. Louis, d'après les ordres de son père, avoit conduit ou accompagné l'armée d'Aquitaine, d'abord en Italie, ensuite dans la Pannonie. Il semble que l'émir Issem profita de son absence. Son général Abdelmélec passa l'Èbre, traversa les Marches en les ravageant, franchit ensuite les Pyrénées, et s'avançant jusque sous les murs de Narbonne, il en brûla les faubourgs, et y enleva un immense butin. Il marcha ensuite sur Carcassonne; mais dans sa route, au passage de l'Orbieu, il rencontra Guillaume, duc de Toulouse, avec plusieurs comtes français, et l'armée d'Aquitaine. Il l'attaqua; et après une résistance obstinée et un grand carnage des chrétiens, il l'obligea à prendre la fuite. Abdelmélec, après cette victoire, reprit la route d'Espagne; mais il entraînoit avec lui un nombre immense de captifs, et les dépouilles de toute la province, que Issem employa à orner la magnifique mosquée de Cordoue. (1)

794. Il semble que jusqu'à l'époque de la mort d'Issem, le 27 avril 796, Charles n'essaya point de le punir des ravages qu'il avoit fait éprouver aux provinces méridionales de son royaume. Il prit mieux ses mesures pour se venger des Saxons, plus rapprochés de lui, et dont la révolte l'offensoit davantage, en détruisant les fruits de vingt ans de combats. Cependant, avant de marcher contre eux, il crut devoir régler les affaires de l'Église, peut-être comme un moyen de se rendre Dieu propice dans une guerre qu'il alloit faire aux infidèles. Il convoqua donc à Francfort, pour l'été de 794, un concile de toute l'Église d'Occident. Il fut présidé par deux légats du pape; et trois cents évêques de France, d'Allemagne, d'Italie et d'Espagne s'y trouvèrent rassemblés.

Deux questions agitoient alors, et pouvoient diviser l'Église latine. Félix, évêque d'Urgel, après avoir confessé son erreur à Ratisbonne et à Rome, lorsqu'il étoit revenu dans son évêché, y avoit trouvé des docteurs tout remplis des opinions qu'il avoit professées, qui lui avoient reproché comme une foiblesse de les abandonner. Son métropolitain Élipand, archevêque de

---

(1) *Chronicon Moissiac.* p. 74. — Histoire du Languedoc, Liv. IX, chap. 26, p. 453. — *Poeta saxon.* Lib. III, v. 186, p. 157.

Tolède, qui, sous la domination des Musulmans, pouvoit braver les foudres de Rome, professoit la même doctrine que lui, et l'encourageoit à s'y attacher. Félix se rétracta ; une longue lettre d'Adrien le dénonça, ainsi qu'Élipand et tous leurs sectateurs, au concile de Francfort. Les pères du concile, à leur tour, écrivirent à leurs frères d'Espagne pour leur reprocher leur erreur; et comme ceux-ci avoient prouvé, par beaucoup de témoignages, que le dogme de la Trinité avoit toujours été expliqué de la même manière en Espagne, le concile leur répondit que c'étoit justement à cause de cette erreur que Dieu les avoit livrés aux mains des infidèles, puisqu'ils s'étoient ainsi montrés indignes de la liberté (1). Le roi Charles joignit aux épîtres synodales du concile une longue lettre qui est elle-même non moins docte en théologie, non moins riche en citations de l'Écriture et des Pères, que celle de l'assemblée de l'Église : quoique publiée sous son nom, on suppose qu'elle est l'ouvrage d'Alcuin.

Mais une autre question fut élevée dans le même concile, qui auroit dû amener un schisme, sans les ménagemens infinis que la cour de Rome garda pour Charlemagne. Les Églises d'Occident ne s'étoient abstenues ni des su-

---

(1) *Synodica Concilii ad Præsules hispaniæ. Labbei Concilia.* T. VII, p. 1035.

perstitions, ni des subtilités qui défiguroient le christianisme; cependant elles repoussoient toujours avec horreur le culte des images comme une idolâtrie. Peut-être l'abandon presque absolu des beaux-arts avoit-il contribué à tenir les Francs et les Germains en garde contre l'adoration de ces dieux faits de main d'hommes, qu'on voyoit si rarement dans leurs églises, tandis qu'ils ornoient tous les temples des Grecs. Du moins les Chroniques du temps et les Vies des saints ne nous parlent-elles jamais dans l'Église latine, comme elles font sans cesse dans l'Église grecque, de la protection accordée à tel personnage ou à tel pays, par une image miraculeuse, un tableau ou une statue exposés en tel lieu à la vénération publique. Tous ces miracles locaux étoient attribués dans l'Occident à des reliques, comme ils l'étoient dans l'Orient à des images. Le culte des ossemens des saints s'accordoit mieux avec la barbarie des Occidentaux, tout comme celui de leur ressemblance avec la civilisation des Grecs. L'Église de Rome profitoit indifféremment des uns ou des autres, et quoique en Italie même les images fussent beaucoup plus rares que dans la Grèce, les papes s'étoient prononcés contre les empereurs iconoclastes. Ils avoient dû à cette querelle leur souveraineté en Italie, comme ils devoient à l'adoration des reliques les trésors qui leur arrivoient chaque année de France et de Germanie pour s'en procurer. La secte des iconoclastes ayant été dépouillée du pouvoir par la révolution qu'avoit opérée l'impératrice Irène, et leurs opinions ayant été condamnées par le second concile de Nicée assemblé en 787, les légats du pape présentèrent ces actes au concile de Francfort, pour qu'ils fussent reconnus comme procédant d'un concile œcuménique, et faisant loi dans l'Église. (1)

La lutte contre les iconoclastes avoit engagé les Pères de Nicée à employer le langage le plus fort pour prescrire le culte des images. « Nous
« ordonnons avec certitude, avoient-ils dit,
« qu'on expose aux regards des fidèles les véné-
« rables et saintes images, tout aussi-bien que
« la figure de la précieuse croix vivifique; qu'on
« les trouve dans les saintes églises de Dieu,
« dans les vases sacrés, les habits, sur les cloi-
« sons des maisons et sur les chemins...... Car
« plus elles se présenteront fréquemment aux
« regards, et plus elles exciteront ceux qui les
« verront à leur rendre l'adoration honoraire,
« en les baisant; adoration qui, selon la foi, dif-
« fère de la vraie latrie attribuée à la seule na-
« ture divine (2). » Et ils avoient ajouté : « Nous

(1) *Annal. Tiliani*, p. 22. — *Loisel.* p. 49. — *Moiss.* p. 74. — *Metens.* p. 347. — *Poeta saxon.* Lib. III, v. 197, p. 157.
(2) *Concil. Nicænum II, Actio septima. Terminus. Labbei Concil.* T. VII, p. 555.

« recevons les vénérables images ; anathème à « ceux qui pensent différemment ; anathème à « ceux qui appliquent aux vénérables images « les paroles de l'Écriture contre les idoles ; ana- « thème à ceux qui ne saluent pas les saintes « images ; anathème à ceux qui appellent les « saintes images des idoles. » (1).

Mais les Pères de Francfort furent révoltés de cette doctrine nouvelle pour eux, de cette obligation de rendre « un culte aux images « faites en couleur ou en marqueterie, de Dieu, « du Sauveur, de la Vierge Marie, des anges et « des saints. » Ils exprimèrent cette indignation par le second canon de leur concile. « L'on a « apporté dans l'assemblée, dirent-ils, la ques- « tion du nouveau synode des Grecs, qu'ils ont « tenu à Constantinople, sur l'adoration des « images, dans lequel il est écrit que ceux qui « n'offriroient pas aux images des saints le ser- « vice et l'adoration, comme à la Trinité déi- « fique, seroient jugés anathèmes. Mais nos très- « saints Pères nommés ci-dessus, rejetant de « toute manière l'adoration et la servitude, « les méprisent et les condamnent d'un com- « mun consentement. » (2)

L'Église entière sembloit partagée ; trois cent

---

(1) *Concilii Nicæni. Actio VIII*, p. 591.
(2) *Concilium Francoford.* cano 2. *Labbei Concil. gener.* T. VII, p. 1057.

cinquante évêques avoient souscrit au concile de Nicée, trois cents évêques souscrivoient à celui de Francfort. De plus, ce dernier étoit appuyé par l'autorité imposante de Charles, qui écrivit au pape avec force, et lui envoya un Traité en quatre livres, connu sous le nom des *Livres carolins*, contre le culte des images. Adrien n'avoit garde de s'exposer à mécontenter un semblable protecteur; il s'efforça d'éluder la question, de distinguer ce qui n'étoit point distinguable, de faire voir que le concile infaillible de Francfort s'étoit trompé sur les faits, plus encore que sur les principes : que le concile tenu à Nicée, non à Constantinople, n'avoit point dit ce que les Allemands avoient cru entendre, et que, malgré les déclarations contradictoires de ces deux assemblées, l'unité de foi de l'Église n'étoit point ébranlée; enfin, il fit si bien qu'il assoupit la discussion. Les deux conciles sont admis en même temps comme faisant loi dans l'Église; les deux doctrines s'y maintiennent même en paix l'une à côté de l'autre; car la France et l'Allemagne, sans avoir repoussé les images de leurs temples, ne leur rendent cependant pas de culte, tandis que l'Italie et l'Espagne se sont confirmées dans l'adoration des images, et célèbrent chaque jour quelque miracle de ces divinités locales. (1)

(1) *Baronius Annal. eccles. ann.* 794, p. 429-441. — *Pagi critica*, §. 9, p. 398. — *Notæ Sirmondi*, p. 1054, *et Binii*,

794.

La reine Fastrade, qui par sa hauteur et sa cruauté avoit suscité à Charles tant d'ennemis, mourut pendant la durée du concile de Francfort : elle est enterrée à Mayence, au couvent de Saint-Alban : avant la fin de la même année, Charles la remplaça en épousant Liutgarde, de nation allemande, dont il n'eut pas d'enfans.

Après la fin du concile, Charles se mit enfin en mouvement pour punir les Saxons de leur rébellion. Il avoit rassemblé deux armées. Charles, son fils aîné, à la tête de l'une, passa le Rhin à Cologne, pour entrer en Saxe par le couchant; tandis que lui-même, à la tête de l'autre, y entreroit par le midi. Les Saxons s'étoient rassemblés à Sintfeld, pour lui livrer bataille; mais lorsqu'ils le virent approcher, ils se sentirent trop foibles pour se mesurer avec lui; ils se soumirent sans combat à toutes les conditions qu'ils auroient pu recevoir après la victoire, et ils lui donnèrent des otages. Le roi leur permit donc de se disperser, et il ramena lui-même son armée au-delà du Rhin où il la licencia; il passa ensuite l'hiver à Aix-la-Chapelle. (1)

p. 1067, *in Concil. Francoford.* T. VII. *Labbei.* — *Fleury, Histoire ecclés.* Liv. XLIV, ch. 47. — *Libri Carolini in Goldast. Constitut. imperial.* T. I, p. 23-144.

(1) *Eginhardi Annal.* p. 211. — *Annal. Petaviani*, p. 16. — *Tiliani*, p. 22. — *Loiseliani*, p. 49. — *Moissiac.* p. 74. — *Metenses*, p. 347. — *Poeta saxon.* Lib. III, v. 158.

L'armée des Francs étoit convoquée pour le printemps suivant. Les Saxons devoient, comme les autres, s'y rendre en armes; mais il est probable qu'ils sentoient peu d'empressement à entrer dans les rangs de ceux qu'ils regardoient comme leurs plus mortels ennemis. Charles, après avoir présidé une assemblée du Champ de Mai, à son palais de Kuffenstein sur le Mein, non loin de Mayence, annonça qu'il puniroit les Saxons de leur négligence à se rendre sous ses drapeaux. Il entra en Saxe avec une nombreuse armée, et il parcourut presque toute la contrée en la ravageant. Il avoit établi son camp à Bardenwig, dans le canton nommé Bardengau, et il y attendoit les Slaves Abodrites et Weltzi, auxquels il avoit donné rendez-vous pour continuer, de concert avec eux, à ravager la Saxe, lorsqu'il apprit que leur roi Weltzan, immédiatement après avoir passé l'Elbe, étoit tombé dans une embuscade dressée par les Saxons, et qu'il y avoit péri avec son armée. Charles, irrité qu'on osât se défendre quand il attaquoit, redoubla de sévérité contre les malheureux Saxons, et après avoir détruit tout ce que le fer ou la flamme pouvoient atteindre, il se fit donner de nouveaux otages, et il rentra en France, où, comme l'année précédente, il passa l'hiver à Aix-la-Chapelle. (1)

(1) *Eginhardi Annal.* p. 211 et iid.

795.  Il n'y avoit pas long-temps qu'il y étoit de retour lorsqu'il reçut la nouvelle de la mort du pape Adrien Ier, survenue à Rome le 25 décembre 795, après vingt-quatre ans de règne. Charles avoit pu long-temps considérer Adrien comme son lieutenant dans toute l'Italie. Le pape, ne pouvant jouir des bienfaits du roi que sous sa protection, et se sentant exposé aux attaques des mêmes ennemis, veilloit sans relâche aux intérêts de Charles, et celui-ci devoit bien plus se tenir en garde contre son zèle que contre sa tiédeur. Le 26 décembre, le clergé, les nobles et le peuple de Rome donnèrent pour successeur à Adrien, Léon III, attaché dès sa jeunesse
796.  au vestiaire du latéran. Ce nouveau pontife envoya, dès le commencement de l'année suivante, des légats à Charlemagne, pour lui porter les clefs de saint Pierre, l'étendard de la ville de Rome, et d'autres présens. Il lui faisoit demander en même temps d'envoyer à Rome quelqu'un des grands de son royaume, « pour en« gager par des sermens le peuple romain à lui « être fidèle et soumis. » Ce sont les propres termes d'Eginhard; ils indiquent clairement que dès cette époque Rome reconnoissoit Charles pour son souverain. Celui-ci confia cette mission à Engilbert, abbé du couvent de Saint-Richaire, qui, de son côté, porta les présens du monarque au nouveau pontife. (1)

(1) *Anastas. Biblioth. vita Leonis III. Script. ital.* T. III,

Charles, qui au commencement de son règne avoit changé chaque hiver de résidence, sembloit s'attacher au séjour d'Aix-la-Chapelle, où il avoit déjà passé deux hivers de suite. Il s'occupoit d'orner cette ville d'édifices somptueux, de palais, de basiliques, de ponts, de rues nouvelles; il avoit été frappé de la magnificence de l'ancienne Rome, et il vouloit que sur les confins de la Germanie sa nouvelle capitale lui ressemblât. Dans ce but, il y fit même transporter de Ravenne des marbres et des sculptures dont il savoit admirer la beauté, dans un temps où presque partout on ne touchoit aux monumens des anciens temps que pour les détruire (1). Dans un règne qui avoit déjà duré près de trente ans, Charles avoit fait des pas rapides vers la civilisation ; protégeant également l'éducation publique, les lettres, les arts, les lois, il auroit élevé sa nation, s'il lui avoit donné une base plus large. Malheureusement la classe infiniment peu nombreuse des hommes libres participoit seule à ces progrès, et celle-ci, perdue au milieu de ses milliers d'esclaves, retomba bientôt dans la barbarie dont elle étoit entourée de toutes parts.

p. 195. — *Annal. Tiliani*, p. 22. — *Chron. Moissiac.* p. 76. — *Poeta saxon.* Lib. III, v. 272, p. 159.

(1) *Vita Caroli ab Eginhardo.* Cap. 17, p. 96. — *Moissiac. Chron.* p. 76.

796. Les arts de la paix succédoient d'autant plus naturellement dans l'esprit de Charles, à ceux de la guerre, qu'aucun de ses voisins n'étoit assez puissant pour lui donner une inquiétude sérieuse. Il faisoit moins la guerre pour se défendre ou pour conquérir, que pour châtier l'insubordination des peuples qui ne lui obéissoient pas assez promptement. Dans le cours de l'année 796 il conduisit lui-même son armée en Saxe pour la ravager. En même temps il chargea son fils Pepin de diriger sur la Pannonie une expédition qui auroit présenté plus de danger si les Huns, qu'il faisoit attaquer, n'avoient pas été divisés par une guerre civile. Le khagan ou sigour des Avares avoit été tué, et leur pays étoit sans défense. Thudun, l'un des rois des Huns, étoit, dès l'année précédente, venu auprès de Charlemagne pour solliciter son alliance et promettre d'embrasser le christianisme. De son côté, le slave Wonomir avoit cherché un refuge en Italie, auprès de Henri, duc de Frioul, alors principal conseiller de Pepin, roi d'Italie. Nous connoissons trop mal l'état de la Pannonie à cette époque, pour savoir si les Huns, les Avares et les Slaves, tous en proie à la même guerre civile, étoient soumis auparavant à un même gouvernement; si la discorde avoit éclaté entre les nations ou entre les partis, et si le nom

d'Avares et le nom de Huns n'étoient pas alors appliqués indifféremment au même peuple. Nous savons seulement que, d'après les ordres de Charles, Pepin, accompagné par Henri, duc de Frioul, entra en Pannonie par l'Italie, à la tête des Lombards et des Bavarois; qu'il passa le Danube et même le Theiss (1), et qu'il arriva jusqu'au Ring, enceinte ou camp fortifié que les Avares, qui n'avoient point de ville, regardoient comme leur capitale. Ils y avoient entassé toutes les dépouilles de l'Orient dévasté par eux; Pepin les enleva, et en rapporta d'immenses richesses que Charles distribua aux grands et aux courtisans qui l'entouroient. Il chargea aussi Engilbert, abbé de Saint-Richaire, d'en porter en offrande une partie au nouveau pape. (2)

Tandis que Charles faisoit attaquer la Pannonie par son fils, il recommençoit chaque année ses expéditions contre la Saxe. Il ne se proposoit plus, comme dans la première guerre, d'en faire la conquête, mais plutôt d'affoiblir, de ruiner si fort cette nation, qu'elle n'eût plus moyen de se révolter. D'une part, au moindre

---

(1) Eginhard, et le poète saxon son traducteur, nomment seuls le Tiza ou Theiss. (*Annales*, p. 212.) — *Poeta saxon.* Lib. III, v. 286, p. 159.

(2) *Annal. Petav.* p. 16. — *Tiliani*, p. 22. — *Loiseliani*, p. 50. — *Moissiac.* p. 76. — *Metenses*, p. 348.

signe de désobéissance, il brûloit les villages et en massacroit les habitans; d'autre part, quand il vouloit bien recevoir leur soumission, c'étoit en exigeant d'eux un si grand nombre d'otages, qu'il obtenoit ainsi une garantie, non pas de la nation seulement, mais de chaque famille. Dans plus d'un canton il se fit livrer, pour emmener en France, le tiers des habitans, hommes, femmes ou enfans. Ce nombre prodigieux d'otages ou plutôt de captifs qu'il ramenoit de chacune de ses expéditions, étoit ensuite distribué dans tous les villages de France et d'Italie, jusqu'aux extrémités de sa vaste domination, et il se fondoit peu à peu avec le reste de la population. Au printemps de l'année 797, il conduisit une expédition entre l'Elbe et le Weser, jusqu'à l'Océan septentrional, en traversant des plaines marécageuses que les Saxons avoient cru jusqu'alors des retraites impénétrables, et où aucune armée ne les avoit encore poursuivis. Après être revenu à Aix-la-Chapelle, il en repartit au milieu de novembre pour prendre avec son armée ses quartiers d'hiver dans la Saxe. Il fit choix, pour établir son camp, d'un site avantageux, sur le bord du Weser, qu'il nomma le nouvel Héristal, ou plutôt Heer-Stall (quartier de l'armée), et il en fit le centre de ses excursions dans toute la Saxe. (1)

(1) *Eginhardi Annal.* p. 212. — *Petav.* p. 16. — *Tiliani*,

Une guerre si acharnée, qui avoit alors duré déjà vingt-six ans, en dévastant la Germanie, devoit en avoir sans doute beaucoup diminué la population. Cependant les vides qui y sont faits par l'épée se referment beaucoup plus vite que ceux qui sont faits par de mauvaises lois, lorsque celles-ci privent le peuple de sa subsistance et de son travail. Nous verrons, dès la génération suivante, la Saxe vaincue et si long-temps dévastée, beaucoup plus peuplée, plus belliqueuse et mieux en état de se défendre que la Gaule qui avoit triomphé d'elle à tant de reprises. On ne peut douter que ce ne soit pendant le règne même de Charlemagne, au milieu de ces ravages, de ces massacres, et de tous les malheurs attachés à la conquête, que le nord de la Germanie passa de la barbarie à la civilisation, que des villes nouvelles furent fondées au milieu des forêts, que des lois furent reconnues par ceux qui s'étoient fait long-temps un honneur de n'en point admettre, qu'une certaine connoissance des lettres fut le résultat de la prédication du christianisme, qu'enfin les arts et les jouissances de la vie domestique furent introduits jusqu'à l'Elbe par les fréquens voyages et les longs séjours des personnages riches et puissans que Charlemagne entraînoit

p. 22. — *Loiseliani*, p. 50. — *Moissiac*. p. 76. — *Metenses*, p. 348. — *Poeta saxon.* Lib. III, v. 350, p. 160.

avec lui au fond de la Germanie. A cette époque même on y vit arriver des négociateurs de toutes les parties du monde civilisé, des Arabes, des Huns, des Espagnols et des Grecs.

Issem, roi de Cordoue, étoit mort le 27 avril 796; et son fils Alhaccan I$^{er}$ se trouvoit engagé dans une guerre civile contre ses deux oncles Suleiman et Abdoullah, frères aînés de son père, qui étoient revenus d'Afrique pour lui disputer la couronne. Cette guerre civile étoit favorable aux progrès des Francs sur la frontière d'Espagne. Le sarrasin Zata, seigneur de Barcelone, qui reconnoissoit tour à tour la suzeraineté de celui de ses deux voisins qu'il croyoit le plus puissant, vint au commencement de l'été de 797 à Aix-la-Chapelle, pour faire volontairement sa soumission à Charlemagne, et lui remettre les clefs de sa ville. Pendant le même temps, Louis, roi d'Aquitaine, assiégeoit Huesca sur la même frontière. La même année, Charles, à son retour de sa première expédition en Saxe, vit arriver à Aix-la-Chapelle, un prince sarrasin d'une plus haute naissance. C'étoit Abdoullah, fils d'Abdérame le Moavite, et frère d'Issem le dernier souverain. Il venoit demander l'aide du puissant souverain de l'Occident, pour monter sur le trône de son père, successivement usurpé par son frère cadet, puis par son neveu. Il accompagna Charles en Saxe, et passa l'hiver avec lui au nouvel Héristal; bientôt il y vit arriver Louis, roi d'Aquitaine, qui venoit rendre compte à son père de sa dernière campagne contre les Sarrasins. Au printemps suivant, Abdoullah fut renvoyé avec Louis en Aquitaine : il réussit ensuite à s'emparer de Valence, et lorsqu'il se soumit plus tard à son neveu, cette ville lui fut assurée en apanage.

Dans le même temps, Alfonse II, surnommé le Chaste, roi d'Asturie et de Galice, profitoit des guerres civiles des Musulmans pour leur enlever différentes places; mais quoique sa couronne fût indépendante, il sentoit si fort quel besoin il avoit de la protection de Charles, qu'il lui rendoit compte de ses succès, comme s'il eût été son lieutenant. La même année, ses ambassadeurs apportèrent à Aix-la-Chapelle une tente d'une admirable beauté, trophée d'une de ses victoires sur les Maures, qu'il offroit en présent à Charlemagne. Ils y rencontrèrent les ambassadeurs des Huns qui cherchoient à faire accepter leur soumission, pour éviter une nouvelle guerre, et celui de Constantin V, empereur d'Orient, que le patrice de Sicile avoit fait accompagner à la cour de Charles.

Nous ne savons pas quel étoit le but de la légation envoyée par Constantin à Charlemagne; peut-être les hostilités s'étoient-elles continuées entre les deux dominations, sur les frontières du duché de Bénévent, et s'agissoit-il de les faire cesser. Mais il est probable qu'à l'époque où l'ambassadeur grec arriva à Aix-la-Chapelle, son maître avoit cessé ou de vivre ou de voir le jour. L'ambitieuse Irène, qui avoit su, au moment opportun, se délivrer de son mari pour régner au nom de son fils, n'avoit point pu se résigner à partager l'autorité avec celui-ci, lorsqu'il étoit parvenu à l'âge d'homme. Il y avoit eu entre la mère et le fils une lutte prolongée, durant laquelle Irène avoit été envoyée en exil à Athènes, lieu de sa naissance, et n'avoit ensuite été rappelée à la cour que lorsqu'elle avoit réussi, par sa dissimulation, à persuader Constantin de sa soumission absolue. Alors elle avoit profité de son ascendant sur son fils, pour l'entraîner dans des démarches fausses et dangereuses. L'empereur avoit, en 792, puni une conjuration de ses oncles contre lui, en faisant arracher les yeux à l'un d'eux et couper la langue aux quatre autres. Il avoit, au mois de janvier 795, répudié l'arménienne Marie qu'il avoit accusée d'une conspiration, pour épouser à sa place une de ses suivantes, nommée Théodora; et Irène l'avoit elle-même excité à satisfaire ainsi une passion nouvelle, tandis qu'elle l'avoit en même temps dénoncé au clergé et surtout aux moines, sur lesquels elle conser-

voit un crédit illimité, comme ayant violé les
lois et la discipline de l'Église. Elle avoit réussi,
par ces artifices, à soulever contre lui les prélats et les saints, et à organiser des séditions
dans la capitale et les provinces. Enfin, les conjurés qu'elle dirigeoit se saisirent du malheureux Constantin le 15 juin 797 ; ils l'entraînèrent dans la chambre même où il étoit né, et
là ils lui arrachèrent les yeux avec tant de barbarie, qu'il en mourut peu de temps après dans
d'horribles tourmens. (1)

Irène fut alors placée sur le trône, et pour la
première fois le monde romain obéit à une
femme, qui gouverna non plus comme régente
ou tutrice, mais comme régnant en son propre
droit. Mais, quoique le chef des saints à cette
époque, l'archimandrite Platon, embrassât avec
chaleur la cause de l'impératrice, quoique l'annaliste de l'Église, le cardinal Baronius, affirme
à cette occasion « que le Christ lui-même nous
« a enseigné par ses paroles, que c'est un acte
« de piété suprême d'être cruel envers son fils
« pour la cause de la religion » (2) ; quoique
l'impératrice Irène enfin ait été introduite par
les Grecs dans le calendrier des saints, l'Église

(1) *Theophanes Chronograph.* T. VI, p. 316. — *Theodorus studita in actis sancti Platonis, apud Baron. Annal. eccles.* p. 458-477. — *Pagi critica*, §. 1, p. 412.

(2) *Baronii Annal.* p. 470, ann. 796.

797.  qui applaudit à son zèle ne put voir cependant, sans étonnement, une femme proclamée empereur. Aussi ce fut pendant ce règne sans exemple, que la cour de Rome forma le hardi projet de renouveler l'empire d'Occident, et d'en déférer la couronne à Charlemagne.

798.  Charles continuoit cependant à séjourner au nouvel Héristal avec son armée, et les fourrages n'étoient point encore assez abondans pour qu'il pût entrer en campagne, lorsque les Saxons de la droite de l'Elbe, ne pouvant se résigner plus long-temps aux vexations qu'on leur faisoit éprouver, surprirent les lieutenans royaux, nommés *Missi Dominici*, qui rendoient la justice dans chacun de leurs districts, et les massacrèrent. Ils égorgèrent en même temps Godescalche, ambassadeur de Charles auprès de Siegfrid, roi de Danemarck, qui revenoit de sa mission. Charles, violemment irrité, rassembla son armée à Minden sur le Weser, et ravagea par le fer et le feu tout le pays qui s'étend du Weser jusqu'à l'Elbe. Mais les Saxons de la rive droite de l'Elbe, qu'on nommoit aussi Normands, s'enorgueillissant de ce qu'on ne tentoit pas même de les punir du meurtre de leurs juges, se mirent en campagne pour attaquer eux-mêmes les Slaves abodrites, qui depuis le commencement des guerres d'Allemagne avoient été fidèles à l'alliance des Francs. Charles fit

passer à Thrasico, duc des Abodrites, un de ses lieutenans nommé Éberwin, avec quelques renforts. Les deux armées se rencontrèrent dans un lieu nommé Swenden ; les Saxons y furent défaits avec perte de plus de quatre mille hommes ; et Charles en ayant reçu la nouvelle, quitta Héristal avec son armée, et revint à Aix-la-Chapelle. (1)

Dans cette ville Charles trouva les ambassadeurs de l'impératrice Irène, qui venoient reprendre la négociation entamée au nom de son fils ; ils furent reçus avec honneur, et les conditions de la pacification entre l'Orient et l'Occident furent arrêtées. Des ambassadeurs d'Alfonse II, roi des Asturies, attendoient aussi Charles, pour lui rendre compte des progrès de la guerre d'Espagne. Alfonse, poursuivant ses conquêtes à l'occident de la Péninsule, s'étoit rendu maître de Lisbonne, et il envoyoit à Charles des captifs, des chevaux et des marchandises de grand prix, comme sa part dans les dépouilles de cette opulente ville ; mais en même temps il demandoit des secours d'hommes et d'argent pour continuer une guerre disproportionnée avec ses forces ; et le roi d'Aquitaine, Louis, avoit soin en effet de soutenir ces braves Galiciens, qui combat-

_____

(1) *Eginhardi Annal.* p. 213. — *Annal. Petaviani,* p. 16. — *Tiliani,* p. 23. — *Loiseliani,* p. 51. — *Moissiacens.* p. 77. — *Poeta saxon.* Lib. III, v. 368, p. 160.

toient en quelque sorte comme les enfans perdus de sa propre armée. (1)

Au printemps de l'année suivante, Charles étoit encore à Aix-la-Chapelle, et il se préparoit à de nouvelles expéditions contre la Saxe et contre la Pannonie, qui, toutes deux réduites à l'extrémité, ne paroissoient plus pouvoir opposer une longue résistance à ses armées, lorsqu'une révolution violente survenue à Rome rappela toute son attention vers l'Italie, lui fit jouer, pour la seconde fois, le rôle de protecteur de l'Église romaine, et plaça enfin sur sa tête cette couronne impériale, toujours portée par ses successeurs, jusqu'à nos jours, avec des attributions et une prééminence qui ont changé le droit public de l'Europe.

(1) *Eginhardi Annal.* p. 213. — *Tiliani*, p. 23. — *Loisel.* p. 51. — *Metenses*, p. 349. — *Poeta saxon.* Lib. III, v. 417, p. 161.

## CHAPITRE V.

*Renouvellement de l'empire d'Occident; fin du règne de Charlemagne.* 799 — 814.

La Gaule se trouvoit comme perdue dans la vaste monarchie de Charlemagne. Les victoires des Francs avoient porté leurs frontières à une si grande distance de celles du pays qui porte aujourd'hui le nom de France, que dans presque aucune occasion une invasion ennemie ne pouvoit pénétrer jusqu'à elles. Les provinces exposées à la guerre étoient d'autre part seules habitées par des citoyens belliqueux : là où le besoin de se défendre ne se faisoit jamais sentir, les habitans négligeoient l'usage des armes, et le prince ne trouvoit plus de soldats. C'est sans doute une des raisons pour lesquelles Charles levoit ses armées presque exclusivement dans les pays de langue tudesque, et n'avançoit jamais au commandement que des chefs dont les noms sont Francs, c'est-à-dire Germains, par opposition aux chefs gaulois ou romains que nous avons vus admis au pouvoir pendant toute la durée de la première race. Il ne faut point oublier cependant que ces Gaulois sont les pères des sujets de Charles-le-Chauve; que dès le siècle suivant nous commencerons à appeler Français, par opposition aux Francs d'outre-Rhin. Ces Gaulois ou Romains qui sous le règne de Charlemagne ne furent exposés à aucune invasion, qui ne parvinrent jamais à aucun commandement militaire, qui n'occupèrent jamais les grandes dignités civiles, qui semblent même avoir été exclus des plus hautes prélatures de l'Église, n'attiroient pas davantage l'attention par l'action immédiate du gouvernement sur eux. La capitale de la monarchie n'étoit plus dans la Gaule. Tous les ordres partoient d'Aix-la-Chapelle; c'étoit là que se réunissoient tous les ambitieux, tous les hommes en pouvoir, tous les lettrés qu'attiroient les bienfaits de la cour, tous les marchands que nourrissoit son luxe. En effet, la ville de Paris ne se trouve pas même nommée par les historiens durant ce long règne. Et si elle eut alors un comte qu'on peut croire Gaulois d'origine, nommé Etienne, ses évêques, Herchenrad, Inkhad, Landrich, furent tous Germains ou Francs. (1)

Aussi, pendant cette période qu'on nomme cependant glorieuse, faut-il chercher dans les fastes de la France ses transactions militaires au-delà de ses vastes frontières, sur l'Elbe, sur le

---

(1) D. Bouquet, *Scr. franc.* T. V, p. 663, *ex Chartulario eccles. parisiens.*

Raab ou sur l'Èbre; ses transactions civiles dans l'intérieur, non de la Gaule, mais de la Germanie ou de l'Italie. Parmi ces événemens domestiques, qui prenoient leur origine dans les régions nouvellement rangées au nombre des provinces, il en est peu dont l'influence se soit plus long-temps prolongée que le soulèvement des Romains contre Léon III, et l'interposition de Charles, en faveur de ce pontife.

Nous n'avons aucun lieu de croire que le pape exerçât à cette époque ou la souveraineté, ou même une autorité civile proprement dite, dans Rome; aussi ce n'étoient point ses vexations qui avoient excité le mécontentement des Romains, mais les intrigues du pouvoir sacerdotal. Il est vrai qu'au huitième siècle les Romains ne connoissoient plus d'autre grandeur que celle de leurs pontifes; et n'épousoient plus d'autres querelles que celles de leurs prêtres. Le primicier Pasqual et le sacristain Campulus, l'un neveu et l'autre confident du précédent pape Adrien I$^{er}$, jaloux sans doute de se voir exclus du pouvoir, à la cour de son successeur, formèrent une conjuration contre lui. Ils l'accusèrent de crimes dont on ne nous a pas même conservé l'indication, mais qui devoient n'être pas sans quelque vraisemblance, puisque la plus grande partie du peuple se rangea dans leur parti. Le 25 avril 799, jour de Saint-Marc, comme le pape conduisoit la procession des grandes litanies, et qu'il passoit, à la tête de son clergé et de tous les pénitens, devant la porte du couvent des saints Etienne et Sylvestre, Pasqual et Campulus, secondés par une troupe nombreuse de conjurés, s'élancèrent sur lui et le saisirent. Ils avoient formé le dessein de lui arracher les yeux et de lui couper la langue. D'après le diacre Jean, de Naples, ils le blessèrent en effet légèrement à l'œil; un reste de respect pour le vieillard qui se trouvoit entre leurs mains, les arrêta cependant au milieu de leurs fureurs, et ils laissèrent à leur captif la vie, la connoissance, et les moyens de se venger (1). Leur modération inattendue pouvoit passer presque pour miraculeuse; elle le devint davantage encore sous la plume d'écrivains plus superstitieux ou plus éloignés des événemens. Ils racontèrent que la langue du saint-père avoit été coupée; que les yeux avoient été arrachés, et même à deux reprises; d'abord par terre, là où Léon III avoit été renversé par ses assassins, et de nouveau devant l'autel de saint Sylvestre où il fut traîné. Mais, ajoutent-

(1) *Johannes diacon. vitæ Episcop. Neapol.* T. I, p. 11, *Rer. italic.* p. 312. — *Annal. Lambeciani*, p. 65. — *Chronic. Moissiac.* p. 77. — *Theoph. Chronog.* p. 317.

ils, ces organes lui furent aussitôt rendus miraculeusement en leur entier. (1)

Après avoir éprouvé ces outrages, Léon III avoit été enfermé dans le couvent du martyr saint Erasme; mais, pendant la nuit, son camérier Albin trouva moyen de le faire descendre par une échelle de corde le long des murs; de sorte qu'il s'échappa, et qu'il vint chercher un refuge auprès de Guinigise, duc de Spolète, et de Guirundo, messager du roi, qui se trouvoient alors à la basilique de Saint-Pierre. Ces deux seigneurs se hâtèrent de le faire passer à Spolète, pour l'y mettre mieux en sûreté. Léon III prit ensuite la résolution d'aller trouver Charles en Allemagne.

Charles, averti des révolutions de Rome, avoit de son côté donné des ordres pour la réception du souverain pontife, et pour les honneurs qu'on devoit lui rendre; mais il ne différa point à cette occasion le voyage que lui-même il avoit résolu de faire en Saxe. Il avoit assemblé à Lippenheim sur le Rhin, une diète des Francs auxquels il annonça la prochaine arrivée du pape, et les secours qu'il comptoit

___

(1) *Anastasii Biblioth. vita Leonis III, Scr. ital.* p. 197. — *Baronii Annal. eccles.* ann. 799, §. 1, p. 482. — *Pagi critica* 8, p. 417. — *Poema de Adventu Leonis ad Carolum.* v. 350. T. V, p. 394. — *Poeta saxon.* Lib. III, v. 460, p. 162. — *Annal. Tiliani*, p. 23. — *Loisel.* p. 51. — *Metens.* p. 349.

lui donner. Il s'avança ensuite dans la Germanie, jusqu'à Paderborn, où il attendit sa visite, tandis qu'il avoit chargé son fils aîné Charles de passer l'Elbe avec la plus grande partie de son armée, de régler quelque différend entre les Wiltzes et les Abodrites, et de recevoir l'hommage des Normands qui habitoient sur la rive droite de ce fleuve.

Jamais aucun pape n'avoit encore franchi le Rhin, ou ne s'étoit autant avancé vers le nord. Peut-être Charles, en attendant Léon à Paderborn, vouloit-il lui faire voir les régions nouvelles qu'il avoit soumises au christianisme, et montrer en même temps aux nouveaux convertis cette image de Dieu sur la terre, que par trente ans de guerre il les avoit forcés à adorer. Il le reçut avec un mélange de respect et d'affection qui étoit rendu plus touchant par le danger que le pape venoit de courir, et par le miracle dont on le croyoit l'objet. Pepin, roi d'Italie, qui étoit alors auprès de son père, avoit été à la rencontre du pape, avec une division nombreuse de l'armée, tandis que Charles l'attendoit sur un trône élevé, rendant la justice au peuple. Dès qu'il le vit approcher, il se hâta d'en descendre pour s'avancer vers lui, et après l'avoir adoré selon le cérémonial des papes, il lui prit la main, l'embrassa, et traversa avec lui la foule, qui par trois fois se prosterna devant le pontife; tandis que celui-ci admiroit la variété des langues, des armes, des habits, de ces nations dont Charles étoit entouré. (1)

Nous ne savons point combien Léon passa de temps auprès de Charles, et nous ne connoissons le résultat des conférences de Paderborn, que par les événemens qui les suivirent. Un poëme fort supérieur et en pureté de langue et en invention poétique, à tout ce qui nous reste de ce siècle, et que d'après cette raison même on suppose être d'Alcuin, a célébré cette entrevue; mais il nous parle des cérémonies, et non des négociations (2). Léon reprit ensuite la route de l'Italie. Quatre évêques et plusieurs comtes furent chargés par Charles de le reconduire et de tout disposer pour qu'il fût reçu à Rome avec respect et obéissance. Il semble qu'en même temps, et par le conseil d'Alcuin, Charles adressa au sénat et au peuple de Rome des promesses d'amnistie, de peur que les révoltés, poussés à bout par les menaces du roi des Francs, rappelassent les Grecs, et ne se missent sous leur protection. (3)

Les quatre corporations d'étrangers établis à

(1) *Anastasii Biblioth. vita Leonis*, p. 198.
(2) *Scriptor. francor.* T. V, p. 388-397.
(3) *Alcuini Epistola XI*, in *Script. franc.* T. V, p. 612. — *Pagi critica* 799, §. 3, p. 418. — *Muratori Annali d'Ital.* p. 341.

Rome, qu'on désignoit par les noms d'écoles des Francs, des Frisons, des Saxons et des Lombards, furent mises sous les armes, et elles s'avancèrent au-devant du pape jusqu'à Ponte-Molle; le sénat, le clergé et le peuple romain se trouvèrent aussi sur son passage avec toutes les congrégations religieuses, et l'accompagnèrent ensuite en triomphe, en chantant des hymnes, jusqu'à la basilique du Vatican. En même temps Pasqual et Campulus furent arrêtés, pour être mis en jugement à la prochaine arrivée de Charlemagne. (1)

Charles avoit en effet promis au pape de visiter Rome l'année suivante; mais il vouloit auparavant assurer l'ordre dans la partie septentrionale de ses états. Son fils aîné Charles avoit passé l'Elbe et rétabli la paix chez les peuples slaves et les Normands qui vivoient sur sa rive droite, auprès de son embouchure. Les affaires de Pannonie lui donnoient plus d'inquiétude. Gerhold, qu'il avoit chargé du gouvernement de la Bavière depuis la destitution de Tassilon, venoit d'être défait par les Huns, sur les terres desquels il s'étoit avancé, et il avoit été tué dans le combat. Eric ou Unroc, marquis de Frioul, qui s'étoit distingué dans une suite de combats contre la même nation, venoit aussi d'être tué dans une sédition des habitans de

(1) *Anastasii Biblioth.* p. 198.

Tarsacoz, en Liburnie. Charles lui donna pour successeur Cadalo, qu'il chargea de pacifier cette petite province située entre l'Istrie et la Dalmatie (1). A l'autre extrémité de ses états le comte Guido, préfet de la frontière britannique, fut chargé de parcourir toute la province des Bretons, pour désarmer ces peuples toujours remuans, et toujours à charge à leurs voisins. En effet, il présenta au roi, à Aix-la-Chapelle, les armes de tous ces petits princes qui s'étoient engagés à observer désormais la paix. Dans cette même ville on vit arriver en même temps les armes des pirates des îles Baléares, vaincus par les lieutenans de Charles ; les clefs de Huesca que le gouverneur sarrasin de cette ville, Hazan, lui faisoit remettre ; enfin des reliques précieuses, avec d'autres présens que le grand khalife Haroun al Raschid lui envoyoit de Bagdad, avec sa bénédiction. (2)

Il y avoit plusieurs années que Charles n'avoit visité aucune partie des Gaules ; quelques brigandages des Saxons et des Normands sur les côtes de l'Ouest déterminèrent le roi des

---

(1) *Eginhardi Annal.* p. 214.—*Ejusd. vita*, cap. 13, p. 94. —*Poeta saxon.* Lib. III, v. 525, p. 163.—*Epitaph. Geroldi*, p. 399. — *Annal. Tiliani*, p. 23. — *Loisel.* p. 51. — *Adonis*, p. 320. — *Metenses*, p. 349.

(2) *Eginhardi Annal.* p. 214, *et vita*, cap. 14, p. 95. — *Poeta saxon.* Lib. III, v. 540, p. 163. — *Annal. Tiliani* p. 23. — *Loiseliani*, p. 52. — *Metenses*, p. 349.

Francs à partir d'Aix-la-Chapelle, au milieu de mars de l'an 800, pour les réprimer. Il célébra la solennité de Pâques au couvent de Saint-Richaire; puis, continuant à suivre la mer, des bouches de la Somme à celles de la Seine, il fit construire des barques armées, et il distribua des gardes sur la côte pour défendre tout ce littoral contre les pirates normands. De Rouen il se rendit à Tours, où sa dévotion le conduisoit au tombeau de saint Martin. Il y fut retenu quelque temps par la maladie de la reine Liutgarde, qui y mourut le 4 juin, et qui y est ensevelie. Charles, qui avoit déjà été marié cinq fois, ne voulut plus, après la perte de cette reine jeune et belle, chercher une compagne qu'il pût élever jusqu'à lui. C'est alors qu'il fit choix de quatre concubines qu'il garda jusqu'à la fin de sa vie, et dont il n'eut pas d'enfans, comme il en avoit eu de ses premières maîtresses. Cependant il reprit par Orléans et Paris la route d'Aix-la-Chapelle, d'où il se rendit encore à Mayence, pour y présider, au mois d'août, la diète nationale qu'il avoit convoquée. C'est là qu'il annonça aux Francs son intention de les conduire en Italie l'automne suivant, et qu'il les invita à se ranger sous ses drapeaux. (1)

(1) *Annal. Eginhardi*, p. 214. — *Tiliani*, p. 23. — *Loisel.* p. 52. — *Moissiac.* p. 78. — *Metens.* p. 349. — *Poeta saxon.* Lib. III, v. 570, p. 164.

C'étoit en général par l'Allemagne, et les passages du Tyrol ou ceux des Alpes juliennes, que Charles descendoit en Italie. Il y entra suivi d'une puissante armée, avec laquelle il se reposa d'abord sept jours à Ravenne. Il la partagea avec son fils Pepin lorsqu'il fut arrivé à Ancône; il donna la commission à celui-ci d'aller observer les frontières du duché de Bénévent, tandis qu'il se dirigea lui-même sur Rome. Au pont de Lamentane, à douze milles de cette capitale, il rencontra le pape Léon III qui étoit venu au-devant de lui, mais il se hâta de le renvoyer pour préparer sa réception. (1)

Charles fit son entrée dans Rome le 24 novembre. Les milices et les écoles étoient sorties au-devant de lui, tandis que le pape avec les évêques et tout le clergé l'attendoient devant la basilique du Vatican, où il fut introduit au milieu de leurs cantiques. Sept jours après, Charles ayant convoqué une assemblée de tous les seigneurs francs et romains, et de tout le clergé, lui annonça qu'un des principaux objets qu'il s'étoit proposés dans ce voyage, étoit de voir le pape se purger des accusations intentées contre lui. Alors tout le banc des archevêques, évêques et abbés se leva; seuls ils étoient assis dans cette assemblée, tandis que la noblesse et le reste du clergé étoient debout. « Nous n'osons point,

---

(1) *Annal. Eginhardi*, 214, et iidem.

« s'écrièrent ces prélats, juger le siége aposto-
« lique, qui est comme la tête de toutes les
« Églises de Dieu. C'est par ce siége, au con-
« traire, c'est par le vicaire du Christ que nous
« sommes nous-mêmes jugés ; tandis qu'il ne
« peut l'être par personne : telle est la coutume
« de l'antiquité. Que le souverain pontife or-
« donne donc, et nous lui obéirons canonique-
« ment. » (1)

Ainsi les accusations portées contre Léon, et qui avoient d'abord paru assez graves pour entraîner le peuple et la plus grande partie du clergé, étoient anéanties sans examen. Cependant le pape estima peut-être qu'en évitant ainsi toute procédure, il laisseroit des doutes sur son innocence dans l'esprit d'une partie de l'assemblée ; il déclara donc que, selon la coutume de ses prédécesseurs, il se purgeroit par serment des accusations portées contre lui ; et en effet, le lendemain il monta dans la chaire de Saint-Pierre au Vatican, et, tenant en main le livre des Évangiles, il prononça le serment suivant :

« C'est une chose connue, mes très-chers
« frères, que des méchans se sont levés contre
« moi, et qu'ils ont répandu l'infamie des plus
« graves accusations sur moi et sur ma vie. Le

(1) *Anastasius Biblioth. in vita Leonis III, Labbei Concil.* p. 1082. *Scr. ital.* p. 199.

« très-clément et sérénissime roi Charles s'est
« porté dans cette ville avec ses prélats et ses
« princes, pour en connoître. C'est pourquoi,
« moi Léon, pontife de la sainte Église romaine,
« n'étant jugé ni forcé par personne, mais de
« ma propre volonté, je me déclare innocent en
« votre présence, en celle de Dieu et de ses
« anges qui connoissent ma conscience, et de
« saint Pierre, prince des apôtres qui me voit.
« Je déclare que je n'ai point commis les scélé-
« ratesses dont on m'accuse, et que je n'ai point
« ordonné de les commettre; j'en atteste ce Dieu
« au tribunal duquel je dois me présenter, et
« qui a les yeux tournés sur moi; je le fais de
« plus sans y être forcé par aucune loi, et sans
« vouloir par là soumettre mes successeurs dans
« la sainte Église, ou mes frères les autres évê-
« ques, à une coutume semblable, mais seule-
« ment afin de vous délivrer complétement de
« tout injuste soupçon. » (1)

Il paroît que les accusateurs du pape offrirent la preuve des faits qu'ils avoient allégués
contre lui; d'autres disent cependant qu'ils
n'osèrent point la produire; quoi qu'il en soit,
elle ne pouvoit être admise dans cette singu-
lière procédure; le pape ayant protesté de son
innocence, sa déclaration seule suffit pour

---

(1) *Prodit. ex sacris ritibus Roman. ecclesiæ à Baronio
Annal. eccles.* 800. T. IX, p. 448.

800. qu'on rejetât sur eux la charge de calomniateurs, et qu'en cette qualité on les condamnât à mort. Le pape cependant intercéda pour eux, et ils furent envoyés, à perpétuité, les uns en exil, d'autres dans des cachots, en différens lieux de France. (1)

Enfin arriva la fête de Noël, à laquelle devoit s'accomplir le projet qui, sans doute, avoit été arrêté d'avance dès les conférences de Paderborn, quoique Eginhard fasse honneur à Charles de sa modestie, pour l'avoir ignoré, pour avoir même été disposé à s'y refuser s'il avoit pu le prévoir (2). Le pape chanta la messe solennelle dans la basilique du Vatican, en présence de Charles et de tout le peuple; puis s'avançant vers le roi, il plaça sur sa tête une couronne d'or. Aussitôt le clergé et le pape s'écrièrent, selon la formule usitée pour les empereurs romains : *Vie et victoire à l'auguste Charles, couronné par Dieu, grand et pacifique empereur des Romains!* Ces acclamations et cette couronne furent considérées comme ayant renouvelé l'empire d'Occident, après une interruption de trois cent vingt-quatre ans, depuis la déposition d'Augustule. (3)

(1) *Annal. Tiliani*, p. 23. — *Loiseliani*, p. 52. — *Metens.* p. 350. — *Chron. Moissiac.* p. 78.
(2) *Eginhardi vita Caroli Magni.* Cap. 28, p. 100.
(3) *Eginhardi Annal. finis*, p. 215. — *Tiliani*, p. 23. —

Si le nom d'empire romain présentoit encore aux habitans de l'Europe, après une si longue interruption, des idées de grandeur et de puissance supérieure, ce n'étoit pas une vaine flatterie que celle qui faisoit renaître le titre d'empereur, pour l'attribuer à Charlemagne. Depuis que Dioclétien avoit, pour la première fois, partagé l'empire de Rome, aucun de ses successeurs n'avoit pu être comparé au roi des Francs, ou pour l'étendue de ses états, ou pour la force de ses armées. Le nouvel empire d'Occident n'étoit pas cependant composé des mêmes provinces que l'ancien; les Sarrasins avoient enlevé l'Afrique et l'Espagne à la chrétienté, et Charles n'avoit reconquis qu'une petite partie de la dernière. Mais en revanche, il avoit regagné au nord un territoire égal à peu près à celui que l'empire avoit perdu au midi. Toute l'Allemagne lui obéissoit jusqu'aux bouches de l'Elbe et de l'Oder, et ce pays, à demi sauvage, fournissoit à Charles plus de vaillans soldats que les anciens empereurs n'en auroient pu tirer de la Numidie et de la Mauritanie.

De son côté, Charles en recevant la couronne

*Loiseliani*, p. 53. — *Lambeciani*, p. 66. — *Moissiac.* p. 78. — *Poeta saxon.* Lib. IV, p. 165. — *Adonis Chron.* p. 321. — *Annal. Fuldens.* p. 332. — *Metenses*, p. 350. — *Herm. contracti*, p. 365. — *Sigeb. Gemblac.* p. 378. — *Anast. Biblioth.* p. 199. — *Baronii Annal.* p. 488. — *Pagi critica*, p. 425. — *Muratori Annal. d'Ital.* T. VI, p. 346.

impériale, adoptoit en quelque sorte les souvenirs de Rome et de l'empire. Il se déclaroit le représentant de la civilisation antique, de l'ordre social, de l'autorité légitime, au lieu d'être plus long-temps celui des conquérans barbares qui fondoient tous leurs droits sur leur épée. Quelque puissant que soit chez presque tous les hommes le préjugé en faveur du vainqueur, de celui qui a fait preuve de force et d'habileté, de celui qui ne souffre point de contestation sur ses droits, un préjugé plus puissant encore en faveur de l'ancienneté, avoit pris racine dans tous les cœurs. La supériorité des empereurs sur les rois étoit reconnue même des barbares. Le grand Théodoric, Clovis, Pepin, Charles lui-même, avoient cru s'honorer en recevant de Constantinople des titres qui les rangeoient presque au niveau des sujets des Grecs. Quelque odieux que se fussent rendus aux Latins des empereurs que l'Église déclaroit tous entachés d'hérésie; quelque méprisable qu'on jugeât souvent et leur caractère et leur puissance, le plus haut terme de l'ambition de Charles lui-même étoit d'être reconnu par eux pour leur égal; et les Grecs, profitant de leurs avantages, refusoient cette égalité que l'humilité des Latins sollicitoit. En même temps le nom d'empereur paroissoit établir une plus grande distance entre les sujets et le prince. Les Francs, en consentant qu'une dignité romaine remplaçât dans leur chef le rang qu'il tenoit d'eux, se soumirent sans y avoir songé, à être traités eux-mêmes comme des Romains. La chancellerie de Charles adopta tous les titres fastueux de la cour de Byzance, et les grands ou les conseillers du nouvel empereur ne s'approchèrent plus de lui qu'en mettant un genou en terre et en lui baisant le pied. (1.)

Mais le couronnement de Charles ne fonda point son pouvoir sur Rome, il ne changea rien à ses droits comme souverain, ou sur le peuple ou sur l'Église, ni à ses rapports avec le pape. Depuis les fêtes de Noël où Charles avoit été proclamé empereur, jusqu'à celles de Pâques suivantes, il continua à séjourner à Rome, pour régler, selon l'expression des Annales des Francs, non-seulement les affaires publiques et celles de l'Église, mais aussi les affaires privées ; c'est-à-dire pour rendre la justice aux particuliers qui, selon l'abus universel chez les peuples demi-barbares, aimoient mieux, dans leurs différends, recourir à leur souverain pour être jugés, qu'aux tribunaux ordinaires. Le 25 avril Charles quitta Rome et reprit lentement par Spolète la route du nord de l'Italie, tandis que son fils Pepin poursuivoit la guerre contre Gri-

(1) *Ermoldi Nigelli carmen de Rebus gestis Ludovici Pii.* Lib. I, v. 137, p. 15, v. 178, 546, etc.

moald, duc de Bénévent, et lui enlevoit la ville de Chiéti, à peu près dans le temps où Louis, autre fils de Charles, se rendoit maître de Barcelonne. Les Grecs avoient cru d'abord que l'armée de Pepin étoit destinée à conquérir la Sicile aussi-bien que le duché de Bénévent; Léon III, au contraire, avoit formé le projet de marier les deux chefs de la chrétienté, et de profiter, pour réunir les deux empires, de la circonstance inouïe qui avoit mis une femme à la tête de celui d'Occident. Charles, qui étoit veuf depuis une année, fit demander la main d'Irène, et quoique cette princesse ambitieuse fût très-éloignée de vouloir compromettre son pouvoir en le partageant avec un mari, la négociation, qui dura quelque temps, contribua à maintenir la paix entre les deux empires. (1)

Charles étoit à Pavie lorsqu'il y reçut des nouvelles d'une autre négociation qu'il avoit entamée dans le Levant; son objet étoit moins important, mais son issue fut plus glorieuse. Il avoit, dès l'an 797, envoyé des ambassadeurs à l'illustre Haroun al Raschid, avec lequel il est douteux qu'il eût aucun intérêt à démêler; mais qui, à la tête comme lui d'un immense empire, s'occupoit aussi comme lui d'y faire fleurir les lettres, les arts et les lois. C'est une circon-

(1) *Annal. francor. Loiseliani*, p. 53. — *Theophan. Chronograph.* p. 317.

stance honorable pour tous les deux, que l'estime que ces deux grands hommes avoient conçue l'un pour l'autre, malgré la différence de religion, et la haine qui divisoit leurs deux peuples. Des trois ambassadeurs de Charles, les deux qui étoient Francs moururent à Bagdad le troisième, Isaac, qui étoit juif, débarqua à Porto Venere, au printemps de 801, avec un éléphant que Haroun envoyoit en présent à Charles. En même temps arrivèrent aussi deux ambassadeurs, l'un du commandeur des croyans de Bagdad; l'autre d'Ibrahim, émir ou sultan des Edrissites de Fez. Ils portoient en présent au monarque de l'Occident une horloge qui sonnoit les heures, et sur laquelle de petites figures humaines se mouvoient par des rouages secrets, telle à peu près qu'on en envoie aujourd'hui de France aux lieux mêmes où cette première horloge avoit été construite. Mais ce qui frappa les Francs de plus d'admiration encore, que l'éléphant obéissant à la voix de son maître et les automates en mouvement, ce fut un étendard de Jérusalem, et les clefs du saint Sépulcre, que le khalife, par une courtoisie chevaleresque, envoya au plus puissant des princes qui suivoient la loi du Christ, comme un signe de l'abandon volontaire qu'il lui faisoit de la souveraineté de ces lieux consacrés par sa religion. (1)

(1) *Annal. Loiseliani*, p. 53. — *Tiliani*, p. 23. — *Moissiac*.

801.   Pendant son séjour à Pavie, Charles compléta par un nouveau capitulaire (c'étoit le titre qu'il donnoit à ses édits) ce qui lui paroissoit imparfait dans les lois des Lombards. Peut-être cette nouvelle loi fut-elle, comme les précédentes, l'ouvrage des députés de la nation; cependant Charles adoptant le langage des anciens empereurs, n'y parle qu'en son nom seul. Les marques chronologiques de ce capitulaire sont également empruntées de la chancellerie des empereurs de Rome ou de Constantinople. Charles l'intitule de la première année de son consulat, regardant la dignité de consul comme attachée à celle d'auguste; de la neuvième année de l'indiction, quoique le cycle des indictions fût sans utilité, depuis que l'impôt territorial des Romains ne se percevoit plus. Il y joint encore les années de son règne, la trente-troisième sur la France, et la vingt-huitième sur l'Italie, enfin l'année de l'incarnation, ou de l'ère vulgaire, dont on commença seulement vers cette époque à faire usage, et qui donna à la chronologie une précision qu'elle n'avoit point eue jusqu'alors. (1)

801—813.   Dès son couronnement à Rome jusqu'à la fin de son règne, Charles s'occupa sans relâche

p. 79. — *Fuldens.* p. 332. — *Metens.* p. 350. — *Pagi critica ad ann.* 800, §. 13, p. 426.

(1) *Baluzii Capitul. ad Legem Longobard.* T. I, p. 345.

à réformer les lois de ses vastes états. Nous n'avons qu'un petit nombre de ses capitulaires antérieurs au neuvième siècle, tandis que, de l'an 801 à l'an 813, chaque année est marquée par la publication de nombreuses lois. Quelque précieux que soit leur recueil, il ne donne pas cependant, sur les mœurs et les usages du temps, à beaucoup près, la lumière qu'on auroit pu en attendre. Ni Charles ni ses sujets ne paroissent avoir eu une juste idée de ce que le législateur peut ordonner, ou du langage dans lequel il peut le faire. La plus grande partie de ce volumineux recueil est composée non de lois, mais de conseils tellement vagues, qu'ils ne font que confirmer le devoir moral que chacun devoit trouver déjà dans son cœur. Ainsi l'article 2 du capitulaire de l'an 802, porte : « Il « nous a plu d'ordonner que chacun s'efforce, « dans sa propre personne, de se conserver « pleinement dans le saint service de Dieu, se- « lon les préceptes de Dieu et ses propres pro- « messes, et suivant son intelligence et ses « forces, car le Seigneur empereur ne sauroit « donner à chacun individuellement assez de « soin pour l'y conserver » (1). On trouve encore à l'article 36 du même capitulaire, ces mots : « Que chacun consente pleinement à ce « que nos députés (*missi Dominici*) exercent

---

(1) *Baluzii Capitul.* T. I, p. 361.

« pleinement la justice, et qu'ils ne permettent « point l'usage du parjure, car il est nécessaire « de bannir de chez un peuple chrétien un « crime aussi odieux. » De semblables préceptes de morale, ou des déclarations de principes, qui ne sont pas plus exécutoires, remplissent plus des trois quarts des capitulaires de Charlemagne.

Le manque d'ordre n'y est pas moins remarquable que le manque de précision dans les idées. Tous les sujets, ecclésiastiques, militaires, politiques, de justice criminelle ou civile, de finances et d'administration domestique, y sont tellement mêlés qu'ils ne se prêtent aucun appui l'un à l'autre; tous sont traités d'une manière confuse; la loi n'organise rien; elle peut quelquefois être considérée comme un conseil pour le magistrat, jamais comme une règle de conduite pour le sujet. En parcourant rapidement ces diverses classes, nous chercherons cependant à indiquer quels changemens Charlemagne s'étoit proposé d'introduire dans la législation de son empire.

Les réglemens ecclésiastiques occupent un très-grand espace dans les capitulaires. Les évêques votoient dans toutes les assemblées nationales; ils y avoient introduit l'usage du latin, qui n'étoit guère entendu par les seigneurs laïques; ils avoient seuls l'habitude de la parole, et on leur abandonnoit un travail de législation et de rédaction auquel on les jugeoit exclusivement propres. D'ailleurs le monarque et ses conseillers croyoient sanctifier leurs lois en rendant dans chaque capitulaire un hommage à la religion, par la répétition de quelqu'un de ses préceptes. Cependant cette partie la plus prolixe des lois de Charles en est peut-être aussi la plus imparfaite. Souvent ce sont seulement les préceptes du Décalogue ou ceux du Lévitique dont le roi des Francs s'empare; comme si, en les publiant, il leur donnoit une nouvelle autorité; souvent aussi il cherche à inculquer le respect qui est dû aux prêtres, aux églises, et à leurs biens. Cependant un capitulaire publié à Worms en 803, sur la demande des ecclésiastiques, les dispensa des charges militaires, les affranchit de l'obligation de marcher aux armées, et plaça toutes leurs propriétés sous une protection plus spéciale (1). Un autre capitulaire de la même année avoit restreint les franchises accordées aux asiles des églises; il avoit autorisé le comte de chaque province à réclamer de l'évêque ou de l'abbé, un prévenu qui s'étoit réfugié dans sa franchise, pour l'examiner; et il semble que l'intention du législateur étoit de réduire les églises à mettre les fugitifs à l'abri seulement du ressentiment de ceux

(1) *Capitul. Baluzii.* T. I, p. 405.

qu'ils avoient offensés, mais non de la vindicte de l'autorité souveraine. (1)

D'autres lois encore réglèrent les nones et dîmes, et les subventions pour réparations d'église que devoient les précaires ou bénéfices ecclésiastiques qui, sous l'administration de Charles Martel, avoient été accordés en récompense à des séculiers (2). D'autres assuroient au clergé et au peuple la libre élection de ses évêques, qui, sous le règne des Mérovingiens, avoit été le plus souvent accomplie par le roi (3). D'autres enfin séparoient absolument les juridictions civile et ecclésiastique, et soustrayoient le clergé à toute autre autorité qu'à celle de ses propres tribunaux. (4).

Les règlemens militaires, dans les capitulaires, se rapportent surtout à la manière dont chaque Franc doit contribuer à la défense de son pays; marcher lorsque l'hériban est publié (5), et être puni lorsqu'il manque à ce devoir. Ces lois, quoique assez multipliées, se répètent l'une l'autre, sans s'expliquer, et elles laissent beaucoup de doutes sur la qualité

---

(1) *Capitul. Baluzii.* T. I, p. 387, §. 2 et 3.
(2) *Capitul. anni incerti,* §. 56, T. I, p. 515. *Baluzii.*
(3) *Capitul. I, anni* 803; §. 2.
(4) Notes 11 et 12 des observations de Mably sur l'*Histoire de France,* Liv. II, ch. 2, p. 221 et suivantes.
(5) Le mot même d'hériban, *heer bann*, signifioit appel ou proclamation de l'armée.

des personnes appelées au service, et sur la liaison de ce service avec la possession des terres. La plus complète fut publiée au palais d'Aix-la-Chapelle, en l'an 807. Elle appelle d'abord à marcher à l'armée tous ceux, sans exception, qui jouissent d'un *bénéfice* (1), c'étoit le nom légal que portoient les fiefs; dès cette époque, en effet, ils étoient distingués des terres alodiales, et le législateur pourvoyoit à ce que ces domaines concédés par le souverain ou le seigneur, sous l'obligation du service militaire, dans la guerre publique ou privée (*Wehr* et *Fehda*), ne pussent pas être convertis en propriétés simples (2), dont le détenteur ne de-

---

(1) *Baluzii Capitul.* T. I, p. 457.
(2) *Capitulare anni* 812, §. 6, p. 497.

M. Meyer a très-ingénieusement distingué le service militaire des hommes libres (*heer-man arimanni*) du service militaire des bénéficiés ou vassaux (*lehe-man leudes*). Les premiers, membres originairement de la nation souveraine, étoient tenus par un devoir universel à sa défense, lorsque la nation étoit engagée dans la guerre défensive, désignée par le nom propre de *wehr*, *guerra*; les seconds s'étoient volontairement engagés à soutenir leur chef dans ses agressions et ses guerres privées (*fehde*, *faida*). Mais M. Meyer a trop perdu de vue que, pendant plusieurs siècles, il n'y eut point de guerres privées, et que ce droit dont on peut, il est vrai, trouver l'origine chez les anciens Germains, ne recommença qu'à la décadence de la seconde race. Les bénéficiés, les leudes de Charles Martel avoient soutenu avec lui une guerre publique et non privée, pour la défense de la France contre les Sarrasins. (Meyer, *Esprit des Institut. judic.* Liv. I, ch. 4, p. 51.)

voit son service que pour la défense nationale (*Wehr*). Cette innovation date probablement d'une époque sur laquelle nous avons fort peu de détails, celle où la maison des ducs austrasiens conquit, par une longue guerre civile, l'administration du royaume, sur les maires du palais des Mérovingiens. Les vainqueurs avoient besoin de récompenser leurs créatures et de s'assurer des partisans pour de nouveaux combats. Ils n'avoient pour toute richesse à distribuer que des terres et des esclaves obtenus par la victoire. Ils attachèrent leurs *bienfaits* ou bénéfices à des services qu'ils exigèrent en retour, et ils se formèrent ainsi une milice dévouée à leurs intérêts, et régie par un contrat, plutôt que par les lois de l'état.

Mais indépendamment des feudataires ou *bénéficiés* qui ne formoient encore qu'une classe peu nombreuse parmi les hommes libres, tous les propriétaires d'une manse de terre étoient appelés à contribuer à former l'armée. La manse, que Ducange évalue à douze arpens, paroît avoir été la mesure de terre qu'on jugeoit suffisante pour faire vivre une famille servile. Mais celui-là seul qui possédoit trois, quatre ou cinq manses, étoit obligé à marcher en personne ; celui qui n'en possédoit qu'une devoit s'arranger avec trois de ses égaux, pour fournir un soldat ; ceux mêmes qui ne possédoient que des demi-manses devoient contribuer proportionnellement. Il semble que le dédommagement payé par celui qui restoit au logis, à celui qui partoit, étoit à raison de cinq sols d'or par chaque manse. (1)

Ce service militaire gratuit devoit entraîner rapidement les hommes libres à leur ruine. Le soldat étoit en effet obligé de se procurer des armes à ses frais. On demandoit de lui qu'il se présentât avec la lance et l'écu, ou avec l'arc, deux cordes et douze flèches (2); qu'il portât de plus une provision de vivres, probablement telle qu'elle pût lui suffire jusqu'à ce qu'il eût joint l'armée; car l'on accordoit trois mois de vivres au soldat, mais seulement à dater du passage de la Loire, lorsqu'il marchoit vers les Pyrénées et l'Espagne, et à dater du passage du Rhin, lorsqu'il marchoit vers l'Elbe ou contre les Saxons (3). Un tel service n'avoit pas paru excessif sous les Mérovingiens, lorsque les guerres étoient rares, et qu'elles n'entraînoient pas le citoyen fort loin de ses foyers. Mais sous Charlemagne, où chaque année étoit marquée par une expédition nouvelle, et où les Francs appelés à combattre tour à tour les Sarrasins, les Danois et les Huns, traversoient toute l'Europe

---

(1) *Capitul. ann.* 807, art. 2.
(2) *Capitul. ann.* 813, §. 9, p. 508.
(3) *Capitul. ann.* 812, §. 8, p. 495.

en corps d'armée, et éprouvoient les inconvéniens de tous les climats, le service gratuit entraînoit avec lui les vexations les plus intolérables. Des familles aisées étoient bientôt plongées dans la misère; la population disparoissoit rapidement; la liberté, la propriété devenoient un fardeau, et non un avantage. Celui qui, après une sommation, ne se rendoit pas à l'armée, étoit puni par une amende ou hériban de soixante sols d'or. Mais comme cette amende passoit le plus souvent l'étendue de ses facultés, il étoit réduit à un état d'esclavage temporaire, jusqu'à ce qu'il l'eût acquittée. Cette loi même, exécutée à la rigueur, auroit bientôt fait disparoître toute la classe des hommes libres. Comme adoucissement, le législateur voulut que le malheureux qui mouroit dans cet état d'esclavage fût considéré comme ayant acquitté son hériban, en sorte que sa propriété n'étoit point saisie, ni ses enfans réduits en captivité. (1)

Les Francs marchoient sous des chefs territoriaux qui sont désignés, pour la première fois, sous le nom de seigneurs, dans les lois de Charlemagne. Ils étoient liés par un double serment de fidélité au roi et à ces seigneurs; mais il semble que Charles redoutoit que d'autres chefs ne profitassent de l'autorité temporaire qu'ils exerçoient sur l'armée, pour exiger aussi

(1) *Capitulare secundum ann.* 812, §. 1, p. 493.

un serment d'obéissance. « Que personne, dit
« l'article 9 d'un capitulaire de l'an 805, ne
« prête serment de fidélité, si ce n'est à nous
« et à son seigneur propre, encore seulement
« pour l'avantage de nous-mêmes et de son
« seigneur. » (1)

La plus importante innovation dans l'ordre
politique apportée par les capitulaires, est l'institution des députés impériaux nommés *missi dominici*. C'étoient des officiers au nombre de
deux ou trois, parmi lesquels il y avoit toujours
au moins un prélat, qui étoient chargés de l'inspection d'un district composé d'un certain
nombre de comtés. Ils devoient visiter chaque
comté tous les trois mois, et y tenir des assises,
*placita minora*, pour l'administration de la justice (2). Ils devoient de plus, d'après un capitulaire de Louis, que Mably suppose avec
vraisemblance n'avoir fait que renouveler un
établissement de Charlemagne, « se rendre au
« milieu de mai, chacun dans sa légation, avec
« tous nos évêques, abbés, comtes et vassaux,
« avoués et vidames des abbayes...... Chaque
« comte devoit être suivi de ses vicaires et cen-

---

(1) *Capitulare quartum ann.* 805, §. 9, p. 436.
Il est probable que l'homme libre, l'ariman, marchoit sous
les ordres des comtes, mais que le bénéficié, le leude, reconnoissoit en outre un seigneur, et que c'est de lui seul que doit
s'entendre ce second serment dont parle Charlemagne.

(2) *Capitulare tertium anni* 812, §. 4 et 8, p. 497, 498.

« teniers, et de trois ou quatre de ses premiers
« échevins. Dans cette assemblée provinciale,
« après avoir examiné l'état de la religion chré-
« tienne et de l'ordre ecclésiastique, les députés
« s'informeront de la manière dont tous ceux
« qui sont constitués en pouvoir, s'acquittent
« de leur office; comment ils administrent le
« peuple selon la volonté de Dieu et nos ordres,
« et comment ils agissent de concert. » (1)

Les députés impériaux n'étoient pas seulement chargés de présider aux assises, et de reconnoître quelle avoit été la conduite des juges et des comtes; ils devoient aussi régler les finances, et se faire rendre les comptes des villes royales, dont les revenus formoient presque la seule richesse du souverain (2). En général, Charles en nommoit deux seulement pour chaque district, l'un ecclésiastique et l'autre laïque, et tous deux d'une haute dignité. Avant leur départ, il leur donnoit des instructions, il se faisoit rendre compte de leurs observations à leur retour, et leur rapport donnoit lieu à la publication de nouveaux capitulaires. (3)

Charles n'avoit point essayé de donner à ses

(1) *Capitulare anni* 823, §. 28, p. 642. — Mably, *Observations sur l'Histoire de France*, Liv. II, ch. 2, p. 65.

(2) *Capitulare anni* 802, §. 1, p. 363.

(3) *Chronicon Moissiacens. ad ann.* 802, p. 80. — *Cointius ad ann.* 802, n° 9.

peuples une nouvelle législation civile ou criminelle ; il confirma au contraire le droit auquel prétendoient ses sujets d'être jugés chacun selon leurs lois nationales, et d'être convaincus seulement, ou par le témoignage des hommes, ou par le jugement de Dieu, ce qui excluoit la procédure par enquête et par la torture, que l'exemple des cours ecclésiastiques a introduite beaucoup plus tard. Charles publia de nouveau, avec quelques corrections et quelques additions, les anciennes lois des Saliens, des Ripuaires, des Lombards, des Saxons et d'autres peuples qui lui étoient soumis. Il conserva le principe fondamental de toutes ces lois, la compensation des crimes par des amendes ; il en soumit seulement quelques-unes à un tarif plus élevé ; en particulier, les offenses envers les ecclésiastiques furent punies avec un redoublement de sévérité. Parmi les articles ajoutés à la loi salique, par Charles en 803, on remarque celui-ci : « Si quelqu'un est interpellé sur sa
« liberté, et si, craignant de tomber en servi-
« tude, il tue quelqu'un de ses proches, de peur
« que celui-ci ne lui fasse perdre sa liberté,
« savoir, son père, sa mère, son oncle, sa
« tante, ou quelqu'un de ses plus proches parens, le coupable sera puni de mort, et tous
« ses agnats seront réduits en servitude. S'il nie
« le crime, il devra donner la preuve de son

« innocence en marchant (les pieds nus et les « yeux bandés) sur neuf socs de charrue ar- « dens » (1). Cette loi ne présente pas pour nous un sens bien clair; mais son extrême rigueur, et sa répétition dans d'autres capitulaires, indiquent l'intention du législateur d'arrêter un crime devenu fréquent. Peut-être les familles menacées de perdre leur liberté étoient-elles dans l'usage de faire disparoître le témoin qui pouvoit leur nuire, peut-être au contraire prévenoient-elles le châtiment d'un membre coupable, dans la punition duquel elles auroient été enveloppées. Toujours est-il certain que la servitude avoit multiplié les crimes atroces, et que les capitulaires rendent témoignage à chaque page de la profonde corruption des mœurs.

Les capitulaires ne font jamais mention d'aucun impôt; le fisc percevoit seulement les amendes, l'hériban de ceux qui n'avoient pas marché à l'armée, et surtout les revenus des fonds de terre de l'empereur. Nous avons déjà rendu compte, dans un précédent chapitre, du capitulaire curieux qui règle l'administration de ces domaines. Dans les autres, il est souvent question de péages sur les grands chemins et les rivières, mais ils étoient exigés par des propriétaires riverains pour leur propre

---

(1) *Capitularia addita ad Legem salicam*, ann. 803, §. 5, p. 389.

compte, et Charles prenoit à tâche de les abolir toutes les fois qu'ils n'étoient pas destinés à compenser quelque travail d'une utilité commune, ou qu'ils n'étoient pas fondés sur un antique usage. (1)

Les capitulaires interdisoient, sous peine de confiscation, la sortie des blés en temps de disette, et le commerce des armes avec les Avares et les Saxons. Des étapes étoient établies aux frontières et sous la protection de quelques grands officiers, pour le commerce avec les peuples barbares ou ennemis : les marchands étoient protégés dans ce commerce, mais leurs communications avec l'ennemi étoient réglées par la loi. Dans une année de disette, Charles entreprit de fixer le prix des vivres, et ensuite celui des objets de commerce; mais cette loi impolitique redoubla le fléau qu'elle étoit destinée à prévenir. (2)

L'empereur, à son retour d'Italie, étoit venu s'établir à Aix-la-Chapelle. Il approchoit alors de soixante ans, et soit qu'il crût qu'il étoit temps pour lui de prendre quelque repos, ou que les guerres qu'il avoit alors à soutenir ne fussent point assez importantes pour réclamer sa présence, il en confia la conduite à ses fils et à ses lieutenans. Pendant cette année et la suivante,

(1) *Capitul. anni* 803, §. 6, p. 401.
(2) *Capitul. anni* 805, §. 7, p. 423.

802. ceux-ci contraignirent les Saxons établis sur la droite de l'Elbe, à abandonner leurs demeures aux Slaves abodrites alliés des Francs, et à accepter en échange des établissemens dans l'intérieur de l'empire; ils remportèrent quelques avantages sur les Sarrasins en Espagne, et ils continuèrent, avec des succès balancés, la guerre contre Grimoald, duc de Bénévent, qui tenoit tête vaillamment aux forces de tout l'Occident. En même temps Charles continuoit ses négociations avec l'empire grec. Irène n'avoit point fait difficulté de reconnoître le nouvel empereur. Elle n'avoit point rejeté définitivement la proposition d'un mariage, et elle avoit envoyé à son tour un ambassadeur à Charles. Mais pendant que celui-ci étoit encore à Aix-la-Chapelle, cette impératrice si chère au clergé, et si célébrée par les moines, fut victime d'une révolution. Elle fut enfermée dans un couvent le 31 octobre 802, et Nicéphore, qui remplissoit à sa cour les fonctions de patrice et de logothète, fut couronné comme son successeur. Celui-ci envoya à son tour à Charles des ambassadeurs qui se présentèrent à lui à Salz, au milieu de

803. l'été de 803, et qui confirmèrent la paix entre les deux empires. (1)

(1) *Annal. Tiliani*, p. 24. — *Loiseliani*, p. 53. — *Moissiac*. p. 80. — *Poeta saxon.* Lib. IV, p. 167. — *Adonis Chronicon*, p. 321. — *Annal. Fuldens.* p. 332. — *Annal. Metens.* p. 351.

L'année 804 est considérée comme la trente-troisième et dernière de la guerre de Saxe. Charles, qui avoit passé l'hiver à Aix-la-Chapelle, se rendit à Nimègue pour les fêtes de Pâques, et il tint ensuite une assemblée du Champ de Mai à Lippspring. Les chefs des Slaves du bord de l'Elbe s'y rendirent auprès de lui; Charles leur donna pour roi, Thrasico, duc des Abodrites : en même temps il résolut de leur abandonner tout le pays qu'occupoient les Normands ou Saxons de la droite de l'Elbe, qui, demeurés fidèles au culte de leurs anciens dieux et à celui de la liberté, excitoient de fréquens soulèvemens dans les provinces soumises. Charles les fit tous enlever par son armée, qui parcourut les dernières retraites des Saxons septentrionaux. Il les fit conduire dans différentes provinces à moitié désertes des Gaules ou de l'Italie, où les Saxons, séparés par une immense distance de leur patrie et de tous leurs souvenirs, adoptèrent bientôt les mœurs et les opinions des Gaulois. Quelques-uns d'entre eux avoient cherché un refuge au nord de l'Eyder, dans les états de Godfrid, roi des Danois. Charles les fit redemander. Godfrid ne voulut ni les rendre ni s'engager pour eux dans une guerre dangereuse; les émigrés saxons passèrent en Suède, et ils communiquèrent aux peuples du Nord cette haine des Francs et ce désir de vengeance qui ramenèrent bientôt les Normands sur les côtes de France. (1)

Charles commençoit à employer avec les Avares et les Huns les mêmes moyens de conversion et de conquête qui lui avoient si bien réussi avec les Saxons. Il y fut sans doute encouragé par le pape Léon III, qui, cette même année, vint lui rendre visite en France, et qui après avoir séjourné quelque temps avec lui à Reims, à Soissons et à Aix-la-Chapelle, s'en retourna par la Bavière en Italie. Les missions entreprises chez les Huns étoient surtout dirigées par Arnon, archevêque de Salzburg, et par le prêtre Ingo qui prêcha l'Évangile dans la Carinthie et la Pannonie inférieure. Ce dernier ayant à faire à des hommes illettrés, et ne connoissant peut-être guère les lettres lui-même, accompagnoit les messages verbaux qu'il envoyoit aux comtes et aux seigneurs de ces provinces, d'une feuille de parchemin blanc, qui étoit reçue avec vénération comme une dépêche d'un prophète. Quand il vint ensuite parmi eux, il invita à sa table ceux de leurs esclaves qu'il avoit convertis, et il les fit servir dans de la vaisselle dorée, tandis que leurs maîtres, encore infidèles, reçurent leur pain et leur viande en dehors de la porte, par terre, et dans des

(1) *Annal. Metenses*, p. 351. — *Loiseliani*, p. 54. — *Pagi critica*, §. 6, p. 440.

vases de bois. « Pourquoi nous traitez-vous « ainsi ? demandèrent-ils au saint homme. « Parce que vous n'êtes point dignes, répondit-« il, vous qui n'avez point lavé vos corps dans « la fontaine sacrée, de communier avec ceux « qui sont régénérés. C'est bien assez que, comme « à des chiens, on vous jette votre nourriture « en dehors des maisons. » Aussitôt, ajoute le biographe du saint, « ils accoururent pour se « faire baptiser, en se faisant instruire dans la « foi sainte, et la religion chrétienne en reçut « un grand accroissement. » (1)

Le plus illustre des convertis fut le chagan lui-même, ou souverain des Avares, qui, au baptême, prit le nom de Théodore. Mais soit qu'en changeant de religion les Avares eussent renoncé à leurs mœurs belliqueuses, ou qu'ils eussent été affoiblis par une guerre civile, le chagan, dès l'année suivante, se rendit en suppliant à la cour de Charles, pour lui demander de permettre à son peuple de transporter sa demeure dans des déserts appartenans à l'empire, entre le Danube et la Save, parce que les Avares n'étoient plus en état de résister aux Slaves de Bohème qui les accabloient. Charles accorda cette demande, mais en même temps il chargea son fils aîné de punir les Bohémiens, qui furent

(1) *Pagi critica ad ann.* 804, §. 6, p. 438.

vaincus dans un grand combat, où leur duc Lécho fut tué. (1)

806. Charles n'avoit plus besoin de méditer de nouvelles conquêtes ; elles s'accomplissoient d'elles-mêmes en quelque sorte : les peuples venoient volontairement se ranger sous ses lois, tellement les forces de son empire étoient disproportionnées avec celles de tous ses voisins. C'est ainsi qu'en 806, les ducs de Venise et de Zara en Dalmatie vinrent d'eux-mêmes à sa cour pour lui faire hommage. Mais cette immense souveraineté pouvoit à peine être maintenue unie par l'ascendant de son génie et de sa gloire. Charles songeoit d'autant moins à la transmettre sans partage à ses enfans, qu'il avoit alors trois fils légitimes arrivés à l'âge d'homme, et que tous trois lui paroissoient avoir des droits égaux à lui succéder. Ces fils s'étant rendus auprès de lui à Thionville, dans l'année précédente, Charles convoqua une assemblée des grands de son royaume, pour régler entre eux, au Champ de Mai, le partage de ses vastes états. A l'aîné de ses trois fils, nommé Charles, et né en 772, il assigna la France, ou la partie septentrionale des Gaules avec la Germanie ; au second, Pepin, né en 776, il donna l'Italie et la Bavière

(1) *Annales Tiliani*, p. 24. — *Loiseliani*, p. 54. — *Chron. Moissiac.* p. 81. — *Annal. Meiens.* p. 352.

avec ses conquêtes en Pannonie; au troisième, Louis, l'Aquitaine, la Bourgogne, la Provence et la Marche d'Espagne. Le partage fut accepté par les trois frères et par le peuple, et sanctionné par la signature du pape. Dans l'article 14 de ce diplôme qui nous a été conservé, Charles ordonne que s'il survient jamais quelque contestation entre les frères pour la fixation de leurs frontières, elle ne soit point terminée par les armes, mais par l'épreuve de la croix. (1)

En réglant les partages de ses fils, Charles n'avoit point oublié le sort de ses filles. Il en avoit eu sept ou huit, toutes d'une beauté remarquable, et il leur avoit toujours montré beaucoup de tendresse. « Il avoit eu, dit Egin-
« hard, un grand soin de l'éducation de ses
« enfans; il avoit voulu que les filles aussi-bien
« que les fils s'appliquassent avant tout aux étu-
« des libérales qu'il avoit suivies lui-même. Dès
« que leur âge le permit, il avoit accoutumé ses
« fils, selon les mœurs des Francs, à monter à
« cheval, et à s'exercer aux armes et à la chasse.
« Il avoit aussi voulu que ses filles prissent
« l'habitude de travailler à la laine, et de tenir
« la quenouille et le fuseau, de s'occuper enfin,
« et de s'accoutumer à tous les emplois hon-

(1) *Charta divisionis Imperii Francorum.* T. V, p. 771. — *Annal. Tiliani*, p. 25. — *Loiseliani*, p. 55, etc.

« nêtes de leur temps, pour que l'oisiveté ne
« les corrompît pas. Il tenoit toujours ses en-
« fans avec lui à souper. Ses fils l'entouroient à
« cheval quand il voyageoit, ses filles suivoient,
« et le cortége étoit terminé par des gardes qui
« les protégeoient. Comme elles étoient fort
« belles, et qu'il les aimoit beaucoup, il est
« étrange qu'il n'ait jamais voulu en donner au-
« cune en mariage, ou à quelqu'un des siens
« ou à un prince allié. Il les garda toutes auprès
« de lui jusqu'à sa mort, déclarant qu'il ne pou-
« voit se passer de leur compagnie : aussi quoi-
« qu'il eût été heureux en toute autre chose,
« il éprouva par elles la malignité de la fortune.
« Il est vrai qu'il dissimula ce chagrin aussi-bien
« que si la médisance n'avoit jamais élevé ou ré-
« pandu sur elles le soupçon d'aucune faute ». (1)
De ces galanteries auxquelles Eginhard fait allu-
sion, nous ne connoissons bien que celles que
les filles de Charlemagne entretinrent avec de
saints personnages. Berthe fut la maîtresse de
saint Engilbert, abbé de Saint-Riquier, et cette
aventure donna naissance à l'historien Nithard ;
Emma eut une intrigue avec l'historien Eginhard, abbé de Saint-Vandrille, où sa fête est solen-
nisée le 20 janvier : encore cette dernière aventure, célèbre par le courage d'Emma qui, pour ne
point laisser de traces sur la neige de la visite noc-

(1) *Eginhardi vita Caroli Magni.* Cap. 19, p. 97.

turne de son amant, le reporta le matin sur ses
épaules hors du pavillon où elle habitoit, ne repose-t-elle que sur l'autorité suspecte de la chronique de saint Vandrille au douzième siècle. (1)

A l'égard de ses filles, Charles ordonna qu'après sa mort chacune d'elles pût choisir le frère sous la protection duquel elle voudroit se mettre, à moins qu'elle ne préférât entrer dans un couvent, ou qu'elle n'acceptât une proposition de mariage; et dans ce cas Charles voulut que leurs frères ne pussent point gêner leur inclination, toutes les fois que l'offre seroit raisonnable et l'époux digne d'elles. (2)

Après avoir, par cette charte, que de funestes événemens devoient rendre inutile, pourvu à la concorde dans sa famille après sa mort, Charles retourna de Thionville, par la Moselle et le Rhin, à Nimègue, et ensuite à Aix-la-Chapelle; tandis que ses fils, renvoyés aux extrémités de son empire, continuèrent pour lui la guerre. Mais à peine les petits succès de Charles l'aîné contre les Sorabes et les Bohêmes, de Pepin le second contre les Maures en Corse, et de Louis le troisième contre les musulmans de

---

(1) *Nithardus Historia.* T. VII, p. 1. — *Chron. Lauresham. monast.* T. V, p. 383. — *Præfatio ad vitam Eginhardi*, p. 86. Emma, maîtresse d'Eginhard, et ensuite sa femme, étoit tout au plus fille naturelle de Charles; son nom ne se trouve point parmi celui de ses filles légitimes.

(2) *Charta divisionis Imperii*, §. 17, p. 773.

Navarre, peuvent-ils être regardés comme appartenant à l'histoire de France; tellement et vainqueurs et vaincus étoient éloignés de la Gaule et étrangers à ses lois. (1)

807. L'année 807 fut signalée par une nouvelle ambassade et de nouveaux présens du khalife Haroun al Raschid. Indépendamment de l'estime qu'il faisoit de Charlemagne, il le regardoit comme l'ennemi de ses ennemis les Maures d'Espagne; car chez les musulmans, comme chez les chrétiens, les schismatiques qui ne diffèrent que pour un point de discipline, ont toujours été considérés, par les prêtres, comme bien plus odieux que les infidèles. Les lieutenans de Charles continuèrent en effet, avec vigueur, la guerre contre les Sarrasins d'Espagne, que le khalife de Bagdad regardoit comme des rebelles. Dans cette même année, le connétable Burchard, avec une flotte, la première dont il soit fait mention dans l'histoire de Charlemagne, remporta plusieurs avantages sur les Sarrasins dans les îles de Corse et de Sardaigne. Il détruisit treize de leurs vaisseaux et leur tua beaucoup de monde. (2)

808. Mais au milieu des victoires que Charles remportoit par ses lieutenans, on pouvoit, à plusieurs symptômes, reconnoître cet affoiblisse-

(1) *Annales Francor. Loiseliani*, p. 55, et cæter.
(2) *Ibid.* p. 56, et cæter.

ment général de l'empire qui fut signalé sous son successeur par tant de calamités. Ce fut en conséquence de cet affoiblissement, de la diminution de la population, de la difficulté de recruter les armées, que les Danois attaquèrent les premiers, en 808, un voisin qu'ils avoient jusqu'alors ménagé avec un soin extrême. Godfrid, leur roi, ayant conclu une alliance avec les Slaves Wilzi, attaqua les Abodrites, anciens alliés des Francs, chassa leur duc Thrasico, fit périr sur l'échafaud un autre duc nommé Gottleib, força la plus grande partie de la nation à lui payer un tribut, brûla le port de Reric, qui étoit l'étape commune des Francs et des Danois, en transporta les marchands au port de Lictshor, entraîna dans la révolte les Livoniens et les Smeldingiens, et couvrit enfin d'une fortification nouvelle, sur l'Eyder, les frontières du Danemarck d'une mer à l'autre. Cette attaque fut, il est vrai, suivie par les représailles de Charles, fils aîné de l'empereur, qui, ayant passé l'Elbe avec une armée, ravagea à son tour le pays des Livoniens, tandis que Godfrid perdit son propre neveu, et un grand nombre de ses meilleurs soldats à l'attaque d'un château fort, qui lui résista vaillamment. Les annalistes des Francs célébrèrent l'issue de cette campagne comme leur étant avantageuse (1). Mais il est

(1) *Annales Loiseliani*, p. 57. — *Pagi critica*, 808, §. 9, p. 452. Les Annales Tiliani ne vont pas au-delà de l'an 807.

probable que Charles n'en jugeoit pas de même; car il consentit à envoyer ses comtes au-delà de l'Elbe, pour avoir une conférence avec les comtes Danois sur les frontières des deux états; et comme il leur fut impossible de convenir en ce lieu d'une pacification, Charles, au lieu de faire attaquer de nouveau les Danois, se contenta de faire jeter les fondemens d'une ville destinée à arrêter leurs incursions. Il fit choix, pour son emplacement, de l'endroit où la Sture se jette dans l'Elbe au nord-ouest de Hambourg, et il la nomma Esselfeldt.

Les mêmes symptômes d'affoiblissement se faisoient remarquer en Aquitaine, où, tandis que Louis s'occupoit à fortifier l'embouchure des rivières contre les attaques des pirates septentrionaux, ses lieutenans furent obligés de lever le siége de Tortose; et en Italie, où Pepin, qui vouloit étendre sa domination sur Venise et la Dalmatie, éprouva quelques échecs de la part des Grecs qui défendoient ces provinces; tandis que d'autres Grecs prirent et ruinèrent de fond en comble la ville de Populonia sur le rivage de Toscane, et que les Maures emmenèrent en captivité tous les habitans d'une ville de Corse. Ainsi l'immense empire d'Occident commençoit déjà à être ouvert de tous côtés aux attaques de ses plus foibles ennemis. (1)

(1) *Annal. Francor. Loiseliani*, p. 57. Les Annales d'Egin-

Mais la décadence de cet empire se manifesta davantage encore l'année suivante, dans laquelle les Maures, partis d'Espagne, ravagèrent entièrement la Sardaigne et la Corse qu'ils trouvèrent sans défense; Pepin, qui s'étoit avancé au travers des lagunes de la Vénétie jusqu'en face de Rialto, y fut repoussé par le doge Obélério, tandis que sa flotte, qu'il avoit chargée de soumettre la Dalmatie, fut battue par le général des Grecs. L'échec le plus cruel que reçurent les Francs leur fut cependant donné par les Danois. Charles étoit encore à Aix-la-Chapelle, où il avoit eu la douleur de perdre Rotrude, sa fille aînée; il faisoit des préparatifs pour porter la guerre dans les états de Godfrid, roi des Danois, lorsqu'il reçut la nouvelle qu'une flotte de deux cents vaisseaux normands avoit paru sur les côtes de Frise, qu'elle avoit ravagé toutes les îles de ces parages, qu'elle avoit ensuite débarqué une armée sur le continent, qui, après avoir vaincu les Frisons dans trois combats, leur avoit imposé un tribut, à compte duquel les Frisons avoient déjà payé cent livres d'argent. « Cette nouvelle, dit Egin-
« hard, causa tant de colère à l'empereur, qu'il
« envoya de tous côtés ses messagers pour ras-
« sembler son armée, et qu'il quitta son palais

810.

---

hard leur sont conformes mot pour mot depuis l'an 800. — *Astronomus vita Ludovici Pii.* Cap. 15, p. 93.

« pour marcher contre ces Normands débar-
« qués ; mais quand il eut passé le Rhin, il fut
« forcé d'attendre à Lippeheim ses troupes qui
« n'étoient pas encore rassemblées. » Lorsqu'il
les eut enfin réunies, il les conduisit au camp
qu'il avoit tracé au confluent de l'Aller et du
Weser pour y attendre Godfrid; car, malgré
son irritation, il sembloit réduit à se tenir sur
la défensive. C'est là qu'il reçut successivement
avis que la flotte danoise, qui avoit ravagé la
Frise, étoit repartie; que le roi Godfrid avoit
été assassiné par un de ses gardes; qu'un château important, Hobhuoki, qu'il avoit bâti sur
l'Elbe, avoit été pris par les Wilzi, et son lieutenant fait prisonnier; qu'enfin son second fils,
Pepin, étoit mort à Milan le 8 juillet, comme
il se préparoit à attaquer de nouveau la Vénétie.
La douleur que lui causa cet événement le ramena à Aix-la-Chapelle, où il reçut, au mois
d'octobre, les ambassadeurs d'Hemming, neveu
et successeur de Godfrid au trône de Danemarck; de Nicéphore, empereur d'Orient, et
de l'émir al Haccan de Cordoue, qui demandoient ou offroient des conditions de paix.
Charles les accepta en effet; et avant la fin de
l'année il se pacifia avec tous ses voisins, sans
avoir puni aucun d'eux pour les injures qu'il
en avoit reçues. (1)

(1) *Annal. Loiseliani*, p. 59. — *Chron. Moissiac.* p. 82.

Ces traités de paix semblent avoir fait sentir
plus vivement encore à l'empereur la nécessité
de mettre sur tous les points son empire dans
un meilleur état de défense. La pacification
avec les Danois, la plus importante de toutes,
avoit été jurée seulement sur les armes, par
les chefs militaires des deux peuples; la rigueur
de la saison ayant empêché un congrès. Mais
au printemps de 811, douze comtes francs, et
autant de seigneurs danois, se rencontrèrent
sur l'Eyder, aux frontières des deux dominations, et prêtèrent réciproquement les sermens
de paix selon les coutumes des deux nations.
Charles ayant ensuite tenu à Aix-la-Chapelle
une assemblée du Champ de Mai, envoya ses
armées dans trois directions; vers les bouches
de l'Elbe, pour relever le château d'Hobhuoki,
que l'on croit être Hambourg, rasé l'année précédente par les Wilzi; en Pannonie, pour pacifier les Avares avec les Slaves; et dans l'Armorique, pour réprimer les brigandages des
Bretons. Lui-même il entreprit la visite de ses
ports de mer, pour inspecter les vaisseaux qu'il
faisoit construire, afin de défendre les côtes.
Ceux des Normands ne portoient que de soixante
à soixante-dix hommes d'équipage; il n'est pas
probable que ceux des Francs fussent plus considérables. Il en avoit établi deux flottes, l'une
à Boulogne, l'autre à Gand, et il avoit donné

ordre à son fils Louis d'en construire une sur la Garonne, et une autre sur le Rhône. Le vieux empereur, qui à la fin d'un règne si brillant voyoit décliner de toutes parts son ancienne prospérité, après ces mesures de précaution, étoit de retour à Aix-la-Chapelle depuis le milieu de novembre, lorsqu'il eut la douleur de perdre l'aîné de ses fils, Charles, roi de Germanie, qui mourut le 4 décembre 811. (1)

On considéroit alors comme une partie de la grandeur d'âme qu'on attendoit des héros, la fermeté avec laquelle ils supportoient les chagrins domestiques; on remarqua donc, avec plus de blâme que de compassion, la douleur profonde que ressentit Charles pour la perte de ses enfans, et les larmes qu'on lui vit répandre (2). Cette douleur même contribua peut-être à augmenter en lui une dévotion monacale, à laquelle il s'étoit jusqu'alors montré moins enclin qu'un autre, mais qui étoit dans l'esprit du siècle; elle lui dicta le testament par lequel cette année il disposa de toute sa propriété mobilière pour des legs pies, à la réserve d'un douzième qu'il réserva à partager entre ses fils et ses filles (3). Cependant l'empereur s'occupa de pourvoir au gouvernement de ses états.

(1) *Annal. Loiseliani*, p. 60.
(2) *Eginhardus in vita Caroli*. Cap. 19, p. 97.
(3) *Baronii Annal. eccles.* ann. 811, p. 575.

Charles, son fils aîné, n'avoit point laissé d'enfans; mais Pepin, le second, avoit un fils et cinq filles. Charles destina le fils, Bernard, à la royauté d'Italie, et après l'avoir annoncé au Champ de Mai assemblé à Aix-la-Chapelle, il le fit partir pour la Lombardie avec Wala, fils de Bernard, et petit-fils, mais illégitime, de Charles Martel, qui avoit déjà été le conseiller principal de Pepin, et qui devoit aussi, par sa prudence, suppléer à la jeunesse et à l'incapacité du nouveau roi. Charles jugeoit nécessaire d'assurer aussi la paix sur toutes ses frontières à l'époque où le poids de l'âge et des infirmités commençoit à lui annoncer le terme de sa vie. L'empereur Nicéphore ayant été tué dans un combat contre les Bulgares, le 25 juillet 811, Charles conclut un nouveau traité de paix avec son successeur, Michel Curopalate. Il en conclut un autre avec Aboulassi al Haccan, émir de Cordoue; il reçut en grâce Grimoald Storeseitz, duc de Bénévent, moyennant un tribut de vingt-cinq mille sols d'or. Il eut plus de facilité encore à confirmer la paix avec les Danois, dont le roi Hemming avoit été tué, et dont le trône, après avoir été disputé par une guerre civile, étoit demeuré aux deux frères Hériold et Reginfred. (1)

(1) *Annal. Loiseliani*, p. 61.

813.

Quoique la succession des fils au pouvoir de leur père fût déjà sanctionnée par un long usage, et que Louis, roi d'Aquitaine, fût seul demeuré vivant parmi les fils légitimes de Charles, et semblât par conséquent seul appelé à lui succéder, l'empereur crut plus prudent de l'investir lui-même, de son vivant, de tous ses titres. Il le rappela donc de l'Aquitaine où Louis avoit montré quelques talens militaires, mais une grande foiblesse dans son administration intérieure, au point que s'étant laissé dépouiller de tous ses droits royaux par les grands de son royaume, il étoit réduit à la plus extrême pauvreté, lorsque Charles vint à son aide, en abolissant ses donations (1). Les grands plaids ou comices du royaume avoient été convoqués pour le mois de septembre, à Aix-la-Chapelle. « Charles

773.
« présenta son fils Louis, dit le chroniqueur de
« Moissiac, aux évêques, abbés, comtes et sé-
« nateurs des Francs, et il leur demanda de le
« constituer roi et empereur. Tous y consenti-
« rent également, déclarant que cela seroit bien;
« le même avis plut à tout le peuple, en sorte
« que l'empire lui fut décerné par la tradition
« de la couronne d'or, tandis que le peuple
« crioit vive l'empereur Louis (2). » Cependant,

(1) *Astronomus in vita Ludovici Pii.* T. VI, cap. 7, p. 90.
(2) *Chronicon Moissiacense*, p. 83.

comme si Charles avoit prévu que le pape, qui lui avoit donné à lui-même le titre d'empereur, pourroit prétendre que son autorité étoit nécessaire pour le confirmer, il voulut que son fils, qui appartenoit aux peuples de l'Occident, à l'armée et à ses chefs, et qui avoit été choisi par eux, ne relevât que de Dieu même. Il fit faire une couronne d'or semblable à la sienne, et il la fit déposer sur l'autel de l'église qu'il avoit bâtie à Aix-la-Chapelle. Après avoir adressé à son fils de touchantes exhortations sur ses devoirs envers l'Église, envers ses sujets et envers sa famille; après lui avoir entre autres recommandé ses trois frères naturels, Drogon, Theuderic et Hugon, il lui ordonna de prendre lui-même la couronne sur l'autel, et de la placer sur sa tête. La cérémonie fut terminée par la célébration de la messe, après quoi Charles congédia l'assemblée. Comme il étoit déjà fort affoibli par l'âge et les infirmités, il avoit toujours été soutenu sur le bras de son fils, soit pour se rendre à l'église, soit pour en revenir. Fort peu de jours après, cependant, il congédia Louis et le renvoya en Aquitaine, chargé de présens. (1)

La foiblesse de Charles étoit plus grande qu'on n'auroit dû l'attendre de son âge, car il ne passoit pas soixante et onze ans; ou de son activité

---

(1) *Opus Thegani de gestis Ludov. Pii imper.* Cap. 7, p. 76.

813.   habituelle. Il ne renonça point cependant à tous les exercices du corps; et après le départ de son fils, il partit pour les grandes chasses dont il se donnoit le plaisir toutes les années, et il ne revint à Aix-la-Chapelle que le 1er novembre (1). Dès lors il consacra le peu de mois qu'il vécut encore à des œuvres de dévotion; il partagea son temps entre la prière, la distribution des aumônes et la correction des livres sacrés. Il avoit conféré les quatre Évangiles avec les textes grecs et syriaques, ou plutôt il avoit fait faire ce travail devant lui par des interprètes, et il le poursuivit jusqu'à la veille de sa mort. Il étoit déjà fort affoibli lorsque après le milieu de
814.   janvier de l'an 814, il fut saisi, au sortir du bain, par la fièvre; pendant les sept jours qu'elle continua, il cessa de manger, et ne prit plus qu'un peu d'eau pour se rafraîchir. Le septième jour il se fit donner les sacremens par Hildebald, son aumônier; le matin du jour suivant il fit un dernier effort pour soulever sa foible main droite, et faire sur sa tête et sa poitrine le signe de la croix; puis, rangeant ses membres pour le repos éternel, il ferma les yeux, en répétant à voix basse, *in manus tuas commendo spiritum meum*, et il expira (2). C'étoit le 28 janvier de l'année 814, et Charles,

---

(1) *Eginhardi vita Caroli.* Cap. 30, p. 100.
(2) *Thegani de gestis Ludov.* Cap. 7, p. 76.

né en 742, étoit entré dans sa soixante-douzième année. Il en avoit régné quarante-sept sur les Francs, quarante-trois sur les Lombards, quatorze sur l'empire d'Occident. Il fut enterré à Aix-la-Chapelle, dans l'église de Sainte-Marie qu'il avoit bâtie. (1)

(1) *Chron. sancti Galli.* T. V, p. 31. — *Annal. Loiseliani*, p. 62. — *Lambeciani*, p. 67. — *Chron. Moissiacense*, p. 83. — *Poeta saxon.* Lib. V, p. 182. — *Monach. Engolism.* p. 186. — *Adonis Chron.* p. 323. — *Fuldens.* p. 335. — *Metens.* p. 358. — *Astronomus vita Ludov.* T. VI, cap. 20, p. 96. — *Ermoldus Nigellus*, Lib. II, v. 69, p. 26. — *Theganus*, cap. 6, p. 75.

## CHAPITRE VI.

*Commencemens du règne de Louis-le-Débonnaire, jusqu'aux guerres civiles.* 814—830.

Nous aurions besoin de connoître beaucoup mieux que nous ne pouvons le faire, l'état de l'Europe et celui de la civilisation, les actions militaires et politiques, les lois et les opinions de Charlemagne, les ministres qu'il employoit, et dont nous savons à peine les noms, leur caractère propre, et la part de mérite qui doit leur être attribuée, avant de pouvoir nous faire une juste idée de cet homme extraordinaire, qui changea toute l'existence de l'Europe et de la chrétienté; qui subjugua les anciens vainqueurs de Rome; qui, avec l'aide de Barbares, civilisa d'autres Barbares; qui, dans le cours d'une seule vie, éleva un empire aussi vaste que celui que les Romains avoient conquis en six ou sept siècles; qui anéantit l'ancien esprit des peuples qu'il avoit subjugués, en sorte qu'ils ne firent aucun effort pour recouvrer leur indépendance, même lorsque le gouvernement auquel ils se trouvoient soumis fut tombé en dissolution, et que des princes rivaux se disputèrent, les armes à la main, des provinces dont ils vouloient former leur héritage. Le règne de Charlemagne est un grand météore qui brille dans l'obscurité, à un trop grand éloignement pour que nous puissions l'étudier et le comprendre. On est frappé de son éclat que précédèrent et que suivirent d'épaisses ténèbres; on l'admire, mais on ne sauroit calculer ses effets, mieux que reconnoître ses causes, et l'on ne peut même affirmer s'il fut avantageux ou pernicieux pour l'humanité.

Ce mélange d'éclat et d'obscurité, de grandeur et d'incertitude sur ses causes, a permis à chaque historien de faire de Charlemagne un héros selon son cœur et selon sa pensée. Il est toujours représenté comme le grand homme, l'homme juste et l'homme sage par excellence; mais la conduite par laquelle il donne à connoître cette sagesse et cette vertu, n'est point la même selon les divers historiens ou philosophes qui ont voulu faire de ce grand roi le champion de leur système. Selon le comte de Boulainvilliers, on lui doit surtout de la reconnoissance pour avoir établi l'hérédité des fiefs; car après avoir couvert la France de ducs et de comtes, il les avoit jugés trop exposés aux attaques de leurs voisins, pour ne pas les intéresser par le sentiment de la perpétuité à la défense de leurs gouvernemens (1). L'abbé de Mably

(1) Mémoires historiques, T. I, p. 113.

voit au contraire dans Charlemagne le fondateur de la liberté de la France, et le protecteur du peuple contre les grands. Il apprit aux Français, dit-il, à obéir aux lois, en les rendant eux-mêmes leurs propres législateurs (1). Et Velly, qui croit rendre l'histoire plus dramatique, en ne présentant que des nobles personnages sur la scène, des rois vertueux et des héros, jamais des peuples, a réuni, pour le caractère de Charles, toutes les perfections, même celle de la chasteté; il l'a peint toujours comme ayant trouvé toutes ses forces dans son génie, ayant tout conçu, tout exécuté, sans le concours des grands ni du peuple, par la seule supériorité de sa force d'âme (2). Montesquieu, dans son *Esprit des Lois*, a de son côté fait de Charles le modèle des législateurs (3). Ceux qui sont venus depuis, ont chacun à leur tour trouvé dans les chroniques ou dans les capitulaires, quelque phrase sur laquelle ils ont pu appuyer tout un système, et Charles est devenu pour eux le représentant de leur opinion propre. Nous avons cherché à faire connoître ce monarque par sa conduite, sans faveur et sans haine, pas plus pour les systèmes que pour les hommes. Nous n'avons

(1) Observations sur l'Histoire de France, Liv. II, ch. 11, p. 56.

(2) Histoire de France, T. I, p. 265.

(3) Montesquieu, *Esprit des Lois*, Liv. XXXI, ch. 18 et 19.

ni dissimulé les actions qui méritent le blâme, ni terni le lustre de celles qui ont droit à l'admiration : s'il en résulte qu'il paroisse doué de qualités et de vices opposés, nous avons laissé à nos lecteurs le soin de réconcilier ces contradictions apparentes, ou plutôt nous les invitons à reconnoître que l'inconséquence est un attribut de la nature humaine, et que le Charles que dans quelques livres ils trouvent tout parfait, n'a pu être le Charles de la réalité. De même nous laisserons aux faits, pendant les règnes des successeurs de Charles, à donner la juste mesure de l'influence bienfaisante ou désastreuse de son gouvernement. Nous ne tarderons pas à voir, dès la génération suivante, s'il avoit donné une force vitale à l'empire qu'il avoit fondé, s'il avoit assuré la liberté des citoyens francs sur des fondemens solides.

Le nouveau souverain de l'empire d'Occident, Louis, que les Latins et les Italiens nommèrent le Pieux, les Français le Débonnaire, étoit âgé de trente-six ans à la mort de son père. Depuis seize ans il étoit marié à Ermengarde, fille d'Inghiramne, duc d'Hasbaigne, qui lui avoit déjà donné trois fils, Lothaire, Pepin et Louis. Charlemagne avoit conféré à son fils, dès sa première enfance, le titre de roi d'Aquitaine, et Louis n'avoit que trois ans lorsque, en 781, il fut porté dans un berceau chez les peuples qu'il

814.

814. devoit gouverner (1). Il convenoit aux projets de son père que le jeune prince attirât de bonne heure les regards et l'affection des Aquitains. Aussi eut-on soin de le faire paroître comme leur chef, leur administrateur et leur protecteur, long-temps avant qu'il fût en état de rien faire par lui-même. Il étoit seul nommé, il se montroit seul à la tête des armées et des conseils, tandis que ses conseillers, ou plutôt ses tuteurs, ne nous sont pas même connus. Aussitôt cependant que quelque responsabilité put s'attacher à ses actions, il donna à connoître la douceur de son caractère, son amour de la justice, sa bienfaisance, et peut-être sa foiblesse. Il avoit montré de la valeur dans la guerre contre les Gascons, dont la longue résistance pouvoit se comparer à celle que les Saxons opposoient à son père. Il avoit conduit plusieurs expéditions contre les Maures sur les bords de l'Ebre; il avoit aussi été appelé à seconder son frère Pepin dans les guerres de l'Italie, et au milieu des soldats de Charlemagne, il s'étoit montré digne de son rang et de leur confiance. On lui faisoit honneur de la conquête de Barcelone; cette ville avoit été prise en 801, après deux ans de siége. Lorsque les assiégés paroissoient réduits par la faim aux dernières extré-

(1) *Astronomus vita Ludovici Pii imp.* Cap. 4, p. 89. *Scr. franc.* T. VI.

mités, on avoit appelé à l'armée Louis alors âgé de vingt-trois ans, pour que la ville se rendît à lui : elle tint encore six semaines, et durant cet intervalle, le jeune roi signala à plusieurs reprises sa bravoure. (1)

Cependant ceux qui remarquoient son zèle pour la religion, son occupation constante de la discipline ecclésiastique, disoient déjà qu'il étoit plus propre au couvent qu'au trône, et Louis prenoit lui-même ces expressions pour le plus haut éloge qu'on pût faire de lui. Une piété enthousiaste, une foi superstitieuse, une humilité qui l'empêchoit en toute occasion d'opposer son sentiment propre à celui d'un prêtre, lui faisoient oublier la terre pour le ciel. Il croyoit ne pouvoir faire un meilleur usage de son temps que de l'employer aux pratiques de dévotion ; de ses richesses, que d'orner des églises ; de ses terres, que de fonder ou d'enrichir des couvens. Les historiens nous ont conservé une longue liste des lieux saints qu'il combla de bienfaits en Aquitaine. Il auroit désiré ne point se contenter d'enrichir les moines, mais revêtir lui-même leur habit. La dévotion de son grand-oncle Carloman, qui avoit quitté une couronne pour le froc du mont Cassin, lui paroissoit un digne exemple à suivre, et Charles avoit eu

(1) *Ermoldi Nigelli Carmen.* Lib. I, p. 13. — *Astronomi vita Ludovici Pii.* Cap. 13, p. 92.

quelque peine à l'empêcher de quitter le siècle pour la vie monastique (1). Avec ces dispositions, Louis devoit être le favori des prêtres. En effet, on assure que deux saints, Alcuin, l'ami de Charlemagne, et saint Paulin, patriarche d'Aquilée, enchantés de sa déférence pour le clergé et de son obéissance, prédirent également de lui que le plus humble des fils de l'empereur succéderoit seul à sa gloire et à sa puissance. (2)

Toutefois cette piété de Louis, quelque exaltée qu'elle fût, étoit plus éclairée que celle de Dagobert, ou des autres rois ses prédécesseurs; car ceux-ci, en enrichissant les prêtres, sembloient avoir eu pour but de leur procurer toutes les jouissances du siècle. Louis, au contraire, tandis qu'il combloit le clergé de bienfaits, et qu'il lui témoignoit un respect presque sans bornes, ne perdoit point de vue le projet de réformer ses mœurs. Il avoit écarté les prélats des armées, il les avoit fait renoncer à ces parures pompeuses par lesquelles ils sembloient vouloir l'emporter sur le faste des courtisans (3). Louis n'avoit encore eu occasion de manifester que des sentimens honnêtes et des qualités généreuses. Après s'être appauvri dans sa première jeunesse

(1) *Astronomus vita Ludovici Pii*. Cap. 19, p. 95.
(2) *Ermoldi Nigelli Carmen*. Lib. I, p. 24.
(3) *Astronomus*. Cap. 28, p. 101.

par des libéralités imprudentes, il avoit su ensuite mettre de l'ordre dans ses affaires. Il avoit réglé qu'il passeroit un hiver dans chacune de ses quatre maisons royales, Doué sur les confins de l'Anjou et du Poitou, Casseneuil en Agénois, Audiac en Saintonge, et Ebreuil en Auvergne. Il y trouvoit ainsi rassemblées les récoltes de quatre années, qui suffisoient à ses dépenses et à celles de sa cour. Cette abondance lui avoit permis de supprimer le droit de fourrage (*foderum*) que les soldats de son père levoient impitoyablement sur les habitans des campagnes, pour se défrayer pendant leur service auprès du roi. Aussi la réputation des vertus de Louis s'étoit-elle étendue au loin; l'excès même de sa dévotion le rendoit cher au peuple; et quand sur la nouvelle de la mort de son père il se mit en marche de Toulouse pour Aix-la-Chapelle, voyage qu'il ne put accomplir en moins de trente jours, le peuple s'empressa partout à sa rencontre, le saluant par ses acclamations, et témoignant qu'il attendoit de lui le soulagement des maux qu'il souffroit. (1)

En effet, ces maux étoient extrêmes, et Louis avoit beaucoup à réformer pour le bonheur du peuple. Les guerres continuelles de Charlemagne avoient ruiné les vainqueurs plus encore que les vaincus. Les capitaines du con-

(1) *Ermoldi Nigelli Carmen.* Lib. II, p. 28.

quérant obtenoient seuls son oreille ; ils avoient accablé d'un joug insupportable et leurs paysans et leurs voisins : les hommes libres qui n'étoient pas riches s'étoient trouvés sans ressource pour résister à l'oppression des puissans. Un grand nombre d'entre eux avoient été réduits en servitude par force ou par fraude ; plusieurs même s'y étoient résignés volontairement, pour éviter de plus grands malheurs ; car la condition du citoyen isolé étoit si déplorable, qu'il valoit mieux encore obéir à un homme capable de protéger le foible, que de n'appartenir qu'à soi-même. Aussi la classe des hommes libres avoit-elle presque disparu dans toutes les provinces de l'intérieur de la France. (1)

Louis, en arrivant à Aix-la-Chapelle, s'occupa immédiatement de la réforme des abus. Dans les dernières années de sa vie, Charles avoit surtout gouverné par le ministère de deux frères Adélard et Wala, nés de Bernard, fils naturel de Charles Martel, qui tous deux avoient montré une grande aptitude aux affaires, qui tous deux embrassèrent la vie monastique, sans renoncer au monde, et qui furent l'un après l'autre abbés de Corbie ; qui tous deux enfin sont rangés par l'Église au nombre des saints. Adélard étoit alors en mission en Italie. Wala, au contraire, étoit à Aix-la-Chapelle.

(1) *Ermoldi Nigelli Carmen.* Lib. II, v. 180, p. 29.

Louis redoutoit quelques machinations contre lui; de ce ministre ambitieux dont il connoissoit le dévouement à son frère Pepin, roi d'Italie, et au fils que Pepin avoit laissé; mais Wala s'avança de lui-même avec les autres grands, au-devant de Louis, et lui prêta serment d'obéissance. (1)

Le palais de Charles étoit alors dans un état de désordre qui attestoit les mauvaises mœurs du dernier souverain. Malgré sa vieillesse et sa foiblesse, Charles se plaisoit à être toujours entouré de ses nombreuses maîtresses. Il les avoit gardées auprès de lui, dans la même maison, avec ses sept filles et avec les cinq filles de son fils Pepin. Louis, dont les mœurs n'étoient pas moins sévères que celles du dernier empereur étoient relâchées, n'accorda aucune indulgence, même à celles qui avoient soigné son père, et qui avoient adouci ses derniers momens. Il chassa sans miséricorde du palais toutes les femmes, de quelque rang qu'elles fussent, dont la réputation étoit entachée, et il ne réserva de l'ancienne cour, pour le service d'Ermengarde, sa femme, que celles dont la conduite étoit au-dessus du soupçon. Les sœurs de Louis avoient contribué plus encore au déréglement de la cour d'Aix-la-Chapelle. Elles étoient belles, elles vivoient sans contrainte, avec leurs nièces,

(1) *Astronomus vita Ludovici Pii.* Cap. 21, p. 97.

à côté des nombreuses concubines de leur père, qui ne leur avoit jamais permis de se marier; et toutes avoient eu des aventures dont elles ne songeoient pas même à se cacher. Ce fut par une exécution militaire, faite loin des yeux du souverain, et avant même son arrivée, que Louis voulut purger ce palais: oubliant ainsi le respect qu'auroit dû lui inspirer la maison de deuil où un grand homme et un père venoit d'expirer. Tous les amans de ses sœurs furent déclarés coupables de lèse-majesté, à cause *de l'énormité d'un tel attentat, et de l'orgueil qu'il décéloit*. Plusieurs cependant, en se jetant à ses pieds, obtinrent leur grâce; mais Audoin, l'un d'eux, préféra se défendre, et il ne périt qu'après avoir tué le comte Garnier, chargé de l'arrêter, et blessé son fils. Louis, irrité de cette audace, et ne pouvant se venger sur le coupable, fit arracher les yeux à un autre amant de ses sœurs, nommé Tullius, à qui il avoit déjà accordé la grâce. Plusieurs autres, car cette classe de coupables étoit nombreuse, furent envoyés en prison, ou relégués en exil en divers lieux. (1)

Quelque durement que Louis traitât les amans de ses sœurs, il ne retrancha rien cependant de la part de richesses que Charles, par son testament, avoit accordé à chacune d'elles. Il parta-

---

(1) *Aliquos stupri immanitate et superbiæ fastu, reos majestatis.... Astronomus*, cap. 21, p. 96.

gea, conformément à ce testament, tous les trésors de l'empereur et toutes ses richesses mobiliaires. Un douzième seulement devoit être réparti entre ses sœurs et ses nièces, et elles purent l'emporter dans les couvens où elles se retirèrent. Un autre douzième devoit être abandonné aux serviteurs du palais, un troisième aux pauvres, tandis que neuf douzièmes devoient être distribués entre les vingt-une églises métropolitaines de ses états; et Louis se montra si scrupuleux dans l'exécution de ces dernières volontés, qu'ayant voulu conserver, du moins comme souvenir de son père, une seule table d'argent qui sembloit formée de trois boucliers réunis, il commença par la racheter du trésor d'une église. (1)

814.

Louis convoqua ensuite pour le 1er août les plaids publics, ou l'assemblée nationale à Aix-la-Chapelle. Nous n'avons pas le capitulaire qu'il y publia, mais nous savons qu'il y réforma plusieurs des abus de la précédente administration. Il fit en même temps partir de nouveaux députés impériaux, ou *missi dominici*, pour étendre à toutes les provinces la protection qu'il offroit aux opprimés. Le nombre de ceux qui se trouvèrent dépouillés de leur patrimoine, ou réduits en servitude par l'iniquité des ministres de Charles, de ses comtes ou de leurs

(1) *Thegani de gestis Ludovici Pii.* Cap. 8, p. 76.

lieutenans, passoit toute croyance; ils furent tous admis à la preuve testimoniale, et restitués dans leurs biens (1). Les Saxons et les Frisons avoient été privés, par la politique sévère de Charles, du droit de laisser leurs patrimoines en héritage à leurs enfans. Louis, à la même époque, leur rendit les avantages dont jouissoient tous les autres sujets de l'empire; et comme le pouvoir politique et la propriété se confondoient sans cesse, dans un pays où la servitude étoit regardée comme une conséquence de l'agriculture, la restitution du droit de succession fut pour les peuples septentrionaux un premier pas vers l'hérédité des fiefs. Louis fut blâmé par les Francs d'avoir montré cette indulgence aux Frisons et aux Saxons, parce qu'il s'ôtoit à lui-même la disposition de bénéfices qu'eux-mêmes comptoient bien obtenir ensuite de sa libéralité. Mais le monarque n'eut aucun lieu de s'en repentir; ces peuples lui demeurèrent dès lors toujours fidèles. (2)

Bernard, roi d'Italie, s'étoit rendu aux comices d'Aix-la-Chapelle. Il reconnoissoit ainsi qu'il devoit à son oncle, pour son royaume, la même obéissance qu'il avoit auparavant pro-

(1) *Thegani de gestis Ludovici.* Cap. 13, p. 77. — *Annal. Eginhardi*, p. 174, T. VI, *Scr. franc.*
(2) *Astronomi vita Ludovici.* Cap. 24, p. 98. — Chroniques de Saint-Denys, chap. 8, p. 138.

mise à Charles, son aïeul. Louis, après lui avoir offert des présens, le renvoya en Italie avec les mêmes honneurs et le même pouvoir. En même temps il chargea Lothaire, son fils aîné, qui pouvoit être âgé de quinze ans, du gouvernement de la Bavière, et le second, Pepin, de celui de l'Aquitaine : Louis, le troisième, étoit trop jeune pour qu'il fût encore temps de lui faire un apanage. L'empire d'Occident, avec trois rois subordonnés, sur les trois frontières les plus exposées, se trouvoit alors constitué comme il l'avoit été pendant la plus grande partie du règne de Charlemagne. Son influence sur les peuples voisins étoit aussi la même. Les princes plus foibles, qui s'étoient mis sous la protection de l'empereur, envoyoient de même leurs ambassadeurs aux plaids publics. Ceux de Grimoald, duc de Bénévent, se présentèrent à Aix-la-Chapelle ; ils reconnurent la souveraineté des Francs ; mais le tribut de vingt-cinq mille sols d'or qu'ils payoient à Charles, fut réduit à sept mille par Louis. Heriold, l'un des prétendans au trône de Danemarck, après avoir été défait par les fils de Godfrid, dans une bataille où son frère avoit été tué, se présenta aussi aux comices d'Aix-la-Chapelle, pour réclamer la protection de Louis qui lui fut promise ; et en attendant que les Francs pussent marcher à son aide, la Saxe

814. lui fut assignée pour demeure. Les rois et les princes des Slaves alliés de Charlemagne, renouvelèrent aussi leur alliance avec son fils. Enfin les ambassadeurs de Léon l'Arménien, empereur des Grecs, confirmèrent le traité de paix entre les deux empires, et ils retournèrent d'Aix-la-Chapelle à Constantinople, accompagnés par les ambassadeurs de Louis. (1)

Cependant l'activité même que Louis apportoit à ses réformes, indiquoit sa secrète jalousie de la gloire dont son père s'étoit couvert. Ses ministres le sentirent, et surtout les fils de Bernard, qui jugèrent d'avance l'orage qui les menaçoit. Bernard, fils de Charles Martel, avoit laissé trois fils et deux filles, tous pourvus, par l'empereur leur cousin, des plus hautes dignités. Adélard étoit abbé de Corbie; le troisième frère, Bernard, étoit moine dans le même riche couvent; Wala étoit encore séculier. Gondrade, l'une des filles, vivoit à la cour; l'autre, Théodrade, étoit abbesse de Soissons. Mais avant la fin de cette première année, Adélard, qui s'étoit aussitôt retiré dans son couvent, fut exilé dans l'île de Noirmoutiers, Bernard dans celle de Lérins, Wala, obligé de se faire moine et de se séparer de sa femme, remplaça son frère à

(1) *Eginhardi Annal.* p. 174. — *Astronomi vita Ludovici*, cap. 24, p. 98. — *Chronic. Moissiac.* T. VI, p. 171. — *Pagi critica ad ann.* §. 26, p. 480.

Corbie : Gondrade fut chassée de la cour, et Louis permit à la seule Théodrade de demeurer en paix dans son couvent. (1)

L'affoiblissement de l'empire, depuis la mort de Charlemagne, auroit échappé, pendant les premières années du règne de Louis, aux yeux d'un observateur peu attentif. L'Europe presque entière sembloit recevoir des ordres d'Aix-la-Chapelle. Un des lieutenans de l'empereur avoit passé l'Eyder avec une armée composée de Saxons et d'Abodrites, pour rétablir Heriold sur le trône des Danois : elle avoit ravagé le Holstein et le Jutland, et enlevé des otages qui furent conduits en Saxe. A son approche, les fils de Godfrid s'étoient retirés dans une île, et quoiqu'ils eussent sous leurs ordres une flotte de deux cents vaisseaux, et une forte armée, ils évitoient le combat (2). Pendant ce temps, Louis avoit tenu les grands plaids ou comices nationaux à Paderborn, et il y avoit vu arriver les princes et les députés des Slaves orientaux qui venoient lui jurer obéissance, aussi-bien que des députés de Cagliari en Sardaigne, qui lui apportoient leurs présens. D'autre part, l'assemblée de Paderborn accusant

815.

---

(1) *Pagi critica*, §. 32, p. 482. — *De Constructione novæ Corbiæ.* Duchesne. T. II, *rer. francicar.* — *Sancti Adalhardi abb. Corbeiens. vita.* Cap. 30, p. 277, *Scr. franc.* Bouquet.

(2) *Vita Ludovici Pii ab astronomo*. Cap. 25, p. 98.

l'émir de Cordoue, Aboulasi al Haccan, d'avoir manqué à la trève jurée, lui déclara de nouveau la guerre. Enfin la même assemblée donna audience aux ambassadeurs latins, de retour de Constantinople, qui rendirent compte de la manière dont l'empereur Léon l'Arménien avoit accepté l'alliance de Louis. (1)

Le roi d'Italie, Bernard, avoit assisté aux comices de Paderborn; son oncle le surveilloit avec jalousie, sentant bien que, comme fils de son frère aîné, il pouvoit prétendre à des droits supérieurs aux siens propres. L'impératrice Ermengarde joignoit à cette défiance sa propre cupidité. Elle cherchoit un prétexte pour lui ôter la couronne d'Italie, et la donner à un de ses fils. Cependant Bernard, par la promptitude de son obéissance, par son empressement à se rendre aux assemblées où il étoit convoqué, désarma quelque temps ces sentimens haineux. Des nouvelles que Louis reçut de Rome avant l'assemblée de Paderborn, lui donnèrent occasion de mettre cette obéissance à l'épreuve. Les nobles Romains avoient conservé contre Léon III un vif ressentiment, dès le temps de la conjuration de Pasqual et de Campulus; ils s'étoient contenus pendant la vie de Charles; mais croyant à sa mort que le moment de se venger étoit venu; ils se soulevè-

(1) *Eginhardi Annal.* ann. 815, p. 175.

rent de nouveau. Léon les fit arrêter, et il envoya au supplice tous ceux qui furent convaincus de trames contre lui. L'empereur se montra jaloux de son autorité judiciaire, usurpée par le pape, et il ordonna à Bernard de se rendre aussitôt à Rome pour éclaircir cette affaire. Le rapport que Bernard envoya à l'empereur par le comte Gerold n'étoit pas favorable au pontife; mais celui-ci parvint à se justifier par ses propres députés. Cependant il fut bientôt après atteint d'une maladie assez sérieuse pour qu'on désespérât de sa vie. Aussitôt la sédition éclata de nouveau à Rome; ceux dont le pape avoit confisqué les biens, les ressaisirent de vive force; ils brûlèrent les maisons qu'il avoit fait bâtir de toutes parts sur des propriétés usurpées; et Bernard eut beaucoup de peine à rétablir l'ordre avec les soldats du duc de Spolète; après quoi il soumit toute chose à la décision de l'empereur, avec la déférence d'un simple gouverneur de province. (1)

{815.}

Mais Léon III, dont ses contemporains voulurent en vain secouer le joug, tandis que les siècles postérieurs en ont fait un saint, mourut le 11 juin 816; et, après un interrègne de dix jours seulement, le clergé et le peuple romain lui donnèrent pour successeur Étienne IV, sans consulter Louis leur souverain, et sans atten-

{816.}

(1) *Eginhardi Annal.* p. 175.

dre son consentement. Étienne, qui sentit ce que son élection avoit de précipité et d'irrégulier, envoya aussitôt une légation à l'empereur, pour s'excuser et demander son agrément. Il engagea les Romains à prêter à ce monarque un nouveau serment de fidélité; puis, avant que deux mois fussent écoulés, il vint lui-même en France pour désarmer le ressentiment qu'il craignoit de trouver encore dans le souverain dont il n'avoit pas respecté les droits. Il ne connoissoit pas Louis-le-Débonnaire, ou son respect pour les prêtres, et son humilité devant tous les dignitaires de l'Église. L'empereur vint à Reims au-devant du pape; loin de contester son élection, c'est à lui qu'il demanda de sanctionner ses propres droits. A leur rencontre, à un mille en avant de Reims, Louis se hâtant de descendre de cheval, se prosterna trois fois de tout son corps en terre, en s'écriant : « Béni soit celui qui vient au nom du Seigneur; » et ce ne fut qu'après la troisième fois qu'il osa se relever et embrasser le pape Etienne. Après avoir passé les deux jours suivans dans des festins, le quatrième, qui étoit un dimanche, fut choisi par Étienne pour mettre une couronne d'or sur la tête de l'empereur, une sur celle de l'impératrice, et leur donner l'onction sacrée; laissant entendre ainsi que ce n'étoit ni le droit d'hérédité, ni le vœu de l'armée et du peuple, mais seulement le choix du chef de l'Église qui faisoit un empereur. La cour de Rome n'avoit garde de laisser échapper des dispositions si favorables : jamais le clergé n'a manqué de s'avancer sur ceux qui reculent, et d'occuper toute la place qu'on laisse libre devant lui. (1)

Le pape étoit reparti depuis deux ou trois mois, lorsque Louis assembla les comices nationaux à Aix-la-Chapelle. Mais dans cette grande assemblée du peuple franc, on s'occupa seulement de réformer la règle des chanoines et des chanoinesses, et de ramener les moines aux observances de saint Benoît. Ces minutieux objets auxquels le souverain de la moitié de l'Europe consacroit ses veilles, furent ensuite changés en lois, et insérés dans les capitulaires (2). Cependant la gloire de Charlemagne, et l'opinion qu'on avoit conçue de sa puissance, défendoient toujours son fils. Les Sorabes avoient voulu secouer le joug; ils furent ramenés à l'obéissance par les Saxons et les Francs orientaux. Louis avoit destitué le duc des Gascons; ces peuples prirent les armes pour sa défense, mais ils furent punis par deux ex-

---

(1) *Ermoldi Nigelli Carmen.* Lib. II, v. 196, p. 29. — *Thegani de gestis Ludov. Pii*, cap. 16, 17, 18, p. 77. — *Astron. vita Ludov.* cap. 26, p. 99. — *Chron. Moissiacens.* p. 171. — *Annal. Eginhardi*, p. 175. — *Chron. sax.* p. 218.

(2) *Baronii Annal.* 817, p. 651. — *Pagi critica ad ann.* 816, §. 11, p. 488.

péditions successives des Aquitains. L'émir al Moumenim, ou roi de Cordoue, envoya une ambassade à Louis pour rétablir la paix entre les deux états. Ces ambassadeurs n'arrivèrent à Compiègne, où Louis se trouvoit alors, que l'année suivante. Ce fut aussi en 817 qu'il reçut une légation de Léon V ou l'Arménien, pour régler les frontières au milieu de la Dalmatie; car cette province étoit partagée entre les deux empires, et les Francs confinoient avec les Grecs non loin de Zara (1). Il falloit quelque temps avant que les étrangers reconnussent dans quelles mains étoit tombé ce sceptre encore si puissant.

Dans son administration intérieure, le débonnaire Louis cherchoit toujours à venir au secours des opprimés; mais les remèdes même qu'il apportoit à leurs maux indiquent la multiplicité des abus. Depuis que son père et luimême avoient conquis sur les Maures la Marche d'Espagne, ou la province située entre les Pyrénées et l'Èbre, on y avoit vu arriver de l'Espagne maure des milliers de chrétiens fugitifs qui venoient demander la concession des déserts récemment conquis, pour les mettre en culture. Quelques diplômes avoient été accordés en leur faveur par Charles et par Louis; on

(1) *Thegani de gestis Ludov.* Cap. 14 et 15, p. 77. — *Astronomi*, cap. 25 et 27, p. 98. — *Eginhardi Annal.* p. 174-176.

les avoit fait jouir des droits des Francs, on les avoit mis sous la protection des *marquis* ou gouverneurs de la *Marche*; on leur avoit enfin distribué des terres désertes qu'ils avoient défrichées. Mais les courtisans s'étoient bientôt emparés seuls des fruits de ces travaux communs. Les uns avoient obtenu du roi de nouvelles concessions de ces mêmes terres déjà devenues la propriété de leurs cultivateurs; d'autres s'en étoient emparés de vive force; d'autres, après avoir contraint les paysans à se reconnoître leurs vassaux, en leur promettant à ce prix leur protection, ou leur enlevoient leurs héritages, ou les forçoient à se racheter par d'énormes contributions. Louis accorda aux malheureux réfugiés des Marches, opprimés par les seigneurs, comme les paysans l'étoient dans toute la France, un édit qui reconnoissoit et confirmoit leurs droits : il voulut que sept copies de cet édit fussent déposées aux archives des sept plus grandes villes de la province, afin que les opprimés pussent y avoir recours. L'édit y fut déposé en effet; mais cette lettre morte étoit sans force contre les intrigues et la violence des grands, et les paysans, malgré l'appui des lois, continuèrent à être dépouillés. (1)

Peu de mois après son retour de France, le

(1) *Baronii Annal. ad ann.* 815, p. 618. — *Pagi critica*, §. 5 et 6, p. 483.

pape Etienne IV mourut, le 24 janvier 817. Dès le lendemain les Romains lui donnèrent pour successeur Pasqual I<sup>er</sup>, sans demander le consentement préalable de l'empereur, et Pasqual se contenta d'écrire une lettre apologétique de sa conduite et de celle des Romains, que Louis ne contesta point. C'est ainsi qu'il contribua lui-même à élever sur sa tête un pouvoir qui auparavant étoit dans sa dépendance, et que de souverain du pape il se préparoit à devenir son sujet. (1)

En même temps Louis, accablé par le poids de l'empire, sembloit empressé de le partager entre ses enfans. Ayant assemblé les comices nationaux à Aix-la-Chapelle, dans l'été de 817, il demanda au peuple de consentir qu'il associât son fils aîné à l'empire, comme son père l'y avoit associé lui-même; et après avoir obtenu le consentement des Francs, il proclama, l'un des derniers jours de juillet, Lothaire (2) comme empereur. A cette occasion, il changea les partages qu'il avoit précédemment faits entre ses

(1) *Baronii Annal.* 817, p. 650. — *Pagi critica*, §. 1 et 2, p. 490.

(2) La seconde race cherchoit à s'approprier les noms de la première ; de là, les Chlovis et les Clothaires : mais la langue germanique commençoit à perdre dans les Gaules de sa rudesse, et à retrancher entre autres les aspirations. Ainsi le nom de Chlovis fut prononcé Lovis ou Louis, et le nom de Clothaire devint Lothaire.

fils; il reprit à l'aîné la Bavière, pour l'attribuer au troisième Louis, auquel il donna, aussi-bien qu'à Pepin, le titre de roi. (1)

Ces deux nouveaux rois d'Aquitaine et de Bavière voyoient à regret l'autorité impériale attribuée à leur frère aîné. Ils avoient vu déjà sous Charlemagne que les fils d'empereur décorés du titre de rois, n'étoient que des gouverneurs de province, et ils sentoient que leur couronne n'assuroit ni leur pouvoir ni leur indépendance. Mais Bernard, roi d'Italie, leur cousin, éprouvoit à juste titre plus de mécontentement encore. Il avoit reconnu son oncle comme chef de la famille carlovingienne, quoique le plus jeune des fils de Charlemagne. Mais si cet oncle venoit à mourir, la même prééminence, le même titre d'empereur sembloit devoir lui appartenir à lui-même, soit comme étant l'aîné de ses cousins, soit comme étant fils d'un frère aîné de leur père. Un grand nombre de seigneurs et d'évêques de France et d'Italie, déjà mécontens de Louis et de ses fils, s'offrirent à faire valoir les droits de Bernard, et l'engagèrent à rassembler des troupes. Déjà on avoit annoncé à Louis qu'il avoit occupé tous les passages des Alpes qui conduisent en Italie. De son côté, l'empereur appelant à lui les soldats de France et de Germanie, s'étoit avancé jusqu'à

(1) *Eginhardi Annal.* p. 177. — *Chron. Moissiac.* p. 171.

Châlons. Mais Hermengarde sa femme, qui convoitoit l'héritage de Bernard, crut qu'il seroit plus facile de le perdre par de faux sermens que par les armes. Elle offrit au roi d'Italie sa médiation. Des chevaliers francs envoyés par elle, garantirent sur leur foi sa sûreté, s'il vouloit se rendre auprès de l'empereur (1). Bernard, dont l'armée étoit déjà affoiblie par de nombreuses désertions, se rendit en effet volontairement à Châlons-sur-Saône, avant qu'aucune goutte de sang eût été versée pour sa querelle. Il se jeta aux pieds de Louis, confessa sa faute, et en demanda le pardon. Tous ses partisans, imitant son exemple, posèrent aussi les armes, et se soumirent au jugement des Francs, ou plutôt de la cour, qui dans toutes les causes de crime d'état avoit une influence décisive sur les juges. On s'étoit attendu à un grand exemple de clémence en faveur de coupables qui s'étoient soumis d'eux-mêmes, et qui avoient renoncé à faire valoir des droits tout au moins plausibles. La procédure, au contraire, fut suivie avec un redoublement de rigueur; on força les accusés à dénoncer tous leurs complices, à produire au grand jour toutes leurs correspondances; après quoi tous les évêques et les prêtres associés à la conjuration, furent dégradés et enfermés dans

---

(1) *Andreæ Presbyteri Chronic. in Muratori antiq. ital. Dissert.* 11, *et Annal.* p. 436.

divers couvens. Bernard, roi d'Italie, Réginard, comte du palais de l'empereur, et les autres séculiers furent condamnés à mort. Louis, de retour à Aix-la-Chapelle, prétendit, il est vrai, leur faire grâce en commuant leur sentence. Il ordonna qu'on se contentât de leur arracher les yeux; mais Hermengarde, qui ne vouloit point que Bernard pût survivre, eut soin de faire exécuter ce supplice par Bertmond, comte de Lyon, d'une manière si barbare, que Bernard et Réginard moururent tous deux trois jours après. Les autres furent épargnés, et finirent leur vie dans l'exil ou les prisons. (1)

Si Hermengarde causa à dessein la mort de Bernard, comme un Lombard contemporain l'en accuse dans sa chronique, elle ne vécut pas assez pour recueillir les fruits de cet acte de barbarie. Louis, provoqué par quelques invasions des Bretons, avoit assemblé son armée sur les frontières de l'Armorique, pour dompter ce peuple toujours empressé au pillage, et toujours impatient du joug. Il laissa Hermengarde malade à Angers, tandis qu'il soumettoit la Bretagne, et qu'il tenoit une assemblée des états à Vannes; à son retour, il la trouva mourante. Elle expira le 3 octobre 818 (2). Les projets de

818.

(1) *Nithardi Hist.* Lib. I, p. 67. — *Thegani*, cap. 22, 23, p. 79. — *Astronomi*, cap. 29 et 30, p. 101. — *Eginh. Annal.* p. 177. — *Chron. saxon.* p. 219.
(2) *Eginhardi Annal.* p. 178.

révolte de Bernard avoient inspiré à Louis de la défiance contre tous ses parens. Quoique ses trois plus jeunes frères, bâtards de Charlemagne, ne fussent nullement accusés d'y avoir pris part, il leur fit administrer la tonsure ecclésiastique, et les enferma dans des couvens. Plus tard, en 823, il donna à Drogon l'évêché de Metz, et à Hugues plusieurs abbayes; il paroît que Thierri mourut avant de rentrer en grâce auprès de son frère. (1)

Après la mort d'Hermengarde, Louis hésita de nouveau s'il ne renonceroit point au monde pour s'enfermer dans un couvent. Mais les moines dont il étoit entouré, et qu'il consultoit sur toutes les affaires d'état, sentoient bien qu'ils ne trouveroient jamais un monarque aussi favorable que lui. Ils l'exhortèrent donc à conserver les rênes du gouvernement, et, pour réveiller en lui des penchans plus mondains, ils lui conseillèrent d'appeler à sa cour toutes les filles des grands de ses états, pour choisir entre elles une nouvelle compagne. La beauté de Judith, fille du comte Guelfo, de Bavière, détermina l'empereur à la préférer. Il l'épousa au commencement de l'année 819. (2)

(1) *Thegani de gestis Ludov*. Cap. 24, p. 79.
(2) *Astronomi*, cap. 32, p. 102. — *Nithardi*, Lib. I, cap. 2, p. 67. — *Thegani*, cap. 26, p. 79. — *Eginhardi Annal*. 819, p. 178. — *Chron. saxon*. p. 219.

Tandis que la cour de Louis, agitée par de petites et basses intrigues, commençoit à prendre un caractère de foiblesse et de dégradation, l'empire des Francs continuoit à s'étendre, et les lieutenans qui commandoient sur les frontières remportoient chaque année de nouvelles victoires. Mais il est difficile d'y attacher beaucoup d'intérêt, parce que l'empire se trouvant confiner avec des peuples barbares dont les demeures étoient peu stables, et dont les noms étoient au bout de peu de temps abandonnés pour d'autres, toute la géographie de ces conquêtes nouvelles est pour nous fort confuse. En 818, Sicon, successeur de Grimoald Storesaits, fit hommage à Louis pour le duché de Bénévent. L'empereur reçut ses députés et ses présens à Héristal, où il s'étoit établi pour passer l'hiver. Au même lieu il trouva les ambassadeurs de Slaomir, roi des Abodrites, qui paroissoit ébranlé dans l'alliance des Francs, mais qui cherchoit encore à éviter les hostilités; et ceux de Borna, duc de Dalmatie, auquel obéissoient deux peuples slaves, les Goduscans et les Timotians, qui avoient secoué le joug des Bulgares, pour se mettre sous la protection de l'empire d'Occident; ceux enfin de Liudwit, duc de la Pannonie inférieure, qui, pour éviter la guerre, ou peut-être pour excuser la rébellion qu'il méditoit, faisoit porter ses plaintes contre le comte Sadolo, préfet de la Marche du Frioul. (1)

Au commencement de l'année suivante les Saxons et les Francs orientaux ayant passé l'Elbe, firent prisonnier Slaomir, roi des Abodrites, et le conduisirent à Aix-la-Chapelle pour y être jugé. Les chefs de son peuple furent entendus en témoignage contre lui; il fut condamné à l'exil par les comices des Francs, et son royaume fut donné à Léadrag, fils de Thrasco. Les mêmes comices prononcèrent une semblable sentence contre Lupus Centuli, duc des Gascons, qui avoit de même été vaincu par les comtes de Toulouse et d'Auvergne; tandis que Louis renvoya à une autre assemblée tenue plus tard, au mois de juillet, à Ingelheim, à prononcer sur Liudwit, duc de Pannonie. Celui-ci avoit eu l'avantage sur les lieutenans de l'empereur envoyés pour l'attaquer. Il offroit encore la paix cependant, mais à des conditions que l'on jugea trop honorables pour lui; les Francs ne voulurent donc pas les accepter, et la guerre se trouva allumée sur toute la frontière orientale de l'empire. La Dalmatie fut ravagée à plusieurs reprises; les deux peuples slaves nommés Goduscans et Timotians, qui avoient quitté les Bulgares pour les Francs, retournèrent à

(1) *Eginhardi Annal.* p. 178.

l'alliance des Bulgares; et la campagne finit après beaucoup de sang versé, sans avantage marqué de part ni d'autre. (1)

L'année suivante la guerre fut poursuivie avec vigueur contre Liudwit, duc de Pannonie. Louis donna l'ordre de l'attaquer avec trois armées, parties l'une du Frioul, l'autre de la Carinthie, et la troisième de la Bavière. Elles furent quelque temps arrêtées au passage de la Drave; mais le duc de Pannonie n'osa point tenir la campagne contre elles. Tout son pays fut ravagé, et quelques cantons de Carniole et de Carinthie, qui avoient pris part à sa rébellion, se rangèrent de nouveau sous l'autorité des Francs; ceux-ci, il est vrai, souffrirent autant de la mauvaise saison et des maladies, qu'ils souffrirent peu de la part de l'ennemi, et la guerre ne fut pas mieux terminée que l'année précédente. Dans le même temps, la guerre recommença sur la frontière d'Espagne contre les Sarrasins, tandis que sur celle de Danemarck, Heriolt, le protégé de l'empereur, fut admis à partager la royauté par les fils de Godfrid. Mais tandis que la puissance des Francs étoit encore entière, qu'aucune de ces petites guerres ne sembloit digne de troubler la tranquillité générale, treize vaisseaux normands, partis en 820 des côtes de la Scandinavie, menacèrent les côtes de Flandre, se présentèrent

(1) *Eginhardi Annal.* p. 179.

à l'embouchure de la Seine, et ravagèrent enfin quelques districts de l'Aquitaine. Les mesures de défense étoient si mal prises dans tout l'empire de Louis, que cette poignée d'aventuriers, qui comptoit à peine huit à neuf cents hommes, porta la terreur sur trois cents lieues de côtes, et se retira chargée de butin. (1)

Les fils de Louis n'avoient pas vu sans inquiétude le mariage de leur père avec une épouse jeune et belle, qui pouvoit lui donner de nouveaux enfans; ils craignirent que le partage de sa monarchie, qu'ils avoient obtenu de lui, ne fût altéré par cet événement. Mais trois années s'étoient déjà écoulées sans que Judith donnât un fils à l'empereur, et celui-ci n'espérant plus sans doute de voir augmenter sa famille, accorda en 820, à son fils aîné Lothaire, le royaume d'Italie qui n'étoit point entré dans le précédent partage fait du vivant de Bernard. L'année suivante, aux comices de Nimègue, tenus le 1er mai 821, ce partage de l'empire fut confirmé. Deux palais dans le Norgau, Lustraof et Ingoldstat, avoient été assignés à Louis, roi de Bavière; le district de Toulouse, un comté dans la Septimanie, et trois dans la Bourgogne, avoient été attribués à Pepin, roi d'Aquitaine; tout le reste de la Gaule, de la

---

(1) *Astronomus*, cap. 32, 34, p. 102. — *Eginhardi Annal.* p. 179, 180.

Germanie et de l'Italie, étoit demeuré en partage à Lothaire, avec le titre d'empereur. Tous les grands de l'empire franc qui assistèrent à l'assemblée de Nimègue, s'engagèrent par serment à maintenir ce partage. La même année, Louis fit épouser à son fils Lothaire, aux comices de Thionville, Hermengarde, fille du comte Hugon, qui eut, dit-on, ensuite une influence fatale sur l'esprit de son gendre, en lui faisant partager ses ressentimens ou ses projets ambitieux. Le mariage de Lothaire fut pour Louis une occasion de faire grâce à tous ceux qui s'étoient engagés dans la conspiration de Bernard : il les rappela de leur exil, et leur rendit leurs biens; Adelhard retourna à son couvent de Corbie, avec son frère Bernard; les évêques recouvrèrent l'administration de leurs églises. (1)

Aucun roi des Francs ne paroît avoir plus constamment que Louis-le-Débonnaire, appelé la nation à délibérer avec lui sur toutes les affaires publiques. Il est vrai que ces assemblées d'états, indiquées plus communément par les historiens du temps sous le nom de *conventus generalis*, n'étoient guère composées que des grands seigneurs laïques et ecclésiastiques;

---

(1) *Astronomus*, cap. 34, p. 103.—*Eginhardi Annal.* 821, p. 180.— *Pagi critica*, §. 1-6, p. 501.

821. ceux-ci se faisoient suivre seulement par leurs leudes ou vassaux; mais c'étoit bien plus pour augmenter leur propre crédit, que pour les admettre à délibérer. Louis assembloit les états au moins deux fois chaque année, le plus souvent au mois de mai et au mois d'octobre, et presque toujours dans un lieu différent. Peut-être un de ses motifs pour alterner ainsi entre ses villes royales, étoit-il d'y accumuler dans l'intervalle les récoltes de plusieurs années, pour pouvoir entretenir ensuite les seigneurs et leur suite avec une hospitalité barbare. De leur côté les seigneurs arrivoient toujours aux états chargés de présens qu'ils destinoient au souverain. Sous le règne de Louis, ces assemblées furent beaucoup plus fréquemment convoquées dans les Gaules, qu'elles ne l'avoient été sous celui de Charlemagne.

822. Louis, bien plus occupé de régler sa conscience que de l'administration de sa famille ou de ses royaumes, regardoit ces assemblées publiques comme un lieu de pénitence, où il pouvoit, en s'humiliant devant tout le peuple, obtenir l'absolution de ses péchés. Dans celle qu'il convoqua à Attigny-sur-l'Aisne, au mois d'août 822, il déclara avoir péché contre son neveu Bernard, en permettant qu'il fût traité avec une cruauté aussi excessive; avoir péché contre Adelhard, Wala, les saints et les évê-

ques qu'il avoit exilés pour avoir eu part à
cette conspiration ; avoir péché contre ses trois
plus jeunes frères qu'il avoit forcés d'entrer
dans les ordres religieux. Il demanda pardon de
ses péchés à l'assemblée et au peuple, à Adelhard et Wala, qui étoient présens; à ses frères,
auxquels il accorda en dédommagement des
dignités ecclésiastiques ; il distribua d'abondantes aumônes aux religieux, en se recommandant à leurs prières, et il prit à tâche d'imiter la pénitence publique que saint Ambroise
avoit imposée au grand Théodose, après le
massacre de Thessalonique. On trouve d'abord
quelque chose de touchant dans ce sentiment
profond de remords qui se manifestoit, après
quatre ans, devant tout un peuple; dans cette
humiliation volontaire de celui qu'aucun tribunal ne pouvoit atteindre. Mais tandis que le
remords d'un homme à grand caractère nous
offre le noble triomphe de la conscience sur
l'orgueil, la pénitence d'un homme foible est
entachée de sa foiblesse ; en rappelant sa précédente faute, il semble faire prévoir qu'une
seconde peut la suivre de près. L'un s'accuse
parce qu'il ne peut plus trouver de paix dans
son cœur; l'autre, parce qu'il ne peut obtenir
d'absolution au confessionnal; le premier songe
aux malheureux qu'il a faits, aux réparations
qu'il peut leur offrir encore; le second ne songe

qu'à lui-même ou aux diables dont on le menace; sa pénitence est un calcul personnel; il voudroit joindre les espérances du bigot aux profits du crime. Lorsqu'on vit Louis s'humilier à Attigny, devant les prêtres, on jugea que ce n'étoit point sa douleur qui étoit profonde, mais son honneur qui lui étoit peu cher, et la nation commença à sentir pour lui le mépris dont il s'étoit reconnu digne. (1)

Dans les états d'Attigny, Louis, de concert avec les grands, s'occupa de réformer les abus de l'état et de l'Église; les capitulaires publiés dans cette assemblée se sont perdus. Mais toute la législation de Louis appartient bien plus à l'histoire ecclésiastique qu'à l'histoire civile; on y reconnoît aisément qu'il prenoit presque uniquement conseil des prêtres : ainsi, dans un capitulaire publié la même année à Trèves, contre ceux qui frapperoient ou maltraiteroient les prêtres, les peines infligées sont infiniment supérieures à celles auxquelles auroient exposé les mêmes excès commis contre les plus puissans seigneurs (2). Il y avoit peu de temps qu'avoit été publié, dans ce même but d'augmenter les immunités ecclésiastiques, le capitulaire qui a fondé les libertés de l'Église gallicane, en at-

(1) *Astronomus*, cap. 35, p. 104. — *Eginhardi Annales*, p. 181.

(2) *Capitulare Triburiense*, p. 625. *Baluzii*. T. I.

tribuant au clergé et au peuple de chaque diocèse la nomination de leurs évêques, sans aucun recours ni au pouvoir séculier, ni au pape. C'étoit, il est vrai, l'ancienne pratique de l'Église ; mais dans un temps où les grands étoient si puissans, et le peuple si asservi, le seigneur qui s'étoit fait le protecteur de l'Église, plaçoit presque toujours ses propres créatures sur le siége épiscopal (1). Après avoir congédié les états d'Attigny, Louis envoya en Italie son fils Lothaire, en lui donnant pour conseiller le moine Wala, qui avoit déjà été celui de Bernard ; et il renvoya Pepin en Aquitaine, après lui avoir fait épouser Ingeltrude, fille de Théodebert, comte de Madrie. (2)

Les Francs continuoient cependant de dicter des lois aux peuples voisins, et quelquefois de leur faire la guerre ; mais leurs historiens eux-mêmes sembloient sentir que ces petites guerres ne constituoient point l'histoire nationale, et ils ne les indiquent que sommairement. Borna, duc de Dalmatie et de Liburnie, étoit mort en 821. Sur la demande de ses sujets, l'empereur consentit à lui donner pour successeur son neveu Ladislas. Son voisin Liudwit, duc de Panno-

---

(1) *Baluzii*. T. I, *Capitul. Aquisgranense*, §. 2 (*anni* 817), p. 564. — Fleury, *Histoire ecclés.* Liv. XLVI, cap. 47.

(2) *Astronomus*, cap. 35, p. 104. — *Annal. Eginhardi* 82 p. 181.

nie, persistoit dans sa rébellion. Les comtes des Francs ravagèrent encore son pays cette même année et la suivante, mais sans pouvoir l'atteindre et lui livrer bataille. Pour se soustraire à leurs attaques, il s'étoit retiré, pendant la campagne de 822, dans le pays des Sorabes ; il y abusa de l'hospitalité que lui avoit donné un des ducs de cette nation, pour l'assassiner et usurper ses états. Après avoir obtenu cette accession de puissance, il essaya de nouveau de faire sa paix avec Louis ; mais avant d'avoir pu y réussir, il fut assassiné lui-même en 823, à son entrée en Dalmatie. Les rois des Wilses et des Abodrites, peuples slaves situés entre l'Elbe et l'Oder, obéissoient de même aux ordres des Francs, et on les vit les uns après les autres arriver aux comices de l'empereur. Le roi des Wilses, Liuba, ayant été tué dans une expédition contre les Abodrites, ses deux fils se rendirent en 823 aux comices de Francfort, et Louis accorda la couronne au plus jeune, que ses sujets regardoient comme plus vaillant que son aîné. La même année, Céadrag, roi des Abodrites, se présenta à l'empereur, à Compiègne, et s'excusa de n'avoir pas plus tôt obéi à ses ordres. En Danemarck, Hériolt, protégé par les Francs, avoit été associé au trône par les fils de Gotfrid, et il avoit soin de maintenir avec Louis ses relations amicales. Enfin, aux comices de Francfort de 822, on vit paroître en même temps les députés des Abodrites, des Sorabes, des Wilses, des Bohémiens, des Moraves, des Prednitziens, des Avares de Pannonie et des Danois (1). Mais ce fut avec plus d'étonnement qu'en 824 on vit arriver à Aix-la-Chapelle les députés d'Omortag, roi des Bulgares, qui jamais n'avoient encore entretenu aucune relation avec les Francs. Ces peuples, qui avoient fatigué l'empire grec par de longues guerres, et remporté de grandes victoires sur les souverains de Byzance, étant devenus limitrophes de l'empire d'Occident, lui envoyoient une légation pour régler quelques disputes de frontières. C'étoit le terme le plus éloigné des connoissances géographiques des Francs. Au reste, leurs démêlés avec ces peuples barbares leur paroissoient alors à peu près sous le même point de vue que peuvent paroître aujourd'hui aux gouverneurs des provinces russes, leurs démêlés avec les chefs de quelques peuplades de Tartares. Les Barbares craignoient l'empereur, ils vouloient lui obéir; mais ils ne savoient ni demeurer en paix, ni faire la guerre.

Quoique Lothaire fût déjà depuis long-temps associé à l'empire, le pape Pasqual voulut placer de sa main la couronne impériale sur sa

(1) *Annal. Eginhardi*, 182-184.—*Astronomus*, cap. 31-40, p. 102-107.

tête, le jour de Pâques, 5 avril 823. Il ne prétendoit point encore par là lui conférer des droits nouveaux; le couronnement étoit seulement un acte de dévotion qui sanctifioit aux yeux des peuples l'autorité que le monarque exerçoit; mais la répétition de ces actes suffit ensuite pour fonder la prétention des papes à décerner seuls la couronne impériale. A cette époque, et malgré la dévotion superstitieuse de Louis-le-Débonnaire, les empereurs agissoient encore en souverains avec les papes. Lothaire étoit revenu en France rendre compte à Louis de ce qu'il avoit fait pour rétablir l'ordre en Italie, lorsqu'on annonça aux deux empereurs que Théodore, primicier de l'Église romaine, et son gendre Léon, le nomenclateur, qui avoient été chargés de plusieurs ambassades à la cour de France, et qui s'étoient montrés les chauds partisans de Lothaire, et ses plus dévoués serviteurs à Rome, avoient été entraînés au palais de Saint-Jean-de-Latran, où on leur avoit d'abord arraché les yeux, et peu après tranché la tête. On accusoit le pape d'avoir ordonné leur supplice; cependant il envoya des ambassadeurs à Aix-la-Chapelle pour repousser cette accusation. Louis nomma deux commissaires, Adelung, abbé de Saint-Védaste, et Humfrid, comte de Coire, pour examiner les faits sur les lieux. Ces commissaires ne purent éclaircir la vérité, parce

que le pape suspendit leur enquête, en se pur- 823.
geant par serment, avec un grand nombre de
ses évêques, de l'accusation d'avoir participé à
la mort de ces deux hommes. Mais en même
temps il déclara qu'on avoit eu raison de les
tuer, car ils étoient coupables de lèse-majesté;
il fit saisir leurs biens, et il prit sous sa protection les meurtriers qui étoient attachés à la
basilique de Saint-Pierre.

Louis, averti du serment que venoit de prêter le pape, donna ordre de s'abstenir de toute
poursuite (1); mais Pasqual étant mort dès l'année suivante, Louis renvoya Lothaire en Italie, 824.
pour convenir avec Eugène II, pape nouvellement élu, de la restitution des droits de ceux
que Pasqual avoit dépouillés. « Lothaire, dit
« un historien contemporain, se plaignit à
« Eugène de ce que ceux qui s'étoient montrés
« fidèles à l'empereur et au peuple franc, avoient
« péri d'une mort inique, et de ce que si l'on
« en avoit laissé vivre quelques-uns, ils étoient
« devenus le jouet de leurs ennemis. De là
« naissoient, disoit-il, tant de plaintes contre les
« pontifes romains et contre les juges. En effet,
« on trouva que par l'ignorance et la paresse
« de quelques pontifes, ou par la cupidité
« aveugle et insatiable des juges, les biens de

(1) *Annal. Eginhardi*, 823, p. 183. — *Astronom.* Cap. 36
et 37, p. 105.

« plusieurs Romains avoient été injustement
« confisqués. Lothaire, en faisant restituer tout
« ce qui avoit été saisi contre les lois, causa une
« grande joie parmi le peuple. En même temps
« il fut statué que des commissaires seroient, se-
« lon l'antique usage, envoyés de la cour même
« de l'empereur, pour exercer tout pouvoir judi-
« ciaire (1). » Pendant que Lothaire étoit à Rome,
il eut soin aussi de faire prêter serment au clergé
et au peuple de ne point élire de pontife romain, ou de ne point le consacrer sans lui avoir
fait prêter serment de fidélité par-devant les
députés de l'empereur, ou *missi dominici*. (2)

Louis-le-Débonnaire, beaucoup moins actif
que son père, s'avançoit rarement jusqu'aux
frontières de ses vastes états. Il faisoit alternativement son séjour à Aix-la-Chapelle et dans
les villes du voisinage, ou dans celles du nord
de la Gaule, et il chargeoit ses fils ou ses autres
lieutenans, des expéditions plus éloignées. Cependant il n'avoit point renoncé à conduire lui-
même ses armées lorsque l'ennemi étoit rapproché. Les Bretons lui fournirent plus d'une
fois l'occasion de faire la guerre en personne,
avec peu de fatigue et de danger. Trop pauvres
pour être ruinés par les ravages de leurs enne-

(1) *Astronomus*, cap. 38, p. 106.
(2) *Sacramentale Promissionis. Baluzii, Capitulare.* T. I,
p. 647.

mis, trop vindicatifs pour oublier une injure, trop oisifs pour pouvoir faire autre chose que la guerre, ils ne se laissoient point effrayer par toute la puissance de l'empire, ils ne cherchoient point à faire des conquêtes, mais ils n'étoient jamais domptés. En 818, un de leurs chefs nommé Morvan avoit pris le titre de roi de Bretagne, mais il avoit été tué la même année par un écuyer de Louis-le-Débonnaire. En 822 un autre chef des Bretons, Viomarch, après avoir ravagé les frontières, se fit aussi nommer roi. Une famine qui désola la France pendant l'année 823, et qui fut suivie de maladies pestilentielles, empêcha l'empereur de rien faire pour le réprimer, jusqu'à l'automne de 824. Mais à cette époque il rassembla à Reims une armée considérable, et la partagea ensuite en trois corps; il en garda un sous son commandement immédiat; il confia les deux autres à ses deux plus jeunes fils, Pepin et Louis, et parcourant pendant soixante jours la Bretagne, il la ravagea tout entière par le fer et le feu. Les Bretons feignirent de se soumettre ; ils donnèrent des otages, et Viomarch se rendit même, accompagné de leurs principaux chefs, au Champ de Mai de 825, à Aix-la-Chapelle. Mais après avoir répété ses sermens et reçu des présens de l'empereur, dès qu'il fut rentré dans sa province, il recommença à molester ses voisins, et à lever sur eux des contributions, jusqu'à ce qu'il fût surpris dans sa maison et tué par Lambert, comte de Nantes. (1)

Un autre peuple des Gaules, sur les frontières d'Espagne, les Gascons, ne se montroit pas moins insubordonné, et ne provoquoit pas moins souvent les armes de l'empire. Mais Louis, qui avoit long-temps fait la guerre contre eux avant d'être empereur, confioit désormais ce soin à ses fils ou ses lieutenans. C'étoit à peu près le temps où Inigo Arista jetoit les fondemens du royaume de Navarre. Pour secouer le joug de l'empereur d'Occident, il s'étoit mis sous la protection d'Abdérame II, roi de Cordoue. Les Francs ne voulurent point permettre cette indépendance d'un petit peuple chrétien ; ils attaquèrent les sujets du nouveau roi de Navarre. Les Gascons ou Basques septentrionaux furent soumis les premiers. Après quoi deux comtes passèrent les Pyrénées en 824, pour forcer aussi Pampelune à rentrer dans le devoir. Ils eurent en effet peu de peine à se rendre maîtres de cette ville dont les Francs avoient précédemment rasé les murailles ; mais à leur retour, ils furent surpris dans les montagnes par les Basques ; leurs troupes furent

(1) *Annal. Eginhardi*, cap. 825, p. 186.

taillées en pièces, et ils furent faits prisonniers. (1)

Les annales des Francs nous apprennent qu'à cette époque Louis étoit presque uniquement occupé de la chasse dans les environs de Nimègue. Cette passion n'étoit pas en lui moins vive qu'elle ne l'avoit été dans son père Charlemagne, et elle occupoit plus de place dans une vie moins remplie de grandes actions. En même temps les annales de l'Église nous montrent le clergé de France assemblé à Paris pour délibérer de nouveau sur le culte des images, d'après une lettre adressée à Louis par Michel-le-Bègue, empereur d'Orient. Les Gaulois et les Germains, fidèles aux doctrines qu'ils avoient professées du temps de Charlemagne, persistoient à repousser tout culte rendu aux images, comme une idolâtrie. On ne sait ce qui doit surprendre le plus, ou de la fermeté du clergé franc à repousser des superstitions apportées de Rome, ou de l'adresse et de la modération de la cour romaine, qui évitoit d'aigrir jamais cette querelle, et de laisser soupçonner au clergé latin qu'il étoit précisément d'accord avec ces Grecs iconoclastes que l'Église accabloit d'anathèmes. (2)

825.

(1) *Eginhardi Annal.* 824, p. 185. — *Astronomus*, cap. 37, p. 106. — *Pagi critica*, §. 13, p. 517. — Histoire générale du Languedoc, Liv. IX, chap. 99, p. 492.

(2) *Baronii Annal. eccles.* ann. 825, p. 726. — *Pagi critica*, p. 519.

825.  Il est vrai que ces Francs, qui différoient d'avec l'Église romaine sur un point important, méritoient de sa part les plus grands ménagemens, non pas seulement parce qu'ils étoient souverains de Rome, mais plus encore parce qu'ils ne cessoient de travailler efficacement à étendre l'autorité de l'Église sur les peuples barbares. Les Danois ou Normands étoient au nord leurs plus redoutables voisins. Mais ce peuple étoit depuis long-temps divisé par une guerre civile entre les prétendans au trône. Louis avoit accordé sa protection à Hériolt contre les fils de Gotfrid. Cet appui d'un étranger contribua peut-être à rendre Hériolt suspect à ses compatriotes; aussi, plus son parti diminuoit parmi les Danois, plus il s'efforçoit de resserrer ses liens avec les Francs. Il crut ne pouvoir mieux y réussir qu'en se faisant chrétien lui-même. Il se rendit, en 826, à Mayence, où l'empereur lui avoit donné rendez-vous, avec sa femme et un cortége de Danois assez nombreux. Louis présenta Hériolt au baptême, dans l'église de Saint-Alban, et l'impératrice Judith présenta la reine. En même temps l'empereur, comprenant que ce changement de religion acheveroit de faire perdre à son protégé Danois tous ses partisans, lui donna un comté en Frise, où il put se retirer avec les émigrés, ses compatriotes, et organiser des

missions pour reconquérir son trône, par les armes de la foi. Saint Anschar et saint Autbert, deux moines de Corbie, l'y accompagnèrent, et y formèrent l'école des missionnaires qui devoient prêcher le christianisme aux Normands. (1)

La paix subsistoit toujours entre l'empire d'Orient et celui d'Occident, et les deux empereurs échangeoient toujours des ambassades. Cependant l'affoiblissement simultané de ces deux grandes puissances les éloignoit l'une de l'autre, et après avoir confiné, au temps de Charlemagne, par une longue frontière, elles se trouvoient déjà séparées par plusieurs états indépendans ou ennemis. La violence des haines religieuses entre les adorateurs des images et les iconoclastes, avoit précipité les révolutions de l'empire grec. Michel-le-Bègue, qui avoit succédé par une conjuration à Léon V, ou l'Arménien, et qui avoit sollicité Louis de se déclarer contre le culte des images, perdit l'île de Crète, qui lui fut enlevée par les Sarrasins; la Dalmatie et la Servie, qui se déclarèrent indépendantes vers l'année 826, et la Sicile qui fut conquise par les Sarrasins, probablement en 827. C'étoit

---

(1) *Eginhardi Annal.* 826-828, p. 187. — *Astron.* Cap. 40, p. 107. — *Ermoldi Nigelli.* Lib. IV, p. 50. — Fleury, *Histoire ecclés.* Liv. XLVII, chap. 7. — *Pagi critica,* ann. 826, §. 14, p. 529.

dans l'Italie et la Dalmatie que les deux empires s'étoient trouvés limitrophes; plus au nord, le royaume des Bulgares séparoit leur domination. Mais en Italie, tandis que les Grecs perdoient la Sicile, l'autorité de Louis commençoit à être fort peu respectée dans le duché de Bénévent; et en Illyrie, tandis que les Dalmates et les Serviens secouoient le joug de Byzance, les Croates cessoient, de leur côté, d'obéir aux ordres venus d'Aix-la-Chapelle. (1)

Les causes de l'affoiblissement de l'empire d'Occident doivent se chercher dans les lois, dans les institutions mêmes de Charlemagne, et nous les avons déjà indiquées; mais il y en avoit d'autres plus accidentelles, qui tenoient au caractère du souverain, à l'état de sa famille, à la jalousie de ses enfans; et celles-là commencèrent à opérer vers cette époque. Pendant les premières années de son mariage, Louis n'avoit point eu d'enfant de la belle Judith, sa seconde femme. Cette princesse ambitieuse, qu'on a accusée d'avoir des mœurs fort dissolues, avoit fait choix, pour son conseiller, son confident, et, à ce qu'on assure, pour son amant, de Bernard, fils de Guillaume au court nez, duc de Toulouse. Ce Bernard avoit été investi en 820 du comté de Barcelone et du duché de Septimanie, après que Bera, qui gouvernoit ces

(1) *Joannis Zonaræ Annales*. Lib. XV, cap. 24, p. 109.

deux provinces, eut été convaincu de trahison (1). Le favori de l'impératrice devint bientôt aussi le favori et l'unique conseiller du foible empereur. Judith donna un fils à Louis, le 13 juin 823. Ce fut Charles, connu depuis sous le surnom de Chauve (2). Les fils aînés de l'empereur soupçonnèrent Bernard d'être le père de cet enfant, et leurs soupçons furent encore envenimés par les comtes Hugues et Matfrid, dont le premier étoit beau-père de Lothaire, et qui tous deux exhortoient les jeunes princes à ne pas se laisser dépouiller pour enrichir le fils de leur marâtre, tandis que celle-ci travailloit déjà à faire révoquer, par son foible mari, le partage de la monarchie qui avoit été sanctionné par la diète de Nimègue.

Sur ces entrefaites, la défection d'Aizon, seigneur Goth, de la Marche d'Espagne, en exposant l'empire à un échec, de la part des Sarrasins, aigrit encore des haines prêtes à éclater. Pepin, roi d'Aquitaine, s'étoit rendu, au mois de mai 826, à l'assemblée des états d'Aix-la-Chapelle, avec tous les seigneurs de la province située entre les Pyrénées et l'Èbre. Aizon y assistoit comme les autres; mais s'apercevant

(1) *Annales Fuldenses*, ann. 820, p. 207.
(2) *Chronic. Virdunense*, p. 230. — *Chronic. Moissiacense*, p. 239.

qu'il étoit suspect aux yeux de l'empereur, et surtout à ceux de Bernard, ennemi de sa famille, il se déroba par une prompte fuite; il arriva dans la Marche d'Espagne, fit révolter les cités d'Ausone et de Roda, y introduisit les Sarrasins qu'Abdérame II envoya à son secours, et remporta plusieurs avantages sur Bernard, chargé de lui tenir tête. Louis envoya au secours de Bernard son fils Pepin, roi d'Aquitaine, avec Hugues, beau-père de l'empereur Lothaire, et Matfrid, comte d'Orléans. Mais ces deux comtes, jaloux de Bernard, duc de Septimanie, empêchèrent Pepin de s'avancer au secours de la Marche d'Espagne, jusqu'à l'été de 827, et ils laissèrent Aizon avec les Musulmans ravager toute la Catalogne, toute la Septimanie, tous les états de Bernard, et mettre ensuite leur butin en sûreté derrière l'Èbre et la Sègre. (1)

L'empereur, de concert avec la diète assemblée à Compiègne au mois de septembre 827, donna commission à Hélisachar, abbé de Saint-Riquier, et grand-chancelier de France, de se rendre dans la Marche d'Espagne avec les comtes Hildebrand et Donat, pour remédier aux désastres de cette province. Lorsque ces seigneurs arrivèrent en Espagne, l'armée des

---

(1) *Eginhardi Annales*, ann. 826, p. 187. — *Astronomus*, cap. 40, p. 107. — Histoire générale du Languedoc, Liv. IX cap. 104-106, p. 494.

Musulmans, après avoir ravagé le territoire de Barcelone et de Gironne, s'étoit retirée à Saragosse; mais ils purent juger des pertes éprouvées par le comte Bernard, et ils entendirent ses plaintes qu'ils rapportèrent à la diète tenue à Aix-la-Chapelle, au mois de février 828. Les deux comtes Hugues et Matfrid furent accusés d'avoir retardé la marche de l'armée par leur trahison ou leur lâcheté, et le crédit de Bernard les fit condamner à mort. L'empereur leur fit cependant grâce de la vie, en leur ôtant leurs gouvernemens. Cette indulgence n'apaisa point les deux fils de l'empereur Lothaire et Pepin. Les deux comtes, dont l'un étoit beau-père de Lothaire, avoient été les conseillers et les guides de Pepin. La sentence qui les déshonoroit entachoit également l'honneur du roi d'Aquitaine, qui s'étoit en toute chose conformé à leurs avis; et celui-ci accusoit l'insolence de Bernard, qui, pour satisfaire ses ressentimens privés, n'avoit pas craint d'outrager son roi, et le fils de son empereur. Cependant Pepin et Lothaire rassemblèrent une puissante armée pour défendre la Marche d'Espagne; mais quand ils apprirent que les Sarrasins avoient renoncé à tout projet d'invasion, ils licencièrent de leur côté leurs soldats, et ils se retirèrent, Pepin en Aquitaine, et Lothaire à Aix-la-Chapelle (1). Les Francs sembloient hésiter à passer l'Èbre pour attaquer à leur tour les Musulmans dans leur pays. Dans une autre province, il est vrai, Boniface II, comte de Lucques, tira quelque satisfaction des hostilités des Sarrasins, en débarquant sur le rivage d'Afrique, entre Utique et Carthage, avec une petite armée qu'il avoit auparavant rassemblée en Corse. Il en rapporta un butin considérable, et il imprima une terreur salutaire aux pirates qui jusqu'alors avoient ravagé les côtes d'Italie. (2)

Déjà l'on voyoit deux factions se mettre en opposition dans tout l'empire, tandis que la foiblesse de Louis avoit donné à plusieurs des ennemis des Francs, aux Musulmans, aux Bulgares, aux Normands, occasion de ravager leurs frontières. Le désordre s'étoit accru dans l'intérieur de l'état comme dans celui de l'Église, et les fréquentes assemblées tantôt des plaids publics, tantôt des conciles provinciaux, ne suffisoient point pour y remédier. Quoique nous ayons quelques-uns des écrits du temps destinés à exposer les plaintes du peuple, leur

(1) *Eginhardi Annal.* 827, 828, p. 188. — *Astron.* Cap. 41, p. 108. — Histoire du Languedoc, Liv. IX, ch. 108, p. 496.

(2) *Eginhardi Annal.* 828, p. 189. — *Muratori Annal. ad ann.*

langage est si vague, et les noms les plus injurieux que les auteurs prodiguent à leurs adversaires sont si peu supportés par des faits, que nous connoissons à peine les abus dont on se plaignoit (1). Il semble seulement que le peuple accusoit également l'empereur des injustices qui procédoient de sa faute, et de celles qu'il s'efforçoit de réparer. Une fois que le gouvernement n'inspire plus de confiance, les punitions qu'il inflige aux grands pour avoir vexé le peuple, sont considérées comme de nouveaux abus de pouvoir. Les comtes Hugues et Matfrid, destitués à l'occasion de la guerre d'Espagne, étoient regardés comme des victimes innocentes de la foiblesse de Louis, et de l'insolente autorité de Bernard, favori de sa femme. Ils n'étoient pas seuls chefs des mécontens; avec eux se rangeoit le moine Wala qui avoit succédé à son frère Adelhard dans le gouvernement de l'abbaye de Corbie. Wala, qui a été canonisé, avoit une grande influence sur le clergé franc et sur la cour de Rome. Les affaires ecclésiastiques étoient alors regardées comme les plus importantes de toutes. Wala s'étoit fait en quelque sorte le censeur du royaume, et ses plaintes sur quelques abus introduits dans l'Église sous le pieux Louis, suffisoient pour

---

(1) *Paschasii Ratberti vita venerabilis Walæ abbatis Corbeiensis.* Lib. II, p. 279.

ébranler le trône. Quatre conciles provinciaux assemblés en 829 à Mayence, à Paris, à Lyon et à Toulouse, ne firent peut-être qu'augmenter l'agitation. Une controverse élevée cette année sur le baptême des esclaves des Juifs, donna lieu aux invectives les plus violentes contre le gouvernement. Le plus important de tous les commerces dans l'empire d'Occident, étoit celui des esclaves : au milieu des nations conquises et des nations asservies, les hommes étoient l'espèce de richesse la plus aisée à saisir et à transporter, celle sur laquelle les guerriers ou les nobles pouvoient le mieux mettre la main dans un besoin urgent. Les Juifs, qui possédoient presque seuls tout l'argent de l'empire, achetoient ces malheureux captifs, pour les conduire en Espagne et les revendre aux Musulmans. Ils avoient obtenu de l'empereur un ordre de ne point administrer le baptême à leurs esclaves sans leur consentement, et ils en profitoient pour dépeupler les provinces, et pour enlever aux chrétiens leurs enfans qu'ils entraînoient par troupeaux au service des infidèles. Le clergé s'éleva enfin contre ce scandaleux édit, et ce commerce plus scandaleux encore ; mais tandis qu'il diminua les prérogatives des Juifs marchands d'esclaves, il n'osa point atteindre ceux qui leur vendoient des captifs. (1)

(1) *Pagi critica*, 828, §. 11, 12, p. 537 et 829, p. 539.

Le mécontentement croissant dans toutes les provinces de l'empire auroit dû engager Louis à se réveiller de sa langueur. Il crut au contraire le moment opportun pour combler Bernard, duc de Septimanie, de faveurs nouvelles; il le nomma son chambellan et son premier ministre, et il le chargea de l'éducation du jeune Charles, le cadet de ses fils. Il se figuroit que l'éclatante approbation donnée par le souverain à l'homme que la nation accusoit, imposeroit silence à la clameur populaire, et il croyoit faciliter ainsi un nouveau partage de la monarchie, qui assureroit une portion à son plus jeune fils, au préjudice du premier partage qui avoit été sanctionné par la nation et par ses chefs à la diète de Nimègue. (1)

Judith et Bernard se flattoient, il est vrai, d'avoir divisé les trois fils de l'empereur, et de s'être assurés de l'appui de l'aîné, Lothaire; ils avoient représenté à celui-ci, qu'appelé à succéder à l'empire, il lui convenoit d'affoiblir plutôt que de fortifier les rois ses frères qui devoient lui être subordonnés; que son père, en accordant un partage à Charles son puîné, ne diminuoit en rien ni l'étendue des provinces qu'il lui avoit assignées à lui-même, ni les prérogatives qu'il avoit attachées au titre impé-

(1) Histoire générale du Languedoc, Liv. IX, chap. 111, p. 498.

rial ; et Lothaire s'engagea en effet par serment à defendre envers et contre tous, le jeune Charles, comme s'il étoit son tuteur, et à le maintenir en possession de la portion qui lui seroit assignée. Après avoir obtenu de son fils aîné cette promesse, Louis convoqua une diète à Worms, pour le mois d'août 829, et il y donna à son quatrième fils, Charles, la couronne d'Allemagne. Il forma pour lui ce nouveau royaume de la Souabe, de l'Helvétie et des Grisons. Il renvoya ensuite son fils Lothaire en Italie, et comme s'il avoit ainsi assuré la tranquillité générale, il passa l'automne dans le voisinage de Francfort, uniquement occupé de la chasse ; il se retira pour l'hiver à Aix-la-Chapelle, et il consacra le printemps de l'année 830 à visiter les ports de mer des Pays-Bas. (1)

Pendant ce temps, le parti des mécontens grossissoit chaque jour ; il se composoit de grands qui ne croyoient point avoir assez de faveur à la cour, ou qui se trouvoient lésés, parce que l'empereur avoit mis quelque obstacle à leurs injustices ; d'évêques ou de saints qui se voyoient supplanter par d'autres évêques ou d'autres saints dans la confiance du pieux empereur ; de peuples enfin qui souffroient sans savoir

---

(1) *Theganus*, cap. 35, p. 80. — *Astronomus*, cap. 43, p. 110. — *Chronic. saxonic.* p. 221. — *Mariani Scoti Chron.* p. 228. — *Nithardus*. Lib. I, cap. 3, p. 67.

distinguer la cause de leur souffrance, et qui demandoient du soulagement à ceux même de qui ils ne pouvoient attendre qu'un redoublement d'oppression. La fermentation étoit générale; cependant les Francs, pour prendre les armes, croyoient avoir besoin d'un chef du sang royal; mais un tel chef ne pouvoit manquer de se trouver parmi les fils ambitieux et inquiets de Louis-le-Débonnaire.

**FIN DU TOME SECOND.**

# TABLE CHRONOLOGIQUE

## ET ANALYTIQUE

## DU TOME SECOND.

## SUITE DE LA PREMIÈRE PARTIE.

### LES MÉROVINGIENS.

Chapitre X. *Règnes de Clothaire II, Dagobert et Sigebert III.* 613-654................ page 1
613-638. Tout l'empire Franc réuni sous Clothaire II et son fils................................. ibid.
    Caractère de Clothaire II, d'après Frédegaire................................................ 3
    Gouvernement de sa monarchie par trois maires du palais................................ 4
    Progrès de l'aristocratie parmi les Francs...... 5
614. Constitution de Clothaire II, limitant l'autorité royale........................................ 7
622. Clothaire II fait couronner son fils Dagobert comme roi d'Autrasie..................... 8
623. Le Franc Samo détermine les Venèdes à secouer le joug des Avares................. 10
    Ce marchand guerrier devient roi des Venèdes. 11
    L'empire Franc survit à toutes les monarchies fondées par les Barbares............. ibid.
624. Indépendance qu'affectent les Austrasiens vis-à-vis de Clothaire; mort de Chrodoald...... 13
625. Nouveau partage de l'Austrasie et la Neustrie.. 15

# TABLE CHRONOLOGIQUE, etc.

- 626. Meurtre de Godin, fils de Warnachaire, que protégeoit Dagobert..................*page* 16
- 627. Brodulphe venge un affront fait à Charibert, second fils de Clothaire II.................. 18
- 628. Mort de Clothaire II. Dagobert réduit son frère Charibert à l'Aquitaine pour partage........ 19
- 629. Dagobert fait le tour de la Neustrie et de la Bourgogne pour rendre justice.................. 21
  - Terreur qu'il inspire aux Barbares voisins de l'Austrasie.................................. 22
- 630. Il s'abandonne aux vices et se forme un sérail.. 23
  - Il est difficile de compléter son histoire par des vies de saints................................ 24
- 631. Mort de Charibert, massacre de son fils; l'Aquitaine réunie à la monarchie................ 26
  - Guerre malheureuse de Dagobert avec le roi des Venèdes...................................... 28
  - Dagobert fait massacrer les Bulgares auxquels il avoit d'abord donné l'hospitalité........... 30
- 632. Il accorde aux Saxons la remise de leur tribut annuel........................................ 31
- 633. Dagobert fait couronner en Austrasie son fils Sigebert III, âgé de trois ans............... 32
- 634. Il assure à Clovis II, son autre fils, la Neustrie et la Bourgogne............................ 33
- 636. Il réprime les brigandages des Gascons et reçoit l'hommage de leur duc.................. 34
  - Il force aussi à la soumission Judicaël, duc des Bretons.................................... 36
  - Amitié de Dagobert pour saint Éloi, et ses fondations de couvens............................ 37
- 638. Mort de Dagobert à Saint-Denis; partage de son royaume...................................... 38

638-640. Gouvernement de Pepin et de Æga; pendant la minorité des fils de Dagobert... *page* 40
639-642. Grimoald succède à son père Pepin dans la mairie d'Austrasie.................... 41
La Thuringe secoue l'autorité des rois Francs... 42
638-650. Règne de Sigebert III en Austrasie........ 43
638-654. Règne de Clovis II en Neustrie ; sa folie et sa mort.................................. 44

CHAPITRE XI. *Gouvernement d'Ebroin et guerres civiles, jusqu'à la bataille de Testry.* 656-687.... 46
Multiplication des monumens religieux à l'époque où cessent les monumens historiques............... *ibid.*
Progrès de la barbarie, conséquence d'un enseignement tout imitatif............................ 47
Décadence des poètes, Claudien, Sidonius, Fortunat. *ibid.*
Décadence des historiens, Sulpice Sévère, Cassiodore, Grégoire, Frédegaire........................ 48
Décadence de la religion, qui enseigne d'abord à bien vivre, puis à bien croire, enfin à bien payer......... 50
Profusion de Dagobert envers les moines de Saint-Denis................................... 51
Profusion de Sigebert III envers les couvens....... 54
L'histoire du temps étoit silencieuse et n'inspiroit aucun intérêt aux Francs...................... 55
Les nouvelles religieuses éveilloient seules l'attention publique................................. 56
Les saints jouissoient d'un crédit prodigieux et de toutes les douceurs de la vie.................. 57
Empressement de toutes les familles riches à doter les couvens................................ 58
Ces couvens souvent remplis d'esclaves rachetés...... 59
650-656. Grimoald en Austrasie veut substituer son

| | propre fils au fils de Sigebert III........*page* | 60 |
|---|---|---|
| 650-656. | Il est arrêté par les hommes libres, et envoyé à Clovis II, qui le fait périr................ | *ibid.* |
| 656-660. | Les trois fils de Clovis II reconnus dans toute la France, sous la régence de Bathilde. | 61 |
| 660-670. | Clothaire III, roi de Neustrie sous Ébroin ; Childeric II, roi d'Austrasie sous Wulfoald!. | 62 |
| | Efforts d'Ebroin pour abattre la haute aristocratie en Neustrie......................... | 63 |
| 670. | Mort de Clothaire III. Ebroin lui substitue Thierri III................................ | 65 |
| | Thierri III et Ebroin déposés et tonsurés par les grands que dirige saint Léger............. | 66 |
| 670-672. | Childéric II règne en Neustrie comme en Austrasie avec l'appui des grands.......... | 67 |
| 673. | Il est tué avec sa femme et son fils par les grands, de l'aveu de saint Léger................ | 68 |
| | Thierri III est replacé sur le trône par saint Léger et son parti........................ | 69 |
| 674. | Le parti du peuple triomphe en Austrasie, et met sur le trône Dagobert II............. | 70 |
| | Ebroin, avec l'appui de Dagobert II, forme une armée populaire...................... | 72 |
| | Ebroin triomphe des grands et se rend maître de Thierri III qu'il reconnoît............. | 73 |
| 675-678. | Ebroin persécute le parti des grands en Neustrie et en Bourgogne................. | 74 |
| | Il fait périr saint Léger comme coupable de régicide envers Childéric II................ | 76 |
| 678. | Dagobert II vaincu et massacré par les grands d'Austrasie, du parti de Pepin........... | 77 |
| 680. | Bataille de Loixi, où les grands, secourus par les Austrasiens, sont défaits par Ebroin........ | 79 |

681. Mort d'Ebroin, assassiné par un ennemi privé. *page* 81
681-686. Gouvernement de Warato son successeur, chef du même parti.................. 83
686. Berthaire, successeur de Warato, ruine le parti populaire qu'il dirige................. 84
687. Défaite du parti populaire à Testry, par Pepin, les Austrasiens et les grands............ 85

CHAPITRE XII. *Grandeur croissante de la famille de Pepin jusqu'à la soumission de la Neustrie à Charles Martel.* 687-720................. 87

Toutes les fonctions dans la monarchie des Francs qui étoient électives, deviennent successivement héréditaires..................................*ibid.*
    Argumens plausibles pour rendre héréditaires les fonctions de ministres.............. 88
687. Pepin, duc héréditaire d'Austrasie, avoit peu de pouvoir sur les autres ducs............ 89
    Cependant il tenoit plus à son duché qu'à la mairie de Neustrie..................... 91
    Pepin est obligé d'affermir les droits des grands ses alliés........................ 93
    Ceux du midi de la Gaule acquièrent une indépendance presque absolue.............. 94
689-690. Les seigneurs Francs font avec Pepin la guerre à Radbode, duc des Frisons......... 96
    Ils remettent en vigueur les assemblées du Champ de Mars........................ 97
691-695. Mort de Thierri III. Règne de Clovis III son fils aîné......................... 98
    Pepin cherche à se réconcilier avec la faction populaire, par le mariage de son fils....... 99
695-711. Mort de Clovis III. Règne de Childebert III

son frère............................... *page* 100

Plectrude et Alpaïde, femmes de Pepin. Meurtre de saint Lambert, qui vouloit écarter la seconde................................................ 101

Guerres de Pepin contre les Frisons et les Allemands................................................ 103

711-715. Mort de Childebert III. Règne de Dagobert III son fils.................................. 104

711-714. Conquête de l'Espagne par les Arabes sur les Visigoths........................................ 105

714. Pepin, malade, appelle à lui son fils Grimoald, qui est assassiné au tombeau de saint Lambert. 106

16 décembre. Pepin meurt, laissant Charles son fils prisonnier entre les mains de Plectrude.. 107

715. La Neustrie ne veut pas recevoir pour maire Théodoald, petit-fils de Pepin............... 108

Les Austrasiens tirent Charles de prison, et l'opposent aux Neustriens.......................... 109

715-720. Mort de Dagobert III. Règne de Chilpéric II................................................ 110

716. Les Neustriens, de concert avec les Frisons, attaquent l'Austrasie............................ 112

717. Charles Martel envahit à son tour la Neustrie, que défend le maire Raginfred............ 113

21 mars. Bataille de Vincy près Cambrai; les Neustriens défaits par Charles............... 114

717-719. Clothaire IV, nommé roi par Charles et les Austrasiens.................................. 115

719. Mort de Clothaire, soumission de la Neustrie à Charles, qui reconnoît Chilpéric II...... 116

Chapitre XIII. *Gouvernement de Charles Martel et de ses fils, jusqu'à la déposition des rois de la première race*....................... page 119

L'obscurité de l'histoire s'accroît jusqu'au changement de race, et dès lors elle diminue.................. *ibid.*
On regrette peu le détail des guerres ou celui des crimes, mais beaucoup celui du progrès des institutions nationales.......................... 120
720-737. Mort de Chilpéric II. Règne de Thierri IV, fils de Dagobert III........................ 122
720-737. Habitudes militaires des Francs pendant le règne de Charles Martel................. 123
Ses guerres contre les Allemands, les Bavarois, les Frisons et les Saxons.................. *ibid.*
714-720. Les Sarrasins se rendent maîtres de Narbonne et de la Septimanie..................... 125
720-725. Leurs expéditions en Provence et en Bourgogne jusqu'à Autun....................... 126
732. Leurs victoires sur Eudes, duc d'Aquitaine..... 127
Eudes d'Aquitaine passe la Loire et implore l'aide de Charles Martel.................. 128
Octobre. Victoire de Charles sur les Sarrasins à Poitiers........................... 130
Le massacre des Sarrasins à Poitiers, prodigieusement exagéré......................... 132
733-736. Expéditions de Charles en Bourgogne et en Provence, pour y rétablir son autorité...... 133
733-737. Guerres de Charles contre les Frisons, les Saxons et les Aquitains................... 134
Nouvelles entreprises des Sarrasins; ils s'emparent d'Avignon......................... 136
737. Charles reprend Avignon et assiége vainement

Narbonne.................................*page* 137
737. Mort de Thierri IV, auquel Charles ne donne
point de successeur............................. 139
739. Charles chasse les Sarrasins de la Provence, et
soumet les grands leurs alliés................. 140
739-756. Guerres civiles des Sarrasins d'Espagne qui
arrêtent leurs progrès dans les Gaules...... 141
Charles récompense ses soldats en leur donnant
des bénéfices ecclésiastiques................ 142
Le clergé de France déclare Charles Martel
damné éternellement........................... 143
740. Le pape Grégoire III se met sous la protection
de Charles Martel............................. 146
741. Double ambassade envoyée par Grégoire III à
Charles....................................... 147
Charles partage la monarchie entre ses trois fils,
puis il meurt le 21 octobre.................. 149
Carloman et Pepin, fils de Charles, dépouillent
Grifon leur plus jeune frère.................. 150
742. Guerre de Carloman et Pepin contre Hunold,
duc d'Aquitaine............................... 152
Pepin donne à la Neustrie un nouveau roi mérovingien qu'il nomme Childéric III......... 153
743. Réforme du clergé en Austrasie par saint Boniface
et le concile de Leptines .................... 154
Victoires de Carloman sur Odilon, duc de Bavière......................................... 155
745. Hunold, duc d'Aquitaine, se retire dans un couvent et laisse son duché à Guaifer son fils.... 156
746. Carloman désarme les Allemands par surprise,
et punit leurs principaux chefs............... 157
747. Carloman se retire dans un couvent auprès de
Rome.......................................... 158

747. Pepin dépouille les fils de Carloman, mais il remet en liberté Grifon son frère........ page 160
748. Il poursuit Grifon chez les Saxons dont il ravage le pays........................................ 161
749. Il force les Bavarois à la paix, et il ramène Grifon en France................................ 163
752. De l'avis du pape Zacharie, il dépose le roi Childéric III et l'enferme dans un couvent........ 164

# SECONDE PARTIE.

### LES CARLOVINGIENS.

CHAPITRE PREMIER. *Règne de Pepin.* 752-768... 167
Les grandes révolutions chez les Francs ont détruit leurs propres monumens........................... *ibid.*
La succession des Carlovingiens fut une révolution nationale.............................................. 168
Pepin, son caractère caché par des fables, anecdote du lion et du taureau ............................ 169
La Gaule de nouveau asservie par un peuple germanique sous les Carlovingiens................... 170
Childéric III, roi des Franco-Gaulois, vaincu, fit place au roi des vainqueurs........................ 171
Dévouement de Pepin et de la seconde dynastie à l'Église. 172
Les assemblées du Champ de Mars recouvrent une nouvelle autorité...................................... 173
Mais Pepin, en y introduisant les prélats, changea leur caractère............................................ 175
Les Francs réduits au silence dans leurs propres assemblées, par l'ignorance de la langue et des questions qu'y traitent les prêtres........................... *ibid.*

Première assemblée du règne de Pepin ; capitulaires de
    Vermerie.................................... *page* 176
L'assemblée occupée de poursuivre et de punir l'in-
    ceste et la débauche............................ 177
De réprimer les prêtres et les évêques non consacrés,
    et trafiquant en contrebande des choses saintes.... 179
Sanction donnée aux lois ecclésiastiques par l'excom-
    munication..................................... 181
Pepin soumet aussi sa politique extérieure au clergé.. 182
753. Etienne II se rend en France pour solliciter les
        secours de Pepin contre les Lombards...... 183
        Etienne regardé par les Francs comme un mes-
        sager de la Divinité...................... 185
754. Etienne sacre de nouveau Pepin et ses en-
        fans.................................... 186
        Carloman sollicite en vain Pepin de ne pas porter
        la guerre en Italie....................... 187
        Astolphe, battu par les Francs aux cluses d'Italie,
        signe un traité de paix .................. 188
755. Astolphe retourne à l'attaque de Rome, et
        Etienne s'en plaint à Pepin............... 190
        Etienne produit une lettre de l'apôtre saint
        Pierre, pour accuser Astolphe............. 192
755. Pepin force Astolphe à céder à l'Église les pro-
        vinces qu'il avoit conquises sur l'empire.... 194
753. Expédition de Pepin contre les Saxons........ 195
755. Abdérame fonde en Espagne le royaume de Cor-
        doue................................... 196
750-759. Guerres de Pepin contre les Sarrasins dans
        la Septimanie........................... 197
759. Prise de Narbonne ; réunion de la Septimanie à
        la France.............................. 198
745-768. Wafre ou Guaifer, duc d'Aquitaine ; haine

## TABLE CHRONOLOGIQUE

des Aquitains pour les Francs............ page 200

760. Pepin somme Guaifer de lui restituer des biens d'église, et lui fait déclarer la guerre par les Francs.................................... 201

760-768. Guerre d'Aquitaine, signalée par d'effroyables dévastations.............................. 202

768. Guaifer assassiné, l'Aquitaine est soumise à la France...................................... 204

755-768. Suite de la correspondance entre Pepin et le saint siége................................. 205

Paul I<sup>er</sup> accuse Didier comme Etienne II accusoit Astolphe...................................... 206

767-768. Le siége de Rome disputé par deux factions. L'anti-pape Constantin et son supplice....... 208

768. Septembre, 18 ou 24, mort de Pepin à Saint-Denis........................................ 210

Caractère des chroniques qui nous restent sur le règne de Pepin................................ 211

Pepin châtié par l'ombre de saint Remi pour avoir touché à un bien de l'Église................. 213

Dévotion de Pepin aux reliques apportées de Rome...................................... 214

Nombreuses donations de Pepin aux couvens... 216

CHAPITRE II. *Commencemens du règne de Charlemagne jusqu'à sa victoire à Buckholz, et à la conquête de la Saxe. 768-780*................. 217

Éclat du caractère et du règne de Charlemagne, dans l'histoire du moyen âge................. *ibid.*

768. Partage du royaume des Francs entre Charles et Carloman.................................. 219

Aversion des Francs et de tous les Barbares pour les lois de primogéniture................... 220

769. Hunold, père de Guaifer, sort de son couvent
et fait révolter l'Aquitaine............*page* 222
Brouillerie de Charles et de Carloman.......... 223
Charles bâtit le château de Fronsac pour contenir les Aquitains......................... 224
770. Bertrade, mère de Charles, veut unir par des
mariages ses fils au roi lombard............ 225
Le pape Étienne III s'oppose violemment à ces
mariages ; Charles épouse cependant la fille du
roi lombard, qu'il répudie ensuite.......... 227
Premier capitulaire de Charles sur la discipline
ecclésiastique.............................. 229
771. Désordre des mœurs de Charles dans ses mariages et ses divorces...................... 230
Mort de Carloman ; Charles dépouille ses fils de
leur héritage.............................. 231
Guerre des Saxons avec laquelle commence la
carrière glorieuse de Charles............... 232
772. Premières hostilités des Saxons, provoquées par
les menaces de saint Libuin................. 233
Caractère général de la guerre contre les Saxons,
selon Eginhard............................. 236
773. Animosité croissante entre Charles et les Lombards..................................... 239
Les Francs déclarent la guerre aux Lombards
dans le Champ de Mai de Genève............. 241
Charles franchit sans combat les cluses d'Italie. 242
774. Pendant que son armée bloque Pavie et Vérone,
il se rend à Rome.......................... 243
Pavie et Vérone se rendent, Didier est prisonnier, Arigise s'enfuit à Constantinople...... 245
Charles s'attribue les conquêtes des Francs, et
prend le titre de roi des Lombards.......... 246

Étendue de la monarchie de Charles, du Danube aux Pyrénées.................... page 247
775. Nouvelles victoires de Charles sur les Saxons, soumission de leurs trois confédérations..... 249
776. Les Carlovingiens abandonnent Paris, et se fixent dans les provinces germaniques............ 251
Le pape Adrien accuse les ducs lombards de conjurer contre Charles....................... 252
Charles attaque Rotgaudes, duc de Friuli, le fait périr, et intimide les autres ducs lombards... 253
Nouveau soulèvement des Saxons que Charles force à la soumission...................... 254
777. Charles convoque un Champ de Mai à Paderborn, dans le pays même des Saxons.............. 256
Ibn al Arabi, gouverneur de Saragosse, vient à Paderborn solliciter l'appui de Charles.... 257
Guerres civiles entre les Arabes; quel parti Charles auroit dû soutenir................... 258
778. Campagne de Charles au-delà des Pyrénées; il soumet la Marche d'Espagne jusqu'à l'Èbre... 259
Les Navarrois et les Gascons, jaloux de ses succès, s'allient aux Musulmans................ 260
Déroute des Francs dans la vallée de Roncevaux; mort de Roland......................... 261
Ce qu'on doit croire de Roland, et dans quel temps il a dû se distinguer................ 263
Ravages des Saxons conduits par Wittikind sur tous les bords du Rhin................... 265
779. Victoire de Charles sur les Saxons à Buckholz; soumission de ces peuples................. 267
780. Charles étend sa domination jusqu'à l'Elbe, et fonde les évêchés de la Saxe............. 268

Chapitre III. *Suite du règne de Charles, jusqu'à la suppression du duché de Bavière.* 780-788.. *page* 270

La chronologie du règne de Charles, conservée soigneusement, mais avec une grande épargne de paroles.. *ibid.*
L'histoire transportée sur les frontières de l'empire, qui s'écartent toujours plus..................... 271
La population libre disparoît dans les Gaules, sous le règne de Charlemagne...................... 273
Dons de terres avec leurs esclaves, faits par Charles aux seigneurs et aux églises................ 274
Domaines de la couronne peuplés d'esclaves, et leur vaste étendue............................ 276
Capitulaire de Charlemagne, qui règle la culture de ces domaines............................. 277
La nation des Francs, composée seulement de quelques milliers de gentilshommes................ 278
Les donations d'esclaves altèrent la nature du don fait par Charles au saint-siège................. 280
Ce don ne fut point exécuté, chacun s'y opposant également................................. 281
Le pape accusé de vendre aux Sarrasins les esclaves que Charles lui avoit donnés, s'en justifie en récriminant contre les Lombards................ 283
780. Des négociations avec les Grecs et les Bavarois appellent Charles en Italie................. 285
717-780. Règne des empereurs isauriens et iconoclastes à Constantinople..................... 286
781. Irène, succédant à Léon IV, sollicite l'alliance de Charlemagne........................ 288
Haine de Tassilon, duc de Bavière, contre les Francs, apaisée par l'entremise du pape..... 289
782. Charles assemble le Champ de Mai à Lippspring,

|   | au milieu des Saxons.................... page | 290 |
|---|---|---|
|   | Wittikind soulève les Saxons, et bat les lieutenans de Charles à Sonnethal.............. | 291 |
|   | Charles condamne au supplice quatre mille cinq cents Saxons à Verden................... | 293 |
| 783. | La cruauté de Charles cause une révolte universelle des Saxons...................... | 294 |
|   | Les Saxons deux fois défaits par Charles, à Dethmold, et sur la Hase................... | 295 |
| 784. | Charles recommence à ravager la Saxe, surtout autour de la Lippe.................... | 296 |
| 784-785. | Charles continue pendant tout l'hiver à ravager la Saxe........................ | 298 |
| 785. | Wittikind se soumet, et se rend à Attigny-sur-l'Aisne, pour faire hommage à Charles..... | 300 |
|   | Conjuration du Thuringien Hartrad, causée par les cruautés de la reine................ | 301 |
| 786. | Punition des Thuringiens, soumission des Armoriques à la diète de Worms............. | 302 |
|   | Le pape Adrien excite Charles contre les Lombards et les Grecs..................... | 304 |
| 787. | Charles descend en Italie pour conquérir Bénévent sur les Lombards................. | 306 |
|   | Résistance d'Arigise, duc de Bénévent, qui obtient une pacification honorable........... | 307 |
|   | Mort d'Arigise et de son fils aîné; le pape veut anéantir sa maison.................... | 308 |
|   | Tassilon, duc de Bavière, appelle les Esclavons dans le pays des Francs............... | 309 |
|   | Charles, entré en Bavière avec trois armées, force Tassilon à se soumettre............. | 311 |
| 788. | Tassilon déposé à la diète d'Ingelheim, et enfermé dans un couvent................. | 312 |

CHAPITRE IV. *Suite du règne de Charlemagne, jusqu'au soulèvement des Romains contre Léon III.* 788-799............................*page* 314

Le nom de grand n'a été joint à celui de Charles qu'après sa mort........................................ *ibid.*
Portrait de Charles par Eginhard ; ses vêtemens...... 315
Sa manière de vivre............................... 316
Son éloquence et ses études variées................. 317
Quoique savant, il n'avoit point appris à écrire, et pourquoi........................................ 318
Amour de Charles pour les lettres ; il appelle en France des docteurs pour les enseigner............. 320
Il favorise l'étude de la musique et fait adopter le chant grégorien...................................... 322
Études sacrées ; adoption universelle des fausses décrétales.......................................... 324
La domination de Charles s'étendoit sur tous les pays germains et romains.............................. 325
788. Premières descentes des Normands en Angleterre.......................................... *ibid.*
Invasion des Huns dans la Bavière et le Frioul, et leur défaite................................. 326
Brouillerie de Charles avec les Grecs, hostilités dans le duché de Bénévent..................... 327
Efforts d'Adrien I<sup>er</sup> pour brouiller Charles avec les Lombards de Bénévent..................... 329
Charles donne Bénévent à Grimoald, fils d'Arigise, qui repousse les Grecs.................... 330
789. Les Francs commencent à passer l'Elbe pour protéger les Abodrites contre les Wiltzi............ 331
Les Wiltzi se soumettent, et la frontière est étendue jusqu'à l'Oder............................. 332

790. Vaines négociations de Charles avec les Huns pour la paix.................... *page* 334
791. Charles ravage la Pannonie jusqu'au Raab, mais il y perd tous ses chevaux................ 335
792. Charles se prépare à une seconde campagne, mais ne quitte pas Ratisbonne................ 337
Il contraint Félix, évêque d'Urgel, à renoncer à ses erreurs........................... 338
Il découvre et punit une conspiration de Pepin son fils naturel....................... 339
793. 6 juillet. L'armée que Charles levoit contre les Huns est détruite à Rustringen par les Saxons révoltés............................ 340
Les travaux de Charles pour joindre le Rhin au Danube, échouent...................... 342
Étendue du royaume d'Aquitaine de Louis, que Charles n'avoit pas visité depuis douze ans... 343
Invasion d'Abdelmélec dans l'Aquitaine; défaite de Guillaume au *Court-Nez*............. 344
794. Charles assemble un concile à Francfort. Nouvelle condamnation de Félix d'Urgel........... 346
L'Occident rendoit aux reliques le culte que l'Orient rendoit aux images............... 347
Le concile de Nicée avoit, en 787, ordonné l'adoration des images...................... 349
794. Le concile de Francfort la condamne comme une idolâtrie............................. 350
Politique de la cour de Rome, qui évite un schisme en éludant la question............ 351
Mort de la reine Fastrade; Charles épouse Liutgarde............................... 352
Charles entre en Saxe; les Saxons assemblés à Sintfeld, se soumettent à lui........... *ibid.*

795. Les Saxons ayant tardé de se rendre auprès du roi, Charles ravage la Saxe............ *page* 353
Mort du pape Adrien; présens de Charles à son successeur Léon III...................... 354
796. Charles embellit Aix-la-Chapelle, sur le modèle de Rome................................ 355
Guerre civile chez les Huns et les Avares; Charles les fait attaquer par Pepin son fils....... 356
Pepin pénètre jusqu'au Rhin, et s'empare du Ring ou camp des Avares................. 357
797. Nouvelles expéditions de Charles en Saxe; il fonde le nouvel Héristal sur le Weser............ 358
Au milieu de ces ravages, la Saxe fait des progrès vers la civilisation.................. 359
Princes sarrasins qui viennent en Saxe demander des secours à Charles.................... 360
Ambassadeurs d'Alfonse II de Galice, et du roi des Huns, à Aix-la-Chapelle............. 361
Ambassade de Constantin V, empereur d'Orient. *ibid.*
15 juin. Constantin, aveuglé par les ordres de sa mère Irène, meurt peu après.............. 362
798. Soulèvement des Saxons normands; ils sont battus à Swenden......................... 364
799. Charles reçoit, à Aix-la-Chapelle, la nouvelle du soulèvement de Rome.................... 366

CHAPITRE V. *Renouvellement de l'empire d'Occident. Fin du règne de Charlemagne.* 799-814...... 367

Les Gaulois n'étoient employés par Charles ni dans l'armée ni dans l'église................. *ibid.*
799. Conjuration de deux prêtres à Rome, contre Léon III.................................. 369
Le pape, arrêté par les conjurés, et blessé, leur

échappe et s'enfuit à Spolète............ page 370
Il va trouver Charlemagne qui lui donne rendez-
vous à Paderborn............................ 371
Le pape retourne à Rome avec des promesses
d'amnistie de la part de Charles ............ 373
Charles pourvoit à la sûreté des frontières avant
d'aller à Rome............................... 374
800. Il visite les côtes de France pour les mettre en
état de défense............................. 375
Il entre à Rome, le 24 octobre de l'an 800..... 377
Léon III se purge, par serment, des accusations
portées contre lui.......................... 378
Aux fêtes de Noël, Charles est proclamé empereur
par le peuple de Rome....................... 380
L'étendue du nouvel empire d'Occident égaloit
celle de l'ancien........................... 381
Supériorité reconnue par les Barbares des empereurs sur les rois........................... 382
801. Négociation pour réunir les deux empires, en
faisant épouser Irène à Charles............. 384
Ambasssade d'Haroun al Raschid à Charles; en-
voi des clefs du saint sépulcre............. ibid.
801-813. Travaux de Charles, comme législateur de
son empire. Capitulaires.................... 386
Manque d'ordre et de précision dans ces lois... 387
Règlemens ecclésiastiques, diminution des franchises, dîmes et nones...................... 388
Règlemens militaires, bénéfices ou fiefs avec obligation de service........................... 390
Service des hommes libres en raison d'un homme
pour trois manses........................... 392
Ruine absolue de la classe des hommes libres;
conséquence du service militaire gratuit..... 393

Les Francs marchoient sous les ordres des chefs territoriaux.................................... *page* 394
Règlemens politiques, institution des *missi dominici*................................................. 395
Législation civile et criminelle, supplément aux codes barbares................................. 396
Réglemens de finance, de commerce, fixation du prix des blés.............................. 398
802-803. Guerres peu importantes, dirigées par les lieutenans de Charles................ 399
804. Dernière année de la guerre de Saxe; transplantation des Saxons en Gaule et en Italie...... 401
Missions pour convertir les Avares, prédication du prêtre Ingo........................... 402
805. Conversion du chagan des Avares; il demande des secours contre les Bohémiens......... 403
806. Charles partage, à Thionville, ses états entre ses trois fils................................. 404
Éducation des enfans de Charles, conduite de ses filles................................... 405
807. Nouvelles relations de Charles avec le khalife Haroun al Raschid..................... 408
808. Affoiblissement général de l'empire, attaque des Danois, révolte des Slaves......... *ibid.*
809. Ravages maritimes des Normands, des Sarrasins et des Grecs........................... 410
810. Nouveaux échecs des Francs, ravage de la Frise par les Normands.................... 411
811. Efforts de l'empereur pour mettre l'empire en état de défense; mort de son fils aîné....... 412
812. Charles donne l'Italie à Bernard son petit-fils. Il fait la paix avec tous ses voisins....... 414
813. Charles présente son fils Louis aux Francs, et le

fait reconnoître pour son successeur... *page* 416

814. Affoiblissement de Charles, et sa mort le 28 janvier .................................................. 417

CHAPITRE VI. *Commencemens du règne de Louis-le-Débonnaire, jusqu'aux guerres civiles.* 814-830. 420

Le règne de Charlemagne présente un éclat dont les causes nous demeurent cachées................. *ibid.*

Chaque écrivain en a fait le héros de son système favori................................................ 421

781-814. Règne de Louis en Aquitaine, opinion favorable conçue de lui......................... 423

Sa superstition, et son désir de revêtir l'habit monastique................................... 425

Règle qu'il avoit mise dans ses dépenses, suppression d'un impôt onéreux................. 426

Grand nombre d'hommes libres réduits en esclavage sous le règne de Charlemagne...... 427

814. Louis veut avant tout réformer le palais de son père; il en chasse les maîtresses de Charles, ses filles et ses petites-filles................. 429

Il partage le trésor mobilier de Charles, suivant son testament.............................. 430

Il répare beaucoup d'injustices, et rétablit les droits des opprimés......................... 431

Il reçoit l'hommage de Bernard, roi d'Italie, et des feudataires de l'empire................. 432

Il exile Adélard et Wala ses cousins, ministres de son père....................................... 434

815. Il s'interpose entre le pape Léon III et les Romains soulevés.............................. 436

816. Il accueille Étienne IV à Reims, et se fait couronner par lui.............................. 437

L'empire continue à faire des conquêtes sans la participation de l'empereur............ *page* 439
817. Louis secourt les réfugiés espagnols opprimés par leurs seigneurs dans la Marche............ 440
Louis s'associe son fils Lothaire, et donne des royaumes à ses deux plus jeunes fils............ 442
Mécontentement de Bernard, qui se rend cependant sur parole............ 443
818. Bernard, condamné comme rebelle, est aveuglé et périt par ce supplice............ 445
819. Louis, après la mort d'Ermengarde, épouse Judith, fille d'un comte de Bavière............ 446
Guerres et négociations des Francs avec les Slaves de la frontière orientale............ 447
820. Treize vaisseaux normands menacent ou ravagent trois cents lieues de côtes............ 449
821. Le partage de l'empire est confirmé par l'assemblée de Nimègues............ 450
822. Louis fait pénitence dans l'assemblée d'Attigny pour la mort de Bernard............ 452
Il augmente les immunités de l'Église............ 454
Continuation des succès des Francs contre les Slaves............ 455
823. Premières relations diplomatiques entre les Francs et les Bulgares............ 457
Violences exercées par le pape Pasqual contre des Romains fidèles à l'empereur............ 458
L'autorité impériale rétablie à Rome par Lothaire............ 459
824. Mouvemens des Bretons, deux de leurs rois sont assassinés............ 460
Mouvemens des Gascons; ils taillent en pièces une armée de Francs............ 462

825. Le clergé franc persiste à repousser le culte des images........................... *page* 463
826. Hériolt et sa femme prétendans au trône de Danemarck, présentés au baptême par Louis... 464
Les frontières des deux empires s'éloignent par la conquête de la Sicile, et le soulèvement de la Dalmatie............................ 465
Jalousie que cause la naissance d'un fils de Judith (le 13 juin 823), depuis Charles-le-Chauve.. 466
827. Haine excitée contre Bernard, duc de Septimanie, favori de l'impératrice.................. 467
828. Condamnation des conseillers de Pepin, pour n'avoir pas secouru Bernard............ 469
Formation d'un parti de mécontens, dirigé par Hugues, Matfrid et Wala................ 470
829. Commerce d'esclaves, des Juifs, qui s'opposent au baptême de leurs captifs............. 472
Août. Louis crée pour Charles-le-Chauve le royaume d'Allemagne................... 473
830. Mécontentement universel; les fils de Louis le partagent et l'excitent.................. 474

FIN DE LA TABLE.

DE L'IMPRIMERIE DE CRAPELET.

www.ingramcontent.com/pod-product-compliance
Lightning Source LLC
Chambersburg PA
CBHW071713230426

**43670CB00008B/993**